国家社科基金
后期资助项目

民国时期
佛教慈善公益研究

Minguo Shiqi Fojiao Cishan Gongyi Yanjiu

明成满 著

图书在版编目(CIP)数据

民国时期佛教慈善公益研究/明成满著.—合肥:安徽大学出版社,
2018.10
ISBN 978-7-5664-1720-6

Ⅰ.①民… Ⅱ.①明… Ⅲ.①佛教－慈善事业－研究－中国－民国
Ⅳ.①B948②D632.1

中国版本图书馆 CIP 数据核字(2018)第 235248 号

民国时期佛教慈善公益研究

明成满 著

出版发行:	安 徽 大 学 出 版 社	
	(安徽省合肥市肥西路 3 号 邮编 230039)	
	www.ahupress.com.cn	
印　　刷:	合肥华星印务有限责任公司	
经　　销:	全国新华书店	
开　　本:	238mm×165mm	
印　　张:	21.5	
字　　数:	350 千字	
版　　次:	2018 年 10 月第 1 版	
印　　次:	2018 年 10 月第 1 次印刷	
定　　价:	59.00 元	

ISBN 978-7-5664-1720-6

策划编辑:张　锐　　　　　　　　　装帧设计:李　军
责任编辑:马晓波　杨　帆　李月跃　　美术编辑:李　军
责任印制:陈　如

版权所有　侵权必究

反盗版、侵权举报电话:0551－65106311
外埠邮购电话:0551－65107716
本书如有印装质量问题,请与印制管理部联系调换。
印制管理部电话:0551－65106311

国家社科基金后期资助项目
出版说明

后期资助项目是国家社科基金设立的一类重要项目,旨在鼓励广大社科研究者潜心治学,支持基础研究多出优秀成果。它是经过严格评审,从接近完成的科研成果中遴选立项的。为扩大后期资助项目的影响,更好地推动学术发展,促进成果转化,全国哲学社会科学工作办公室按照"统一设计、统一标识、统一版式、形成系列"的总体要求,组织出版国家社科基金后期资助项目成果。

全国哲学社会科学工作办公室

目 录

绪 论 1

第一节 概念阐释和选题意义 1
  一、概念阐释 1
  二、选题意义 3
第二节 学术史回顾 4
  一、关于民国佛教慈善公益内容的研究 6
  二、关于民国佛教慈善公益团体的研究 10
  三、关于民国佛教慈善公益人物的研究 12
  四、关于民国佛教慈善其他方面的研究 14
  五、关于民国其他慈善公益事业的研究 16
  六、已有研究成果的不足 17
第三节 研究内容、所用史料、研究方法和创新之处 18
  一、研究内容 18
  二、所用史料 19
  三、研究方法 22
  四、创新之处 22

第一章 民国佛教慈善公益事业兴起和发展的背景 24

第一节 政治方面 24
  一、民间社团政策 24
  二、佛教慈善立法 25
  三、庙产兴学运动 30

第二节 社会经济方面 ………………………………… 32
一、频繁严重的自然灾害 …………………………… 32
二、近代交通和通讯 ………………………………… 33
三、其他慈善团体的影响 …………………………… 33
四、近代民族工商业的发展 ………………………… 34

第三节 佛教的变革 …………………………………… 40
一、寺院佛教的变革 ………………………………… 41
二、居士佛教的兴起 ………………………………… 46

第四节 晚清民国的其他慈善公益思想 ……………… 51
一、教养兼施，培养职业技能 ……………………… 51
二、学习西方，增强慈善意识 ……………………… 53
三、慈善是救国救民的重要手段 …………………… 56
四、民间慈善与官府救济结合 ……………………… 59
五、标本兼治，注重源头治理 ……………………… 60

本章小结 …………………………………………………… 62

第二章 民国时期的佛教慈善公益思想 ………………… 64

第一节 民国佛教徒的抗日救国思想 ………………… 64
一、佛教救国的教义基础 …………………………… 65
二、佛教救国的必要性 ……………………………… 68
三、佛教救国的可能性 ……………………………… 70
四、佛教徒应怎样救国 ……………………………… 73

第二节 民国佛教的其他慈善公益思想 ……………… 75
一、兴办慈善的原因 ………………………………… 75
二、佛教的布施思想 ………………………………… 79
三、戒杀护生思想 …………………………………… 81
四、慈善教育思想 …………………………………… 86
五、总结慈善经验 …………………………………… 87

本章小结 …………………………………………………… 91

第三章 民国佛教慈善公益资金 93

第一节 民国佛教慈善公益团体的资金募捐 93
  一、资金募捐的来源 93
  二、促进募捐的方式 97

第二节 民国佛教慈善公益团体的其他资金来源 108
  一、政府的财政补助 108
  二、利息和租金收入 108
  三、实业收入 109
  四、商业收入 110
  五、其他收入 110

第三节 民国佛教慈善公益团体的资金监管 111
  一、慈善法律、法规的监管 111
  二、捐款人和社会各界的监督 111
  三、慈善公益团体的自我监管 113

本章小结 118

第四章 民国佛教慈善公益团体 119

第一节 综合性佛教慈善公益团体 119
  一、全国性佛教会 119
  二、地方性佛教会 123
  三、居士慈善组织 126
  四、寺院 132

第二节 专门性佛教慈善公益团体 136
  一、儿童慈善教育团体 136
  二、成人慈善救助团体 138
  三、放生护生团体 141
  四、其他专门性慈善公益机构 146

本章小结 150

第五章 民国佛教的慈善教育 …… 152

第一节 民国佛教孤儿院 …… 152
一、孤儿的招收 …… 152
二、教育内容和原则 …… 155
三、教育管理 …… 159
四、生活条件和权利保障 …… 161

第二节 民国佛教的其他慈善学校 …… 163
一、收费情况 …… 164
二、办学宗旨和目标 …… 165
三、教学内容和方法 …… 166
四、多样化德育手段 …… 169
五、完善的管理制度 …… 172

第三节 民国佛教的监狱教诲 …… 178
一、监狱教诲的官方支持 …… 178
二、监狱教诲社团的建立 …… 181
三、监狱教诲的三种形式 …… 183
四、监狱教诲的良好效果 …… 186

本章小结 …… 189

第六章 民国佛教界的抗日救国实践 …… 190

第一节 民国佛教徒对国内的抗日宣传 …… 191
一、对僧侣居士的号召 …… 191
二、对世俗社会的号召 …… 192
三、其他宣传内容 …… 195
四、主要宣传形式 …… 197

第二节 民国佛教徒对海外的抗日宣传 …… 199
一、海外抗日宣传的必要性 …… 200
二、海外抗日宣传的可能性 …… 202

三、海外抗日宣传的内容 ·· 204
　　四、海外抗日宣传的方式 ·· 209
第三节　民国佛教徒对日本佛教徒的宣传 ··· 212
　　一、揭露日本侵华对世界和平的危害 ··· 212
　　二、分析中日战争日本必败的原因 ·· 214
　　三、指出中日两国关系的光明大道 ·· 216
　　四、呼吁日本佛教徒制止侵略行为 ·· 218
第四节　民国佛教的其他抗日救国实践 ·· 222
　　一、参加军事训练 ·· 222
　　二、实施战地救护 ·· 226
　　三、捐献款物抗敌 ·· 231
　　四、僧人前线杀敌 ·· 234
　　五、掩护抗日将士 ·· 236
　　六、为巩固边疆献策 ··· 237
　　七、维护祖国统一 ·· 238
本章小结 ·· 239

第七章　民国佛教的慈善公益法会 ··· 241
　　一、慈善公益法会的主办形式 ··· 241
　　二、慈善公益法会的宗教仪式 ··· 243
　　三、护国息灾法会的慈善公益性质 ·· 245
本章小结 ·· 251

第八章　民国佛教的医药慈善 ·· 252
　　一、佛教医药慈善团体 ··· 252
　　二、佛教医药慈善动机 ··· 258
　　三、佛教医药慈善内容 ··· 260
　　四、医药慈善的佛教特色 ·· 270
本章小结 ·· 273

第九章　民国佛教慈善公益的评析 …… 274

第一节　民国佛教慈善公益的近代化特征 …… 274
一、地域范围的特色 …… 274
二、政教关系的特色 …… 280
三、行善主体的特色 …… 281
四、目的和理念特色 …… 286
五、资金来源的特色 …… 291
六、佛教特色鲜明 …… 291
七、阶段性特征 …… 294

第二节　民国佛教慈善公益的历史作用 …… 297
一、增强僧侣的国家认同感 …… 297
二、提高了佛教的国内地位 …… 301
三、促进社会治理和经济发展 …… 305
四、推动政府社会政策的调整 …… 309
五、促进医疗卫生事业的发展 …… 310
六、促进民族团结与协作 …… 311
七、提升中国的国际地位和国际影响力 …… 312

第三节　民国佛教慈善公益的局限性 …… 316
一、自身管理制度的不足 …… 316
二、缺乏有力的组织机构 …… 317
三、戒杀放生活动的局限 …… 318
四、带有一定的迷信色彩 …… 320

本章小结 …… 321

余　论：民国佛教慈善公益的当代启示 …… 323
一、进一步扩大慈善公益范围 …… 323
二、丰富慈善公益的资金来源 …… 324
三、提升慈善组织公信力 …… 325

四、构建有效的外部监督机制 …………………………… 326
　　五、构建良好的内部监督机制 …………………………… 326

参考文献 ……………………………………………………… 328

本项目的阶段性成果：已发表的论文 ……………………… 335

后　记 ………………………………………………………… 336

绪　论

第一节　概念阐释和选题意义

一、概念阐释

什么是"慈善"？中国慈善史研究专家周秋光先生的观点在历史学界颇具代表性，他认为，"慈善是一种社会行为，是指在政府的倡导、帮助和扶持下，由民间的团体和个人自愿组织与开展活动，对社会中遇到灾难或不幸的人，不求回报地实施救助的一种高尚无私的支持与奉献行为"。他特别指出："慈善不是政府行为，政府救人扶贫，是它应尽的职责。因为政府向人民征税，理所当然要保护纳税人的安全。"① 在社会学界，"慈善"的民间性和非政府性已成为一种共识。如郑功成指出，"慈善事业是建立在社会捐献基础之上的民营社会化保障事业"。② 《中国百科大辞典》则将慈善组织定义为"将私人财富用于公共事业的合法社会组织"。③

何为"公益"？公益，即公众或公共的利益。在中国，"公益"一词到了"五四"运动后才出现。后来人们提到"慈善"和"公益"时，一般将二者连在一起，称为"慈善公益"，这种并称在民国时就已流行。如国民政府于1935年颁布了《佛教寺庙兴办慈善公益事业规则》，其中第二条规定："如寺庙应斟酌地方之需要，兴办慈善公益事业，其范围如左：（一）关于民众教育事项；（二）关于济贫救灾事项；（三）关于育幼养老事项；（四）关于卫生医药事项；（五）关于其他慈善公益事业。"④

在当前，学术界将"慈善"和"公益"二者并称也较为通行。虽如此，二词的内涵还是有一些区别的。慈善关注的是弱势群体，而公益则使社会中

---

① 周秋光主编：《中国近代慈善事业研究》上，天津：天津古籍出版社，2013年，第37页。
② 郑功成：《社会保障学——理念、制度、实践与思辨》，北京：商务印书馆，2000年，第28页。
③ 《中国百科大辞典》编委会：《中国百科大辞典·社会学》，北京：中国大百科全书出版社，2005年，第20页。
④ 中国佛教会：《佛教寺庙兴办慈善公益事业规则》，载《北平佛教会月刊》，第1年第5期，1935年3月；黄夏年主编：《民国佛教期刊文献集成》（以下简称《集成》）第73卷，北京：全国图书馆文献缩微复制中心，2006年，第49页。

的全体人民都受益。根据《中华人民共和国公益事业捐赠法》，公益指非营利的下列事项：1.救助灾害、救济贫困、扶助残疾人等困难的社会群体和个人的活动；2.教育、科学、文化、卫生、体育事业；3.环境保护、社会公共设施建设；4.促进社会发展和进步的其他社会公共和福利事业。① 可见，公益其实包含了慈善，而慈善不包括公益。

本书所称的"民国佛教"，不仅仅指传统的寺院佛教，还包括自晚清时期就开始复兴的居士佛教。关于晚清民国居士佛教复兴的表现，本书第一章第三节有介绍。在本书中，民国佛教界慈善公益事业的范围相当广泛，从后面的研究可看出主要包括以下几类：其一，慈善救济类：主要包括济贫救灾、收容难民、捐钱施物、救助节妇、留养残废、慈幼养老、无息借贷、施舍棺木等。其二，慈善教育类：主要包括兴办学校、监狱弘法、成立感化院等。其三，医药慈善类：主要包括施医送药、战地救护、临终关怀等。其四，其他活动：包括图书借阅、为民祈禳、放生护生、植树造林、劝人惜字、公共服务、工禅农禅、掩埋尸骨、公益宣传、前线杀敌和掩护抗日将士等。

应特别指出的是，抗战时期佛教徒参加军训、战地救护、掩护抗日将士乃至上前线杀敌等护国卫教的行为也是民国佛教公益事业的重要组成部分。其理由如下：其一，所谓公益，就是使社会上的人们都受益。抗战时期佛教徒的护国卫教行为是为了保护中华民族的主权独立与领土完整，其受益者是全体爱国的中国人民，这毫无疑问属于公益事业的一部分，而且是中国人民最大的公益。其二，1935年国民政府颁布的《佛教寺庙兴办慈善公益事业规则》明确规定，慈善公益事业除了民众教育、济贫救灾、育幼养老和卫生医药，还包括"关于其他慈善公益事业"。1999年的《中华人民共和国公益事业捐赠法》指出，公益包括"促进社会发展进步的其他社会公共和福利事业"。这两部法律法规都认为公益事业包含的范围很广，凡是促使社会发展进步的事业都是公益事业的范围，民国佛教徒为全体人民谋福祉的护国卫教事业当然也在其范围之内。其三，学术界有学者也持类似的看法。如邓子美、陈兵等学者认为僧人投入群众性的抗日救亡运动是中国佛教徒在特定时期服务社会的特定方式。②

---

① 中华人民共和国中央人民政府：《中华人民共和国公益事业捐赠法》，1999年9月1日，http://www.gov.cn/ziliao/flfg/2005-10/01/content_74087.htm，2005年10月1日。
② 邓子美：《传统佛教与中国近代化——百年文化冲撞与交流》，上海：华东师范大学出版社，1994年，第273~277页。陈兵、邓子美：《二十世纪中国佛教》，北京：民族出版社，2000年，第166~167页。

二、选题意义

（一）学术价值

民国时期佛教慈善公益事业是近代慈善公益事业的重要组成部分，通过对研究现状的分析可以看出，学界在此领域的研究比较薄弱。本书克服前人零散研究的不足，对民国时期佛教慈善公益兴起和发展的背景、佛教慈善公益思想、佛教慈善公益资金、佛教慈善公益内容、佛教慈善公益团体、佛教慈善公益的特点和影响等方面进行较为系统全面的研究，并探讨社会变迁与民国佛教慈善公益发展间的关系。通过研究，能加深人们对此领域的了解，促使更多学者对近代佛教慈善公益事业进行思考和探究。

中国佛教在经历长时间的衰落后，在晚清民国时期逐渐走向复兴，兴办慈善公益事业是其融入社会、走向复兴的重要路径。中国的慈善公益组织在近代也有了明显的转型，具有类型多样化、资金来源多元化、注重公信力建设等特点。本书的研究有助于从一个新的角度加深人们对近代佛教和近代慈善公益事业转型的理解。

无论是从历史学本身的学科性质及其发展趋势来看，还是从为解决人类历史发展所提出的诸多新问题的需要来看，历史学都需要进行跨学科的研究。受国际史学界以法国"年鉴学派"为代表的跨学科研究潮流的影响，近年来我国史学界也逐渐注重跨学科研究方法的使用。本书综合运用历史学、宗教学和社会学等学科的知识进行研究，有助于跨学科研究意识的培养。

（二）现实意义

改革开放以来我国经济高速发展，人民生活水平有了很大的提高，但不可否认的是，人们的收入差距也在扩大，目前我国的基尼系数已超过国际公认的警戒线。贫富差距的扩大使得社会矛盾比较突出，这就需要包括佛教慈善公益在内的社会慈善公益事业的调节，以维持社会的稳定。通过对民国佛教慈善公益事业的研究，总结其经验教训，可为当前佛教慈善公益事业的发展提供借鉴，也有助于佛教的进一步健康发展。

当前，从政府到社会已经充分认识到慈善公益事业的积极作用。然而，由于当今慈善事业仍处于初步发展阶段，还存在着慈善组织数量少、慈善机构募捐能力弱和慈善组织的公信力差等不足，与社会的要求还有很大的差距。通过本书的研究，可使人们进一步了解民国佛教慈善公益事业的发展状况，感受当时人们踊跃参加慈善公益活动的社会氛围，有利于当前的公民思想道德建设，促进慈善公益事业的进一步发展。

第二节 学术史回顾

国外、港台地区的研究。美国学者霍姆斯从居士和出家僧侣两个层面介绍了近代中国佛教慈善公益的表现，他认为这一时期佛教界慈善公益活动的发展，正是中国佛教复兴的一大表现。① 对这一领域关注较多的是日本学者，道端良秀对民国年间中国佛教界多个慈善公益团体在日本发生地震等灾难后积极开展赈济活动进行了研究；② 小浜正子对包括佛教慈善公益在内的近代上海慈善公益事业进行了研究；③ 夫马进对中国明清直至民国的善会善堂的历史演变进行了深入的探讨，对近代时期的佛教慈善公益组织也有所涉及。④ 此外，有学者对王一亭等佛教界慈善家的慈善活动进行了探讨。如美国俄亥俄州立大学博士生戴维斯从艺术的角度探讨王一亭与日本相关的慈善活动，具体分析了王一亭在《放生图》和《乞丐与狗》两幅作品中对于佛教和慈善的理解，并借其《流民图》等作品强调他对此类主题的关注。⑤ 香港中文大学博士生张佳从"世界佛教居士林的慈善活动""笔墨下的行善与劝善""慈善领域的扶乩佛教信仰"等角度较为全面地研究了王一亭的慈善活动。⑥ 台湾学者释东初阐述了民国时期僧伽的抗战护国言论、各地僧伽救护队的成立和工作情况，以及佛教访问团、中国佛教国际步行宣传队等在海外宣传的情况，对庙产兴学运动的概况也有说明。⑦ 台湾黄运喜对包括庙产兴学运动在内的近代中国的佛教法难的历史渊源、详细过程等方面作了详细的梳理。⑧ 台湾学者康豹则认为王一亭积极参与灾难救济和佛教活动"并不是对于国家权力的反应，而是个人宗

---

① [美]霍姆斯·维慈:《中国佛教的复兴》，王雷泉等译，上海:上海古籍出版社，2006年。
② [日]道端良秀:《中国佛教与社会福利事业》，关世谦译，高雄:佛光出版社，1981年。
③ [日]小浜正子:《近代上海的公共性与国家》，葛涛译，上海:上海古籍出版社，2003年。
④ [日]夫马进:《中国善会善堂史研究》，伍跃、杨文信、张学锋译，北京:商务印书馆，2005年。
⑤ Walter B. Davis, Wang Yiting and the Art of Sino – Japanese Exchange, Ph. D Dissertation, Ohio State University, 2008, pp. 161–173.
⑥ 张佳:《上海绅商居士的宗教生活与佛教现代化转型——以王一亭(1867—1938)为个案》，博士学位论文，香港中文大学哲学系，2014。
⑦ 释东初:《中国佛教近代史》，台北:中华佛教文化馆，1974年，第72~77、131~164、933~954页。
⑧ 黄运喜:《中国佛教近代法难研究(1898~1937)》，台北:法界出版社，2006年。

教奉献的深刻表达"。① 虽然康豹的这一观点有进一步商榷的余地,但从佛教活动和救赎团体关系的角度进行研究还是颇有见地的。

　　大陆地区关于佛教慈善公益事业的研究成果出现较早,早在民国时期已有少数学者对佛教慈善公益事业进行了开创性的研究。关于古代佛教的慈善公益事业,全汉升和何兹全各有一篇文章涉及。这两篇文章的主要内容可概括为,中古时期佛教寺院慈善公益活动主要包括济贫赈灾、治病(眼疾、脚疾、头风、伤寒、难产)、劝诫少数民族统治者不要残杀百姓和宣传慈善事业等。② 关于民国时期对当时佛教慈善公益的研究,目前所见的少数几篇文章主要是佛教界慈善家对自己慈善活动的回忆录。如高鹤年居士的《由终南山往京津勘灾放赈回终南略记》就是对他本人在1917年京津水灾中的慈善救济活动的一个回忆。思归子曾代理泉州开元慈儿院院长职务,他曾就开元慈儿院的相关情况写有回忆录。回忆录的主要内容包括,从教育程度上看,开元慈儿院相当于高初两级小学,学制为六年;该院的最高管理机关为联合董事会;该院的经济来源包括政府少量补助、基金生息、儿童生产和社会捐助等。③ 应该说,这一时期对民国佛教慈善公益事业的研究还没有真正开始。

　　从新中国成立后直到十一届三中全会前,大陆地区对包括佛教慈善公益事业在内的慈善公益事业的研究陷于停滞。正如周秋光先生所指出的那样,这一时期由于过分强调意识形态领域的斗争,人们对慈善事业的认识存有偏见。人们将外国传教士在华兴办的慈善组织一概斥为帝国主义侵华的工具,将明清至近代为数众多的慈善组织及其活动认为是地主阶级伪善的表现。④ 在这样的认识之下,对历史上的慈善公益事业不可能有实事求是的研究。十一届三中全会以后,学术研究迎来了春天,随着宗教史、社会史等领域研究的发展,关于民国佛教慈善公益这一话题也出现了不少成果。以下从民国佛教慈善公益的内容、团体、代表人物等几个方面进行概述。

---

① 康豹著:《一个著名上海商人与慈善家的宗教生活——王一亭》,刘永中译,见巫仁恕、康豹、林美莉主编:《从城市看中国的现代性》,台北:中央研究院近代史研究所,2010年,第275~296页。
② 全汉升:《中古佛教寺院的慈善事业》,载《食货》,第1卷第4期,1935年1月。何兹全:《中古时代之中国佛教寺院》,载《中国经济》,第2卷第9期,1934年9月。
③ 思归子:《办理佛教慈善工作三十年来之经过》,载《佛教公论》复刊,第17期,1947年8月1日;黄夏年:《集成》第82卷,北京:全国图书馆文献缩微复制中心,2006年,第298页。
④ 周秋光、曾桂林:《中国慈善简史》,北京:人民出版社,2006年,第19页。

一、关于民国佛教慈善公益内容的研究

(一)护国卫教

抗日战争是全民族的反侵略战争,民国佛教徒的护国卫教活动主要体现在抗战时期。在这场民族救亡运动中,中国佛教徒发扬爱国爱教的优良传统,以大无畏的精神勇赴国难,用智慧与慈悲唤醒民众的救国情怀,在中华民族的反侵略史上写下了光辉的一页。学者们从不同的角度对这一问题进行了探讨。

1. 对护国卫教的总体概述

在抗战时期,僧人投入群众性的抗日救国运动是中国佛教徒在特定时期服务社会的特定方式。这种特殊方式体现在三个方面,有学者对此进行了概述。其一,从事战地救护与难民救济,如中国佛教会灾区救护团组织僧侣救护队、僧伽战地慰劳队、服务团、宣传队、尸体掩埋队、难民收容所、伤兵医院等。其二,举办护国息灾法会,这些法会对于号召信仰佛教的民众为抗战出资出力、悼念死难将士同胞及安抚其家属具有动员会、追悼会的功能。其三,培训难民直接参加反侵略战争,上海、湖南僧俗在收容难民的同时,挑选了部分青壮年难民加以培训,分别送赴抗日战场。① 林小波指出,面对在日寇的炮火和屠刀下众生惨烈、三宝遭劫的旷古厄难,中土佛门挺身怒吼,救世护法,回真向俗,擘划红尘,积极投入到抗日的爱国洪流之中。爱国僧侣护国卫教的主要表现有战地救护与难民救济、海外筹款与外交宣传、举办法会与护国护生、培训难民与直接从戎等。② 还有学者指出,与日本佛教被全面纳入军国主义的战时体制不同,中国佛教徒积极参加抗战的同时仍遵循佛教宗旨。抗战时期国民政府要求僧尼参加军事训练,在太虚等人的请求下,改为僧尼特组训练,偏重于战地救护。③

2. 藏传佛教僧人的护国卫教

在国难当头、民族危亡之时,中国藏传佛教界没有沉默,一批爱国爱教的僧人投入到这场轰轰烈烈的战争之中。他们以"大雄大悲大力"之佛教精神,与全国各族人民一道,同仇敌忾,团结合作,为夺取抗日战争的最后胜利作出了不可磨灭的贡献。学者喜饶尼玛对藏传佛教僧人的护国卫教

---

① 邓子美:《传统佛教与中国近代化——百年文化冲撞与交流》,上海:华东师范大学出版社,1994年,第273~277页。陈兵、邓子美:《二十世纪中国佛教》,北京:民族出版社,2000年,第166~167页。
② 林小波:《抗日战争时期的中国佛教界》,载《中国宗教》,2002年第3期。
③ 邓子美:《传统佛教与中国近代化——百年文化冲撞与交流》,上海:华东师范大学出版社,1994年,第273~277页。

行为进行了研究。

喜饶尼玛指出,藏传佛教僧人在严酷的战争面前,清醒地认识到只有与各民族人民紧紧地维系在一起,才能拯救祖国,最终拯救自己。他们积极投身抗日活动,与全国各族人民一道,同仇敌忾,捐款捐物。同时,藏传佛教高僧也通过抗战活动消除前嫌,增强了内部的团结。他们的行为进一步促进了全国各族人民的团结与协作,增强了中华民族的凝聚力。① 在20世纪30年代,日本侵略东北和华北,班禅大师作为国民政府西陲宣化使积极进行宣化活动。他在蒙古族民众中宣传国民政府的政策,了解民情,在上层王公和盟长中防止日本诱降。这些活动起到了维系边疆民族团结、坚定抗战胜利信心的作用。②

3. 区域性的护国卫教活动

五台山是我国著名的佛教圣地,抗战时期也是八路军创建的晋察冀抗日革命根据地的中心。在共产党抗日民族统一战线的感召下,五台山僧人为抗日救国作出了很大的贡献。山西学者谢音呼认为五台山僧人在抗战中的贡献包括这样一些方面:支持共产党和八路军,创建晋察冀抗日根据地;响应共产党的号召,积极参加抗日民族统一战线;发扬爱国传统,成立五台山佛教救国会;建立僧人武装,上前线杀敌;冒死献机枪,支援八路军抗击日军;与日军进行公开合法的斗争,保护抗日人员;反抗日伪压榨,舍身保护寺庙文物;掩护八路军战士,为抗日干部站岗放哨,传递情报;为抗日指战员提供食宿,做好后勤保障。③

唐国英认为,抗日战争期间桂林佛教界的爱国救亡活动包括号召佛门弟子成立广西佛教会、宣传佛祖舍身降魔的积极入世精神、创办进步刊物、口诛笔伐日本帝国主义的侵略行径等,在抗日民族统一战线中形成了一支有生力量。④ 全面抗战爆发后,中国佛教会号召全国的佛教徒参加抗日救国工作,并组织中国佛教会灾区救护团京沪僧侣救护队、僧侣掩埋队。葛壮指出,在中国佛教会的感召下,上海佛教界在抗战军兴后安置难民等方

---

① 喜饶尼玛:《论战时藏传佛教界僧人的抗日活动》,载《抗日战争研究》,2003年第2期。
② 喜饶尼玛、扎西才旦:《试析抗日救亡运动中九世班禅在内蒙古的宣化活动》,载《内蒙古师范大学学报》(哲学社会科学版),2005年第5期。
③ 谢音呼:《五台山僧众抗日斗争史略》,太原:山西人民出版社,2002年。谢音呼:《五台山在中国革命史上的崇高地位》,载《忻州师范学院学报》,2005年第3期。王福应、管军:《党的抗日民族统一战线政策与五台山僧人在抗日战争时期的历史贡献》,载《忻州师范学院学报》,2000年第4期。
④ 冯力行、唐国英:《抗日战争期间桂林佛教界的爱国救亡运动》,载《桂林市教育学院学报》,1999年第1期。

面做了大量的工作,佛教居士屈映光等组建上海慈联会,救助难民。①

4. 护国卫教其他方面的研究

曾友和简要介绍了中国佛教访问团组建的背景、经过以及访问缅甸、印度、新加坡、越南等地的概况,指出佛教访问团在国外的抗日宣传主要体现在揭露日军侵华暴行、介绍中国抗战状况和呼吁海外华侨支援祖国抗战等各方面。② 抗日战争不仅仅是中国人民反抗日本军阀侵略的战争,多国佛教界人士也都卷入其中。李少兵认为,民国佛教界爱国人士对日本侵华原因进行了分析,并批判其侵华理论。为解除教内人士的顾虑,他们引证佛经,说明杀敌护国并不违背佛教戒律;对于战时日本佛教界为虎作伥、助纣为虐的行为,他们还进行了抨击。③

(二) 慈善教育

熊希龄是民国时期著名的佛教居士,他弃政后大力兴办慈善教育,创办香山慈幼院,使该院成为当时首屈一指的佛教慈善教育团体。学界对民国佛教慈善教育团体的研究主要集中在香山慈幼院。

周秋光通过发掘海内外大量的报刊文献等档案资料编辑了《熊希龄集》,对该文集中的相关史料加以爬梳分析,撰有《熊希龄与慈善教育事业》等著。这些著作对香山慈幼院各方面的情况作了详细的研究。周秋光认为,香山慈幼院兼有慈善学校和教育试验场所的双重性质,最终发展成为一个包含婴儿园、幼儿园、小学、中学(包括中职、中师、普通中等教育)及大学的完整的教育系统。该院在办学方针与方法上独具一格,注重职业教育、注重实际训练、注重儿童社会化习惯的养成、注重儿童才能的培养。周秋光还总结了该院成功的一些经验,如个人与社会相结合的办学形式,面向农村、服务社会的办学方针,学校、家庭、社会三位一体的教学生活,重视婴幼教育、并注意采用恰当的教育方法,这些经验在当代仍有一些借鉴价值。④

一些学者对熊希龄的慈善教育理念进行了探讨。梅汝莉指出,"近代慈善之父"熊希龄在创办和主持香山慈幼院过程中所秉持的慈善教育理念弥足珍贵。这些理念包括:贫富均等的教育思想,捍卫教育的公益性;"以身许国",毁家兴学,奠定了我国慈善教育事业的思想基础;创建了"小家庭

---

① 葛壮:《宗教与近代上海社会的变迁》,上海:上海书店,1998年,第231~238页。
② 曾友和:《"中国佛教访问团"走出国门宣传抗日》,载《四川档案》,2012年第4期。
③ 李少兵:《抗日战争时期中国佛教界抗敌思想研究》,载《史学月刊》,2000年第4期。
④ 周秋光:《熊希龄与慈善教育事业》,长沙:湖南教育出版社,1991年。周秋光:《熊希龄传》,北京:华文出版社,2014年。周秋光:《熊希龄:从国务总理到爱国慈善家》,长沙:岳麓书社,1996年。

制"教养方式,弘扬"天伦之教"的慈善教育传统;将普通教育与职业教育相融合,体现了现代教育的发展趋势。① 实业教育是熊希龄慈善教育事业的一个组成部分,李金荣认为熊希龄的实业教育理念在今天仍有借鉴价值,这些理念包括:实业与实业教育是富民强国的唯一手段;现代实业是建设强大国家和强大军事实力的唯一道路;实业教育是实业发展最重要的保障;实业教育必须有扎实过硬的实践操作;大力支持实业教育是政府必须担负的责任。② 李葳利用档案、报刊及回忆录等考察香山慈幼院在慈善教育方面的实践,试图从中了解慈善教育的现代转型。他认为香山慈幼院是民国时期慈善教育现代转型的一个缩影。这种转型主要体现在从"重养轻教"转向"教养兼施"。这种转变对推动中国社会进步是十分必要的。③

为民国慈善教育事业作出巨大贡献的熊希龄居士有丰富的慈善教育思想,周秋光对此进行了研究。他认为,熊希龄的慈善教育思想具有三个方面的特征:一是重视宗教,以宗教作为改造世道人心的工具;二是重人道、轻名利、尽义务,以此三者作为办理社会慈善的精神和原则;三是重视教育,以教育作为慈善事业的主要面向。熊希龄的慈善教育思想内容极为丰富,最具特色的是其慈幼教育思想,最能反映其本质特征的就是贫富均等的教育观。他把自己创办的香山慈幼院看作当时不合理的教育制度的一种补救,尽可能地让贫民的孩子享受当时最新式与最先进的教育。他认为儿童是教育的根本,把儿童教育提高到卫国存种的高度看待。④

民国时期,许多佛教寺院开办了孤儿院,泉州开元慈儿院是其中著名的一个。王荣国分析了圆瑛法师与开元慈儿院的关系。他指出,该院在招生对象、人数、教学与师资选聘等方面都体现了圆瑛法师的办学思想。为了使慈儿院能长期延续下去,圆瑛法师提出设立"常年基金"的设想,他不但呼吁社会各方伸出援助之手,还不辞劳苦赴南洋募捐,为慈儿院的维持作出了巨大的贡献。⑤ 郑东升指出,在北洋政府时期宗教文化勃兴的一个主要表现就是宗教慈善事业大规模、全方位地展开。包括佛教在内的宗教界人士广泛设立育婴堂、开办孤儿院、创设盲童学校和聋哑学校等慈善教

---

① 梅汝莉:《八十年前的"裸捐":熊希龄创办香山慈幼院的启迪》,载《中小学管理》,2011年第5期。
② 李金荣:《对清末民初一个实业教育范本的解读——对熊希龄实业教育思想与实践的观照》,载《广东技术师范学院学报》,2009年第6期。
③ 李葳:《从香山慈幼院看慈善教育现代转型》,载《兰台世界》,2013年8月上旬刊。
④ 周秋光:《论熊希龄的慈善教育思想》,载《湖南师范大学教育科学学报》,2008年第4期。周秋光:《熊希龄传》,北京:华文出版社,2014年,第499~505、420~446页。
⑤ 王荣国:《圆瑛法师与泉州开元慈儿院》,载《宗教学研究》,2005年第1期。

育团体,这些都在一定程度上解决了当时中国的某些社会问题,促进了中国社会进步。①

(三)其他慈善公益内容

慈善救济。周秋光指出,熊希龄作为近代中国著名的慈善家为赈灾济贫作出了重要贡献,主要包括1917年主持顺(天)直(隶)救灾,1920年组建中国北方救灾总会、筹赈北方五省特大旱灾,常年赈济湘省,救济京师贫民老弱,组织世界红卍字会等。他主张慈善团体联合办赈、强调救济时分别轻重缓急、突出积极慈善以及在社会大背景下筹划慈善,同时重视灾情的准确掌握、呼吁减轻民众负担以及要求办赈人员操行高尚等,这些都是他多年办赈的经验结晶。②

医药慈善。李铁华对民国佛教界的医药慈善事业进行了概述。他指出,当时佛教界人士通过开设医院、诊所、创设药厂、研制方药、创办媒介传播医药知识、普及卫生常识,建立战时僧侣救护队救护伤病员、掩埋尸体等途径积极融入社会,对中国传统医药事业的发展也产生了重要影响。③

二、关于民国佛教慈善公益团体的研究

民国时期居士佛教兴盛,居士佛教慈善公益团体是学者们关注的重点。唐忠毛对民国年间上海居士佛教慈善团体作了总体的研究。他认为,在近代社会转型的背景下,民国上海居士佛教慈善在形式上已经突破了传统局限,有较为细致的操作程序与财务监督机制,形成了自身的基本运作模式。④ 他还分析了民国时期上海居士佛教慈善团体兴盛的内因和外因,阐述了这些居士团体慈善活动的主要形式,研究了当时上海居士慈善资金的来源、慈善运作模式等。他认为民国时期上海居士佛教慈善的发展是中国近代佛教转型的重要体现。⑤

上海佛教居士林是近代中国最早建立的居士佛教团体,它后来分成世界佛教居士林和佛教净业社,后两者都成为上海著名的佛教慈善组织,高

---

① 郑东升:《北洋时期的宗教慈善事业研究》,载《昆明理工大学学报》(社会科学版),2007年第6期。

② 周秋光、向常水:《论民国北京政府时期熊希龄与湖南的慈善救济》,载《湘潭大学学报》(哲学社会科学版),2009年第2期。

③ 李铁华:《民国时期都市佛教的医药慈善事业》,载《中医药文化》,2013年第2期。

④ 唐忠毛:《民国上海居士佛教慈善的运作模式、特点与意义》,载《社会科学》(上海),2013年第10期。

⑤ 唐忠毛:《中国佛教近代转型的社会之维——民国上海居士佛教组织与慈善研究》,桂林:广西师范大学出版社,2013年,第169～230页。

振农、张佳等对它们都进行了研究。世界佛教居士林的慈善公益活动包括创办小学校、建立公益图书馆、设立施医处和施材处、举办赈灾会等等。世界佛教居士林对于团结上海佛教居士界、推动近代上海佛教的复兴都有重大作用,在上海近代佛教发展史上具有重要地位。① 佛教净业社设有放生会,并建立净业教养院、启建盛大法会,在慈善公益事业方面颇有建树。② 陈临庄指出,上海佛教净业社开办的教养院在20世纪40年代先后收容、教育了3000余名难童、流浪儿,把他们培养成对社会有用之人,其中一部分人后来走上了革命道路,有些人还成长为我党和军队的中高级干部或有关方面的专家。该院还接纳、掩护了一大批中共地下党员、革命战士和爱国学生,为党和人民作出了重要贡献。③

佛教正信会是太虚将其佛教改革思想付诸实践的一个重要体现。黄夏年认为,长沙佛教正信会的成立,标志着太虚《整理僧伽制度论》中的部分想法得到正式实施,它是开启现代中国居士佛教运动的一个重要组织,对后来佛教的发展产生深远影响。④ 此外,张康临对汉口佛教正信会慈济团进行了研究。指出该团从事的慈善事业包括救灾济贫扶困、利生送诊施药、赠米散衣、战地救护受伤兵民和掩埋尸体等等,这些活动典型地体现了佛教的救世精神。⑤

苏州隐贫会是近代又一重要的居士佛教慈善团体。冯筱才认为,隐贫会与普济堂、育婴堂、清节堂等传统的收容留养型的慈善团体相比,活动范围扩大,不限于苏州地区;救济对象多样化;救济活动更加丰富。隐贫会在救济领户的同时,更注重从根本上帮其改变困境。冯筱才指出,隐贫会的结局说明,在近代中国,个人兴办的慈善事业需要政府和社会的支持。⑥ 阮仁泽对民国上海佛教慈幼院、上海佛教公墓、慈联会救济战区难民委员会、佛教医院、上海佛教同仁会、上海佛教火葬场、佛光疗养院等佛教慈善团体的慈善活动作了简介。⑦

夏金华通过对民国时期上海佛教团体的慈善公益事业与现代寺院慈

---

① 高振农:《民国年间的上海世界佛教居士林》,载《法音》,1990年第6期。张佳:《中国近代居士佛教团体研究——以上海世界佛教居士林为例》,硕士学位论文,中国人民大学哲学院,2011年。
② 高振农:《民国年间的上海佛教净业社》,载《法音》,1990年第5期。
③ 陈临庄:《赵朴初与他的净业教养院》,载《纵横》,2010年第3期。
④ 黄夏年:《太虚大师与长沙佛教正信会的成立》,载《佛学研究》,总第19期,2010年。
⑤ 张康临:《汉口佛教正信会的慈济团》,载《武汉文史资料》,1994年第2辑。
⑥ 冯筱才:《民初江南慈善组织的新变化:苏城隐贫会研究》,载《史学月刊》,2003年第1期。
⑦ 阮仁泽、高振农主编:《上海宗教史》,上海:上海人民出版社,1992年,第318~326页。

善活动在救助对象、种类和方式、从事救助的主体、慈善团体组织运作方式等五个方面进行比较,得出了以下结论:从社会动员能力、专业性、规范性和实际效用等方面来看,民国时期的居士团体显然比现在寺院的慈善活动做得更有水平,更值得后者仿效和学习。通过研究,他认为当代慈善事业应特别注意以下三个方面:一是民间的慈善行为应由民间团体来做,政府不应该也无必要越俎代庖;二是佛教界的慈善活动应进一步融入民间慈善网络之中;三是放生行为应当遵循自然规律,避免好心办坏事。①

三、关于民国佛教慈善公益人物的研究

太虚法师是民国时期佛教界的风云人物,有丰富的慈善公益思想和实践活动。郭朋所著《太虚思想研究》对太虚法师的人间佛教服务社会思想和僧伽制度改革思想介绍得比较充分,这些思想为太虚法师慈善公益思想的形成奠定了基础。② 李明对太虚法师的慈善思想作了较为系统的研究。他认为这些思想包括:佛教慈善是近代佛教复兴的重要标志,佛教慈悲精神对国家民族复兴和世界和平都有重要意义;佛教慈善是佛教革新思想的重要内容。李明认为,太虚法师的人间净土理论为近代以来的佛教慈善事业作了新的理论补充,促进了佛教慈善事业的发展,其契理契机的慈善理念同样也蕴含了近代特殊历史背景下的爱国主义思想,佛教慈善与佛教教育的紧密结合也构成了近代佛教慈善事业的新特点。③ 刘聪指出,作为近代佛教革新运动的主要代表,太虚法师顺应近代中国社会现实的变化,在庙产兴学运动和日本、锡兰(今斯里兰卡)等国佛教界开展慈善事业等因素的影响下,积极倡导佛教慈善事业。在理论层面,太虚法师认为佛教开展慈善事业的佛法基础是大乘佛教的慈悲精神和因果报应论,并回答了佛教徒从事慈善活动时面临的戒律问题。在实践层面,太虚法师注重制度的设计,以具体的实践规划落实佛教慈善事业。④ 此外,多名学者关于太虚法

---

① 夏金华:《民国时期上海佛教团体慈善公益事业与现代寺院慈善活动的比较研究》,载《南京晓庄学院学报》,2009年第5期。
② 郭朋:《太虚思想研究》,北京:中国社会科学出版社,1997年。
③ 李明:《太虚大师与佛教慈善》,载《黄冈职业技术学院学报》,2011年第5期。
④ 刘聪:《太虚的佛教慈善观》,载《宗教学研究》,2013年第4期。

师的研究成果对其慈善公益思想和实践也有所涉及。①

高鹤年是民国时期著名的佛教居士,同时也是一位为赈灾救难而四处奔波的慈善家。纪华传、安修对高鹤年的慈善生涯进行了研究。他们指出,高鹤年的救灾足迹北至陕甘,南至湖南,几乎遍及全国;在高鹤年的救灾活动中,以京津勘灾放赈、苏北旱灾赈济和辛未救灾最为典型、影响最为深远。在高鹤年的慈善事业中,创办刘庄贞节院,是他一生中备受人称道的善举。②

吴兴洲认为,在常人的眼中显得有点悭吝的印光法师把大量的精力和财物投入到扶危济困、救助鳏寡孤独、戒杀放生等慈善公益活动中,对中国近代佛教慈善公益事业的发展作出了积极的贡献。③ 王海男指出,印光法师的慈善思想包括:大德曰生、大道曰慈;关注现实、关心弱者;护国息灾、扶危济困;三施并行、共成佛道;在生活中积极践行这些思想。④

曾桂林将熊希龄居士与张謇二人的慈善事业作了比较。他认为,此二人都毕生致力于慈善事业,顺应时代潮流趋势,注重采用积极救济方式,实施工赈工程,创设慈善教育团体,并获得相当效果;同时,他们在办理慈善事业中也在动机、经费、影响等方面存有差异。这些异同,一方面与当时的社会环境有关,另一方面与他们各自的经历也不无关系。这些差异反映出近代慈善家行善理念的多层化。⑤

王一亭居士是近代著名的实业家、慈善家和书画家,而且与政界人士也有密切的联系。这些身份使他的慈善公益事业颇具特色。学界对其慈善公益活动的研究集中在这样几个方面:出资兴办各类慈善团体;资助或主持已有慈善团体开展救济活动;以沪上商界领袖身份发起各类赈灾活

---

① 明立志、潘平编:《太虚大师说人生佛教》,北京:团结出版社,2007年。李虎群:《太虚建僧研究》,博士学位论文,北京大学哲学系,2004年。罗同兵:《太虚对中国佛教现代化道路的抉择》,成都:巴蜀书社,2003年。陈永革:《人间潮音——太虚大师传》,杭州:浙江人民出版社,2003年。邓子美:《太虚大师全传》,台北:慧明文化事业公司,2002年。李明友:《太虚及其人间佛教》,杭州:浙江人民出版社,2000年。郭朋:《太虚思想研究》,北京:中国社会科学出版社,1997年。洪金莲:《太虚大师佛教现代化之研究》,台北:东初出版社,1995年。江灿腾:《太虚大师前传》,台北:新文丰出版公司,1993年。

② 纪华传、安修:《高鹤年居士与近代慈善事业》,载《法音》,2010年第8期。

③ 吴兴洲:《论印光大师对中国近代佛教慈善事业的贡献》,载《渭南师范学院学报》,2013年第11期。

④ 王海男:《印光法师的慈善思想及实践》,见秋爽、姚炎祥主编:《第三届寒山寺文化论坛论文集·2009》,上海:三联书店出版社,2009年,第525~537页。

⑤ 曾桂林:《殊途同归 善与人同:张謇与熊希龄慈善事业之比较》,载《科学、经济与社会》,2011年第3期。

动;积极参与和赞助各类救济赈灾活动;以海派艺术巨擘和海上艺坛盟主的身份,引领海上艺术家们投身慈善事业,成为海派艺术家慈善的领头雁;在国民政府中担任负责救灾的官职,这些职位包括中央救赈准备金保管委员会委员长、国民政府赈灾委员会常务委员兼驻沪办事处主任、浙江水灾筹赈委员会筹赈委员兼筹募委员会主任、浙江水灾筹赈委员会驻沪办事处副主任、直鲁赈灾委员会委员、上海市救济院院长等。此外,他还救助日本震灾,在淞沪会战时救济难民。① 黄涵之也是民国时期上海知名的慈善家。陈姣燕指出,黄涵之居士曾任上海多个慈善团体的董事。其慈善活动涉及救济、教育、公益事业等各个领域,是妇孺皆知的大慈善家。②

四、关于民国佛教慈善其他方面的研究

近代区域佛教慈善公益。陆德阳归纳了近代上海佛教慈善事业的基本特征,这些特征包括:重视慈善事业的社会性、公益性;居士群体的广泛参与;佛教新团体之间的整合;慈善经费的筹集有新举措;慈善事业的多样化。他指出,在鼓励和规范宗教界从事慈善公益事业的当今时代背景下,探讨近代上海佛教慈善事业的基本特征有着重要的现实意义。③ 孙浩然从汉传佛教、南传佛教和藏传佛教三个角度研究了近代云南的佛教慈善。他指出,近代云南汉传佛教慈善属于事业型慈善,具体表现为从清朝末年就开始的大量寺庙田产用于开办义学。到了民国时期,这些慈善事业融入近代思潮而出现转型,成为佛教与社会相适应的重要契机。近代云南的南传佛教与藏传佛教慈善更注重信徒的个人修养,在部分民族和特定区域中具有全民信仰的特征,同信徒日常生活息息相关,可称之为生活型慈善。近代云南佛教慈善事业发扬了佛教"慈悲济世"的精神,都是推动佛教融入社会的重要契因。④

民国佛教慈善公益发展的原因。有学者指出,清末民国时期佛教慈善公益事业的兴盛,与以太虚法师为代表有远见的佛教领袖自觉地适应急剧变化的时代形势、积极提倡服务人群的宗教精神是分不开的,也与各地僧俗逐步从现实中醒悟、热烈响应分不开。此外,在清末民国时期,民族工商业者及追随他们的市民迫切需要接纳近代文明的民族宗教支撑,他们成立

---

① 陈祖恩、李华兴:《白龙山人——王一亭传》,上海:上海辞书出版社,2007年,第145~172页、第213~234页、第235~236页。沈文泉:《海上奇人王一亭》,北京:中国社会科学出版社,2011年,第83~110页、第248~262页。
② 陈姣燕:《论民国时期黄涵之慈善事业》,载《忻州师范学院学报》,2011年第4期。
③ 陆德阳:《近代上海佛教慈善事业的基本特征》,载《中国宗教》,2012年第12期。
④ 孙浩然:《云南佛教慈善历史论略》,载《遵义师范学院学报》,2014年第1期。

了居士佛教团体,以自身雄厚的经济实力为基础,大力兴办慈善公益事业。① 曹敏华认为,伴随着抗日战争由局部抗战到全面抗战的发展,中国佛教界逐渐以各种不同的方式开展抗日救国斗争。这一历史现象是千百年来中国佛教文化演化的结果,也是大乘佛教积极入世、注重利益社会人群之精神在特定历史时期的凸显;爱国思想是佛教徒奋起抗战的内在动力;日本佛教界的大部分教派追随军国主义、助纣为虐,则是促使中国佛教界奋起抗战的外在因素。②

民国时期的佛教慈善公益法制。晚清民国时期是我国慈善事业发展的转型时期。在这个转型时期里各种社会组织积极参与慈善事业,既给慈善事业发展带来了更多的机会,也给慈善事业管理提出了新的挑战。因此对慈善团体的规范管理,显得尤为迫切。曾桂林认为,本着扶持与监督相结合的原则,民国时期南京政府先后制定了《监督慈善团体法》等一系列法律、法规,对监督包括佛教慈善团体在内的各类慈善团体以保障慈善事业健康发展起到了一定的积极作用,其中许多历史经验和教训在当代的慈善立法中也是值得参考和借鉴的。特别是1935年颁布的《佛教寺庙兴办慈善公益事业规则》将佛教寺庙这一传统慈善主体纳入监管范围,对其实施有效的财务监督。③

此外,周秋光主编的《中国近代慈善事业研究》以一章的篇幅对民国佛教的慈善教育、赈灾济贫、义诊施药、掩埋尸骸等慈善公益活动有所涉及,并概述了冶开法师、圆瑛法师、王一亭居士、朱庆澜居士、高鹤年居士等人的慈善公益活动,认为近代佛教慈善公益活动从宗派上看以净土宗的贡献最大,居士成为重要力量,慈善公益事业的内容与传统佛教相比更加丰富。④ 陈金龙从庙产管理中的冲突与调适、庙产兴学中的政教关系、南京国民政府与僧伽制度的管理等角度阐述了民国佛教慈善公益事业发展的外部环境。⑤

---

① 陈兵、邓子美:《二十世纪中国佛教》,北京:民族出版社,2000年,第126~133页。
② 曹敏华:《抗战时期中国佛教界抗日救国斗争论析》,载《湖北行政学院学报》,2003年第5期。
③ 龚汝富:《民国时期监督慈善团体立法及其启示》,载《法商研究》,2009年第5期。
④ 周秋光主编:《中国近代慈善事业研究》下,天津:天津古籍出版社,2013年,第873~915页。
⑤ 陈金龙:《南京国民政府时期的政教关系:以佛教为中心的考察》,北京:中国社会科学出版社,2011年,第22~106页、第148~199页。

五、关于民国其他慈善公益事业的研究

民国时期除佛教慈善公益事业外,其他慈善公益事业也很发达,学界关于其他慈善公益事业的成果也能为本课题的研究提供借鉴。现将学界关于民国时期其他慈善公益事业的主要专著罗列如下:

关于中国红十字会的研究成果:池子华、杨国堂等《百年红十字》(安徽人民出版社 2003 年版),池子华《红十字与近代中国》(安徽人民出版社 2004 年版),池子华、郝如一《近代江苏红十字运动(1904—1949)》(安徽人民出版社 2007 年版),张玉法主编《中华民国红十字会百年会史(1904—2003)》(台湾红十字总会 2004 年刊印),张建俅《中国红十字会初期发展之研究》(中华书局 2007 年版),周秋光《红十字会在中国(1904—1927)》(人民出版社 2008 年版)。

关于区域性慈善公益事业的研究成果:赵宝爱《慈善救济事业与近代山东社会变迁:1912—1937》(济南出版社 2005 年版),任云兰《近代天津的慈善与社会救济》(天津人民出版社 2007 年版),孙善根《民国时期宁波慈善事业研究(1912—1936)》(人民出版社 2007 年版),王春霞、刘惠新《近代浙商与慈善公益事业研究(1840—1938)》(中国社会科学出版社 2009 年版),王娟《近代北京慈善事业研究》(人民出版社 2010 年版),周秋光、张少利、许德雅等《湖南慈善史》(湖南人民出版社 2010 年版),黄鸿山《中国近代慈善事业研究——以晚清江南为中心》(天津古籍出版社 2011 年版),黄雁鸿《同善堂与澳门华人社会》(商务印书馆 2012 年版)。此外,周秋光《中国近代慈善事业研究》对近代中国的华北、华东、华中、华南、东北、西南、西北和港澳台地区的慈善公益事业进行了研究。

其他慈善公益组织:王德春《联合国善后救济总署与中国(1945—1947)》(人民出版社 2004 年版),蔡勤禹《民间组织与灾荒救治——民国华洋义赈会研究》(商务印书馆 2005 年版),周秋光、曾桂林《中国慈善简史》(人民出版社 2006 年版),朱浒《地方性流动及其超越:晚清义赈与近代中国的新陈代谢》(中国人民大学出版社 2006 年版),朱浒《民胞物与:中国近代义赈(1876—1912)》(人民出版社 2012 年版)。此外,周秋光《中国近代慈善事业研究》对晚清的义赈组织、华洋义赈会、北京香山慈幼院、世界红卍字会、各省慈善总公所与救济院、近代道教慈善组织、近代基督教慈善组织进行了研究。

相关论文集:张学明、梁元生主编《历史上的慈善活动与社会动力》(香港教育图书公司 2005 年版),冼玉仪、刘润和主编《益善行道——东华三院

135周年纪念专题文集》(三联书店有限公司2006年版),周秋光《近代中国慈善论稿》(人民出版社2010年版),蔡勤禹、李娜《民国以来慈善救济事业研究》(天津人民出版社2010年版),池子华《中国红十字运动史散论》(安徽人民出版社2009年版),池子华、郝如一主编《红十字运动与慈善文化》(广西师范大学出版社2010年版)。

六、已有研究成果的不足

综上所述,学界在民国佛教慈善公益研究方面已取得了一些成果,能为本课题的研究提供借鉴。通观这些成果,本人认为还存在以下不足:

第一,在史料使用上,已有成果多使用民国佛教界知名人士的年谱文集、地方志材料等,而对出版时间相对较晚但佛教慈善公益资料非常丰富的民国佛教报刊资料很少使用。

第二,在研究内容上,目前已有的民国佛教慈善公益研究成果主要集中在慈善公益活动的内容、慈善公益团体和佛教界慈善公益代表人物等三大方面。对佛教慈善公益活动内容的研究主要集中在护国卫教、慈善教育两个层面,且主要是对一些个体进行了探讨。关于佛教慈善公益团体也仅仅是研究了少数几个团体。应该说,民国佛教慈善公益这一课题可研究内容的范围很广。例如,社会变迁与民国佛教慈善公益发展的关系,民国佛教慈善公益的思想、资金来源、特点、影响等方面都很值得我们去开拓。

就是学界的研究成果已经涉及的几个方面,也都有很大的研究空间。例如,民国佛教的医药慈善、在监狱的佛法教诲、护国息灾法会等内容学界基本没有涉及;又如,全面抗战时期,爱国僧人突破了传统佛教教义的束缚,秉承护国卫教的宗旨,宣传抗日,救护伤兵和难民,有的僧人甚至拿起武器直接和日本侵略者战斗。支撑这些爱国护教行为的理论基础有哪些内容?又是怎样形成的?这些问题都值得去进一步探究。当前,对民国佛教慈善教育的研究成果主要集中在熊希龄创办的香山慈儿院上,但是我们知道,作为离任的北京政府内阁总理的熊希龄其社会地位非常特殊,他创办香山慈儿院也有非常多的便利条件,熊希龄和他创办的香山慈儿院只是近代佛教慈善教育中的一个特例。更多、更普遍的其他佛教慈善教育团体有哪些类型?每种类型团体的慈善教育是怎样的情况?这些都很少有人涉及,需要我们进一步探讨。民国时期的佛教慈善公益团体数量众多、种类丰富,远非已有成果所涉及的少数几个团体所能代表的。总体来说,学界对此领域的研究是零散的,处于刚刚起步阶段。

第三,在研究方法上,已有研究成果多是就事论事,没有将研究对象放在近代社会变迁的时代背景中加以考察，没有将民国佛教慈善公益与传统佛教慈善公益进行比较，没有将民国佛教慈善公益与当时社会上其他慈善公益进行比较；也很少综合运用历史学、宗教学和社会学的方法进行研究。

第三节 研究内容、所用史料、研究方法和创新之处

一、研究内容

本书以民国时期的佛教慈善公益事业为研究对象，立足动荡转型的社会背景，从政治、经济社会和思想文化等三个方面深入分析民国社会变迁对佛教慈善公益事业的影响，全面考察民国时期佛教慈善公益的思想、资金来源、组织团体、活动内容、特点和社会影响，试图厘清社会变迁与民国佛教慈善公益事业兴盛之间的关系。具体来说，全书内容分为这样几个部分：

第一部分，民国佛教慈善公益事业发展和兴盛的社会背景研究。本部分内容为本书的第一章，从政治、经济社会和思想文化三个方面展开。清末民国时期总体宽松的民间社团政策和逐渐完善的慈善法制，为民国时期佛教慈善公益事业的发展准备了宽松的政治环境，久兴不衰的庙产兴学运动直接推动佛教界注重兴办慈善公益事业。在经济社会方面，从凋敝的民生状况、政府救灾的软弱无力说明发展包括佛教慈善公益事业在内的民间慈善公益事业的必要性，从近代民族工商业的发展及随之发展的近代的交通、通讯和传媒探讨民国佛教慈善公益事业发展的物质基础。此外，民国时期众多的非佛教慈善公益团体特别是外国传教士开办的慈善公益团体也刺激了民国佛教慈善公益事业的发展。在思想文化方面，探讨了佛教变革的思潮、近代慈善公益思想对民国佛教慈善公益发展的影响。

第二部分，民国佛教慈善公益思想研究。本部分内容为本书的第二章，从必要性、布施和戒杀护生思想的新阐释、慈善教育、慈善经验的总结等方面阐述了民国佛教界的慈善公益思想，重点叙述了在亡国灭种的紧要关头，佛教界奋起抗争的抗日救国思想，指出民国佛教界的慈善公益思想在很大程度上推动了佛教界慈善公益实践的发展。

第三部分，民国佛教慈善公益资金研究。本部分内容为本书的第三章。通过研究可知，民国佛教慈善公益团体募捐所得资金来自于佛教界、工商界、书画界、演艺界和海外华侨等社会各个阶层。佛教慈善团体采取刊登启事、讲经说法、派员劝募、鼓励发愿、设净修室、酬谢等多种方式促进

募捐。对募捐资金的监管包括法律法规的监管、捐款人和社会各界的监督以及佛教慈善团体的自我监管等三个层面。通过研究民国佛教慈善团体的资金募捐可增进对近代慈善事业的了解,也可为当代慈善事业的发展提供借鉴。

第四部分,民国佛教慈善公益团体研究。本部分内容为本书的第四章。本部分对众多的民国佛教慈善公益团体进行了分类研究。这些慈善公益团体从业务范围看,分为综合性团体和专门性团体,前者包括各类佛教会、居士林和寺院等,后者包括慈善学校、感化院和戒杀护生团体等;从存在时间的长短看,分为常设性慈善公益团体和临时性慈善公益团体。

第五部分,民国佛教慈善公益内容研究。本部分内容涵盖了本书的第五、六、七、八章。本部分是本书的主体部分。第五章阐述了民国佛教界兴办的慈善教育,慈善学校有佛教孤儿院、普通小学、佛化小学、职业学校和文化补习学校等五种。本章还在社会教育层面研究了民国佛教界人士走进监狱宣扬佛法的情况及其效果。第六章从对东南亚人民、对日本佛教徒和对国内人民三个角度探讨了民国佛教界人士的抗日宣传情况,并从参加军事训练、实行战地救护、为抗战捐献款物、直接上前线杀敌、掩护抗日将士等方面研究了民国佛教的其他抗日救国的实践。第七章探讨了在灾害频繁、战乱不已的情况下,民国佛教界人士举行追悼死难军民、祈祷国泰民安和天下太平的慈善公益法会,认为这些法会展现出佛教抗战护国的热情,对全国人民来说也是一种精神动员力量。第八章阐述了民国佛教医药慈善事业的情况,认为当时佛教医药慈善团体可分为施医送药、培养医药人才、改良中医和临终关怀等几种类型。这些医药慈善团体以济世悯贫、振兴佛教为宗旨,为近代医药慈善事业的发展作出了贡献,也能为当代佛教慈善事业的发展提供很好的借鉴。

第六部分,民国佛教慈善公益的特点和历史影响研究。此部分内容为本书的第九章。本部分通过与民国其他慈善公益事业、与传统佛教的慈善公益事业进行比较,从两个角度概括民国佛教慈善公益事业的特点。本部分从三个方面研究民国佛教慈善公益对当时社会的影响:对于佛教社会地位的提高和僧侣国家认同感的形成;对于医疗卫生等经济社会各项事业发展的作用;对于国内民族团结、中国国际地位的提高等方面的作用。

二、所用史料

(一)民国佛教报刊和其他近代报刊

近代报刊是中国近代文明进步的见证。作为一种有别于中国传统文献的独特的文献形态,报刊成了中国近现代社会直接表达政治诉求,传播经济、军事、社会、思想、文化信息的最重要的载体。它从不同侧面反映当时中国社会生活的各个领域,其中蕴含的丰富而独特的史料,更是其他类型文献所不能替代的。概括地说,近代报刊的史料价值可概括为内容的广泛性、记叙的真实性、披露的连续性和报道的精细性等四个方面。①

从目前所掌握的资料看,民国时期全国各地出版的佛教报刊共有300多种。在黄夏年等学者的努力下,《民国佛教期刊文献集成》(共209册)②、《民国佛教期刊文献集成补编》(共86册)③、《稀见民国佛教文献汇编(报纸)》(共12册)④等丛书相继影印出版,基本将零散分布于各地的民国佛教报刊搜罗殆尽。这些史料丛书共有307册,将近20万页,为我们研究民国佛教史提供了丰富的史料。这些史料丛书中关于民国佛教慈善公益的信息资料极为丰富,是本书主要的史料来源。除了佛教报刊,民国时期的其他报刊资料也有一些佛教慈善公益方面的信息。当时最具代表性的《申报》(共400册)⑤等报刊也是本课题研究的史料来源之一。

(二)民国佛教界知名人士的年谱和文集

年谱和文集不但是研究年谱和文集主人的直接史料,而且也是研究社会历史的重要文献。本书使用的年谱和文集主要有:释太虚《太虚大师全书》(共35卷)(宗教文化出版社、全国图书馆文献缩微复制中心2004年版),释印顺《太虚大师年谱》(中华书局2011年版),印光法师著、张育英校注《印光法师文钞》(共3册)(宗教文化出版社2000年版),释印光《印光法师话慈善公益》(华东师范大学出版社2012年版),明旸主编、照诚校订《重订圆瑛大师年谱》(中华书局2004年版),王志远主编《高鹤年大德文汇》(华夏出版社2012年版),高鹤年著、吴雨香点校《名山游访记》(宗教文化出版社2000年版),喻昧庵编《新续高僧传》(台北广文书局1966年版),王中秀编著《王一亭年谱长编》(上海书画出版社2010年版),周秋光主编《熊希龄集》(共3册)(湖南出版社1996年版),黄夏年主编《近现代著名学者佛学文集》(中国社会科学出版社1995年版),于凌波《中国近现代佛教人物志》(宗教文化出版社1995年版),马镜泉编校《中国现代学术经典·马

---

① 倪俊明:《近现代报刊的史料价值及其保护和整理》,载《图书馆论坛》,2010年第6期。
② 黄夏年主编:《集成》,北京:全国图书馆文献缩微复制中心,2006年。
③ 黄夏年主编:《民国佛教期刊文献集成补编》(以下简称《补编》),北京:中国书店,2008年。
④ 黄夏年主编:《稀见民国佛教文献汇编(报纸)》(以下简称《报纸》),北京:中国书店,2008年。
⑤ 上海书店编委会:《申报》,上海:上海书店,1987年。

一浮卷》（河北教育出版社1996年版），《弘一大师全集》编委会编《弘一大师全集十·附录卷》（福建人民出版社1993年版），李津主编《李叔同谈禅论佛》（中央编译出版社2011年版）等。

（三）佛教史志资料

寺志源远流长，内容丰富，特点显著，是我国方志的重要支流，是前人留下的珍贵文化遗产。寺志以前分散于全国各地，使用颇不方便。从20世80年代开始，海峡两岸的同仁经过努力，都出版了中国佛教寺院史志丛书。《中国佛寺史志汇刊》共分为三辑，前两辑都由台湾明文书局在1980年出版，第三辑由台湾丹青图书公司在1985年出版。在大陆方面，出版了《中国佛寺志丛刊》及其续编。《中国佛寺志丛刊》由扬州广陵书社1996年出版，共120册；《中国佛寺志丛刊续编》由江苏古籍出版社在2001年出版，共10册。这两套寺院史志丛书中有相当一部分寺志是在民国时期编撰或在前人基础上修订的，能够反映民国时期这些寺院多方面的情况。十一届三中全会以来，随着学术研究的繁荣和宗教信仰政策的进一步贯彻落实，许多佛教协会和寺院编撰佛教志和寺院志，各地的民族宗教行政管理机构也都编撰当地的民族宗教志。这些志书中对民国佛教慈善公益方面的资料有所涉及，本书在研究的过程中对以上史志资料也有使用。

（四）政协文史资料

人民政协文史资料的编撰是周恩来亲自倡导和培育的一项富有统战和政协特色的重要工作。60多年来，各级政协征集和出版了大量有价值、有影响的文史资料。文史资料具有亲历、亲见、亲闻的特征。其作者大多是政协委员以及与政协有联系的各界爱国人士，他们是许多重要历史事件的参与者或见证人，所述资料多属鲜为人知的第一手材料，具有涵盖面广的综合性、翔实可靠的资料性和具体生动的可读性等特点，在一定程度上填补了历史记载的不足或匡正了其他史料记载的谬误。对于民国佛教慈善公益事业的状况，一些政协文史资料有所记载，本书在研究的过程中也有所使用。本书使用的文史资料包括：《山西文史资料》总第110辑、《武汉文史资料》1994年第2辑、《洛阳文史资料》第1辑等。

（五）档案史料

本书使用的已出版档案史料有：中国第二历史档案馆编《中华民国史档案资料汇编》（凤凰出版传媒集团凤凰出版社1998年版），福建省档案馆编《福建华侨档案史料》（档案出版社1990年版）。此外，还使用了部分未出版的档案资料。使用的未出版的档案史料有《上海动物保护会关于动物节、动物宰杀问题给上海法租界公董局的信件》，上海档案馆馆藏档案，卷宗号：U38—1—2359等多条。

（六）其他文集及相关作品

近代慈善家的文集，如张謇研究中心、南通市图书馆编《张謇全集》（江苏古籍出版社1994年版），虞和平编《经元善集》（华中师范大学出版社2011年版），黄金陵、王建立主编《陈嘉庚精神文献选编》（福建人民出版社1996年版），夏东元编《郑观应集》（上海人民出版社1982年版）等。文艺作品，如丰子恺《丰子恺文集·5·文学卷一》（浙江文艺出版社、浙江教育出版社1992年版），弘一法师等著、丰子恺绘《护生画集》（中国友谊出版公司1999年版）。

（七）大藏经和其他资料等

高楠顺次郎《大正新修大藏经》（台北新文丰出版公司1990年版），日本京都藏经书院《卍续藏经》（台北新文丰出版公司1993年版），沈云龙主编《近代中国史料丛刊》（台北文海出版社1966—1984年版），中国史学会主编《中国近代史资料丛刊》（上海人民出版社2000年版）。

三、研究方法

(1)文献研究法。本书的研究以民国佛教报刊等近代报刊、民国佛教界知名人士的年谱和文集等资料为主要的史料文献，通过系统梳理其中的民国佛教慈善公益材料，为本书的研究奠定厚实的史料基础。

(2)比较研究法。本书在研究的过程中将民国佛教慈善公益分别与传统佛教慈善公益及近代其他慈善公益进行比较，归纳民国佛教慈善公益的特点。

(3)宏观研究与微观研究相结合的方法。本书在研究的过程中既从宏观上把握民国佛教慈善公益的兴起和发展背景、思想、资金、团体、内容、特点和影响等方面的总体状况，又通过分析典型的案例来说明相关问题，做到宏观研究与微观研究相结合。

(4)多学科交叉研究法。本书在研究的过程中采用历史学、宗教学、社会学等多个学科的知识和方法，从不同视角、不同侧面把握民国佛教慈善公益的状况。

四、创新之处

本书着重弥补学界已有研究成果的不足，创新体现在以下三个方面：

第一，在资料使用上，本书以学界较少利用的民国佛教报刊资料为研究的主要史料。这些报刊因种类众多、出版地域广泛、内容涉及民国佛教的方方面面、时效性强、辐射面广、资料相对集中等多种特点,对于研究民国佛教史来说,有着其他资料所没有的优势。作为佛教报刊,与当时其他报刊相比,刊登的佛教慈善公益方面的信息更加丰富。基于此,民国佛教报刊资料成为本书的主要史料来源。在研究的过程中,笔者对这套报刊资料中的佛教慈善公益史料进行了全面的梳理,编制了分类目录,有选择地使用。此外,在研究的过程中还综合运用年谱和文集等其他多种史料进行研究。

第二,在研究内容上,本书克服前人零散研究的不足,对民国时期佛教慈善公益兴起和发展的背景、佛教慈善公益思想、佛教慈善公益资金、佛教慈善公益内容、佛教慈善公益团体、佛教慈善公益的特点和影响等方面进行系统全面的研究。通过研究,探讨社会变迁与民国佛教慈善公益兴盛之间的关系。其中民国佛教慈善公益思想、资金来源、医药慈善、监狱教诲、护国息灾法会、特点和影响等问题前人基本没有涉及。

第三,在研究方法上,本书克服多数已有研究成果就事论事的不足,将研究对象放在近代社会变迁的时代背景中加以考察,将民国佛教慈善公益与传统佛教慈善公益进行比较,将民国佛教慈善公益与当时社会上其他慈善公益进行比较;综合运用历史学、宗教学和社会学的方法进行研究。

第一章 民国佛教慈善公益事业兴起和发展的背景

第一节 政治方面

一、民间社团政策

在清末新政中的 1908 年,清政府颁布了《钦定宪法大纲》,明确规定臣民有结社诸项权利,由此奠基了中国具有近代意义的社团管理法律制度。当年,清政府又颁布了《结社集会律》,民众自由集会结社的权利在法律上开始得到部分确认和保障。

辛亥革命后,南京临时政府颁布了《中华民国临时约法》,其第 6 条第 4 款规定:"人民有言论、著作、刊行及集会、结社之自由。"[①]这是民国时期第一次在法律形式上赋予人民有结社的权利,为民国社团立法提供了宪法依据。《中华民国临时约法》第 6 条第 7 款还规定了公民有宗教信仰的自由,这是对佛教的肯定以及对佛教开展各项社会事业的支持。北京政府时期制定的有关社团的法律法规共有 10 多种,其中包括一些鼓励各业结社的法规政策。

1927 年到 1936 年底,南京国民政府共制定了 84 部社团法律法规。南京国民政府以社团立法的方式有效掌握了社会团体的分布,监控社会团体的活动,引导社会团体的发展方向。通过法律法规从正面引导其建立,规范其运作,监督其发展。从这个意义上说,社团立法为慈善团体等民间社团,提供了监督和保障。从清末到南京国民政府时期,政府对民间社团的政策经历了从部分开禁、到完全开禁、再到监督和保障并行的演变。[②] 这一政策演变从总体上看对包括佛教慈善公益团体在内民间社团的健康发

[①] 中国社科院近代史研究所等编:《孙中山全集第二卷(1912)》,北京:中华书局,1982 年,第 220 页。

[②] 关于清末民国时期政府对民间社团的政策演进,详见陈志波:《南京国民政府社团立法研究(1927—1937)》,硕士学位论文,广西师范大学历史系,2005 年。陈志波:《清末民国社团立法比较研究及启示》,载《广西社会科学》,2010 年第 12 期。兰图、栾雪飞:《近代中国社团立法的演进及启示》,载《学术交流》,2014 年第 7 期。

展是有利的，为民国时期佛教慈善公益事业的发展提供了政治保证。

二、佛教慈善立法

民国年间，慈善公益事业发达，为了加强对慈善公益事业的管理，政府出台了一些管理各类慈善公益团体的法律法规。关于这一时期的慈善公益法律法规，学界已有一些研究成果，其中有代表性的是曾桂林的《民国时期慈善法制研究》。该著研究了民国慈善立法的理念、体系及历史轨迹、慈善行政立法、慈善组织监管立法、慈善税收优惠立法、慈善捐赠及其褒奖立法、中国红十字会与民国政府的红十字立法、上海慈善团体联合会与慈善立法等。曾桂林认为，民国时期慈善立法的一个总基调就是鼓励与控制并行。通过立法，一方面鼓励、扶持和利用慈善团体，另一方面则规范、监督和控制慈善团体。鼓励、扶持和利用，反映了民国历届政府在财源穷匮、救济乏力的情况下而被迫采取的实用主义态度；规范、监督和控制，则呈现出民国政府一条由弱而强进行干预的政策轨迹。[①]

民国时期关于宗教管理的法律法规有30多部，针对佛教和道教的有20多部，这些法律法规的出台与寺庙的财产有密切的关系，涉及佛教寺院兴办慈善公益事业的主要有这样几部：

（一）《寺庙管理条例》

1928年，刚成立不久的南京国民政府颁布《寺庙管理条例》。这一条例关于寺庙兴办慈善公益事业的内容作了这样的要求："寺庙得按其所有财产之丰拙、地址之广狭，自行办理各项公益事业之一种或数种。一、各级小学校、民众补习学校、各季学校、夜学校。二、图书馆、阅报所、讲习所。三、公共体育场。四、救济院或残废所、孤儿院、养老所、育婴所。五、贫民医院。六、贫民工厂。七、适合地方需要之合作社。"[②]由于该条例对于寺庙兴办慈善公益事业带有一定的强迫性质，更由于存在着其他诸多方面的问题，该条例公布后，各地庙产纠纷有增无减，各佛教团体纷纷致电、呈文国民政府，或向国民政府请愿，要求修改。

（二）《监督寺庙条例》

由于佛教界人士纷纷要求修改《寺庙管理条例》，国民政府对此问题不得不加以重视，命人起草《监督寺庙条例》。1929年11月30日，国民政府立法院第63次会议逐条讨论通过《监督寺庙条例》，国民政府于12月7日

---

① 曾桂林：《民国时期慈善法制研究》，北京：人民出版社，2013年。
② 《观宗弘法社刊》杂志社：《国府新颁〈寺庙管理条例〉》，载《观宗弘法社刊》，总第7期，1929年3月；《补编》第36卷，第268页。

公布了这一条例,并将《寺庙管理条例》明令废止。《监督寺庙条例》的第十条对寺庙兴办慈善公益事业作了原则性的规定:"寺庙应按其财产情形,兴办公益或慈善事业。"这一条例颁布后,有人认为这一规定太过笼统,如贵州省佛教会提出,第十条建议补充为:"主持自动、教会统筹,量其财力,兴办各种佛教上公益慈善事业。"①由于这条规定体现了政府要求寺庙兴办慈善公益事业,该条例颁布后,许多地方的佛教会以此为理由,纷纷要求国民政府下令各省、市、县发还被提拨没收的寺庙财产。

(三)《寺庙兴办公益慈善事业实施办法》

为了规范寺庙兴办慈善公益事业的行为,1932年9月内政部颁布《寺庙兴办公益慈善事业实施办法》,该办法的具体内容如下:

第一条:本办法依照《监督寺庙条例》第十条之规定制定之。**第二条**:寺庙应兴办之公益或慈善事业,暂就左列各种规定事项范围内斟酌地方需要及经济情形办理之。(一)关于民众教育事项;(二)关于济贫救灾事项;(三)关于育幼养老事项;(四)关于公共卫生事项;(五)其他公益或慈善事项,前项各种事业兴办时另有规定者,仍应从其规定。**第三条**:寺庙出资兴办事业时,按其每年财产总收入,依左列之标准每年分两次缴纳之。(一)五百元以上千元未满者,百分之二;(二)千元以上三千元未满者,百分之四;(三)三千元以上五千元未满者,百分之六;(四)五千元以上一万元未满者,百分之八;(五)一万元以上者,百分之十;其全年总收入不满五百元之寺庙,量力缴款者听。**第四条**:寺庙于前条所定标准外自愿另行捐助款项兴办事业者,以该管官署依照褒扬条例呈请褒扬。**第五条**:本办法公布前寺庙曾经出资举办公益或慈善事业及已资助其他地方非公共团体或学校者仍照旧办理,但所出款项尚不足第三条所列标准时,应如数补足,如已超过,仍维持原状。**第六条**:本办法第二条所列公益或慈善事业兴办之先后,及第三条所列款项之征收保管均由该管官署组织寺庙兴办慈善公益事业委员会负责办理,并计划一切进行事宜,其各种规程由该管官署制定之。**第七条**:前条所称委员会依左列人员组织之,并受该管官署之指挥监督。(一)该官署代表一人;(二)地方自治团体代表三人;(三)《监督寺庙条例》第八条所称之所属教会代表

---

① 贵州省佛教会:《贵州省佛教会为陈明监督寺庙条例应行补充事致中国佛教会呈》,载《中国佛教会报》,1930年第10~12期;《补编》第27卷,第168页。

一人；(四)僧道代表二人。**第八条**：委员会对于地方兴办公益或慈善事业应将办理状况及收支情形每年年终报请该管官署查核并转呈内政部备查，其每年应造之收支预算计划应以通常程序办理并公告通知。**第九条**：寺庙主持如违反办法之规定，抗不缴款者，委员会得呈明该管官署，依照《监督寺庙条例》之第十一条之规定割除其主持。**第十条**：本办法呈准公布之日施行，如有未尽事宜，内政部随时修订之，并呈报行政院备案。①

该办法公布后，佛教界有许多反对的声音。这些反对意见可概括为这样几个方面：

其一，认为内政部对清真寺的寺产、喇嘛寺庙的庙产、基督教堂的教产，都没有兴办慈善公益事业的规定，唯独要求汉传寺庙兴办慈善公益事业，是厚彼薄此，这是一种歧视性的规定，"此事在理，都未得平"。②

其二，对出资标准的不满。在他们看来，全国庙产较富的只不过是江浙几个著名的寺院，其他大部分都是靠经忏收入维持生活，难以有余资兴办慈善公益事业。③ 他们指出，各个寺庙的僧众人数不一，"有产多僧少，或僧多产少之不同，其住僧较多之寺院，虽每年有万金之收入，开支尚属不敷，至住僧较少者，每年收入或仅千元，却有结余"。而且寺庙为教徒公有之所，僧人数量的多少，是根据长期以来形成的惯例而确定的，"与俗人之私产仅为一家赡养者亦复不同"。他们强调指出，"今奉办法第三条所载寺庙财产总收入以其标准分等缴纳，亦属难以实行"。④ 他们还认为，《监督寺庙条例》第十条规定，"寺庙应按其财产情形，兴办公益或慈善事业"。既然是"按其财产情形"，意味着在没有结余的情况下就不必兴办慈善公益事业，而以上纳资标准明显是违背这一规定的。⑤

其三，对官署组织的"寺庙兴办公益慈善事业委员会"的权限及人员组成不满。根据该办法第六条的规定，各寺庙用于兴办慈善公益事业的款项

---

① 中国佛教会：《内政部公布〈寺庙兴办公益慈善事业实施办法〉十条》，载《中国佛教会会报》，总第31~42期合刊，1933年1月；《补编》第28卷，第303页。
② 释寄尘：《内政部颁布〈寺庙兴办公益慈善事业〉》，载《现代佛教》，第5卷第8期，1933年10月；《集成》第68卷，第443页。
③ 释寄尘：《内政部颁布〈寺庙兴办公益慈善事业〉》，载《现代佛教》，第5卷第8期，1933年10月；《集成》第68卷，第443页。
④ 中国佛教会：《本会呈(行政院内政部)请修正寺庙兴办公益慈善事业办法由(二十一年十月十日)》，载《中国佛教会会报》，总第31~42期合刊，1933年1月；《补编》第28卷，第301页。
⑤ 中国佛教会：《本会呈(行政院内政部)请修正寺庙兴办公益慈善事业办法由(二十一年十月十日)》，载《中国佛教会会报》，总第31~42期合刊，1933年1月；《补编》第28卷，第301页。

由"寺庙兴办公益慈善事业委员会"负责征收,该委员会"并计划一切进行事宜"。从第六条的行文明显看出该委员会是由官府设立的,且"其各种规程由该管官署制定之"。从该委员会的人员组成来看,佛教界代表在其中只占少数。概括来说,该办法第六条规定,由官府组织佛教界代表占少数的专门委员会负责寺庙兴办慈善公益事业,该委员会的行事规则也由官府来制定。佛教界人士认为,这些规定都是极不合理的,是违背《监督寺庙条例》的。此办法将由寺庙兴办慈善公益事业变成了由寺庙出资、官府兴办慈善公益事业,即"应由寺庙兴办公益慈善事业载在《监督寺庙条例》,并声明应受该管官署之监督。夫曰寺庙兴办,则非代办甚明。既曰监督,则非执行又甚明。乃此次奉颁办法,其委员会之组织又属于该管官署,显与条例不符"。①

基于以上这些反对意见,中国佛教会向行政院和内政部呈文,"恳请贵院、部长将前项办法迅速纠正,以免纠纷"。②

(四)《佛教寺庙兴办慈善公益事业规则》

在佛教界人士的强烈呼吁下,内政部对该办法进行了较大的修订,出台了《佛教寺庙兴办慈善公益事业规则》,其具体内容如下:

第一条:本规则依照《监督寺庙条例》第十条,并《中国佛教会会章》第十二条规定拟订之。第二条:如寺庙应斟酌地方之需要,兴办慈善公益事业,其范围如左:(一)关于民众教育事项;(二)关于济贫救灾事项;(三)关于育幼养老事项;(四)关于卫生医药事项;(五)关于其他慈善公益事业。第三条:前条各项事业兴办时,应酌量各寺庙经济情形,得由一寺独立兴办,或由数寺院合力举办,或当地佛教会督促该地全体寺庙共同举办之。第四条:由当地佛教会督促该地全体寺庙共同举办之慈善公益事业,应设立委员会负责计划并办理之。前项委员会由当地佛教会推选代表三人,各寺庙推选代表四人组织之。其组织方法另定之。第五条:寺庙兴办慈善公益事业,其出资应按各该寺每年总收入数目,依左列各项为标准:(一)一百元未满者,百分之一;(二)一百元以

---

① 中国佛教会:《本会呈(行政院内政部)请修正寺庙兴办公益慈善事业办法由(二十一年十月十日)》,载《中国佛教会月刊》,1933年第31~42期合刊,1933年1月;《补编》第28卷,第301页。

② 中国佛教会:《本会呈(行政院内政部)请修正寺庙兴办公益慈善事业办法由(二十一年十月十日)》,载《中国佛教会月刊》,1933年第31~42期合刊,1933年1月;《补编》第28卷,第301页。

上、三百元未满者,百分之二;(三)三百元以上、五百元未满者,百分之三;(四)五百元以上、一千元未满者,百分之四;(五)一千元以上,百分之五。(原注:一千元以上,概征百分之五者,因收入巨大之寺庙,其僧侣必众,开支必繁,如丛林收入,虽或逾万元,但住僧常数百人,自给且时虞不足,故不能再用累进之法)。**第六条**:寺庙兴办慈善公益事业,应受主管官署之监督,并当地佛教会之指导。**第七条**:寺庙兴办慈善公益事业时,应报告主管官署及当地佛教会备案,并由当地佛教会转呈中国佛教会备查。**第八条**:寺庙兴办慈善公益事业,应将办理状况及收支情形,于每年年终,除呈报主管官署转呈内政部备案外,并须报由当地佛教会递转中国佛教会,评定成绩,分别奖惩,呈报内政部备案。**第九条**:寺庙兴办慈善公益事业,其成绩优良,或出资超过第五条所列标准者,由当地佛教会呈请中国佛教会奖励。其成绩过劣,或出资不及第五条所列标准者,由当地佛教会责令改进,或令其补足。**第十条**:寺庙住持不遵第五条规定者,由当地佛教会请求主管官署协助,令其出资。如再抗违,得照《监督寺庙条例》第十一条规定办理之。**第十一条**:本规则呈请内政部核准施行。如有未尽事宜,得由中国佛教会呈准内政部随时修改之。**第十二条**:本规则施行细则另定之。①

我们可看出《佛教寺庙兴办慈善公益事业规则》(以下简称《规则》)与《寺庙兴办慈善公益事业实施办法》(以下简称《办法》)相比,有两个明显的变化。

其一,慈善公益事业的主办权由官府转移到了佛教会和寺庙手中。通过以上分析可看出,根据《办法》的规定,寺庙出资兴办慈善公益事业,但是其主办权却掌握在官府手中。《规则》对此作了根本的改变。根据第三条的规定,佛教界的慈善公益事业由当地一寺主办、数寺或全体寺庙共同主办。根据第四条的规定,在兴办慈善公益事业的过程中,也组织相关委员会,但这个委员会完全由佛教界人士组成,不受官府的控制。第六条明确规定官府在佛教界兴办慈善公益事业的过程中只是充当监督的角色。其监督具体表现在:各寺庙兴办慈善公益事业的状况及收支情形报主管官署备案(第七条、第八条),中国佛教会根据各地寺庙兴办慈善公益事业的情

---

① 《佛教寺庙兴办慈善公益事业规则》,载《海潮音》,第16卷第2号,1935年2月;《集成》第189卷,第513~514页。

形对其进行奖惩,报内政部备案(第八条);在接到当地佛教会请求时,官府有权运用行政手段要求寺庙缴纳兴办慈善公益事业的资金,在必要时可革除住持的职务。

其二,对《办法》中规定的寺庙缴纳资金的标准做了改变。请看下列对比表。

表1:《办法》与《规则》规定的寺庙纳资标准对比

《办法》规定的纳资标准		《规则》规定的纳资标准	
寺庙年收入总数	缴款比例	寺庙年收入总数	缴款比例
500元以下者	不作硬性要求	100元以下者	1%
500~1000元	2%	100~300元	2%
1000~3000元	4%	300~500元	3%
3000~5000元	6%	500~1000元	4%
5000~10000元	8%	1000元以上者	5%
10000元以上者	10%		

通过上表的对比看出,《办法》对收入较少寺庙的出资不作硬性规定,而对于年收入500元以上寺庙的出资标准按照累进比例的办法,即收入越高,出资比例就越高。《规则》虽然也采用累进比率的办法,但是规定每个寺庙不管收入多少都要出资,对于年收入超过1000元的寺庙都按照5%的比例出资。这样做显然考虑到了一些大寺庙虽然收入多,但是也存在僧众多、开支大、结余少的现象。另一方面,从全国范围来说,收入多的大寺庙毕竟是少数,绝大多数寺庙收入不多,如果它们都不出资,用于兴办慈善公益事业的资金就难以保证。

总体来说,在寺庙出资兴办慈善公益事业的问题上,佛教界和政府进行了长期的博弈。博弈的结果是双方都作了让步,最终确定了由佛教界人士草拟、政府颁布的《规则》,这一规则的颁布说明其被政府和佛教界人士双方所接受。《规则》的颁布,说明了南京国民政府对于推动寺庙兴办慈善公益事业的立场是一以贯之的,同时也保证了寺庙兴办慈善公益事业不受官府的控制,具备了一个相对稳定与公正的法制环境。

三、庙产兴学运动

庙产兴学运动是指清末民国时期社会的多方力量强占寺庙财产、改寺庙为学堂或是强迫寺庙与士绅联合办学的运动。关于其过程,学界已有详尽的叙述。① 庙产兴学运动对佛教的打击远远超过历史上的"三武一宗法难"。在这之前的法难,充其量只不过是少数几个帝王和官僚的一意孤行而已,动摇不了佛教的根本。但是从清末开始的庙产兴学运动,则大不相同,当时迫害佛教的不再是少数帝王官僚,而是整个社会,佛教大有被连根拔起的危险,诚可谓处于生死存亡的紧要关头。有学者认为,从当时的社会环境上看,似乎出于教育强国、社会资源合理分配的现实考虑,但从深层次来说,其潜在而顽固的历史记忆,却源于认定佛教是山林隐修的出世法门,由此推定佛教自然不为变法图强的社会现实所需要。在这种形势下,如果仅是一味地固守千年传统的山林佛教,专注于隐修自得解脱的修证法门,只会更进一步削弱佛教的社会影响力,最终会导致中国佛教类似于印度佛教或阿富汗佛教灭亡的命运。②

1928年,蔡元培指出:"现在各地僧人,如能自动兴学,各地方教育行政机关,自当加以指导,予以维持,断不至有擅行处分庙产之举。"③即如寺庙能够自动兴学,其庙产是能够得到保护的。各地寺庙为了保护寺产,纷纷兴办教育,促进了慈善教育的发展。寺庙兴办的教育大体可分为两类:一是僧教育,开办佛学院等各类僧教育团体,培养佛教人才;二是面向世俗社会的教育,如开办孤儿院、普通小学、佛化小学、职业类学校和成人培训班。根据前面对佛教慈善公益事业内涵的界定,我们认为第一类不属于慈善公益事业的范畴。而面向世俗社会的教育则属于慈善教育,现举例如下。

---

① 释东初:《中国佛教近代史》,台北:中华佛教文化馆,1974年,第72～77、131～164页。陈金龙:《南京国民政府时期的政教关系:以佛教为中心的考察》,北京:中国社会科学出版社,2011年,第78～106页。黄运喜:《中国近代法难研究》,台北:法界出版社,2006年。
② 陈永革:《佛教弘化的现代转型:民国浙江佛教研究(1912—1949)》,北京:宗教文化出版社,第24页。
③ 《蔡元培致国民政府呈》(1928年6月12日),中国第二历史档案馆馆藏档案,全宗号1(1),案卷号1765。

表 2：民国寺庙兴办的慈善学校的种类

类别	主办团体	慈善教育团体名称	资料来源
孤儿院	北平龙泉寺	龙泉孤儿院	《补编》第 1 卷，第 311 页。
	泉州开元寺	开元慈儿院	《集成》第 26 卷，第 520 页。
普通小学	上海静安寺	静安寺义务小学	《集成》第 47 卷，第 413 页。
	浙江鄞县佛教会	鄞县觉民小学	《集成》第 130 卷，第 243 页。
成人培训团体	湖南各县寺庙	民众补习学校	《集成》第 31 卷，第 520 页。
	浙江嘉善县佛教会	嘉善县佛教会平民夜校	《补编》第 33 卷，第 457 页。
职业类学校	北平广济寺	广济寺平民工读学校	《集成》第 20 卷，第 163 页。
	北京药王庵、地藏庵等	女子工读学校	《集成》第 171 卷，第 407 页。
佛化小学	漳州南山寺	漳州南山学校	《集成》第 124 卷，第 370 页。

从另一个角度看，兴办慈善教育对于保护寺庙财产起了很大的作用。例如，根据美国学者霍姆斯·维慈的说法，袁世凯曾决定没收北平龙泉寺的寺产。当消息传到方丈耳中，他邀请袁世凯来参观龙泉寺，并让孤儿们在寺院空地上表演了一套体操，袁世凯在看了体操表演后，非常高兴，表示再不会没收该寺的庙产了。①

第二节　社会经济方面

一、频繁严重的自然灾害

慈善公益事业的兴起与发展和经济社会状况密切相关。民国时期天灾人祸频发，从天灾来说，在这 38 年中，水灾、旱灾、蝗灾等常见自然灾害发生的频率、危害程度在历史上都是罕见的。在这段时间里，发生过多次新旧军阀混战、北伐战争、前后两个时期长达 10 多年的国共两党内战、日本长达 14 年之久的从局部到全面的侵华战争。在连续 38 年的时间中，像民国时期战争次数之多，持续时间之长，波及范围之广，对社会经济破坏程度之大，在中国历史上恐怕是绝无仅有的。关于民国时期天灾人祸的次数

---

① ［美］霍姆斯·维慈：《中国佛教的复兴》，王雷泉等译，上海：上海古籍出版社，2006 年，第 104～105 页。

统计和相关研究,学界已有不少成果,①详细内容此不赘述。频发的天灾人祸使大量贫苦百姓死亡,更多的百姓挣扎在死亡线上等待救援。但是限于财政困难,民国时期各级政府有限的救灾款往往是杯水车薪,在官员中普遍存在的贪污腐败现象也严重影响了救灾效果。在这种情况下,急需包括佛教慈善公益在内的民间慈善公益事业来赈灾济贫。可以说,民国时期凋敝的民生状况促使了这一时期佛教慈善公益事业的发达。

二、近代交通和通讯

在民国时期,以汽车、火车为代表的新式交通工具和以电报、电话为代表的新式通讯手段逐渐推广,以近代报刊为代表的新式传媒在城市中也日趋普及。它们或便利于慈善物资的调配,或加速救济对象的区域流动,或监督救济事务的运转,或宣传与流播新型慈善思想等,从整体上促进了包括佛教慈善在内的近代慈善事业的发展。关于民国时期的近代报刊,应特别提到佛教报刊,这一时期的佛教报刊有300多种。作为佛教报刊,与当时其他报刊相比,刊登的佛教慈善公益方面的信息更加丰富。这些信息涉及民国佛教慈善公益的方方面面,主要包括佛教界人士慈善活动的介绍、佛教慈善团体的介绍、灾情的发布、资金募捐广告、佛教慈善公益思想的宣传,等等。这些都在很大程度上促进了民国时期佛教慈善公益事业的发展。

三、其他慈善团体的影响

民国时期,佛教慈善公益事业是整个社会慈善公益事业的一个重要组成部分。当时其他慈善公益团体众多,其具体数量到底有多少,难以统计。从种类上看,有综合性的慈善公益团体,如中国红十字会、中国济生会等。更多的是种类繁多的专门性慈善公益团体,如收养类、赈济类、放生类、施医给药类、施棺收尸类等等。这些慈善公益组织多数是中国人自己开办的,但也有不少是外国人开办的,如基督教会在全国多地设立了多类慈善组织。西方传教士在华从事的慈善事业及其慈善理念,以其不同于中国传统慈善的特点,给当时国人开展的慈善活动以影响和启发。当时中国一些

---

① 邓云特:《中国救荒史》,上海:上海书店,1984年,第40～48页。夏明方:《民国时期自然灾害与乡村社会》,北京:中华书局,2000年,第32～33页。孟昭华编著:《中国灾荒史记》,北京:中国社会出版社,2003年,第732～740页。唐忠毛:《中国佛教近代转型的社会之维——民国上海居士佛教组织与慈善研究》,桂林:广西师范大学出版社,2013年,第171～174页。周秋光主编:《中国近代慈善事业研究》上,天津:天津古籍出版社,2013年,第58～61页。

佛教界人士抱着为国争光的心态在慈善公益事业上与西方传教士进行竞争,这些都刺激了民国佛教慈善公益事业的发展。

四、近代民族工商业的发展

中国近代民族工业产生于19世纪六七十年代,甲午战争后由于清政府放宽了对民间设厂的限制,中国近代民族工商业有了初步的发展。辛亥革命以后至全面抗战爆发前,由于多种因素的推动,中国近代民族工商业在总体上呈快速发展的态势。随着近代民族工商业的发展,出现了一批经济实力雄厚的实业家。据周秋光等人的研究,在晚清时期非常活跃的义赈慈善家,大都在兴办实业上卓有贡献。① 到了民国时期,实业家们更热心于慈善公益事业,使民国时期的佛教慈善公益事业有了很大的发展。

在辛亥革命前,上海已成为中国的近代工业中心。上海的实业家无论是数量还是经济实力的雄厚程度,在全国都是首屈一指的。大批实业家兴办近代慈善公益事业。上海佛教居士林是民国初期有代表性的慈善公益团体之一,后该林分成世界佛教居士林和上海佛教净业社两个团体,它们都是上海有代表性的佛教慈善公益团体,从它们的人员组成可看出民国时期实业家对佛教慈善公益事业的贡献,请看下表。

表3:上海工商业者与上海佛教居士林

姓名	兴办实业情况	在上海佛教居士林等三个慈善公益组织任职情况
王一亭	长期任沪南商务公会会长、上海总商会会长等职,创办或参与创办数十家企业。	上海佛教居士林的发起人之一;长期担任世界佛教居士林的副林长、林长。
聂云台	创办华丰纺织股份有限公司、恒丰纱厂、大中华纱厂,曾任上海总商会会长。	曾任上海佛教居士林林长
穆藕初	创办德大纱厂、厚生纱厂、豫丰纱厂。	上海佛教居士林骨干成员
玉慧观	创办佛慈大药厂股份有限公司	上海佛教居士林骨干成员
闻兰亭	创办纱业竞智团,曾任上海纱业公会会长、上海纱业联合会理事长。	上海佛教居士林成员,曾任上海佛教净业社社长兼董事长。
简照南	创办南洋兄弟烟草公司 南洋兄弟烟草公司前期的负责人	上海佛教居士林骨干成员 上海佛教净业社董事
简玉阶	创办南洋兄弟烟草公司 南洋兄弟烟草公司后期的负责人	上海佛教居士林骨干成员; 上海佛教净业社董事长、董事

---

① 周秋光主编:《中国近代慈善事业研究》上,天津:天津古籍出版社,2013年,第179~206页。

续表

姓名	兴办实业情况	在上海佛教居士林等三个慈善公益组织任职情况
周舜卿	创办上海信成银行,任大明洋行买办,开设多家铁厂、煤厂和丝绸厂。任锡金商会会长、上海总商会议董、鸿源纱厂华董。	世界佛教居士林第一任林长
吴蕴初	创办天厨味精厂	上海佛教居士林骨干成员
张禹洲	创办海普药厂	上海佛教居士林成员
方子藩	大丰工业原料公司总经理兼总工程师	上海佛教居士林成员
王晓籁	创办闸北商团,开设大来、天来、泰来和春来等缫丝厂。	上海佛教居士林骨干成员
林涤庵	创办大丰工业原料股份公司	上海佛教居士林成员
胡松年	经营丝绸生意	上海佛教居士林成员
王东园	上海天厨味精厂经理	上海佛教居士林成员
罗奉章	上海信孚印染厂副经理	上海佛教居士林成员
余伯贤	开设恒隆棉布商店	上海佛教居士林成员
王心湛	经营绸缎庄	上海佛教居士林成员
王性尧	投资大华仪表厂和国货联合经营公司	上海佛教居士林成员
施省之	历任湖北汉阳、京汉、沪宁、沪杭甬铁路总办及陇海铁路局长。	上海佛教净业社首任董事长、世界佛教居士林第二任林长。
关炯之	上海商务总会议董	上海佛教净业社社长;世界佛教居士林第五届副林长、世界佛教居士林历届监察员。

(资料来源:本表根据《集成》《补编》和《报纸》中相关内容整理而成)

从上表看出,仅上海佛教居士林及后来的世界佛教居士林和上海佛教净业社这三个慈善公益团体就有近20位知名的工商业人士参加,而当时上海佛教慈善公益团体众多,可以想见上海近代工商业的发展为佛教慈善公益事业的发展所作的贡献。王一亭居士是当时上海知名的工商业翘楚,他利用自身雄厚的经济实力和在工商业界巨大的影响,为上海的慈善公益事业作出了巨大的贡献。王一亭去世后,国民政府于1938年11月23日发布明令对他进行褒奖:"中央救灾准备金保管委员会委员长王震(即王一亭),早岁倾心革命,赞助共和,继在上海致力社会慈善事业,凡所创办经营咸成规模,其余各省水旱灾侵,募款赈济,先后逾一万万元。去岁抗战军兴,组织战区难民救济会,密计禅思,不辞艰险,顾力尤为宏伟。迩来避地眺志,气概凛然。遽闻流逝,殊禅珍悼。应予明令褒扬,以彰卓行,而励来兹,此令。"①通过褒奖令可看出王一亭利用其雄厚的经济实力和巨大的影响力为慈善公益事业贡献超过一亿元。以下就以王一亭居士为例,说明上海近代工商业对佛教慈善公益事业发展的影响。

受家庭的影响,王一亭从小就有浓厚的佛教思想情结。这种情结在儿时家境贫寒、结婚一年后发妻病故、女儿夭亡等人生磨难的打击下,在好友宋教仁、陈英士先后遇刺身亡,孙中山所领导的民主革命遭到失败,自己全力从事的慈善事业遭遇严重挫折的打击下不断强化。在正式皈依佛教后,王一亭坚持吃素和戒杀护生,为了自己和家人礼佛的方便,他专门购地修建了一座佛殿。关于王一亭虔诚地信仰佛教的表现,沈文泉有过较为翔实的研究,现概括为以下六个方面:

其一,不仅常年在家中恭敬礼佛,还积极参加社会上的各种佛事活动。其二,热情地参加护教弘法运动,参与发起和成立了一系列佛教团体,如上海佛教维持会、中国佛教会、上海市佛教会、中国佛学会上海分会、世界佛教居士林等。在这些佛教团体中,王一亭均担任着重要的职务。尤其在中国佛教会,他是第一至第五届执行委员会委员,第六、七届常务委员,中国佛教会执行委员会上海办事处主任,长期担任世界佛教居士林的副林长、林长,以及佛教色彩浓厚的中国济生会会长。其三,王一亭积极地参加了保护寺院及其财产的斗争。最有影响的举动就是上书蒋介石和国民政府军事委员会,要求政府重视佛教的作用,并加强对上海及其他地区寺院及其财产的保护。其四,王一亭在积极护教的同时,还努力弘法,使佛教慈悲、向善、济世、惩恶的思想广播人间,成立全亚佛化教育社,用书画艺术宣传佛法。其五,王一亭与日本、欧美多国佛教界人士都有密切的交往,与日本佛教界的关系更为密切,成为中日佛教界友好交往的使者。其六,作为一个虔诚的信徒,王一亭对佛教的信仰不只体现在持斋念佛、宣传佛教慈悲思想上,更体现在身体力行慈悲为本、积德行善、救苦救难的佛教精神,尽自己所能,帮助那些遭遇天灾人祸、需要帮助的人。②

王一亭居士是上海乃至全国知名的实业家,他在近代工商业方面的经营主要有以下几个方面:

(一)充当外资企业的买办

王一亭是清末上海三大洋行买办之一。1902年,日本大阪商轮公司收回委托三菱公司代理长江航运之权,自行办理航船业务,王一亭受聘为

---

① 《国府明令褒扬王震》,载《申报》,1938年11月24日,第3版;《申报》第359册,第715页。

② 沈文泉:《海上奇人王一亭》,北京:中国社会科学出版社,2011年,第112~137页。

买办。① 1907年春,日本为增强竞争能力,将长江一带的一些小公司合并,成立日清轮船公司,王一亭任该公司的中方经理。②

（二）兴办工厂

王一亭在兴办工厂方面的贡献见表4。

表4：王一亭兴办工厂举例

时间	企业名称	王一亭的角色或贡献	资料来源③
1907年	上海内地电灯厂	王一亭出资37万元	第37页
1919年	中华"五四"制伞公司	抵制日货、提倡国货是"五四"反帝爱国运动一个重要内容,技术含量不高的牙粉、肥皂、制伞等生活日用品行业纷纷兴起,王一亭支持并赞助该公司的创立。	第189页
1921年	中华国民制糖股份有限公司	该公司的设置目的是分外国资本家之利,第一步先在上海附近设炼糖厂。王一亭为该公司的发起人之一,后被选为候补董事。	第238～240页
1922年	上海工厂、模范工厂	王一亭参加这两个工厂的开幕典礼	第264页
1925年	中国兴业兴记烟草公司	该公司为抵制洋货、提倡国产,改组添股,王一亭为发起人之一。	第342页

（三）涉足国内交通业

王一亭除为外国轮船公司充当买办外,还涉足国内交通领域,具体情况见表5。

表5：王一亭与铁路运输业

时间	团体名称	王一亭的角色或贡献	资料来源
1906年	浙江铁路公司驻沪经理处	该经理处的创立是为了在上海的股东方便购买股票,王一亭任经理处经理。	第40页
1906年	苏省铁路公司	王一亭被选为该公司的候补董事	第26页
1908年	浙路股东公司	王一亭任该公司股东会的查账员	第40页
1920年	中华捷运公司	王一亭任该公司股东会的董事	第206页

（四）开办银行和保险公司

作为工商界领袖的王一亭,为了企业融资和贷款的方便,也涉足金融和保险业,具体情况见表6。

---

① 王中秀编著：《王一亭年谱长编》,上海：上海书画出版社,2010年,第17页。
② 王中秀编著：《王一亭年谱长编》,上海：上海书画出版社,2010年,第30页。
③ 本节表格中关于王一亭的内容资料根据《王一亭年谱长编》整理而成。

表 6：王一亭与金融保险业

时间	团体名称	王一亭的角色和贡献	资料来源
1905 年	信成储蓄银行	该行由王一亭与周舜卿等创办，专贷小本经纪人积存零星款项，后兼营普通商业银行的业务。	第 20 页
1912 年	中华实业银行	在该行召开的第一次股东大会上，王一亭被推举为章程起草人之一，后被推为该行的查账员。	第 109、123 页
1921 年	中华信托股份有限公司	王一亭与孙慕韩等人发起成立	第 236 页
1906 年	华成经保火险有限公司	该公司由王一亭与同仁在南市救火善会的基础上发起成立，王一亭后来任该公司总董事。	第 25 页

（五）王一亭与交易所

出于物资和股票交易的需要，当时的上海产生了许多交易所，上海取引所是其中著名的一家。该所于 1918 年 3 月由在华日商设立，以经营花纱和股票为主，资本为 1000 万日元。其经营手法是拉拢上海工商界中有声望的华商壮大声势，利用熟悉业内情况的华商为之经营业务，打开市面。王一亭为该交易所的董事。该交易所成立后，华纱交易业务极为兴旺。在成立后的两年多时间，上海的华纱交易几乎全集中到那里，并开始做日本和中国的股票。①上海面粉交易所是王一亭牵头创办的，并任该所的理事长。在王一亭的动员下，各华商机制面粉厂厂主与各面粉商号集股洋 50 万元创立该所。为了使人们熟悉交易规则，1920 年 1 月 21 日，王一亭督促面粉买卖人在交易所实地试验买卖规则，当天的交易总数共有十余万包。② 此外，王一亭还推动上海商界要人成立专门的股票交易公司，1908 年 1 月王一亭在上海商界要人的集会上发表演说，介绍日本、欧美各国股票交易办法，与会者每人出资两万元。③

（六）积极参与商会事务

商会是商人为了维护其利益而组成的团体。商会在中国近代史上的作用是巨大的，它促进了资产阶级本身的现代化，使资产阶级由分散走向整合，也加快了近代中国经济的工业化和政治民主化的进程，这些都推动了近代工商业的发展。王一亭积极参与上海地区商会的活动，并长期担任

---

① 王中秀编著：《王一亭年谱长编》，上海：上海书画出版社，2010 年，第 200 页。
② 王中秀编著：《王一亭年谱长编》，上海：上海书画出版社，2010 年，第 202 页。
③ 王中秀编著：《王一亭年谱长编》，上海：上海书画出版社，2010 年，第 38 页。

商会的领导职务,详情见表 7。

表 7:王一亭与上海的商会

时间	团体名称	王一亭的角色或贡献	资料来源
1906 年起	沪南商务公会	从 1906 年起,王一亭任沪南商务公会的董事。	第 24 页
1907 年起	上海南市商务公会	从 1907 年起,王一亭历任南市商务公会议长、评议员、董事、议董。	第 31、34、39、117 页
1912 年	上海伶界商团	1912 年 9 月伶界联合会开临时大会,王一亭被选为伶界商团副会长。	第 103 页
1912 年	上海商团公会	王一亭被选为该会副会长。	第 103 页
1916 年起	上海总商会	自 1916 年起,王一亭历任上海总商会董事、书记科办员、公断处评议员、接收委员、临时委员会委员。	第 158、178、216、398 页
1920 年	上海县商会	王一亭当选为上海县商会会董、商事公断处处长。	第 202、225 页

(七)兴办实业教育

清末把各种力量为发展农、工、商、矿等实业而兴办的学校,通称为实业学堂,这些实业学堂大力推行实业教育。实业教育伴随着"西学东渐"的大背景逐步在中国生根发芽,它的产生标志着中国教育由空疏闭锁的传统教育向注重实用的近代教育转变,也是近代职业教育产生的前奏和先导。王一亭为近代上海实业教育的发展也作出了很大的贡献,详情见表 8。

表 8:王一亭与实业教育

时间	团体名称	王一亭的角色或贡献	资料来源
1913 年	上海实业学校	该年上海实业学校成立并招生,王一亭为赞助人之一。该校教授应用之科学,研究必需之艺术,以个人生计之发展、社会实业之进步为宗旨。	第 114 页
1915 年	民国女子工艺学堂	民国女子工艺学堂为筹设实习工场募集基金,王一亭捐款。	第 147 页
1918 年	中华教育社职业学校	王一亭与朱葆三等邀集绅商,为中华教育社创设职业学校募集经费。王一亭当场捐款 300 元。	第 177 页
1920 年	中华职业学校	中华职业学校众校董联合发行债券 50000 元,为扩充学校工厂融资。王一亭等经济校董在债券正面签名盖章,共同负责。	第 219 页

(八)其他实业贡献

王一亭的其他实业贡献见表9。

表9：王一亭的其他实业贡献

时间	团体名称	王一亭的角色或贡献	资料来源
1908年	中国品物陈列所	为陈列销售国产产品，王一亭与李平书等人发起成立该所，并任该所协理。	第42页
1912年	明利营业公司	王一亭与李平书等宣传专营建筑之明利营业公司，发展实业。	第102页
1912年	上海总商会	上海总商会推举王一亭等三人参加全国工商大会。	第104页
1913年	商品陈列所	王一亭积极筹划组织在京设立商品陈列所。	第113页
1913年		王一亭作为上海总商会代表与虞洽卿致电国务院和临时参议会，要求参与国会议员选举，以维护商人的权力。	第114页

从以上看出，王一亭居士从做外资企业的买办起家，逐渐成为上海工商界的领袖之一。王一亭投资兴办多家工厂，涉足铁路运输业，开办物资和股票交易所，呼吁政府维护商人的权力，通过积极参与商会事务扩大自己在工商界的影响，大力支持实业教育。以上举措使王一亭积聚了雄厚的经济实力，成为上海工商界举足轻重的人物。凭借雄厚的经济实力和在工商界广泛的影响，王一亭大力支持和兴办慈善公益事业。关于王一亭兴办慈善公益事业的概况，上文已有概括。从救灾团体到慈善医疗团体，从慈幼养老团体到护国息灾法会，从捐献个人财产到通过各种方法和途径筹集善款，似乎没有王一亭不曾涉足的慈善领域。王一亭作为一个知名的居士和实业家大力兴办慈善公益事业，这个现象绝不是偶然的、个别的。它反映了近代工商业的发展为民国佛教慈善公益事业的发展和转型准备了物质基础。

第三节 佛教的变革

中国近代是一个大变革的时期。由于寺院佛教自身的腐败、世俗社会对寺院佛教的批评、太平天国运动的打击、儒学的冲击、西学东渐的挑战、基督教等其他宗教的排挤等因素，近代中国佛教也处于大变革时期。变革中的佛教为了获得社会承认、巩固自身的地位，注重发展慈善公益事业。本部分主要从寺院佛教的改革和居士佛教的兴起两个方面阐述民国时期中国佛教在变革的过程中注重发展慈善公益事业的情况。

一、寺院佛教的变革

太虚法师是近代佛教变革思潮中的代表人之一,其佛教改革的核心主张是"三大革命",即教制革命、教产革命和教理革命,这"三大革命"重点阐述了他关于寺院佛教变革的主张。这"三大革命"包含了比较丰富的慈善公益思想。

关于教制革命,首先要提到太虚法师完善全国佛教管理团体的设想。太虚法师计划在全国设定县区、道区、省区、国家四级宗教管理团体,其中"道区"位于县与省之间,有点类似于今天的地级市。县一级的佛教管理团体是行教院,在行教院之下设四个宣教院,宣教院是最基层的佛教管理团体,直接从事慈善公益活动。这些慈善公益活动主要包括在各乡镇进行宣讲、施食、放生等。若遇特别事项,宣教院将会同佛教通俗宣讲团,前往各地宣讲。① 省区的佛教管理团体是持教院,全国佛教的最高管理团体是佛法僧园。太虚法师在《佛寺管理条例之建议》一文中指出僧人应兴办的慈善公益事业相当广泛:"(一)各级学校:民众补习学校、冬季学校、夜学校。(二)图书馆、阅报所、演讲所。(三)公共体育。(四)救济院、残废所、孤儿院、养老所、育婴所、赈灾所、动物保护所。(五)贫民医院。(六)贫民工厂。(七)适合地方需要之合作所。"② 以下对太虚法师关于几种慈善公益团体的具体设想加以阐述。

其一,佛教医病院。太虚法师身体力行,把推动佛教医药慈善作为宣传推进人间佛教思潮的重要途径。在《整理制度品第三》中提出建设施医送药团体之规划,这一团体被太虚法师称为"施医苑"。根据太虚法师的设想,施医苑在全国范围内普遍设立。每个施医苑有苑主一人,"主持施医苑务,并为病者随机说法"。苑主由省级佛教团体"持教院"的院主,从年岁较长且精通医学的出家僧众中选任,即"于过十五夏苾刍中择曾卒业医学者请任之"。苑主任期 10 年,连任无限制。每个施医苑有医师 4 人,"由施医苑主,于具学苾刍中择曾卒业医学者,委任之"。③ 每个施医苑配备医学生兼看护 5 人,他们都是由各寺派来进修的僧众,"由各宗寺介绍,来施医苑学习医学者。五年卒业,由施医苑主,给与医学证。修业一年至四年者,亦

---

① 释太虚:《太虚大师全书》第 18 卷,北京:宗教文化出版社,全国图书馆文献缩微复制中心,2004 年,第 101 页。
② 释太虚:《佛寺管理条例之建议》,载《海潮音》,1929 年第 9 期;《集成》第 173 卷,第 364 页。
③ 释太虚:《整理僧伽制度论》,《太虚大师全书》第 18 卷,北京:宗教文化出版社,全国图书馆文献缩微复制中心,2004 年,第 106 页。

给与修业证"。① 这些僧众毕业后,回到各寺担任该寺的医疗团体"如意寮"的寮主。可见,根据太虚法师的设想,施医苑有双重功能,一是负责施医送药,二是为各寺培养医疗人才。此外,太虚法师还设想在峨眉山设立医疗养病院。他认为,"峨山气候层层不同,外来游人香客,容易生病,对于医药养病院等,皆应设备,使朝山之人不为病魔所困,且可藉此招纳避暑养病之人以相资益,此亦菩萨医方明之一种"。②

其二,佛教仁婴院和佛教慈儿院。这是太虚法师所设想的两种慈幼团体。太虚法师认为,收养贫苦无依的孤儿是一件功德无量的事情,"孩童无恤,实命不犹,收而养之,相其成人,因其志而立之,盛德事也"。他还指出,慈幼团体应将这些幼儿抚养到15岁,因为"逮十五岁知识既开,乃能立志,万里之行定于初步,发心之始,不可不慎。故必及十五岁,方许得度受沙弥戒,而未及十五岁则收为仁婴、慈儿也"。③ 关于这两种慈幼团体的具体情况,请看下列表格。

表10:太虚法师所设想的佛教仁婴院和佛教慈儿院

类别	佛教仁婴院	佛教慈儿院
设立地点	在每个道区的城厢设立一所	在每个省城设立一所
幼儿年龄	1~6岁	7~14岁
规模	每院共40人	能容纳1000名左右的幼儿
职员	院长1人,司事4人。	院长1人,教员16人,司事3人。每院有11~18岁女童25人帮仁婴院抚养幼童。
教育内容	识字,到6岁时应能识2000字左右。	对这25名女童教以各种女工,并教读经书。对7~10岁幼儿,以初等小学之法程,分各学期教之。注重文字、算数,以诱开其知识。男女兼收,每院约600人。对11~14岁幼儿,以二等小学的内容分学期教育之。注重道德、实利,以造成其人格。其教科书或即用国家审定者,或由佛法僧园另编,或由院中教员自编。兼有佛法教育。

---

① 释太虚:《整理僧伽制度论》,《太虚大师全书》第18卷,北京:宗教文化出版社,全国图书馆文献缩微复制中心,2004年,第107页。
② 释太虚:《峨山僧自治刍议》,《太虚大师全书》第19卷,北京:宗教文化出版社,全国图书馆文献缩微复制中心,2004年,第324页。
③ 释太虚:《整理僧伽制度论》,《太虚大师全书》第18卷,北京:宗教文化出版社,全国图书馆文献缩微复制中心,2004年,第76页。

续表

类别	佛教仁婴院	佛教慈儿院
幼儿去向	可随时按规定由人领养。年及7岁,犹无人领养者,则入于慈儿院中。	可随时按规定由人领养。女童满15岁可按规定由人领娶。15岁时应加入佛教正信会,也可自愿出家。其余则为绍介、习为各种农工商业。若有资质聪颖、志趣高尚、更愿入各种中等高等学校者,当令具志愿书,亦可绍介令得入学,并供给以学费6年,令成国家适用人才。
附设团体		附设佛教正信总分会和佛教救世慈济团。

(资料来源:本表格资料根据《太虚大师全书》第18卷第45～107页内容整理而成)

表格中提到,按照相关规定社会人士可领养或领娶仁婴院和慈儿院中的孩童。为了保证被领养人的权利,太虚法师也作了一些规定。领养(娶)人应向仁婴院或慈儿院提交保证书。保证书包含这样几方面的信息:其一,领养(娶)人的信息,包括姓名、国籍、年岁、性别、职业、住址等。其二,被领养(娶)人信息,包括性别、姓名等。其三,领养(娶)人声明依照佛教仁婴院(佛教慈儿院)的相关规约自愿领养(娶)。其四,佛历及国历日期,介绍人、保证人、领养(娶)人的签字画押。其五,在领书的背面是佛教仁婴院(佛教慈儿院)所订立的《领孩童规约》,其内容包括,领养(娶)人的资格为"曾入佛教正信会尽形寿持优婆塞(夷)",即需信仰佛教;对所领养儿童满15岁须令其加入佛教正信会;领养(娶)人不将该孩童充仆妾、充娼妓,不得冻饿挞伤该孩童。此领书一式两份,一份存在佛教仁婴院(佛教慈儿院)中,另一份交给持教院。领养(娶)者出具领书后,院长即发给他领养(娶)凭证。①

其三,慈善工厂。太虚法师设想,在每一道区设立一所慈善工厂。"此之工厂亦兼慈善性质,购诸有验之新式机器,作诸人民日用所需容易制造之物。可容三千人工作,令诸失业人民,易得入厂作工。每年收入货利,除厂中职工薪金及公费、公积外,其余作为十股。二股留为厂中公积,六股公与诸职工等,俾诸工人皆得同沾利益"。② 慈善工厂还采用现代化的管理方式,设立董事会进行管理,以佛法僧园中统教大师、副统教法师、耆宿评议长、大众评议长共7人,组成董事会。

---

① 释太虚:《整理僧伽制度论》,《太虚大师全书》第18卷,北京:宗教文化出版社,全国图书馆文献缩微复制中心,2004年,第68页。

② 释太虚:《整理僧伽制度论》,《太虚大师全书》第18卷,北京:宗教文化出版社,全国图书馆文献缩微复制中心,2004年,第142页。

其四,众艺精舍。佛法僧园设立众艺精舍这一公益教育团体。精舍的教学内容有业科,即进行职业技术教育,具体学科包括"工学、矿学、农学、商学、器械学、航路学"等。①

所谓教产革命,就是使寺院财产成为十方僧众所共有,不能让其被少数住持所把持,要用来供养大德长老,培养青年僧才和兴办各种僧伽教育事业以及社会慈善事业,如办学校、医院、工厂。根据太虚法师的设想,每个寺院每年将收入的一部分上交给行教院,行教院再上交一部分给持教院,每一持教院每年可得收入32000元,"以八千元为四仁婴苑当年费,不足则合佛教正信会募化之。以六千元为四施医苑常年费,不足则薄收药费、膳宿费,及随时募化补充之。以一万三千元为慈儿苑之常年费,更以从慈儿所出费补之——若从慈儿苑毕业出之人,其后从事社会职业,既经成立,或令每年量捐慈儿苑费若干,或按职薪所入捐二十分之一,或在苑制出手工等货物售之以充公费"。② 全国佛教最高管理团体佛法僧园的启动经费来自于借用全国每个僧伽的储蓄,"假定僧伽八十万人,人人平均若得三十元私有贮蓄金,可不提用,则得二千四百万元"。③ 佛法僧园用这笔费用开设银行和慈善工厂等。此外,佛法僧园"每年所收入之六十万元,当以十万元划充佛教正信会之慈济团作慈善费。十万元划充世界布教团作布教费。十万元作流通经典书报之津贴费"。④

太虚法师还鼓励全国僧尼将个人财产用来从事慈善公益事业。他指出,僧尼个人对于"经书、道具、衣物等项,非甚违律,可随喜置,诸钱财等不应贪求,随宜所得不应浪费,可贮蓄于佛教银行,以备老病急要之需,或作慈善公益之用"。⑤ 僧尼在临终之时,"其私有物或与弟子,或与看病之人,或与生平知识善友,或舍作常住众僧物,或随意施作各种利益众生之事业"。⑥

---

① 释太虚:《整理僧伽制度论》,《太虚大师全书》第18卷,北京:宗教文化出版社,全国图书馆文献缩微复制中心,2004年,第127页。

② 释太虚:《整理僧伽制度论》,《太虚大师全书》第18卷,北京:宗教文化出版社,全国图书馆文献缩微复制中心,2004年,第138页。

③ 释太虚:《整理僧伽制度论》,《太虚大师全书》第18卷,北京:宗教文化出版社,全国图书馆文献缩微复制中心,2004年,第142页。

④ 释太虚:《整理僧伽制度论》,《太虚大师全书》第18卷,北京:宗教文化出版社,全国图书馆文献缩微复制中心,2004年,第142页。

⑤ 释太虚:《整理僧伽制度论》,《太虚大师全书》第18卷,北京:宗教文化出版社,全国图书馆文献缩微复制中心,2004年,第144页。

⑥ 释太虚:《整理僧伽制度论》,《太虚大师全书》第18卷,北京:宗教文化出版社,全国图书馆文献缩微复制中心,2004年,第146页。

太虚法师所谓教理革命,即思想革命,主张革除以往佛教被帝王当作愚民政策工具的现象,剔除佛教思想中之神教、鬼教、巫教等迷信成分,建立人生佛教。建立人生佛教的具体路径是运用大乘佛教自利利他的精神和以五戒十善为核心的基本道德准则,改善国家的经济、政治和社会状况,进一步完善社会制度,使人们都注重探究人生和宇宙的真相,改变一些佛教徒"重死不重生"的错误偏向,发挥人生本有性能,以实现佛教所弘扬的人人都可以成佛的最高境界。看得出来,阐述佛教服务社会、兴办慈善公益事业是教理革命的重要内容。以佛教自觉觉人、自利利他、自度度人的精神,入世救世,承担起佛化救国的重任。教理革命的中心是革除愚弄世人的鬼神迷信,积极倡导大乘佛教自利利他的慈悲精神,去改善国家和社会。

除了太虚法师,僧界其他一些人士也认为兴办慈善公益事业是寺院佛教改革的重要手段。下表罗列了寄尘法师改革寺院佛教的观点。

表 11:寄尘法师关于改革寺院佛教的观点

类别	具体内容
僧伽教育	除了佛教教育,应普及社会教育。主要是生产教育,如农林学科、工艺学科、职业专科,教僧徒学习从事生产,以谋僧徒经济独立、谋佛教经济建设。
慈善救济	僧伽应建立筹赈会,赈济水火兵疫等一切临时共同灾难;建立慈济会,扶济个人贫困苦难;建立救防会,预防灾难,如施舍药物等;建立义务会,建桥、修路、义渡、设路灯等;建立医疗院和收容所等。
提倡工农业	培养僧农,建立僧农模范区,僧伽都要从事农耕,做到农产品自给。在做工方面,建立专门的僧伽工厂,僧伽受训后在里面劳动。
风景培植	在新生活运动的领导之下,注重培植寺院及其周围的景观。地处名胜之地的寺院,要注重保护寺院周围的自然景观。地处闹市之区的寺院,要注重内外整洁,不能有碍观瞻。
名称的纠正	许多佛教寺庙名称各异,先贤、宗教、淫祠、俗神不分。如果不是属于佛教的范围,或在佛教中而没有相当的历史可以稽考的,应该一概将其名称纠正。
神像的废除	寺庙中供养的佛像只能是释迦牟尼、阿弥陀佛、文殊、普贤、观世音、地藏王等诸大菩萨和罗汉之像,与佛教无关的偶像,应该进行清理。
文化的弘扬	每县应成立一个佛教图书馆、佛教书报阅览处、佛教宣讲所、佛教日报社等。
成立慈善公益团体	成立便利会,推行素食、净居、职业介绍等;成立增益会,开办工场、商店,推行各项正业。

(资料来源:寄尘:《从寺院里改造起》,载《海潮音》,第 17 卷第 4 号,1936 年 4 月;《集成》第 193 卷,第 196～206 页)

从上表看出,寄尘法师的佛教改革思想分为七类,其中慈善救济、提倡工农业、风景的培植、成立慈善公益团体明显属于慈善公益事业的内容,僧伽教育这一类别中有对僧伽进行职业技术教育的内容,这样可以减轻社会的负担,也属于慈善公益事业的表现。显然,让僧徒从事慈善公益事业是寄尘法师佛教改革思想的重要组成部分。

在民国时期,僧界有一些筹划改革寺院佛教的团体。如江浙佛教联合会整理僧伽委员会提出在整理僧伽的过程中,需做好两方面的事情:"一是自行:在治标方面,限制滥挂海单,约束无归僧众;在治本方面,限制剃度传戒,砥砺各宗行持,设立各宗学院。二是利他:在教育上,设立平民小学校、平民图书馆和感化院;在弘法上,经论讲演、通俗讲演;在慈济上,设立平民医院、金卍字会、平民工厂、孤儿院。平民图书馆,与相当地点,由各寺院设立,购置各种典籍书报,以备公民阅览,启发知识。感化院主要是收容无归僧众和无业游民,教以简要佛理及世间常识,俾致改过迁善,成为有用之才。"①可见从事慈善公益事业占了该整理僧伽计划相当大的篇幅。此外,中国佛教会拟定的整理僧制章程中规定,全国僧伽必须从事下列事项中的一项或数项:"1. 修习梵行;2. 研究经典;3. 宣扬教义;4. 办理慈善、公益教育事业;5. 充实丛林寺院各项职事。"②可见,兴办慈善公益事业是中国佛教会整理僧伽章程的重要内容。

二、居士佛教的兴起

"居士"一词在早期印度佛教经典中,指从事手工业和商业活动的吠舍种姓,这些人在释迦牟尼成道之后,多信仰佛法,并资助佛陀弘法,他们是佛教最早的居士。到了大乘佛教时期,随着佛教社会基础的不断扩大,"居士"一词已经摆脱种姓观念的束缚,主要"居舍之士",即布衣平民。佛教传入中国后,结合中国传统中本有居士之意——"隐居不仕之士",居士指那些信奉佛法并居家修行的人,尤其是富有资产者的在家信徒。智𫖮在《观音义疏》中就说过:"居士者,多积贿货,居业丰盈,以此为名也。"③慧远在《维摩义记》卷一中也有言:"居士有二:一、广积资产,居才之士,名为居士;二、在家修道,居家道士,名为居士。"④

在中国佛教史上,居士群体很早就在僧人的帮助下逐渐形成各种组织,从南北朝到唐宋之间,曾先后出现过诸如义邑、法社、香火社、十地采等

---

① 江浙佛教联合会整理僧伽委员会:《整理僧伽进行计划书》(1928年5月),中国第二历史档案馆馆藏档案,全宗号1(1),案卷号1751。
② 中国佛教会:《整理僧制各种章程》,载《山西佛教杂志》,第1年第4期,1934年4月;《集成》第75卷,第202页。
③ [日]高楠顺次郎:《大正新修大藏经》第34册,台北:新文丰出版公司,1990年,第934页。
④ [日]高楠顺次郎:《大正新修大藏经》第35册,台北:新文丰出版公司,1990年,第439页。

多种通过结社而形成的居士团体组织。南北朝时期的佛教结社叫作"义邑",黄忏华曾指出:"北朝一般社会上的佛教信仰,从北魏初年起,北地盛行一种一族一村等的佛教组织,叫做'义邑',由僧尼和在家信徒构成,而以信徒为主。"①这一时期促使居士结社现象比较流行的因素主要有民间流传的弥勒信仰、佛教造像等,居士社团的组织形式在很大程度上借鉴了汉代以来传统私社的组织形式。隋唐时期,以净土念佛为主要活动内容的"法社"纷纷成立。到了宋明时期,净土念佛更加流行,促进了以在家居士为主的佛教结社进一步发展,净土念佛与民间结社相互支持、相得益彰。②从活动范围看,宋代的居士社团已不再单纯进行佛教修持活动,而是积极从事慈善公益活动,如赈济平民、施送棺木、修桥铺路等。

关于古代居士佛教组织,唐忠毛总结了这样一些特点:其一,这些居士佛教组织都是由某些魅力僧人主导或之为核心而组建的。其二,这些居士佛教组织大都直接建立在寺庙内或者直接依托于寺庙。其三,这些居士佛教组织,严格来说都属于寺院的外围性组织,与寺院教育有着不可分割的密切联系,对寺院的宗教生活和经济生活产生直接的影响。其四,在这些居士佛教组织中,由以士大夫知识分子为主体的结社与以民间普通居士为主体的结社逐渐形成了两种不同的倾向。③

杨文会是近代中国佛教复兴的先驱,被称为"近代中国佛教之父"。在杨文会之后,中国居士佛教逐渐复兴,居士佛教组织纷纷建立。潘桂明认为,在中国近代居士佛教的主要活动集中在三个层面:一是推动佛学研究的近代转型,二是弘扬佛教思想和文化,三是开展各类慈善救济活动。④杨文会对前两个方面都有很大的贡献。关于推动佛学研究的近代转型,杨文会在南京成立了金陵刻经处,金陵刻经处不仅仅刊布佛经,也是近代学术性佛教研究的发祥地。在金陵刻经处的影响下,近代致力于佛学研究并卓有成果的居士有数十人。其中为学界所熟知的有桂伯华、宋平子、夏曾佑、张克诚、江味农、蒋维乔、丁福保、谢无量等。当时以居士为主体的佛学研究团体数量非常多,其中著名的有南京的内学院、北京的三时学会、上海的觉社等。潘桂明认为,近代佛教学者,无论是否有信仰,其佛学研究方法

---

① 中国佛教协会编:《中国佛教》第一辑,上海:东方出版中心,1996年。
② 唐忠毛:《作为民间慈善组织的近代居士佛教——以民国上海佛教居士林为例》,载《上海师范大学学报》,2008年第6期。
③ 唐忠毛:《中国佛教近代转型的社会之维——民国上海居士佛教组织与慈善研究》,桂林:广西师范大学出版社,2013年,第96~97页。
④ 潘桂明:《中国居士佛教史》,北京:中国社会科学出版社,2000年,第887页。

或学术思想观点都在不同程度上受到金陵刻经处居士学者的影响。① 关于弘扬佛教思想和文化,金陵刻经处也有很大的贡献。自它成立之日起,就一直从事刻经和佛经流通事业,为信仰者提供了方便诵读的经典,也为研究者奉上了比较满意的版本。在金陵刻经处的影响下,居士郑学川在扬州创办江北刻经处,后来又在苏州、杭州、如皋、常州等地创办刻经处。居士曹镜初创办长沙刻经处。

应该说近代居士佛教对社会影响最大的活动是大力兴办慈善公益事业。在近代中国有相当一部分人皈依佛教,成为在家居士,并积极从事慈善公益事业。这其中的原因是多种多样的。

其一,在内忧外患的近代中国,许多人需要佛教信仰作为自己的心理支撑。从社会心理来看,佛教有助于动乱时期的心理抚慰。民国期间皈依佛教的居士不仅人数众多,而且从社会阶层上看,上至官绅、军阀,下至贩夫走卒,无所不包。究其原因,这既有时代道德价值观的失范、人生目的与生命意义的迷失而导致的信仰需求,同时也是因为当时的连年战乱与自然灾害引发的心理恐惧与不安而使佛教的心理诊疗功能得以彰显。② 诚如梁启超所说:"社会既屡更丧乱,厌世思想,不期而发生;对于此恶浊世界,生种种烦懑悲哀,欲求一心安立命之所,稍有根器者则必逃遁而入于佛。"③就拿民族工商业者来说,他们在与外商的激烈竞争中需要从佛教信仰中获得相当强大的心理支撑。有学者指出,上海总商会的董事有半数以上者是佛教居士,或倾向佛教者。④ 正如上海著名实业家穆藕初居士所言:"觉佛教可以纠正人心,安慰人心,使人提起精神服务社会","励行自度度人之事业,则宗教之推行尚矣;开究竟觉悟之路程,则佛化之宣传尤要已"。⑤ 尽管在华的基督教也能提供类似的心理支撑功能,但是民族工商业者大多不愿信奉,因为基督教在华传播的过程中在很大程度上凭借了不平等条约赋予的特权,很多中国人对其并无好感,再加上当时提倡国货的运动盛行,信奉基督教不利于民族工商业者的声誉,进而损害其经济利益。基于以上考虑,当时民族工商界中有不少人放弃基督教信仰而皈依佛教,

---

① 潘桂明:《中国居士佛教史》,北京:中国社会科学出版社,2000年,第854页。
② 唐忠毛:《居士佛教的近代转型及其社会学意义》,见觉醒主编:《觉群佛学(2012)》,北京:宗教文化出版社,2013年,第193页。
③ 梁启超:《清代学术概论》,长沙:岳麓书社,2016年,第96页。
④ 邓子美:《传统佛教与中国近代化——百年文化冲撞与交流》,上海:华东师范大学出版社,1994年,第152页。
⑤ 穆藕初:《藕初五十自述》,见李平书:《李平书七十自叙·藕初五十自述·王晓籁述录》,上海:上海古籍出版社,1989年,第164页。

如聂云台、穆藕初、曹伯权、玉慧观等均是如此。虽如此，他们也很理性地认识到，佛教要想进一步发扬光大，必须学基督教的长处。曹伯权认为，基督教"注重事功，所以每至一处，必设学校，创医院，为社会造福，往往使人钦佩其事业之成功"。①

其二，民国年间较为流行的净土宗推动了居士从事慈善公益事业。民国时期，上海等地居士佛教的核心信仰深受印光法师倡导的净土宗的影响，故其佛教慈善理念也烙上了净土资粮思想的深刻印记。在净土宗看来，只有具足"信""愿""行"三资粮才能往生西方极乐世界。所谓"行"，就是实际修行，实际修行除念佛之外，就是要严格遵守五戒十善、广行六度，身体力行做善事。在六度中，布施又是居于第一位的。布施包括财施、法施和无畏施，就是给予他人以物质、精神和心灵上的种种帮助。布施表现的是一种奉献精神，一种舍己为人、扶危济困和急人所难的精神。民国佛教居士所做的种种慈善事业中，无不包含净土思想的慈悲奉献精神。正如有学者所指出的那样，"整个20世纪，哪里佛教的社会贡献大，那里的佛教公益文化教育事业就发达，那里就高悬着净土信仰的指引，闪动着净土宗人的身影"。②

聂云台认为，佛教菩萨行"度尽众生方自度"的精神是"世界最高的德"。他还列举身居上海十里洋场50年亲见的实例和古今人物家世兴亡的史实，证明佛教业力因果之说，旨在让后代懂得"创业维艰，祖父备尝勤苦，守成不易子孙宜戒骄奢"。他进一步指出，"官做得越大，发财的机会越多。但是那些不肯发财，念念不忘救济众生的人，子孙发达最昌盛、最长久。佛法天理，就在人心之中，人人所感谢的人，天就欢喜；人人所怨怒的事，天就发怒。所以欲求得福，须多造福于人，否则佛天亦无奈何。富人求神拜佛，烧香念经，若不起大慈悲心舍财济众，即是功小罪大，难逃恶报"。③聂云台此说在上海《申报》《觉有情》半月刊、《罗汉菜》月刊上发表后，在社会各界特别是工商界激起强烈反响，仅《申报》发表该文后的数日间，就收到读者捐给《申报》的助学金共475000余元。④这其中不难看出佛教伦理对近代工商业者的影响。

其三，一些人通过皈依佛教并从事慈善公益事业作为获得社会认同和

---

① 曹伯权：《舍耶从佛记》，见园香等：《我的菩提路》，台北：天华出版事业股份有限公司，1981年，第60页。
② 陈兵、邓子美：《二十世纪中国佛教》，北京：民族出版社，2000年，第324页。
③ 聂云台：《保富法》，载《罗汉菜》，总第30期，1942年4月；《集成》第88卷，第133页。
④ 陈兵、邓子美：《二十世纪中国佛教》，北京：民族出版社，2000年，第128页。

声望的手段。清末民初政坛上一些风云人物,如熊希龄、梁士诒、杨度等,都有一番表白,表示愿意从善赎过,洗刷污点。如在1917年熊希龄就表白过自己的心迹,"念出仕十余年来,从未直接为民做事,愧对吾民"。他目睹了顺直灾民惨状,良心不忍,愿意"以当此艰难,亦冀稍赎政治之罪戾"。①民国期间,不少来自底层的暴发商人,为了谋求社会声誉,他们也热衷于参加各种文化活动、宗教活动和社会慈善活动,并以此作为沟通上层社会及博取社会声望的重要手段。也有一些正派的商人,只是希望通过参加居士佛教组织及其慈善活动,从而有机会参与城市的相关自治管理,从而施展自己的才华、实现社会抱负,并以此寻求自我身份的定位,甚至还会获得自我道德优越感。正如梁元生所指出的那样:"伴随着慈善堂规模的扩大和数量的增加,他们的作用和工作范围也在扩展,这使得善堂成为一种具有社会和政治意义的公共团体。与此同时,也使得善堂的堂董和管理人员担当起了重要的角色。最初,一些绅士地主和商人为了荣誉而业余地参与管理活动,但经过一段时间的积极参与,他们承担了这种慈善工作的组织和管理,并将此作为终生的职业。最终,这些堂董形成了一个负有特殊公众义务的社会政治团体。"②此外,一些黑道商人、流氓地痞出身的暴发户也声称自己是佛教居士。典型的例子就是上海黑道大亨黄金荣、张啸林、杜月笙三人,他们也常常以佛教居士自居,并也不时做些慈善之举。

其四,一些佛教居士将从事慈善公益事业作为振兴佛教的重要手段。民国上海的工商业大居士们大都拥有实力雄厚的财产,本身往往就是慈善家。他们不仅有着虔诚的佛教信仰,而且具有一定的世界眼光与现代知识背景。因此,他们不愿意像传统居士那样将财产捐给寺院从事经忏香火,而更乐意投身各项社会慈善事业。同时,在一些居士看来,从事慈善事业几乎是佛教居士的"天然职责",从事慈善事业,一者可不悖宗教救济众生之旨,二者可一改佛教徒自顾自修、较少参与社会慈善事业的成见。此外,居士从事慈善,从当时的政教关系看,也是为佛教组织争取合法性的重要手段。

其五,僧界人士的号召。太虚法师阐述其教制革命思想时,号召在家居士应大力兴办慈善公益事业。在家居士设立佛教正信会,下设佛教通俗宣讲团、佛教救世慈济团。太虚法师设想这两个团体的情况如下:

---

① 周秋光编:《熊希龄集》(中),长沙:湖南出版社,1996年,第1103页。
② 梁元生:《上海道台研究——转变社会中之联系人物,1843—1890》,上海:上海古籍出版社,2003年,第124~125页。

表 12：太虚法师设想的佛教通俗宣讲团和佛教救世慈济团

佛教救世慈济团	类别	救灾	济贫	扶困	利便
	具体内容	援拯焚溺、赈济饥荒、救治兵伤、消防水火。	传习工艺、开垦荒地。	安养老人、保恤贞节、矜全残废。	施舍灯明、修造桥路、义置舟渡。
佛教通俗宣讲团	宣传宗旨	一是劝导行善，包括爱国、守法、劝业、互助、调身、惜物、和平、诚信、放生、念佛；二是劝化止恶，包括弭兵止杀、息斗和战、劝戒偷盗、劝诫邪淫、劝戒奢华、劝戒烟赌、改良婚礼、改良丧制、改良家族、改良交际。			
	宣传方法	印送文告、编演戏剧、集众讲说、随机诱导。			
	宣传场所	城厢、乡镇、道路、舟车、军营、监狱、工厂、病院。			

（资料来源：释太虚：《太虚大师全书》第 18 卷，第 61 页）

应该说，太虚法师等人佛教改革思想中关于兴办慈善公益事业的许多内容在实践中都得以实现。从后面的研究内容可看出，民国佛教徒开办了孤儿院、慈儿院、施医给药团体、佛教工厂等，都在很大程度上受到太虚法师等人相关思想的影响。在民国佛教慈善公益事业的实践中，佛教僧尼和居士从事慈善公益事业的范围非常广泛。如前所述，这些慈善公益事业可分为慈善救济、慈善教育、医药慈善和公益事业等四类，细目共有数十种。僧尼和居士这两类慈善公益活动主体几乎参与了上列每一种慈善公益活动。应该说，居士凭借众多的人数、雄厚的经济实力和社会关系资源丰富等优势，其慈善公益活动成为整个佛教慈善公益事业中的主体部分，地位举足轻重。

第四节 晚清民国的其他慈善公益思想

在晚清民国时期，近代慈善公益事业兴起发展，形成了较为丰富的慈善公益思想。本节主要探讨这一时期非佛教界人士的慈善公益思想，并说明它对民国佛教慈善公益事业的重要影响。

一、教养兼施，培养职业技能

近代中国的慈善家们认识到中国传统慈善事业的一大弊端是只养不教，惠泽的范围十分有限。如在上海办理过多种善堂的经元善对传统慈善事业就有这样的认识："养老、育婴、恤嫠非不善也，然惠仅一身，不能及一家也。施粥、施衣、施药非不善也，然惠仅一时，不能及永久也。况各行省善堂,有名无实者甚多,即名实相副,其功德所被亦殊不广耳。"①《申报》曾刊登文章希望中国"改赈恤之道为教养之道",这样做的原因不仅仅是"可以纾目前之困苦,即异日无业游民,亦可持此既能以自遂为谋生之计,相资相养,同游天演,此今日刻不容缓之事",而且与世界形势密切相关,"二十世纪之世界生活,竞争之世界也,吾国实业不兴,工艺不进,即使匹夫疾耕,匹妇疾织,尚不能自立于竞争之场,欲弥隐患,欲塞漏厄,舍教养一途,何以哉"。② 在急剧变革的近代社会,中国传统的慈善思想随着西方慈善公益思想的传播而发生变化,一些慈善家的慈善观突破了以"养"为主的局限,以解决社会问题为根本出发点,主张将"教"与"养"相结合。这里的"教"主要包括两部分,一是职业技术教育,二是普通教育。

职业技术教育即培养救助对象的劳动技能。如经元善认为,在当时条件下可行的办法一是"兴农开荒",二是"课工教艺"。兴农开荒需要大片土地,这一条件多难以具备,所以最可行的就是创设课工教艺的工艺学校。经元善设想这样的工艺学校对于凡来学艺者均不收费,学成之后义务担任教习,教习时间与学习时间相等。这样,"工艺院教成一艺,则一身一家永可温饱,况使可以技术教人,功德尤无限量。……此举不但恤贫,且以保富;不仅可变通赈济,亦可变通一切善堂"。③ 因此,他建议将传统善堂都改为工艺院,或者在育婴堂、恤嫠院内"各设小工艺所,俾孤儿长成,可谋生成家,孀妇得资,可赡育后嗣"。④ 通过这样的办法可以消除传统慈善事业只养不教或重养轻教的弊端,达到教养兼施的效果。

就普通教育来说,爱国华侨、慈善家陈嘉庚最为重视。他注意到西方国家教育先进在很大程度上是由于许多慈善家捐资办学,他说:"诸文明国教育,除政府注意维持外,而个人社会捐资倡建者,其数尤巨,且多有倾家捐助办学者,故教育界能收美满之效果,非全依靠政府也。"⑤基于此,陈嘉庚号召国人大力支持慈善教育事业。1919年7月他在筹办福建厦门大学附设高等师范学校时发布如下内容的通告:"我汉族优秀性质不让东西洋,

---

① 经元善:《拟办余上两邑农工学堂启》,见虞和平编:《经元善集》,武汉:华中师范大学出版社,2011年,第245页。
② 《论粥厂宜速改教养局》,载《申报》,1905年10月27日,第2版;《申报》第81册,第475页。
③ 经元善:《拟办余上两邑农工学堂启》,见虞和平编:《经元善集》,武汉:华中师范大学出版社,2011年,第246页。
④ 经元善:《拟办余上两邑农工学堂启》,见虞和平编:《经元善集》,武汉:华中师范大学出版社,2011年,第246~247页。
⑤ 陈嘉庚:《二十世纪名人自述系列·陈嘉庚自述·下》,合肥:安徽文艺出版社,2013年,第538页。

故到处经营辄能立志竞争。但唯知竞争财利,而不知竞争义务,群德不进,奴隶由人,故国弱而民贫,若外国人则不然,量力捐输,急公好义。其资产愈富者,肩任国家社会之义务亦愈力,表率有方,和者益众,故国强而民富。试观美国大学校约 300 所,由商民捐资兴办者占 289 所。小学亦然,欧洲列强大都如是,彼岂浪费金钱哉。亦曰教育之盛与国家社会有密切联系。"①这些都说明了陈嘉庚认为兴办慈善教育是国民应尽的责任之一,国人在这方面应向西方人学习。陈嘉庚在号召别人的同时,他自己也是这样做的。他一生在国内外创办各类学校 118 所,为近代中国慈善教育的发展作出了重大贡献。

兴办女学和特殊教育学校也是近代慈善教育思想的重要组成部分。鉴于中国数千年女学不兴、为害甚巨之弊,经元善当时尤为注重创办女学。他认为:"中国欲图自强,莫亟于广兴学校,而学校本原之本原,尤莫亟于创兴女学。"显然,他将兴办女学作为救国兴邦的途径。从他的眼光来看,"女学堂之教人以善与赈济之分人之财可同日而论,且并行不悖"。② 张謇也曾指出兴办特殊教育学校的重要性,"盲哑学校者,东西各国慈善教育之一端也。教盲识字母,习算术,教哑如之。入其校者,使人油然生恺恻慈祥之感,而叹教育之能以人事补天憾者,其功实巨"。③ 他认识到要发展中国的盲哑人教育事业,首先必须培养专门的师资力量,否则只会流于空谈。鉴于"盲哑之儿童,贫则乞食,富则逸居,除英、美、德教士于中国所设之二三盲哑学校外,求之中国,绝无其所",唯一可行的办法就是创办盲哑师范传习所,培养自己的师资力量。对于盲哑学校的师资力量,张謇也有具体的要求,即要有慈爱心与忍耐心,"盲哑教师苟无慈爱心与忍耐心者,皆不可任"。④

二、学习西方,增强慈善意识

近代中国一些有识之士了解到西方慈善事业的状况,并向国人进行介绍。如郑观应认为,西方慈善事业之所以发达,与人们热心于慈善捐款有很大的关系。他指出,"泰西各国以兼爱为教,故皆有恤穷院、工作场、养病院、训盲哑院、育婴堂。善堂之多不胜枚举,或设自国家,或出诸善士。常

---

① 陈嘉庚:《二十世纪名人自述系列·陈嘉庚自述·下》,合肥:安徽文艺出版社,2013 年,第 538 页。
② 虞和平编:《经元善集》,武汉:华中师范大学出版社,2011 年,第 213 页。
③ 张謇研究中心、南通市图书馆编:《张謇全集》第四卷,南京:江苏古籍出版社,1994 年,第 73 页。
④ 张謇研究中心、南通市图书馆编:《张謇全集》第四卷,南京:江苏古籍出版社,1994 年,第 106 页。

有达官富绅独捐资数十万,以创一善事。西人遗嘱捐资数万至百数十万者颇多。闻英人密尔登云,英国有富家妇,夫亡遗资甚多,其创立大小学堂、工艺书院及置穷人贩卖零星物件之地,共费银一千五百万磅"。① 他还将国人的慈善意识与西方作了对比,"中国富翁不少,虽身受国恩,而竟未闻遗嘱有捐资数万至数十万创一善事者,宁愿留为子孙花费,殊可慨也"。②

在认识到中国与西方在慈善事业方面差距的同时,他们提出应借鉴西方的做法,在中国发展慈善事业。请看下列表格。

表13:冯桂芬等人学习西方慈善事业的思想

人物	著作	学习西方慈善事业的内容
冯桂芬	《收贫民议》	提出"法苟不善,虽古先吾斥之;法苟善,虽蛮貊吾师之"的口号,提倡学习西方国家养、教民众的措施,提出在中国设立养老室、恤嫠室、育婴堂、读书室、严教室、化良室等慈善救助组织,其中严教室收容不肖子弟和地痞无赖,化良室收容妓女,这些设想明显是模仿西方的。③
洪仁玕	《资政新编》	借鉴美国救助鳏寡孤独和残疾人的办法,主张在中国兴办医院、"跛盲聋哑院"和"鳏寡孤独院"等救助组织,并教给他们相应的技能,其中跛盲聋哑院须"请长教以鼓乐书数杂技,不致为之废人也";"鳏寡孤独院,生则教以诗书各法,死则怜而葬之"。④
陈炽	《庸书·善堂》	"彼泰西诸国之善举,法良意美,规制精详",其中"有必应仿而行之者"有八类,即施医院、育婴堂、义学堂、养老院、老儒会、绣花局、养废疾院、养瞽堂等。⑤
郑观应	《盛世危言》	西方各国"以兼爱为教,故皆有恤贫院、工作场、养病院、训盲哑院、育婴堂"等慈善救助组织,中国应该借鉴西方的做法,振兴善举,使"穷民绝迹于道路"。⑥
康有为	《大同书》	政府应当承担起救助、教育民众的责任,设立人本院、育婴院、小学院、中学院、大学院、恤贫院、医疾院、养老院和考终院等一系列救助、教育民众的团体。⑦ 其中许多团体明显可以看到西方世界的影子。

除上述几位声名卓著的思想家以外,晚清时期一些普通的读书人也曾

---

① 夏东元编:《郑观应集》,上海:上海人民出版社,1982年,第525页。
② 夏东元编:《郑观应集》,上海:上海人民出版社,1982年,第525页。
③ 冯桂芬:《收贫民议》,见冯桂芬著,戴扬本评注:《校邠庐抗议——洋务运动的理论纲领》,郑州:中州古籍出版社,1998年,第154~156页。
④ 中国史学会主编:《中国近代史资料丛刊·太平天国(二)》,上海:上海人民出版社,上海书店,2000年,第527~529、537页。
⑤ 赵树贵、曾丽雅编:《陈炽集》,北京:中华书局,1997年,第104~105页。
⑥ 郑观应著,陈志良选注:《盛世危言》,沈阳:辽宁人民出版社,1994年,第204页。
⑦ 康有为:《大同书》,上海:上海古籍出版社,2005年,第215页。

经提出类似的看法。1893年，时任上海招商局总办的郑观应，应上海格致书院院长王韬之请，给该书院的学生出了一道主题为"中国能否以及如何开设恤贫院"的考试题目。学生们在答卷中纷纷指出，中国应学习西方恤贫院的做法。如获该次考试"超等"第一名的江苏长洲县贡生许象枢写道：西方各国的慈善团体为数甚多，"有育婴、施医、禁酒、自新、恤孤、劝和、训哑、教聋等会"，此外尚有恤贫院，为弥补"有养而无教"的缺陷，中国应设立恤贫院这种"教养兼施"的救助团体。① 获"超等"第二名的生员杨史彬也指出，中国应仿设西方的恤贫局，"凡建屋宇、教工艺及各项应办事宜，皆当仿行西法"。②

此外，学习西方的慈善事业也成为一些新闻媒体宣传的内容，现以《申报》为例加以说明。请看下列表格。

表 14：《申报》刊登的关于学习西方慈善事业文章举例

文章名称	主张学习西方慈善事业的内容	资料来源
《论设立义院收留穷民事》	"余阅《申报》，屡见论及欲仿西法设立义院收留民，因其材力，教之技艺，可望学成一业，得以养身及家，俾强者不至流为盗贼，弱者不至入于乞丐，善哉言乎。"	《申报》1876年1月18日，第1版；《申报》第8册，第57页。
《医院说》	上海善堂的施医与西医院相比，"择地不广，劝捐不多，延医不精，施药不备"。所以作者希望："沪上绅商何不悉心筹办，仿照施行，无使西人独行其善而我华人转受其惠也哉？"	《申报》1883年7月20日，第2版；《申报》第23册，第115页。
《论聋瞽学塾》	向西方学习，设立残疾人学校。	《申报》1889年3月1日，第1版；《申报》第34册，第283页。
1893年，《申报》用头版的位置连续刊载《善堂宜仿西法以臻美善论》《推广善堂宜仿西法论》《论泰西善举之善》《论善堂仿西法之利》《论行善举宜取法于泰西》《论创设疯院以救疯人之苦》《效法泰西以行善举议》和《论中国宜仿西俗设戒酒戒烟等会》等宣传学习西方慈善救助制度的文章。③		

---

① 王韬编：《格致书院课艺》，上海：上海图书集成印书局，1898年，第5～7页。
② 王韬编：《格致书院课艺》，上海：上海图书集成印书局，1898年，第15页。
③ 《善堂宜仿西法以臻美善论》，载《申报》，1893年9月3日，第1版；《申报》第45册，第15页。《推广善堂宜仿西法论》，载《申报》，1893年9月17日，第1版；《申报》第45册，第109页。《论泰西善举之善》，载《申报》，1893年10月23日，第1版；《申报》第45册，第349页。《论善堂仿西法之利》，载《申报》，1893年11月13日，第1版；《申报》第45册，第497页。《论行善举宜取法于泰西》，载《申报》，1895年3月4日，第1版；《申报》第49册，第331页。《论创设疯院以救疯人之苦》，载《申报》，1895年11月16日，第1版；《申报》第51册，第503页。《效法泰西以行善举议》，载《申报》，1897年5月31日，第1版；《申报》第56册，第185页。《论中国宜仿西俗设戒酒戒烟等会》，载《申报》，1897年8月30日，第1版；《申报》第56册，第741页。

为了唤醒国人的慈善意识,郑观应对一些国人在迷信方面浪费钱财却不肯用于慈善事业的现象作了批评。他对各地因民间信仰活动(各种赛会,如游菩萨、神灵寿诞祭祀)而浪费大量财富表示不满。他认为应该把那些花在无用之处之钱财用在做善举这样的有益事情上。他指出:"耗此费者,年中不知几许。以有用之财,作无益之事。何如集资效范文正公之创义仓、开义学、设育婴堂、收埋路尸、舍药施医,利民利物,作方便阴功,足以邀天之佑乎?若无救济之功,而徒费资财,欲邀冥福,是未耕而求馐耳。鬼神在天之灵,亦悯世无知,开鸾降占,劝人为善,修身为本。无奈世人迷而不悟。有心世道者宜出示严禁,开导愚蒙,使省梨园神会之资,改作济世救民之事,岂不善哉!"①

郑观应为了号召国人行善,有时采取讲道理的方式,这些道理包括:钱财乃身外之物,如"大厦千间,夜眠八尺。良田万顷,日食一升";积德行善可造福子孙,如"积钱于子孙,子孙未必能守。积书于子孙,子孙未必能读。惟积德于冥冥之中,可使子孙受用无穷";积聚钱财很可能招祸上身,如"尝闻有积蓄金银无数埋于地中,竟为贼所劫。亦有守至贼兵入境,如李闯所为迫勒财尽身亡。请富翁深详思之"。② 对不行善举的富翁们,郑观应进行了劝诫式的嘲讽:"至如富绅巨室虽积产数十万至数百万,决不肯行一善举,一朝命尽,金银不能携带于九原,只可供子孙之挥霍耳。宜其为西人所讥笑,来鬼物之揶揄也。"③

三、慈善是救国救民的重要手段

近代的一些慈善家认为,兴办慈善公益事业是防止外国人进行思想文化侵略、救国救民和改造社会的重要手段。在上海的学习、生活和工作经历,让晚清慈善家谢家福深感中国国力的疲弱,西方国势的强盛,痛感清政府的屈辱无能和西方政府以及外国人的骄扬跋扈。这些激起了谢家福强烈的民族精神和高度的爱国情感,他认为在军事、政治和外交、民生福利、慈善公益等社会公共领域中国人决不能输给外国人。1877 年,谢家福在投身华北旱灾的救赈事业中,获悉"耶稣教之洋人慕惟廉、倪惟思、李提摩太及烟台领事哲美生等在东(山东)赈济灾民"。谢家福"深惧敌国沽恩,异端借肆,不能无动于衷,顾以才微力薄,莫可挽回。耿耿之怀,言难自

---

① 夏东元编:《郑观应集》,上海:上海人民出版社,1982 年,第 535 页。
② 夏东元编:《郑观应集》,上海:上海人民出版社,1982 年,第 534 页。
③ 夏东元编:《郑观应集》,上海:上海人民出版社,1982 年,第 533 页。

已"。① 他在给朋友的一封信中道出了对外国救赈国人的忧虑，以及赴灾地救赈的决心。他说："西人之赈给东齐也，阳居救灾恤邻之名，阴售收拾人心之术。窃恐民心外属，异教横恣，为中国之大患。是非筹集巨款，跟踪赈济，终无以杜外人之觊觎，固中国之藩篱。"② 谢家福指出："山左灾民受洋人赈恤三月有余，几乎知有洋人不知有中国矣。诸君好善乐输，下以固已去之人心，上以培国家之元气，即此便是忠臣，便是义士。若不能权自我操，反为教堂筹费，如国计何？且既受教堂之赈，必服西洋之教，无论其为天主为耶稣，终不当以中国之民服外教而废五伦。"③1877 年，谢家福专门为山东灾区撰写捐启，其部分内容如下："现闻灾民子女鬻弃甚多，外国教堂收养四百余名。现在梨园子弟、西国教堂尚且慨然助赈，况我人生同中国，品列士林，容有此区区之理！"④

郑观应的《盛世危言》所体现的总体思想目标是通过改革使中国变得民富国强。他认为，慈善是实现这一目标的重要手段之一。他对《盛世危言》的重要篇目"善举"篇多次增修，而且在其他篇目，如"僧道""狱囚""教养""户口"中也提出兴办恤贫院、工艺院等项慈善公益事业，可以看出郑观应慈善公益思想的富民强国目标。

郑观应认为要避免诸如"游手好闲、饥寒者众，或三五成群，昼伏夜动，或拜会联盟，肆行抢掠"等表现形式的内患，就必须以民为本，开办慈善事业。他提出的办法是："易若费百万之资，并令各省富绅捐助不足，每省设一栖流局。拣举能员立为总办，广置田产，大屋千门，收无赖丐人，或使之耕，或教以织"，"伸令自食其力"。如此，则社会安宁稳定，"病有所托，贫有所归"。⑤ 又如经元善等人创办劝善看报会、阅报社，是因为"见我华之被人侵削，土宇日蹙，则当思发愤自强，誓雪国耻；见泰西各国之日进文明，国富兵强，则当思振刷精神，急起直追"。⑥

到了戊戌变法时期，慈善事业的救亡图存色彩进一步明显。1895 年"公车上书"时，康有为就提出："恤穷"与务农、劝工、惠商为救国养民的四大国策，救国须从"扶贫济弱"开始。⑦ 康有为认为，"扶贫济弱"的措施主

---

① 谢家福：《齐东日记》卷上，"光绪三年丁丑四月二十一日"条，苏州博物馆藏。
② 谢家福：《齐东日记》卷上，"光绪三年丁丑四月二十一日"条，苏州博物馆藏。
③ 谢家福：《齐东日记》卷上，"光绪三年丁丑五月十二日"条，苏州博物馆藏。
④ 谢家福：《齐东日记》卷上，"光绪三年丁丑五月初一日"条，苏州博物馆藏。
⑤ 夏东元编：《郑观应集》，上海：上海人民出版社，1982 年，第 534 页。
⑥ 虞和平编：《经元善集》，武汉：华中师范大学出版社，2011 年，第 268 页。
⑦ 中国史学会主编：《中国近代史资料丛刊·戊戌变法（二）》，上海：上海人民出版社，1957 年，第 140 页。

要有三：一是各善堂善会在各县市基层政权的支持之下，大力筹措善款，救助社会上的盲聋喑哑、鳏寡孤独、跛癃残疾等特殊群体，使其享有基本的生活保障。二是各州县设警惰院，收容有劳动能力的乞丐和无业游民等，培养他们一些基本的谋生技能，使他们能够自食其力。三是由国家组织移民至地广人稀的边疆地区，如东北、蒙古、西北诸省，这样既能恤养贫民，又可开发边疆。①

张謇作为清末民初著名的实业家，有一整套改造社会的设想。在张謇看来，慈善事业是整个社会改良系统工程中的重要一环，具有深远的政治意义。这种深刻的认识，在当时是不多见的。张謇认为，慈善事业与地方自治、实业、教育等各项图强救亡的举措都有着密不可分的联系，而且相辅相成，缺一不可。从事地方自治必须与发展慈善、实业、教育紧密地结合在一起，才能充分发挥其作用，才能达到预期目的。张謇认为，慈善能弥补实业和教育的不足。"以国家之强，本于自治；自治之本，在实业、教育；而弥缝其不及者，惟赖慈善"。慈善的作用尽管只是"弥缝实业、教育不及者，然而失教之民与失养之民，苟悉置而不为之所，为地方自治之缺憾者小，为国家政治之隐忧者大也"。② 可见，张謇是将慈善公益事业的地位与作用提到了相当的高度，给予了过去所没有的全新认识和理解。在写给其子张孝若的家信中，张謇也曾特别阐明慈善公益事业的重要作用："父十余年前谓中国恐须死后复活，未必能死中求活；求活之法，唯有实业、教育。儿须志之。慈善虽与实业、教育有别，然人道之存在此，人格之存在此，亦不可不加意。儿须志之。"③

当时有人认为，工艺教育可以救贫，进而可以救国。《东方杂志》曾载文论述贫与愚的关系，实质上是论述救贫与救国的深层问题，而解决这个问题的关键就是教育。该杂志刊登的另一篇题为《慈善教育说》的文章，首先以东西诸国的残疾教育与贫民教养为例，指出"慈善其主义最为宽博，非一二端美举所能竟也。然握要而图，究以造就贫苦，俾人人操一业，以自食其生，然后扩充一切"。④ 文章的结论部分将慈善教育提高到国家竞争与民族发展的高度。张謇也曾指出工艺教育对于救国救贫的重要性："工艺

---

① 中国史学会主编：《中国近代史资料丛刊·戊戌变法（二）》，上海：上海人民出版社，1957年，第140~141页。
② 张謇研究中心、南通市图书馆编：《张謇全集》第四卷，南京：江苏古籍出版社，1994年，第406页。
③ 张謇研究中心、南通市图书馆编：《张謇全集》第四卷，南京：江苏古籍出版社，1994年，第150页。
④ 《慈善教育说》，载《东方杂志》，1904年第9期。

一端,养民之大经,富国之妙术,不仅为御侮,而御侮自在其中矣。"①

四、民间慈善与官府救济结合

近代以前,官赈一直是灾荒救济中的主导方式,在维持封建社会秩序方面发挥着重要作用。但进入近代以后,灾荒频发,而"海内穷困已极","内外库储俱竭"。清政府虽经多方罗掘,所筹款项仍捉襟见肘,再加上官赈在实施的过程中往往伴随着官吏和放赈人员中饱私囊、灾民所得实惠大打折扣的现象,种种因素合在一起,这种官府独占的赈济方式便难以为继了。在近代中国,作为民间慈善重要内容的义赈逐渐兴起,义赈以其查户仔细、赈款能尽数发放到灾民手中而受到人们称赞。但是义赈在发展的过程中,却受到官赈的挤压,面临很大的困难。"近来遇灾省份,官中亦驰书告来,派员四出,仿效义赈办法,刻册劝募,又立可请奖,招来较易,凡富室输助稍巨之款悉归官捐,一也。从前各省协赈,凡有助赈巨款发交义赈公所,今则大吏以应灾省份告朵之请,一迳直解,其故二也。总之宇内协力善源只有此数,不西流即东流,义赈来源半被官捐邀截,巧妇难为无米之炊"。② 可以看得出来,官府人员利用手中的特权截留义赈善款的来源,使义赈处于"巧妇难为无米之炊"的尴尬之境。

经元善针对义赈所出现的窘境,大胆提出了一种新的思路,即官赈和义赈相互借鉴与合作。这种借鉴与合作有两种做法。一是在办理官赈的过程中借鉴义赈的做法。这种做法经元善有这样的表述:"夫赈济以救人救澈为本,奉劝各省官绅善长,能不务名而务实,凡有心愿,皆助人义赈,功德倍蓰,但义赈查户人手亦少,且各省大宪有不能不顾被灾省份乞籴之请者,或即择候补中诚笃好善能耐辛苦之贤员遴派一二人,解款前往被灾之省份,就款多寡任办一县或二县,此省人员到彼省,即可名曰义赈,况临疆泛舟远拯实是义赈。委员选带朴诚司事,悉照义赈章程,严查户口,躬亲散放,不假胥吏之手,庶几实惠及民。如是办法,若一省遭灾有二十州县,各直省协济,每省认办一县,则通力合作,举重若轻。"③在实践中,盛宣怀在办理官赈的过程中,就是严格按照义赈的程序进行的,《盛宣怀行述》记载:

---

① 张謇:《代鄂督条陈立国自强疏》,见张怡祖编:《近代中国史料丛刊第97辑·张季子(謇)九录·政闻录》,台北:文海出版社,1965年,第40页。
② 经元善:《筹赈通论》,见虞和平编:《经元善集》,武汉:华中师范大学出版社,2011年,第119页。
③ 经元善:《筹赈通论》,见虞和平编:《经元善集》,武汉:华中师范大学出版社,2011年,第122页。

"府君稔知州县查户,假手胥吏不足恃,每躬自巡行,村落风日,徒步按户抽查。"①他亲自带领熟悉当地情况的官员和乡绅,走村串户,了解灾民真实情况,根据每户灾民的实际困难,当场发放赈票,灾民第二天就可以凭票就地领取粮食或救济款,这样就大大加快了放赈速度,同时也杜绝了胥吏、董保从中作弊的可能。②

官赈和义赈相互借鉴与合作的第二种做法是义赈实施的过程中,享有官办赈济事业运行中所享受到的相应便利和优惠条件。这是晚清义赈慈善家谢家福在办理义赈过程中的一个创举。在上海,谢家福与江云泉、徐润等人商定上海至烟台轮船招商局系统之船只,若赈局钱物、信件、人员往来时皆可免费。这成为此后民间办赈的一个惯例。在此后多年的义赈组织办理过程中,轮船招商局、电报局、文报局等官方和民间团体都对民捐民办的慈善事业给予了大力支持,减免了相关业务费用。③

五、标本兼治,注重源头治理

传统的赈灾救济,其措施主要包括劝捐放赈、设立粥厂赈饥等,这毕竟是灾后消极的赈灾方法,被称为"补直之术",是一种权宜之计,治标不治本,特别是对水旱灾害来说,不能从根本上消除。近代一些慈善家就充分认识到消极救灾的局限性,如经元善1880年在赈济直隶水灾时就指出,"观目前直灾景象,不办河工,放赈是无底之壑,久而久之,难以图存。譬如一失业之人,无衣无食,赠之财而得暂时饱暖,果惠矣。财尽则仍冻馁,诚不若代觅生理,使得自食其力之可以长久也"。④因而他明确指出,作为天下重地的畿辅地区,"水利系救灾急务"。这表明他在深层次思考之后,已把慈善救济着眼于兴水利、除灾源等长远福祉。通过赴灾区的实地考察,经元善弄清了直隶水灾频仍的症结在于各河流入海口淤塞,造成"入水之处广而出水之处少,若不将水势导之通畅,蓄积之水未涸,新发之水又来","如此赈济犹如负薪救火","赈无了期"。⑤ 由此,他一再强调:"诸君如欲

---

① 盛恩颐:《盛宣怀行述》,见盛宣怀:《近代中国史料丛刊续编第13辑·愚斋存稿》卷首,台北:文海出版社,1975年,第11页。
② 周秋光主编:《中国近代慈善事业研究》上,天津:天津古籍出版社,2013年,第273页。
③ 周秋光主编:《中国近代慈善事业研究》上,天津:天津古籍出版社,2013年,第213页。
④ 经元善:《述北直水利书》,见虞和平编:《经元善集》,武汉:华中师范大学出版社,2011年,第27页。
⑤ 经元善:《述北直水利书》,见虞和平编:《经元善集》,武汉:华中师范大学出版社,2011年,第27页。

救人救彻,必兴助水利。"①经元善这种改放赈为治河的主张,颇得有识之士的赞誉,《申报》还专门发表评论,认为经元善"述水利之函宜兴修者,条分缕析,朗若列眉,治河诚为一劳永逸之策,为灾民种无量之福"。② 对于如何办水利兴河工,经元善有自己独特的看法。他批评政府官员"专务堤工"的做法,认为这样名为"卫民",实则"殃民"。因为挖田土筑堤,会导致河床越来越高,甚至比农田还高,极易造成泛滥。因此,"居今日而筹水患,惟有广开新河,宣泄积涝,排决归路"。③

这一时期主张标本兼治的另一著名的慈善家是张謇。张謇在赈济淮河水灾的灾民时认识到,如不采取标本兼治的措施,水灾将永无彻底消除之日,而且势必愈来愈严重。"若不于受灾之源而治之,天意无常,数年或数十年之内,设有如上年(1903年)之灾者,灾区必更大,灾情必更重,将何以应?所谓受灾之源者,淮水也。淮所以为灾者,入海路断,入江路淤,水一大至,漫溢四出"。有鉴于此,只有采取导淮治水的标本兼治措施,才能收到显著的成效。"十年以后,淮有畅流入海之路,湖有淤出可治之田,国有增赋,民有增产,大患尽去,大利顿兴,因祸为福,转败为功之机无逾于此。否则一灾辄死数十万人,一赈辄费数百万金,民固不堪,国亦不堪"。④

通过标本兼治,一方面从源头上防止了灾害的发生,另一方面也达到了以工代赈的目的。如慈善家张钫在历次赈灾救济的过程中,采取工赈结合的方式,确保了赈济工作的顺利开展。张钫让灾民中的青壮年组成"修建队",采取以工代赈的办法,为政府修路,为私人建房。如在开封贡院附近筹建"修造厂",挑选灾民中有一定铁工技术者和身强力壮的青壮年150余人,进场翻砂和修理农械。该厂收入较好,扣除各项开支,余款交省饭场用。另外,他还在开封三官庙筹建一小型纺织厂,安排80余人进厂做工。⑤

应该说,晚清民国时期非佛教人士的慈善公益思想对佛教慈善公益事业的发展有重要影响。在相关思想的影响下,民国佛教界的慈善教育带有

---

① 经元善:《述北直水利书》,见虞和平编:《经元善集》,武汉:华中师范大学出版社,2011年,第27页。
② 经元善:《阅经君莲珊述北直水利书后》,见虞和平编:《经元善集》,武汉:华中师范大学出版社,2011年,第28页。
③ 经元善:《畿辅水利专事堤工似利实害说》,见虞和平编:《经元善集》,武汉:华中师范大学出版社,2011年,第25页。
④ 张謇研究中心、南通市图书馆编:《张謇全集》第二卷,南京:江苏古籍出版社,1994年,第101页。
⑤ 中国人民政治协商会议河南省洛阳市委员会文史资料研究委员会:《洛阳文史资料》第1辑,1985年,第169页。

浓厚的教养兼施的色彩,佛教孤儿院等慈善组织实行半工半读,目的是让被教育者在具备基本文化知识的同时,学到赖以谋生的职业技能。一些佛教界人士也大力主张学习西方,将国人的慈善意识唤醒。在抗战时期,许多佛教界人士捐款献物、救死扶伤、参加军训,为抗战作出了重大贡献,用实际行动说明了慈善是救国救民与改造社会的重要手段。民国佛教界在兴办慈善公益事业的过程中,积极与官府沟通,尽量获取官府的支持,与官府形成良性的互动关系,王一亭居士是这方面典型的代表。郭介梅居士等佛教界人士也认为标本兼治、以工代赈是救济灾荒的一个重要经验。毫无疑问,这些思想和实践都受到了当时社会上非佛教界人士慈善公益思想的影响。当然,这种影响在很大程度上是相互的,佛教界人士与非佛教界人士共同把民国时期的慈善公益事业推向一个新的高度。

本章小结

佛教慈善公益事业的兴起和发展是晚清民国时期一种非常重要的历史现象。这一现象的出现,有着较为复杂的历史背景。我们可将其背景概括为政治、社会经济和思想文化三大方面。

从政治方面看,从清末到南京国民政府时期,政府对民间社团的政策从总体上看是有利于佛教慈善公益事业发展的。民国年间,政府为了加强对慈善公益事业的管理,出台了多部法律法规,其中针对佛教慈善公益事业的有《寺庙管理条例》《监督寺庙条例》《寺庙兴办慈善公益事业实施办法》和《佛教寺庙兴办慈善公益事业规则》等,它们保证了寺庙兴办慈善公益事业不受官府的控制,使其发展有了一个相对稳定与公正的法制环境。从清末一直持续到南京国民政府时期的庙产兴学运动使佛教面临着生存的危机。为了自保,寺庙纷纷兴办慈善公益事业。庙产兴学运动可以说是清末民国佛教慈善公益事业兴起和发展的直接原因。

从社会经济方面看,民国时期天灾人祸频发,民生凋敝,而官府救济无力,这就需要包括佛教慈善公益事业在内的民间慈善公益事业承担相应的社会责任。此外,近代交通、通讯和传媒手段的近代化,都在很大程度上促进了民国佛教慈善公益事业的发展;其他慈善公益团体的大量存在及其事业的发展,对佛教慈善公益事业的发展也有重要的影响。随着近代民族工商业的产生和发展,出现了一批经济实力雄厚的实业家,许多实业家怀着各自不同的目的,热心于慈善公益事业。王一亭作为一个知名的居士和实业家大力兴办慈善公益事业,反映了近代民族工商业为近代佛教慈善公益事业的发展和转型准备了物质基础。

在思想文化领域,太虚法师等人提出了许多改革寺院佛教的设想,其中创办孤儿院、慈儿院、施医给药团体和佛教工厂等内容在实践中都得以实现。在佛教变革的思潮中,以兴办慈善公益事业为重要内容的居士佛教兴起。居士凭借众多的人数、雄厚的经济实力和丰富的社会资源等优势,其慈善公益活动成为整个佛教慈善公益事业的主体部分。此外,这一时期社会上流行的教养兼施、增强国人慈善意识、慈善是救国救民与改造社会的重要手段、民间慈善与官府救济相结合和标本兼治等方面的慈善公益思想,对于丰富佛教界的慈善公益思想、促进佛教慈善公益活动的开展,都有重要的作用。

第二章 民国时期的佛教慈善公益思想

为了振兴佛教,太虚法师在 20 世纪初提出了人间佛教的概念,在当时得到了不少人的响应。什么是人间佛教?太虚法师等人有一些说明。1933 年 10 月,太虚法师应汉口佛教正信会的邀请,在汉口市商会作了题为《怎样来建设人间佛教》的演讲。对于什么是"人间佛教",太虚法师明确指出:"人间佛教的意思,是表明并非教人离开人类去做神做鬼,或皆出家到寺院山林里去做和尚的佛教,乃是以佛教的道理来改良社会,使人类进步,把世界改善。"①《怎样来建设人间佛教》的发表,标志着人间佛教理念的正式提出和人间佛教思想的成熟。张汝钊指出:"大乘佛教不是自利的,是利他的,应与社会的惯习打成一片,方能发扬光大,成为实用。从人间佛教的立场上来说,是要抛弃不为专谋自救的方法,去研究怎样救济社会的效能,化小我为大公,立普济众生为正途。"②通过以上可看出,服务社会的慈善公益事业是人间佛教的重要组成部分。在民国时期,佛教界许多人士没有用"人间佛教"这个名词,但提出了许多佛教慈善公益方面的思想,这些思想也是人间佛教思想的组成部分。如前所述,关于民国时期的佛教慈善公益思想,学界仅对熊希龄居士的慈善教育思想和理念进行了研究。本章对此问题进行系统全面的探讨。

第一节 民国佛教徒的抗日救国思想

晚清时期,由于时代的巨变和自身生存的需要,中国佛教也开始了转型,积极从事服务于社会和人生的事业。在 20 世纪 30 年代,日本帝国主义逐步扩大对中国的侵略,无数中华儿女发出了宁愿战死也不做亡国奴的呐喊,奔赴前线,与侵略者血战到底。在这种形势下,许多佛教徒也投身到抗日救国的洪流之中,并形成了较为系统的佛教抗日救国思想。学界的一

---

① 释太虚:《怎样来建设人间佛教》,载《正信》,第 2 卷第 18 期,1933 年 10 月;《集成》第 60 卷,第 400 页。
② 张汝钊:《现代思潮与人间佛教》,载《海潮音》,第 15 卷第 1 号,1934 年 1 月;《集成》第 186 卷,第 71~72 页。

些成果对此问题有所涉及，①研究内容主要集中在分析日本侵华原因、号召中国佛教徒为抗日作出应有的贡献、号召日本佛教徒抵制本国军阀的侵略政策等方面。本节主要利用已出版的民国佛教报刊史料丛书，从佛教抗日救国的教义基础、必要性、可能性以及实现路径等四个方面对民国佛教界的抗日救国思想进行较为系统的研究。

一、佛教救国的教义基础

（一）僧尼前线杀敌的合理性

抗战时期，一些僧徒拿起武器上前线杀敌，在常人看来这是严重违背佛教戒律的。佛教界一些人士为这种行为在佛教教义中寻找理论根据。

觉先法师通过《阿含经》中释迦牟尼佛在世时曾杀数十强盗以救五百商人性命的故事，认为"果能杀一人而救百人，杀百人而救一国，在佛教本慈悲主义和戒律上是许可的，且能生多功德"。他进一步用《菩萨戒本经》的内容说明这一道理，"闻诸菩萨，见劫盗贼，谓如菩萨见劫盗贼为贪财故欲杀多生。或后欲害大德声闻独觉菩萨。或复欲造多无间业。见是事已发心思惟。我若断彼恶众生命当堕地狱。如其不断无间业成当受大苦。我宁杀彼堕那落迦。终不令其受无间苦。如是菩萨意乐思惟。于彼众生或以善心或无记心知此事已。为当来故深生惭愧。以怜愍心而断彼命。由是因缘于菩萨戒无所违犯生多功德"。②看得出来，觉先法师认为，日本侵略者屡屡杀我同胞，夺我土地，执为己有，身负救国护民使命的僧伽，应该奋勇杀敌，夺回我们失去的大好河山。

觉先法师进一步指出，五戒是佛教之根本戒，杀生为五戒首，今有些僧徒奔驰沙场，专取敌人性命，是否有违佛旨呢？觉先法师通过列举佛教经典中的相关内容说明其合理性。

---

① 这些成果主要有：李少兵：《抗日战争时期中国佛教界抗敌思想研究》，载《史学月刊》，2000年第4期。曹敏华：《抗战时期中国佛教界抗日救国斗争论析》，载《湖北行政学院学报》，2003年第5期。学愚：《佛教、暴力与民族主义：抗日战争时期的中国佛教》，香港：香港中文大学出版社，2011年。

② 释觉先：《僧训武装护国论》，载《佛海灯》，1937年第4期；《补编》第51卷，第425～427页。

表 15：觉先法师关于杀敌不违佛旨的观点

经文名称	相关内容
《大萨遮尼乾子经》	为护国养民而举兵斗者，得福无罪。
《金光明最胜王经》	若见恶不遮，则便增长非法。
《菩萨戒本经》	又诸菩萨，为多有情解脱难，囹圄缚难，刖手足难，劓鼻耳难，剜眼等难，虽诸菩萨为自命难，然为救脱彼有情故，与菩萨戒无所违犯，生多功德。
《十善法语》	有为国家害者，杀之无罪，不但无罪，且能成就功德。如瑜伽菩萨地戒品及正法念经等言之。
《涅槃经》	大众问佛："何故佛得如此金刚不坏身时？"佛答："我过去世，为国王时，护持正法，立遣军故，故得此身。有道之军，是发乎仁主乎义的。故虽杀敌百千，其得功德尤为超过此数。"

（资料来源：觉先：《僧训武装护国论》，载《佛海灯》，1937 年第 4 期；《补编》第 51 卷，第 425~427 页）

太虚法师等人对僧尼上前线杀敌的合理性也作了解释。太虚法师认为，抗战建国与降魔救世的宗旨是相吻合的。因为抗战是抵抗外来恶势力的战争，"中国抗战乃是为除掉战争，止息战争，而起来抵抗，故抗战的本质是自卫的，和平的，是为保卫全国人民及世界人类正义和平幸福的"。① 太虚法师还根据佛法中"因缘生义"的理论说明僧尼参加抗战的合理性。他认为，"因缘生义为佛法中最普遍的原理，以佛法所明因缘生的佛理，大家能去观察实行，即可知宇宙万物的原理和法则，都由众缘凑成。将此义理运用到社会国家，则爱国救国的力量自然发生，爱公众而服务社会的心，也自然发生"。他还指出，包括僧尼在内的每个个体需先求整个国家社会的利益，然后才能求个人的幸福。否则，抛弃了整个国家社会的利益，"以求各人的利益为前提，则其结果必然败北"。② 妙钦法师认为，抗战是为了救好人而杀恶人，为了保全世界和平的战争。僧尼参加抗战，宁愿自己因犯戒而入地狱，不愿看到全人类遭受大屠杀的痛苦，"这是不违背慈悲的，不犯戒律的，这才算是佛陀的真慈悲，是佛陀的大无畏精神"。③

（二）说明僧尼参加军训的合理性

1936 年，由于日本侵略者步步紧逼，中日两国处在全面战争的边缘。

---

① 释太虚：《佛教抗战精神一贯》，载《海潮音》，第 21 卷第 5~6 号合刊，1940 年 6 月；《集成》第 200 卷，第 87 页。

② 释太虚：《佛法与救国》，载《海潮音》，第 14 卷第 1 号，1933 年 1 月；《集成》第 183 卷，第 19 页。

③ 释妙钦：《僧伽应速受训抗敌》，载《正信》，第 11 卷第 3 期，1938 年 6 月；《补编》第 44 卷，第 452~453 页。

在这种情况下,国民政府颁布了国民训练办法,要求包括僧尼在内的成年国民都要参加军事训练。何志浩居士说明了僧尼参加军事训练与佛教并不矛盾,他的观点主要有这样几个方面:

其一,军事训练是佛教弘法的一种,两者是相通的。佛教弘法的内容,不仅包括念经修行,还包括除恶扬善。佛教的宗旨在于救苦救难、普度众生。僧尼受训以后,个个有了自卫的本领,个个可以保护国族,保护自己,就是一个大慈大悲的菩萨,也就是人人敬爱的民族英雄。僧尼受训后可以救人民的苦、救国族的危难,使世界实现和平,使人间的正义发扬,所以军训是佛门子弟救苦救难、普度众生的一种本领。其二,两者的基本精神是吻合的。佛教的精神是好生,军事训练的精义是唯生,以求生活、生存为最高的原则,所以佛教弘法与军训从这个角度上看也持有同样的精神。① 其三,僧尼受训与佛教降魔的宗旨相吻合。佛教教义中的韦陀菩萨之所以受人尊敬,是因为他能运用降魔杵,卫护佛法;罗汉受人崇拜,也是因为他们有降龙伏虎的神通,维持教义。"各位受训以后,有了自卫的本领,可以抵抗一切敌人,也就能成为韦陀和罗汉。所以在受训以后,佛门弟子才算真正懂得佛教真理,才算真正的卫护佛法的大师"。②

此外,佛教界人士还认为僧众参加军事训练,对僧尼个人、佛教和国家都有很大的益处。

其一,在僧尼个人方面。"一般的僧伽们,身体衰弱的太多了,推其原因就是因为和平时期这件事太忽视";"出家人对于普通常识,是非常的缺乏,住在中国却不知道是一个怎样的情况,所以训练中的学科,有党义、军事常识、政治常识等各类科目"。③ "僧尼参加训练一方面是为了练就金刚不坏的身体,另一方面还能学到最新最有用的武艺,进一步养成高尚的武德,就是智信仁勇严"。④ 很显然,军事训练对于强健僧尼的身体、提高僧尼的文化素养都大有益处。其二,在佛教界整体方面。"把一县一区的僧伽,集合在一起训练,这是千百年来历史上所没有的。每天吸收到的是知识的空气,听到的是团结一致的训话,由此可以唤醒一般僧伽们的迷痴,将

---

① 何志浩:《僧尼军事训练之真谛》,载《西陲宣化使公署月刊》,第 1 卷第 9 期,1937 年 5 月;《补编》第 82 卷,第 327 页。

② 何志浩:《僧尼军事训练之真谛》,载《西陲宣化使公署月刊》,第 1 卷第 9 期,1937 年 5 月;《补编》第 82 卷,第 327 页。

③ 释妙钦:《僧伽应速受训抗敌》,载《正信》,第 11 卷第 3 期,1938 年 6 月;《补编》第 44 卷,第 452 页。

④ 何志浩:《僧尼军事训练之真谛》,载《西陲宣化使公署月刊》,第 1 卷第 9 期,1937 年 5 月;《补编》第 82 卷,第 327 页。

散沙合在一起,变成坚不可摧的组织",①这显然有助于增强佛教界的凝聚力。此外,通过军训还能提升佛教在社会中的地位,可以改变世俗人们对佛教僧众的看法。"在一般人的眼光中,都以为和尚是寄生虫,是对于国家社会毫无利益的人。我们平常没有尽宣扬佛法的责任,也难怪不会被社会所敬重。现在有了这种好机会,可以让我们来为国家尽点国民的责任"。②其三,在国家利益方面,参加军训是为国家做贡献。"现在国家到了危急的时刻,如果几十万僧众训练好后能够上前线,那是最好。即使不能,也能在后方进行救护工作,同样能为国家做贡献"。③

二、佛教救国的必要性

僧尼作为国民的一分子,肩负有救国的责任。慈航法师曾谈到:"国家兴亡,匹夫有责","佛教兴亡,僧徒有责"。他主张佛教徒不能做"自了汉",只求自己修行解脱,佛教普度众生,理应走向社会,关怀大众,与国家、民众同呼吸、共命运。④ 华西佛学院的学僧指出,自己作为中华民族一分子的僧青年,受过中华文化的洗礼,曾得到佛教思想的熏陶,有一腔爱国的热情,具有护国护教的勇气。应该"以救国为目的,以护教为宗旨,把生命付与国家,将信仰寄于佛陀。决心暂时放下晨钟暮鼓的清净生活,以实际行动表现大乘佛教的奉献精神,证明僧伽不是消极懦弱,而是积极勇敢的。以消除国人对佛教的错误观念,决心用佛教舍己为人的大无畏精神,本着菩萨慈悲救世的心肠,降服扰乱世界和平的魔王"。⑤ 当时佛教界人士看到我国忠勇将士"为保全国土计,为我民族生存计,不惜以血肉之躯,抵挡暴日科学之战器",认为"僧人亦国民一分子,彼劳我逸,彼伤我存,于理顺乎,于心安乎?倘吾僧侣嗣后仍以中华民国为依止,不甘自曝弃于国民之外,胡可坐视而不救哉?"⑥

---

① 释妙钦:《僧伽应速受训抗敌》,载《正信》,第 11 卷第 3 期,1938 年 6 月;《补编》第 44 卷,第 454 页。
② 释妙钦:《僧伽应速受训抗敌》,载《正信》,第 11 卷第 3 期,1938 年 6 月;《补编》第 44 卷,第 455 页。
③ 释妙钦:《僧伽应速受训抗敌》,载《正信》,第 11 卷第 3 期,1938 年 6 月;《补编》第 44 卷,第 455 页。
④ 释慈航:《吾爱吾教亦爱吾国》,载《星洲佛教人间》,总第 2 期,1937 年 12 月;《集成》第 106 卷,第 22 页。
⑤ 释繁辉等:《华西佛学院学僧从军宣言》,载《海潮音》,第 26 卷第 2 期,1945 年 2 月;《集成》第 202 卷,第 59 页。
⑥ 《海潮音》杂志社:《全国僧侣共赴国难》,载《海潮音》,第 13 卷第 5 号,1932 年 5 月;《集成》第 180 卷,第 504~505 页。

救国是佛教徒报国恩的需要。福善法师指出,"因为国家对于众人有保护教育恩,故吾人当献身国家而报之,人类故有父母为发生增上之因,然亦有社会互助而得存立,但是在社会矛盾紊乱之中,则吾不能生存,必有国家之组织,庶众生之有所保障"。① 民国佛教界有人认为,"国存僧存,国亡僧亡。此理之必然者。佛家最注重报恩主义,而国恩犹在应报之列。盖吾人于一切含生之属,皆有依正二报。人之五蕴色身,谓之正报,众人共同依止之世界国土,及各界受用之房舍衣服器具等,谓之依报。此二者乃相须而不相离。即令超出人类而佛而菩萨,亦不能脱离所依之国土"。②

只有救国才能救教救僧。民国佛教界清醒地认识到,救国是救教救僧的前提。华西佛学院的学僧指出,僧众修行办道需要一个安详的环境,这个安详的环境需要国家来提供和保证,需要人民来护法。如果国家亡了,僧众无以修行办道。他们对广大僧青年发出这样的号召:"大家携手上前线,为着悲心的激发,为了正义与自由,为了争取民族的生存,为了光大佛教的前途,为了解脱人类的痛苦,不惜自我的牺牲,消灭日本军阀,实现和平安乐的世界!"③关于这一点,有人对僧伽中存在的错误思想进行了批判,"在普通僧伽一般的思想,认为护国与我们没有关系,只知爱护佛教,保护庙产,这是一种错误的思想。护教与护家,是僧伽应做之事,而对于国亦应爱护。因为没有了国,教与家是难以存在的,故需要国在,教和家才能存在"。④

救国是佛教赖以生存的重要路径。从晚清到抗战爆发前,国内有三次大规模的庙产兴学运动,佛教的生存面临着严重的危机。佛教界人士对此形势有清醒的认识,认为"若此番佛徒再不响应救国,则不独'罗汉痴狗、禅宗哑羊'久成诟病,今后佛教将为全国所共弃,永无立足之地矣"。⑤ 所以说"佛教徒救国亦是自救。目前征兵制尚未实行,僧军即为一部分之民军,以僧徒道德高行,入伍则为兵员"。⑥

---

① 释福善:《建设佛教平等思想以挽救世界残杀局面》,载《海潮音》,第21卷第1号,1940年2月;《集成》第200卷,第12页。
② 《海潮音》杂志社:《筹备佛教救国军》,载《海潮音》,第13卷第5号,1932年5月;《集成》第180卷,第502页。
③ 释繁辉等:《华西佛学院学僧从军宣言》,载《海潮音》,第26卷第2期,1945年2月;《集成》第202卷,第59页。
④ 渔光:《护教护家与护国》,载《佛海灯》,1937年第4期;《补编》第51卷,第424页。
⑤ 《海潮音》杂志社:《筹备佛教救国军》,载《海潮音》,第13卷第5号,1932年5月;《集成》第180卷,第502页。
⑥ 《海潮音》杂志社:《筹备佛教救国军》,载《海潮音》,第13卷第5号,1932年5月;《集成》第180卷,第502页。

救国是实践佛教慈悲主义的途径。《海潮音》杂志社指出,慈悲是佛教的宗旨,"与众生之乐谓之慈,拔众生之苦谓之悲。今我国将士死伤于暴日枪林弹雨之下,其苦何如?他如战区被害之同胞,亦殊可悲。吾侪僧侣,处于名山安全之所,于此空前之惨祸,未曾身受。然于亲历战场为国牺牲之同志,若不即思所以救济之方,则与佛教慈悲主义,宁不相佐乎?"①

三、佛教救国的可能性

民国时期,中国和世界的局势都动荡不安。中国佛教界有人士认为,在基督教、佛教和伊斯兰教这三大世界性的宗教中,基督教和伊斯兰教仅"各崇天神一尊",失之寡陋。面对世界之乱,"只有用智仁勇俱皆发达之佛教,以极深博精确之理智,以及最猛挚坚毅之诚勇,才能调伏野性不驯的学能之智与血气之勇,而服此东方慈忍仁义之乐以愈其狂易之病也","国际之战机迫矣,世界人类将毁灭矣,能将世界人民出水火者,唯有佛教"。②"欲知世上刀兵劫,但听屠门夜半声"一语体现了佛教的因果轮回思想。尘空法师认为,遵守佛教不杀生的戒律有助于消除世界上的战争。他指出,"科学谋战具之利,化学求毒气之精。昆虫草木俱吸取有毒之元素。杀人之利器日益多,人民之痛苦日益甚","欲逃此残杀之惨死,惟速戒杀可以转之"。通过发大慈悲、发大坚忍,"使人人畏因果,怀仁义,则惨杀之事自无,战争也自无"。③ 面对战火连连的中国,更多的佛教界人士认为佛教能帮助中国消除战争,实现和平。

佛教的复兴可促使中国文化的复兴,进而使中华民族复兴。太虚法师把佛学的复兴与中国文化的复兴直接等同起来,认为随着中国佛教自唐宋以后走向衰落,中国文化"至宋代以后即失去了那种健全雄大的精神,元气大伤,影响所及,致有积弱的国难",近代中国要想走向复兴,须"重光隋唐时代那种优美的佛教文化的关系,把中国宋代以前那种民族文化的精神恢复发扬起来,则久在衰颓中之中华民族,亦重可自信、自新、自强、自立",只有发扬佛学以昌明中国固有文化的壮阔精神,这才是救中国的根本。他还认为发源于西洋的近代文明已经走到末路,复兴佛教文化"更有把近代

---

① 《海潮音》杂志社:《全国僧侣共赴国难》,载《海潮音》,第13卷第5号,1932年5月;《集成》第180卷,第505页。

② 释普培:《现代国际与人间佛教》,载《海潮音》,第15卷第1号,1934年1月;《集成》第186卷,第78页。

③ 释尘空:《律仪基础上之人间佛教》,载《海潮音》,第15卷第1号,1934年1月;《集成》第186卷,第124页。

文明走到末路后,开辟出新生机来的可能呢!"①

佛学可以改善人类思想,促成世界和平和中国振兴。太虚法师指出,应用佛学的原理和中国固有的道德文化,可以改善人类的思想和国际形势;以讲信修睦而得到共存共荣,则中国古书上所谓"大同世界"的那种理想便可实现于将来了。"若以此造成了大同世界,同时也正式建立了中华民国,这与孙中山先生'建立民国,以进大同'的程序颠倒一下。若依佛教原理来造成人类道德思想行为,的确可以改善国际形势,促成世界和平,以之使中国得以自然建立——可说为'以进大同,以建民国'了"。②

民国时期许多佛教界人士撰文说明佛教教义有助于救中国,以下以康寄遥居士的《应用佛教抗敌》和福善法师的《用佛教思想来扫荡侵略》两篇文章来说明。康寄遥的文章列举了佛教十个方面教义促进抗日救国的表现:"(一)应用大雄大力大无畏,自能舍身救国。(二)应用大慈大悲大誓愿,自能代众受苦。(三)应用世间无常、人生如幻之义,自能文官不爱钱、武官不惜命,一般人不做汉奸。(四)运用三界唯心、万法惟识之义,自能意志坚定、宏利愿大,不迷于一切邪说,自害害他。(五)应用四恩总报主义,自能勇于牺牲,以报国家及民众之恩。(六)应用菩萨究竟布施之义,不但能舍一切幻财,且能自舍身命。(七)应用佛家皈依三宝,依止本尊之义,自能据对服从唯一领袖之领导。(八)应用佛教六和合之义,自能全国协力分劳,同心同德,共御外患。(九)应用四摄,摄受同胞,健全组织。(十)应用六度,坚忍精进,悲智双运,普救一切,略引申之,如是如是,若广言之,无量无边。"他认为佛教这十个方面的教义对推动出家僧尼和全国人民进行抗日都有巨大的作用,"吾佛教同仁乎,宜依教奉行而抗敌,吾全国同胞乎,宜依应用佛教而抗敌。以大悲心,发大威力,救国救民救世"。③

福善法师的《用佛教思想来扫荡侵略》一文从四个方面说明佛教教义有助于抗战救国。

其一,医药性的佛教思想,能医侵略者的贪嗔痴。他认为佛教思想是医药性的,而且比一般的医药还要高明。佛教用法我性空来治贪病,用"凡杀人者必被人杀"的因果律去治嗔病,用"施、戒等十波罗蜜主义"去刷洗痴迷,"侵略者的这三大毛病被佛教一一医好了,世界人类也不必受这三大毛

---

① 释太虚:《建僧大纲》,《太虚大师全书》第18卷,北京:宗教文化出版社,全国图书馆文献缩微复制中心,2004年,第207页。
② 释太虚:《建僧大纲》,《太虚大师全书》第18卷,北京:宗教文化出版社,全国图书馆文献缩微复制中心,2004年,第209页。
③ 康寄遥:《应用佛教抗敌》,载《正信》,1937年第9期;《补编》第44卷,第398页。

病而引起的痛楚了"。①

其二,指南针式的佛教思想能帮助侵略者迷途知返。福善法师指出,佛教的思想是现世界的指南针,这个指南针指导每一个陷于迷途的众生,只要苦心修炼,"都会跳出三界、摆脱生死而达到无上清净的佛果的"。②而世界上的"侵略者迷失了正确的人生道路,在平静的世界里乱杀乱抢,只知道满足自己的欲望,不知道别人的痛苦,佛教指示这些人在正确的道路上向着佛法的方向迈进,就会放弃杀戮"。③

其三,柁橹式的佛教思想可以消灭捣毁式的侵略主义。福善法师指出,佛教思想是柁橹式的,对于人生、对于世界有类于柁橹之于船的作用。他认为,侵略主义是捣巢式的,侵略主义侵占中国的土地,屠杀中国人民,掠夺中国的财产,给中国造成的破坏,就如同"雀儿费了许多的精力和时间筑成鸟巢,一下子被捣毁","捣毁式的侵略主义可用柁橹式的佛教思想来消灭"。④

其四,反侵略的佛教思想可推翻强盗行抢的侵略主义。福善法师指出,佛教思想是反对侵略的,"强盗行抢的侵略主义可用反侵略的佛教思想来推翻。佛教的人类观是平等的,人类间若发现有不平等的举动,在佛教主义的根本原则上需去削平"。⑤

我们应认识到,福善法师主张用佛教教义来消灭侵略主义,这是一种非常理想化的思想,在现实生活中是无法实现的。仅凭佛教教义不可能使日本军阀放弃侵略政策,面对穷凶极恶的日本侵略者,只有采用"以暴制暴"的办法才能消除侵略,实现和平。

慈航法师认为,"救国救民必先正民心",这是因为"国者,民之积也;民者,心之积也","欲治其国,先齐其家,欲齐其家,先修其身,欲修其身,先正其心。心正而后身修,身修而后家齐,家齐而后国治,国治而后天下平"。⑥

---

① 释福善:《用佛教思想来扫荡侵略》,载《海潮音》,第19卷第5号,1938年5月;《集成》第198卷,第303页。

② 释福善:《用佛教思想来扫荡侵略》,载《海潮音》,第19卷第5号,1938年5月;《集成》第198卷,第302页。

③ 释福善:《用佛教思想来扫荡侵略》,载《海潮音》,第19卷第5号,1938年5月;《集成》第198卷,第304页。

④ 释福善:《用佛教思想来扫荡侵略》,载《海潮音》,第19卷第5号,1938年5月;《集成》第198卷,第304页。

⑤ 释福善:《用佛教思想来扫荡侵略》,载《海潮音》,第19卷第5号,1938年5月;《集成》第198卷,第304页。

⑥ 释慈航:《佛教怎样可以救国》,载《佛教日报》,1936年8月12日,第1版;《报纸》第4卷,第81页。

所以救国的根本方针在于淑正民心。怎样"淑正民心"？需要以佛教的平等主义，彻底铲除人们不平等之心。福善法师指出，根据佛教众生平等的思想，天地间一切有生命的众生都是平等的，人和人之间更应该是"无冤无仇，相互平等。应该互相尊重，相亲相爱，绝对不许互相残杀的"。① 如果"人人以平等之心，观平等之理，行平等之事"，那么世界上就"无强压他人之人，亦无被强压之人，彼此互相帮助，互相敬爱，则国无竞争残杀之事，而国家太平矣"。②

四、佛教徒应怎样救国

抗战时期，佛教界应该怎样救国？除上文提到的参加军训和上前线杀敌这两种形式外，康寄遥居士提出的建议很具有代表性，他的建议共有十个方面：

  （一）宜依照佛教显密经典，虔诚自修，或抄写读诵，或结坛密持，如法祈祷，以求感应而冀消大劫。（二）宜依照佛教教义，并叫人信受奉行，如法修持祈祷，以期合大众之力，增益无量威德，而降伏魔军。（三）宜由真言宗上师，加持密咒，制大量之密咒小袋，分送于前敌兵士，以资加被。（四）宜由佛教大众，组织救护队，直往前方施行救护。（五）宜由佛教各寺各团体，捐助款项及物品，以慰劳前敌将士。（六）宜由各寺庙，将所有收入，除弘法及维持寺庙日常开支外，一律用之以办理后方一切救济慈善公益事业。（七）宜由各自有田产之寺庙，于禅观之余，尽力农田，以符农禅之制，且可自给，不累社会，更可以其有余，以供军食。（八）宜由各寺，将其余屋，自动办理学校，以救济失学之青年。（九）宜由佛教有智慧、有辩才者，组织宣传队，向民间宣传自救救人的要义；以期人人皆能舍身救世。（十）宜由佛教导师，在不被三民主义及新生活运动之范围内，普宣佛教因果报应，缘起性空诸胜义，务令一般人诸恶不作，众善奉行，以断苦因。③

应该说这十点建议比较全面地概括了当时佛教界人士对于抗日救国具体措施的认识，以下结合佛教界其他人士的观点将这些认识概括为以下

---

  ① 释福善：《建设佛教平等思想以挽救世界残杀局面》，载《海潮音》，第21卷第1号，1940年2月；《集成》第200卷，第12页。
  ② 释慈航：《佛教怎样可以救国》，载《佛教日报》，1936年8月12日，第1版；《报纸》第4卷，第81页。
  ③ 康寄遥：《佛徒抗敌工作》，载《正信》，1937年第10期；《补编》第44卷，第406页。

几个方面。

其一,潜心祈祷。康寄遥的第(一)点建议是号召佛教界人士通过潜心修法祈祷为护国做贡献。有人将其归于"心"的方面,即"不外是念经拜佛,以此回向'国泰安宁兵革消,风调雨顺民安乐',祝福世界和平、河山统一、安居乐业,户纳祯祥";①慧权法师还希望全国佛教机关,一律祈祷世界和平、国家安宁。②

其二,宣扬佛法。康寄遥的第(二)(九)(十)点建议是通过宣扬佛法,集合众人之力以达到护国的目的。了如法师指出,僧伽应以"弘法是家务,利生为本怀","故设此会以办理弘扬正法,利益群生,使人民好战之心改趋于归善之徒。干戈永息,全世界人类尽向于和平之路"。③ 慧权法师希望全国僧伽,一致振作起来,尽其各人的天职,将那救世救民的妙法,全盘发扬到民间去,使人们懂得"因缘所生法"的道理。知道国家的存在,决定要由广大人民所维持,懂得"国家兴亡、匹夫有责"的道理。④ 能静法师认为,在世界大战临头的今日,僧伽应该把佛陀所说的"我不入地狱谁入地狱"大勇大仁大雄的精神拿出来,为国家尽点义务。"把大乘佛法的积极主义宣传到民间去,我们用很简单的教义劝解他们,能使一般为非作歹的人改恶从善"。⑤

其三,兴办慈善公益事业。康寄遥的第(四)(五)(六)(七)(八)点建议包括佛教界人士进行战场救护、捐献钱物、实施农禅、庙产兴学等措施。关于捐献钱物,莲生法师认为"金钱不在乎多寡,只要我们个人的能力所及的尽量加以贡献。我们几无财产,所以僧伽贡献的钱财虽少,但是影响护国的效力,也许甚宏"。⑥ 了如法师认为,僧侣不应只兴办农禅,应组织佛教实业会,"以事生产,或传习工艺,或开垦荒地,实现自食其力,不假外求,将

---

① 释莲生:《僧伽对于护国应有的认识》,载《佛海灯》,1937年第5～6期合刊;《补编》第51卷,第468页。
② 释慧权:《僧伽怎样护国》,载《佛海灯》,1937年第5～6期合刊;《补编》第51卷,第455～456页。
③ 释了如:《僧伽护国应有之认识》,载《佛海灯》,1937年第5～6期合刊;《补编》第51卷,第446～447页。
④ 释慧权:《僧伽怎样护国》,载《佛海灯》,1937年第5～6期合刊;《补编》第51卷,第455～456页。
⑤ 释能静:《僧伽与护国》,载《佛海灯》,1937年第5～6期合刊;《补编》第51卷,第463页。
⑥ 释莲生:《僧伽对于护国应有的认识》,载《佛海灯》,1937年第5～6期合刊;《补编》第51卷,第468页。

我国僧众'只知分利,不知生利'之向来习惯打破"。①

了如法师还指出,僧伽应根据不同的年龄段采用不同的救国方式。下表将他的观点总结如下:

表 16:了如法师关于不同年龄僧伽救国方式的设想

僧伽年龄段		救国方式
老年僧伽		怀万分诚恳心,恭求诸佛菩萨以慈心加庇,使国家坚强,民气永昌,自己更加劬修三无漏学及诸法门,以此功德,回向中国国基,巩若磐石,回向全国父老,更回向大地有情,同趋安宁。
中年僧伽	知识优良者	应以其文字宣传国难,或担任其他任务。
	善于言辞者	奔走城市或乡间,宣传目前国家形势之危急,说明敌人以种种不平等条约及种种野蛮手段,侵略、压迫我之痛苦。勉其忍苦耐劳,精勤其所务之事业,促进社会治安,提高民众爱国之热忱及灌输其知识。
	体质强健者	服务于前方之救护、掩埋、医治和运输等事。
	手足较快者	负各处之传递职
	头脑清醒、目力较强者	当分赴各交通住所和热闹城市,查诘奸细,免其在各处煽惑民心,扰乱治安。
幼年僧伽	聪慧者	勤于学业,为他日佛教之栋梁,国家良好之公民。
	愚鲁者	或习粗重事,或专其他与自己于国家有益之事务。

(资料来源:性痴:《僧伽应尽之护国责任》,载《佛海灯》,1937 年第 5～6 期合刊;《补编》第 51 卷,第 453～454 页)

第二节　民国佛教的其他慈善公益思想

除抗日救国思想外,民国佛教界的其他慈善公益思想也很丰富,以下对这些思想进行阐述。

一、兴办慈善的原因

(一)振兴佛教的途径

民国时期,佛教界对佛教慈善公益事业有了新的认识。谛闲法师认为,佛教之所以能够在中国流传两千多年,其中最重要的经验是发扬慈悲精神,从事公益事业,"慈能与乐,悲能拔苦。而现在社会上所以仇视佛教

---

① 释了如:《僧伽护国应有之认识》,载《佛海灯》,1937 年第 5～6 期合刊;《补编》第 51 卷,第 446～447 页。

徒,轻蔑佛法,就是因为不做慈悲事业而只顾埋头吃饭"。① 这一时期,对佛教慈善事业对于振兴佛教的重要性作全面论述的是慈航法师。他在题为《怎样做一个真正的佛教徒》的演讲中提出了著名的"文化、教育、慈善是佛教的三大救命圈"的观点。将慈善与文化、教育看作现代中国佛教的"救命圈",不仅是慈航个人长期弘法利生经验的总结,也是他自觉继承和发扬太虚、圆瑛两大法师的弘法利生业绩和精神的最集中表达。② 思归子指出,慈善事业被看作"佛教的基石",也是佛教徒弘法利生最紧要的工作。作为泉州开元慈儿院教养兼施的亲历者,思归子深切地体会到,以往人们对佛教的认识存在着严重错解,认为"佛教的唯一本旨,就是教人了生脱死,发心学佛就是唯依教奉行,以了生脱死为唯一之目的,除此以外,皆落第二义,完全将慈善工作排斥在外"。他指出,"佛教人了生脱死,此乃诸佛如来一极悲心,吾人学佛殊胜妙果,是甚深之谈而非整个佛教。慈善工作,虽非佛教了生脱死工作,而正为佛教徒弘法利生最紧要工作"。③

悲华法师认为,弘扬佛法、研究佛学是振兴佛教的两大路径,但要使这两大路径真正富有成效,必须以兴办慈善公益事业作为辅助。"中国向来的修行者,大都只以空心静坐为修行,对于现身社会去作一切利他事业,极端反对,谓非本分,将中国佛教弄成死气沉沉,怪象重重",实际上,研究佛学、弘扬佛法者"对于社会人群互关互益之事,精勤去作,方能显出佛法精神,亦成为建立国民道德的基本"。④

(二)实现佛教慈悲精神的路径

民国佛教界人士认识到慈悲之道是佛教的宗旨,兴办慈善事业是实现这一宗旨的路径。圆瑛法师指出,"佛之为教,就是以慈悲为宗旨,以智慧为先导;我等既为佛子,如果对于人世间的一般贫苦孤儿,不发一念慈悲之心,设法施以救济,未免与佛教的宗旨大相违背"。⑤ 社会上有人对圆瑛兴办佛教孤儿院的行为不太理解,"昔有人责我曰:此慈善事业,乃社会之责

---

① 释谛闲:《在宁波佛教演说辞》,见王志远主编:《谛闲大师文汇》,北京:华夏出版社,2012年,第89页。
② 何建明:《中国近代佛教史上的激进与保守》(上),载(台湾)《普门学报》,总第24期,2004年11月。何建明:《中国近代佛教史上的激进与保守》(下),载(台湾)《普门学报》,总第25期,2005年1月。
③ 思归子:《办理佛教慈善工作三十年来之经过》,载《佛教公论》,复刊第17期,1947年8月;《集成》第82卷,第298页。
④ 释悲华:《行为主义之佛乘》,载《海潮音》,第2卷第2期,1921年2月;《集成》第150卷,第5页。
⑤ 释圆瑛:《宁波佛教孤儿院第二届报告序》,载《海潮音》,第2卷第2期,1921年2月;《集成》第150卷,第18页。

任,出家人何必为此？我答曰:子但知慈善事业为社会之责任,不知慈悲之道,为佛教之宗旨,与乐拔苦,固佛子之天职"。① 圆瑛在兴办宁波佛教孤儿院经验的基础上,打算在厦门、漳州等地继续开办佛教孤儿院等社会慈善团体。他对厦门一地方官说,"佛教原以慈悲为本,化导为怀,都由僧界多以小乘自囿,不肯涉俗利生,分担社会慈悲公益,多以佛理深奥,不肯翻译宣布,补助国家教育不及,从而与佛教大乘宗旨相背"。② 看得出来,圆瑛将兴办佛教慈善事业,看作对佛教慈悲本怀和大乘利他精神的弘扬,是佛教徒积极适应社会国家之需要义不容辞的责任。

太虚法师指出,佛教之本性在于慈悲。"佛教的慈悲心要求我们做任何具体事情都要从这慈悲心出发。要解除民众的痛苦,这就从悲心中流露出来的;要使民众得快乐、得人生的真幸福,必须从慈心中流露出来,以民众的痛苦为痛苦,民众的幸福为幸福"。太虚强调,在革新佛教的过程中,必须要兴办慈善事业。"佛教内部真能整顿使成有组织、有训练的团体,同时又有深刻教理上的研究,又有深入浅出的向民间布教,应再进一步表现佛教的慈悲力和智慧力,以救济社会中的老幼贫病无告的弱者,比如慈儿院、养老院、平民医院等之设立"。③

(三) 解除人民痛苦的需要

民国佛教界认识到,兴办慈善事业,既彰显佛陀入世的救世主义,又有益于人民生计和国家和平,以尽国民之义务。例如,邓尉山僧就指出,"现在疮痍满目,兵匪横行,天灾人祸,沓然纷陈,苟不本我佛大慈大悲以救济人民,上而流为匪类,扰及国家,中而荡为游民,污及社会,下而终为贫苦,丧失人权。他们实堪悯,虽鲜于福力,然非无可救治"。他认为如果佛教徒众能够协力同心,共组善会,本着我佛的入世主义,"阐我教自利利他精神,发起大悲大智。智则重于上求,务求出世之法,如各处修习禅定或办佛学文教机关;悲则重于下化,专在人世之法,如兴办孤儿院、贫民学校、游民工厂、施材施药等等"。④ 可见,邓尉山僧不但指出佛教为减轻人民痛苦兴办慈善事业的必要性,而且提出了兴办慈善事业的具体内容,如兴办孤儿院、

---

① 释圆瑛:《宁波佛教孤儿院第二届报告序》,载《海潮音》,第 2 卷第 2 期,1921 年 2 月;《集成》第 150 卷,第 18 页。

② 释圆瑛:《圆瑛和尚与熊厅长之谈话》,载《海潮音》,第 5 年第 11 期,1924 年 12 月;《集成》第 160 卷,第 453 页。

③ 释太虚:《佛教会是本佛教之慈悲心和智慧心所组成的》,《太虚大师全书》第 26 卷,北京:宗教文化出版社,全国图书馆文献缩微复制中心,2004 年,第 258 页。

④ 邓尉山僧:《劝请中国佛教提倡慈善当议》,载《海潮音》,第 5 年第 11 期,1924 年 12 月;《集成》第 160 卷,第 458 页。

贫民学校、游民工厂、施材施药等。当时佛教界人士认识到，解除人民的痛苦不仅仅是以财施解除生活困苦，还要以法施解决生死大苦。所谓"法施"，即以世间的善法，以及佛陀所宣扬的宇宙人生之真理，劝导人们修善断恶，离苦得乐，乃至涅槃。四川佛化慈济社的成立宣言指出，"修行布施的时候，先行财施，解除他生活的痛苦，使其产生信仰之心，然后再行法施，劝导他随顺佛法修行，解决他的生死大苦"。①

（四）兴办慈善事业是遵守戒律的内在要求

太虚在论证佛教办慈善的佛法基础时，还注重解决佛教从事慈善事业的戒律问题。十善是指佛教徒的十种善业，也称"十戒"。太虚认为，佛教的十善中内在地包含救济百姓的慈善事业。他指出，十善的实施有四种德行相助，即忍辱德、精勤德、安忍德、精进德。其中忍辱德的具体内容包含有这样两个方面："（一）修救护行（此为无畏施，若救放生命、弭息兵灾、除暴安良、成仁取义等）；（二）修利乐行（此为财施，若保幼、养老、恤贫、济苦等）。"②由此可见，在太虚看来，佛教徒遵行十戒，不仅需要外在的规范和内在的发心，更需要救放生命、弭息兵灾、保幼养老、恤贫济苦等慈善行为的辅助。为避免僧人以从事慈善事业为借口而违背戒律现象的出现，太虚进一步说明僧人在从事慈善事业时，依旧需要受学菩萨戒法，只有如此，方有办事行轨，否则破坏佛法，违背教规而不知。在太虚设计的佛教僧制中，有具体规定，只有参学毕业受比丘菩萨戒后，方可办理仁婴苑、慈儿苑、施医苑等具体的慈善事业。③

佛教戒律有大乘戒和小乘戒之分，而中国佛教推崇大乘菩萨戒。太虚着重从大乘菩萨戒的角度说明佛教慈善事业的戒律依据。他指出，"由于中国佛教以往的修行，大都注重礼拜、念诵，认为只有空心静坐为修行，而对于现身社会去做一切利他事业被视为非本分之举"。对于这种现象，他认为大乘菩萨戒能够回答僧人从事慈善的问题。"菩萨之修行六度，以不离有情界之实际，做一切利生事业为正修行，故非学此戒去修菩萨行不可。此戒为现今在家出家之佛徒需要，以在现今国家社会环境中，尤非昌明此

---

① 四川佛化慈济社：《四川佛化慈济社宣言》，载《佛化旬刊》，总第73期，1927年5月；《集成》第17卷，第226页。
② 释太虚：《佛法导言》，《太虚大师全书》第1卷，北京：宗教文化出版社，全国图书馆文献缩微复制中心，2004年，第88页。
③ 释太虚：《上参众两院请愿书》，《太虚大师全书》第19卷，北京：宗教文化出版社，全国图书馆文献缩微复制中心，2004年，第160页。

大乘菩萨法不可"。①

二、佛教的布施思想

布施作为佛教的"六念""四摄法""六波罗密"和"十波罗密"的重要内容,在佛教徒中具有极广泛的影响。但是长期以来,人们对布施的认识,多半停留于对佛、法、僧三宝的供养而获得幸福果报的财施上。其实佛教所言的布施包括财施、法施和无畏施。关于这三种布施的内涵,民国时期的印光和太虚两大法师有详尽的阐释。印光法师指出:"一财施,即以钱财及衣食住,给济贫穷困苦者。二法施,其人不知善恶邪正,及三世因果,六道轮回,并了生脱死切要法门,方便善巧而为宣说。或以佛、菩萨、祖师、善知识所说契理契机之书,印送流通。俾见闻者生正信心,渐次深入,以至了生脱死,超凡入圣者,皆名法施。三无畏施,一切众生,好生恶死,普劝同人,戒杀护生。并人有怖畏,或弭其祸,或启其衷,是小无畏施。一切众生,终难免死,死而复生,生而复死,永劫长怀此之怖畏。令彼信愿念佛,求生西方,渐次进修,至成佛道,是名大无畏施。"②在印光法师看来,财施即布施钱财物品;法施是教人皈依佛法,相信因果轮回;无畏施即教人潜心修行,摆脱对死亡的恐惧。

1920年,太虚法师在广州作了题为《佛乘宗要论》的演讲,对佛教的布施观作了许多新的阐发。他指出:"布施有三,曰财施、法施、无畏施。以己之财资人之生,或捐助一切慈善公益皆为财施;宗依佛法,以语言文字教化他人皆为法施;救人之危,拯人于难,或以种种方便使人离于疾病痛苦(如红十字会医院等),皆无畏施。"③太虚法师在演讲中,明确指出财施和无畏施都是利他救世的慈善行为。太虚法师发展了无畏施的内涵,认为无畏施除传统意义上的心理上的救济功能和救人于怖畏之境之外,还应包括慈善医疗事业。传统的施医舍药一般是个体行为,与捐献钱财、饮食、衣服、用具等身外之物一样被认为是财施。如唐宋时期的"悲田养病坊""病人坊"和"福田院"等佛教医疗团体被认为是财施机构。太虚发展了传统的布施观,将红十字会等机构的医疗慈善事业归入无畏施,强调了施医舍药"救人之危,拯人于难"的慈善效果,将捐资兴办医疗慈善事业的财施功德衍化为

---

① 释太虚:《瑜伽菩萨戒本讲录》,载《四川佛教月刊》,总第13期,1932年5月;《集成》第57卷,第257页。

② 释印光:《江苏水灾义赈会驻扬办赈经历报告书序》,《印光法师话慈善公益》,上海:华东师范大学出版社,2012年,第17页。

③ 释太虚:《佛乘宗要论》,《太虚大师全书》第1卷,北京:宗教文化出版社,全国图书馆文献缩微复制中心,2004年,第142页。

更直接体现大乘慈悲精神的无畏施功德,从而更有助于鼓励大众投身于此项事业。①

从传统的观念看,无畏施的施者是菩萨和出家僧众,受者为有情众生。太虚则认为"无畏施,也并不一定到菩萨地位才有,无论何种大小动物或个人或团体乃至社会国家,有重大的灾难降临,我能随力去消灾弭难,即是无畏施"。② 这里,太虚将无畏施的施者范围大大扩大,由菩萨和出家僧众扩大到社会中的每一个体,受者由有情众生扩大至社会和国家。也就是说,社会中的每一个体,只要尽力为国家和社会消灾弭难,只要尽力解救有情于怖畏,则都可视为无畏施。同时,太虚还提到了无畏施中的"随力"问题,即每一个体可根据自身能力大小服务于社会,从而积聚一切力量救济动荡的民国社会。在此基础上,太虚将无畏施的实质界定为"是要去很勇敢地为他人扶危解厄,百折不挠;只顾他人的利益,不念自己的危险"。③

印光法师一生乐善好施,不留钱财。不但如此,他还劝导人们布施钱财,多做善事。针对社会上许多人喜把钱财留给子孙,他认为"若留之与儿女,则是贻祸于儿女",④因为子孙不能感受到钱财的来之不易,容易挥霍浪费,缺乏进取精神,反而是害了子孙,"所谓弃功德而收罪过"。⑤ 针对有人喜欢用金银珠宝陪葬,"欲其子女以厚葬之",印光法师指出,"现世有掘墓之危险,留之反受其害。为人子者,既孝其父母,何忍因孝而使其枯骨暴露于地,莫如将此巨款以救济他人之为善也"。⑥ 针对许多妇女乐于佩戴金银首饰却不愿意为慈善事业捐款,印光法师指出,"今之女人首饰、臂钏、耳坠、戒指均不可带,带之则招祸"。⑦ 看得出来,印光法师认为人们将多余的钱财捐出以支持慈善事业,是一种送祸迎福的行为。对于守着钱财不

---

① 陈寒:《无畏施涵义的嬗变及其对中国佛教慈善事业的启示》,载《唐都学刊》,2013年第3期。

② 释太虚:《大乘本生心地观经》,《太虚大师全书》第5卷,北京:宗教文化出版社,全国图书馆文献缩微复制中心,2004年,第160页。

③ 释太虚:《〈佛说八大人觉经〉讲记》,《太虚大师全书》第3卷,北京:宗教文化出版社,全国图书馆文献缩微复制中心,2004年,第294页。

④ 释印光:《复刘汉云杨慧昌居士书》,《印光法师话慈善公益》,上海:华东师范大学出版社,2012年,第15页。

⑤ 释印光:《上海护国息灾法会法语》,见印光法师著,张育英校注:《印光法师文钞》下册,北京:宗教文化出版社,2000年,第1711页。

⑥ 释印光:《上海护国息灾法会法语》,见印光法师著,张育英校注:《印光法师文钞》下册,北京:宗教文化出版社,2000年,第1711页。

⑦ 释印光:《复刘汉云杨慧昌居士书》,《印光法师话慈善公益》,上海:华东师范大学出版社,2012年,第15页。

肯支持慈善事业的人们,他指出了一个共同的危害,即"后生他世恐亦罹此灾,而无人肯救也"。①

三、戒杀护生思想

戒杀护生思想是传统佛教慈善公益思想的重要组成部分,到了民国时期这一思想有了进一步的发展。以下以杭州地区为例说明民国时期戒杀护生思想的主要内容。

(一)护生的最好方式是吃素

印光法师分析了当时流行的放生方式所存在的弊端。"在杭州有定期在西湖放生的习俗,每次放生人都会花成千上万的金钱,放生后由于西湖中鱼虾太多而导致其死亡。现在放生的人仍旧吃肉,达不到戒杀的效果"。② 鉴于这样的弊端,印光法师认为最好的护生方式就是吃素。他指出:"戒杀必从吃素始。倘人各戒杀、人各吃素,则家习慈善、人敦礼义、俗美风淳、时和年丰,何至有刀兵劫起、彼此相戕之事乎。此挽回天灾人祸、正本清源之要务也。"③在他看来,吃素不但能从源头上根除杀业,而且还能消除战争,以达世界之和平。

(二)"护生即护心"

1. 关于"护生即护心"的阐述

杭州佛教居士丰子恺按照其恩师弘一法师的要求创作护生画,宣传戒杀护生的思想,这一举动受到人们的称赞。但也有人讽刺《护生画集》不为穷人喊救命,只为禽兽求护生。丰子恺的好友曹聚仁也反对其《护生画集》,曾当面对丰子恺说,《护生画集》可以烧毁了。还有人当面质问丰子恺,说植物也有生命,即使一杯水中也有无数微生物,按照"护生说"人便无法存活了。

面对这些质疑,丰子恺强调他的护生观同传统佛教中所讲的护生观有所不同,他更强调护生对主体的影响,"戒杀"是为了"护生","护生"是为了"护心",然后拿此心来待人处世,乃护生的主要目的;④培养人的"善"心与"爱"心才是根本目的。丰子恺指出:"护生是护自己的心,并不是护动植

---

① 释印光:《复刘汉云杨慧昌居士书》,《印光法师话慈善公益》,上海:华东师范大学出版社,2012年,第15页。
② 释印光:《转济疏轻之财 以济亲重之急》,《印光法师话慈善公益》,上海:华东师范大学出版社,2012年,第10页。
③ 释印光:《金陵三汊河法云寺放生池疏》,见印光法师著、张育英校注:《印光法师文钞》下册,北京:宗教文化出版社,2000年,第1419页。
④ 钟桂松、叶瑜荪编:《写意丰子恺》,杭州:浙江文艺出版社,1998年,第70页。

物……故护生实在是为人生,不是为动植物,普劝世间读此书者,切勿拘泥字面"。①

丰子恺和他的创作合作者们都认为《护生画集》的主题是"护生即护心"。丰子恺指出:"护生即是护心。爱护生灵,劝戒残杀,可以涵养人心的'仁爱',可以诱至世界的'和平'。故我们所爱护的,其实不是禽兽鱼虫的本身(小节),而是自己的心(大体)。换言之,护生是'事',护心是'理'。"在《护生画集》第一集的序言中,马一浮居士指出:"故知生,则知画矣,知画则知心矣;知护心则知护生矣。吾愿读是画者,善护其心"。② 广洽法师在第六集序言中又云:"盖所谓护生者,即护心也,亦即维护人生之趋向和平安宁之大道,纠正其偏向于恶性之发展及暴力恣意之纵横也。是故护生画集以艺术而作提倡人道之方便,在今日时代,益觉其需要与迫切。虽曰爝火微光,然亦足以照千年之暗室,呼声绵邈,冀可唤回人类苏醒之觉性"。③

2. "护心"思想的体现

丰子恺的"护心",即通过护生去除好杀残忍之心,培养广大仁慈的悲悯之心、沉郁甘美的忧爱之心、高尚幽远的宽厚之心和感同身受的同情之心。在丰子恺看来,"护心"成为自己应承担的一种社会责任。在李叔同百岁冥寿之前,丰子恺提前完成了老师的嘱托,完成了《护生画集》的创作,这种社会责任感在其中起了重要作用。

关于护生的同情之心,丰子恺在《清晨》一文中有明显体现。在文中,作者对某个染匠不戒肉食但却爱护蚂蚁的行为深有感触:"这是人性中最可贵的'同情'的发现。人要杀蚂蚁,既不犯法,又不费力,更无人来替它们报仇。然而看了它们的求生天性,奋斗团结的精神和努力挣扎的苦心,谁能不起同情之心,而对于眼前的小动物加以爱护呢?"丰子恺进一步指出:"我们并不要紧杀蚂蚁,我们并不想繁殖蚂蚁的种族。但是,倘有看了上述的状态,而能无端地故意地歼灭它们的人,其人定是丧心病狂之流,失却了人性的东西。我们所惜的并非蚂蚁的生命,而是人类的同情心。"④

关于广大仁慈的悲悯之心,在《缘缘堂随笔》中有充分的体现。在这些

---

① 丰子恺:《护生画集·序言二》,见丰子恺绘,弘一法师、许士中书:《护生画集》,上海:上海人民出版社,2005年,第6页。
② 马一浮:《护生画集序(1928年)》,见马镜泉编校:《中国现代学术经典·马一浮卷》,石家庄:河北教育出版社,1996年,第675页。
③ 释广洽:《护生画第六集序言》,见《弘一大师全集》编委会:《弘一大师全集十·附录卷》,福州:福建人民出版社,1993年,第225页。
④ 丰子恺:《生道杀民》,《丰子恺文集·5·文学卷一》,杭州:浙江文艺出版社、浙江教育出版社,1992年,第638页。

散文中,丰子恺以一种终极关怀的态度表达了自己对万物生灵的热爱。他受到佛教教义的熏染,处处表现出强烈的护生意识,流露出对生活乐观的态度,表达对虐杀生灵的强烈憎恨。丰子恺在《佛无灵》一文中提出"真是信佛,应该理解佛陀四大皆空之义,而摒除私利;应该体会佛陀的物我一体、广大慈悲之心,而护爱群生"。① 他指出,护生并非简单的戒杀吃素,真正的信佛就是要从心灵上有爱护生灵的心态。偶尔的一次吃素、放生、念佛、诵经,做做样子获得一点赞誉,得些小便宜,这不是真正佛徒所为。这只是为了满足一己之私欲,并不是真正的佛教大义。人类本应该秉承仁人爱物的精神,约束自己的行为,与万物和谐共处,时时刻刻要保持一颗悲天悯人善心。在内心深处装着大爱,不要贪图一己私利,否则就是"同佛做买卖,靠佛图利,吃佛饭"。②

对动物的悲悯之心,在《护生画集》中也有明显的体现,请看下表的举例。

表 17:丰子恺对动物怜悯思想的体现

作品名称	画面介绍	护生内涵
《诀别之音》 (第 26~27 页)	空中两只飞鸟,雌鸟胸中一箭,垂羽下坠,犹回首向上哀鸣,与雄鸟作告别音。	好端端的一对比翼鸟被无情拆散,哀怨之声,伤人慈心。
《乞命》 (第 32~33 页)	展示老牛在待宰前流着眼泪,跪地乞饶的场景。	"吾不忍其觳觫,无罪而就死地,普劝诸仁者,同发慈悲意"。
《制标本联想》 (第 330~331 页)	作者通过蝴蝶标本制作时蝴蝶受针戳的情形联想到女孩受刑。	让人们猛然从美丽的标本外表下感受到这天底下最残酷的极刑。
《囚徒之歌》 (第 50~51 页)	半空悬一方形鸟笼,笼中一鸟独栖架上,仰首作哀鸣状。	将鸟比因人,哀哀以求生。
《倒悬》 (第 70~71 页)	一人双手抓着家禽的双腿,准备去屠宰。	表达了对动物被杀以满足人们的口舌之欲的同情。
《倘使我是蟹》 (第 324~325 页)	图画中表现的是面目慈善的母子俩正在用釜甑煮蟹。	旁白"倘使我是蟹"顿时打破了这份宁静祥和的感觉,换位的思考让人立刻产生了身处沸鼎的紧张和不安。

(资料来源:沈庆均、杨小玲编、丰子恺绘:《护生画集》,北京:中国友谊出版公司,1999 年)

(三)"以杀止杀"的思想

丰子恺的慈悲心并不是没有是非原则的。日寇践踏中国领土,残杀生

---

① 丰子恺:《缘缘堂随笔》,北京:当代中国出版社,2004 年,第 58 页。
② 丰子恺:《缘缘堂随笔》,北京:当代中国出版社,2004 年,第 58 页。

命,中国人民如同身陷地狱。丰子恺认为中国人民的抗战,是为人道而战,为正义而战,为和平而战,我们是以杀止杀,以仁克暴。"护生者,王者之道也。我欲行王政,则勿毁之矣"。在丰子恺看来,"护生"并不能简单地理解为保护一切生命,它只是一种手段而非目的;而"抗战"是为了维护正义和公理,是为全人类造福的至善之举,正是"护心"之旨的体现。

丰子恺指出,我们为什么要杀敌?因为敌人不讲公理,侵略我国;违背人道,荼毒生灵,所以要杀。参加抗战的人们"并非不爱人,并非'非人道'。只因禽兽逼人,人不得不用武力杀其锋。不得不以战弭战,以杀止杀。要为人类除暴,不得不借飞机的威力。要安天下之人不得不一怒,消灭扰乱人类和平的暴徒。我们是'以杀止杀',不是鼓励杀生,我们是为护生而抗战"。① 在写于1938年的《粥饭与药石》一文中,丰子恺用形象的比喻来说明抗战中杀敌的必要性:"我们中华民族因暴寇的侵略而遭困难,就好比一个健全的身体受病菌的侵害而患大病。一切救亡工作就好比是剧药、针灸,文艺当然也如此。我们要以笔代舌,呐喊'抗敌救国'!我们要以笔为刀,而在文艺阵地上冲锋杀敌"。② 丰子恺还用漫画说明现实的残酷,以激起人们以杀止杀的勇气。

表18:丰子恺漫画中"以杀止杀"思想的体现

作品名称	画面介绍	护生内涵
《轰炸》 (第10~11页)	一个母亲背着孩子在炮火中奔跑,而她却不知道孩子早就被炸死了。	突出了母爱的伟大,另一面也揭露了现实的残酷,激起人们"以杀止杀"的勇气。
《今日与明朝》 (第4~5页)	今日还是在水里游泳嬉戏的鸭和鱼,明朝就成了挂在架上的死尸。	暗喻在当时军阀混战、杀机炽盛的社会条件下,人们的生命安全难以得到保障。

(资料来源:沈庆均、杨小玲编、丰子恺绘:《护生画集》,北京:中国友谊出版公司,1999年)

丰子恺指出,以杀止杀是暂时的,"等到暴敌已灭,魔鬼已除的时候,我们也必须停止了杀伐而回复于礼乐,为世界人类树立永固的和平与幸福"。③ 写于同年的《一饭之恩——避寇日记之一》表现了同样的思想倾向:"现在我们中国正在受暴敌的侵略,好比一个人正在受病菌的侵扰而害

---

① 丰子恺:《生道杀民》,《丰子恺文集·5·文学卷一》,杭州:浙江文艺出版社、浙江教育出版社,1992年,第723页。

② 丰子恺:《粥饭与药石》,《丰子恺文集·5·文学卷一》,杭州:浙江文艺出版社、浙江教育出版社,1992年,杭州:浙江文艺出版社、浙江教育出版社,1992年,第653页。

③ 丰子恺:《粥饭与药石》,《丰子恺文集·5·文学卷一》,杭州:浙江文艺出版社、浙江教育出版社,1992年,第653页。

着大病。大病中要服剧烈的药,才可制服病菌,挽回生命。抗战就是一种剧烈的药。然这种药只能暂用,不可常服。等到病菌已杀,病体渐渐复元的时候,必须改吃补品和粥饭,方可完全恢复健康。补品和粥饭是什么呢?就是以和平、幸福、博爱、护生为旨的'艺术'。"①"为护生而抗战"正是丰子恺思想的独特之处,它明显比当时大多数仅仅停留在宣传、鼓动层面的抗战文学的主题更为深刻、冷静,从而也具有更加持久的艺术魅力。

(四)扩大戒杀的范围

有些人自己素食,平时也能做到戒杀护生,但家中在祭祀和办红白喜事时却不戒杀生,民国时期杭州佛教界对此提出了批评,对戒杀护生的范围提出了更高的要求。

杭州佛学莲社认为,在祭祀时应戒除杀业,实行素祭。原因有二:其一,天地神明对杀业有反感。这是因为"天地神明好生恶杀,正直之神,也是慈心甚厚,不受血食的恭敬。去祭请他,素菜素点也就可以了,素祭并非怠慢天地鬼神"。其二,祭祀能否得福关键在于自身是否修善。"我们寻常恭敬菩萨,得到福报,并非是谁赐的,实在是自己的修行善业所感,并非是菩萨特别赐来的。何在天帝鬼神之前焚香烧箔、杀猪杀鸡,就想求福求贵求财求子,哪里有这样的便宜。种种迹象看来,我们不可单求鬼神,而应广修众善"。其三,杀生祭祀先人会增加先人的罪过。"至于祭请我们已死的先人,尤当戒杀以资冥福,杀生血祭,固然是增加先人的业障。我们为子孙的,在乎尊重先人的遗训,学做好人,那么比杀生祭祀要好很多倍"。②

杭州功德林指出,家中办丧事时招待宾客应戒除杀业。这是因为"父母在世,虽积善行,亦难免造作恶业。按诸因果循环之理,宁免身后堕落之虚,只因阴阳间隔,茫无所知。知父母有因生前恶业而堕入异趣者,子女之心,将深痛难安矣。兹虽未能亲见,而身后性灵趣入何途,莫可测知"。子女这时尽孝道的最好方式是,"当于父母垂亡之时,力持善行,戒诸残杀,以此功德回向先灵,则亡魂可期超升,若于斯时宰割生灵,以飨奠吊之来宾,适增父母之罪瘴。追思生育重恩,宁忍出此,希望孝子贤孙各本上报生身之恩,力持戒杀造福之行,并望互劝亲友,共勉此举。同种善缘,是所厚望焉"。③

杭州功德林还指出,家中婚庆招待宾客也须戒除杀业。新人成婚后,

---

① 丰子恺:《一饭之恩——避寇日记之一》,《丰子恺文集·5·文学卷一》,杭州:浙江文艺出版社、浙江教育出版社,1992年,第657页。

② 杭州佛学莲社:《年关劝戒杀并略辨菩萨与诸天鬼神之区别》,载《苏城隐贫会旬刊汇编》,总第1期,1926年1月;《补编》第6卷,第474页。

③ 杭州功德林:《尽孝须戒杀生》,载《护生报》,1934年1月15日,第3版;《报纸》第11卷,第27页。

都希望家道昌盛、同享寿年,但如果在婚庆之日宰杀牲畜,效果会适得其反,因为"因人之欢叙,而生灵竟遭宰割,天下不平事有甚于此者乎?是以报应循环,遍满大地,小则个人遭殃,大则人群受祸"。如果"能于成婚之日,与物与民胞之念,或更戒杀放生、深植善缘,则新夫妇必能同跻寿域,后嗣亦可免祸"。①

在丰子恺的漫画中,也有作品批评了人们在喜庆时节宰杀动物的行为。如《萧然的除夜》②这幅画的画面上显示,一个老人每夜都会被邻家的鸡鸣吵醒,但是在除夕之夜却听不到鸡鸣了,老人知道那只鸡被其主人杀掉过年了。

四、慈善教育思想

(一)佛教界兴办慈善教育的必要性

面对声势浩大的庙产兴学运动,佛教界人士认识到,由寺庙出资办学是挽救佛教命运、提高僧人社会地位的重要方法。"现前纵然耗费少数,犹强于将来大受损失也。彼向谓僧伽为无用之人,今则翻而为有用之教员。向谓寺院为无用之人所住,今则翻而为学校之讲堂及宿舍;向谓寺院之财产养一般无用之人,今则翻而为学校之基金;向谓僧伽之敌视,今则翻而为僧伽之良友;向谓僧伽为蛀米虫,今则翻而为彼之良师;此等学子本是将来极有力之波旬,今则翻而为将来极有力之护法。向谓世上之不可有者,今则翻而为世间之不可无者"。③ 看得出来,这段话用了7个方面的对比说明了庙产兴学的必要性。

慈幼教育是民国佛教界慈善教育的重要组成部分,关于其必要性有这样一些认识:其一,慈幼教育的救济功能能挽救孤儿的生命,因为"近来世道荒乱,民不聊生,几多无父无母之孤儿,无衣无食,将成饿莩","济济孤儿,头角峥嵘,若不救济,将无由生"。④ 其二,慈幼教育帮助幼儿走上正路,将来会成为社会的有用之才。正如印光法师所言,孤儿"既得教育,正器必成,或为工商,或读或耕。为贤为善,嘉会其亨,恪守道义,虽贱亦荣。

---

① 杭州功德林:《成婚宜戒杀生》,载《护生报》,1934年1月29日,第6版;《报纸》第11卷,第39页。

② 沈庆均、杨小玲编、丰子恺绘:《护生画集》,北京:中国友谊出版公司,1999年,第44~45页。

③ 释霞光:《寺院均有开平民学校之必要》,载《佛宝旬刊》,总第39期,1928年5月;《补编》第33卷,第13页。

④ 释印光:《上海市佛教会慈幼院添建房屋落成发隐颂并序》,《印光法师话慈善公益》,上海:华东师范大学出版社,2012年,第112页。

何况不少,出格俊英"。① 孤儿如得不到教育,就可能会成为社会的败类。因为"人之幼时,教养为急,良以知识初开,熏习易入。习于善,则为善士。习于恶,即成恶人。况无父,无母,无衣,无食之孤儿乎",所以"此种人不得教养,不是即为饿莩,便是流为乞丐,及与匪类。以天赋之才德,由贫困而不得发显,可不惜哉"。②

对监狱犯人进行佛法教诲,是民国佛教慈善教育的重要组成部分。佛教界人士认识到,用佛法教诲监狱的囚徒非常必要:"然身虽安,其心未必即安也,夫欲求安心之法,必明修养之方,计为宣扬佛化,皈命觉王,朝暮虔诚,潜移默化,然后知业者皆自作,罪从心忏,期满出狱,乡里得一善类,国家增一良民焉。此狱中布化,所以关于世道人心者,至深且切。"③

(二)对于慈善教育的设想

太虚法师对于慈幼教育有一整套的设想。他设想的慈幼教育团体分为仁婴院和慈儿院两种。每个仁婴院平均约收有"从1岁至6岁之男女婴孩共40人,照幼儿园章程,抚养而教育之"。7岁以上的无人领养的儿童进慈儿院,院中分为两级教育,一级相当于初等小学,招收7~10岁的男女儿童,每院约600人,"以初等小学之法程,分各学期教之,注重文字、算数,以诱开其知识";第二级相当于高等小学,招收11~14岁的男童,每院约400人,"亦分各学期教育之,注重道德、实利,以造成其人格"。这些学生在慈儿院的第二级教育完成后,有三种出路:一是"若自愿求入僧伽者,资格符合,由所择得度和尚领入行教院";第二种是就业,即"介绍各种农工商业";第三种是进一步深造,"若有资质聪颖、志趣高尚,更愿入各种中等高等学校者,当令具志愿书,亦可介绍令得入学,并供给以学费6年,使之成为国家适用人才"。④ 慈儿院在这些学生深造期间,还负责提供6年的学费。

五、总结慈善经验

民国时期佛教慈善公益事业较为发达,佛教界人士在具体的实践中总

---

① 释印光:《上海市佛教会慈幼院添建房屋落成发隐颂并序》,《印光法师话慈善公益》,上海:华东师范大学出版社,2012年,第112页。

② 释印光:《上海市佛教会慈幼院序》,《印光法师话慈善公益》,上海:华东师范大学出版社,2012年,第110页。

③ 释妙煦:《江苏监狱感化会报告本会经过情形并拟进行纲要》,载《净业月刊》,总第3期,1926年7月;《集成》第124卷,第534页。

④ 释太虚:《整理僧伽制度论》,《太虚大师全书》第18卷,北京:宗教文化出版社,全国图书馆文献缩微复制中心,2004年,第70页。

结了兴办慈善公益事业的经验和教训。在这些总结中以印光法师和郭介梅居士最为典型,现将二人总结的经验教训概述如下:

(一)印光法师的经验总结

印光法师认为,兴办慈善公益事业要分清轻重缓急,有限的资金要用在刀口上。关炯之居士曾赠百金给印光法师,助他编印文集。后来印光看到黄幼希一家贫病交加,急需资助,就写信给关炯之,请求将那笔钱捐助给黄幼希,"友人黄幼希,一家俱皆淳善,而宿障所缠,贫病交迫。今思将阁下之百金,转为救急之资。有此百金,可以支持一月。其利益虽不如施文钞之大,其恩德深于施文钞多矣。以彼事可缓图,此景甚危急故也。光素知阁下大慈与乐,大悲拔苦,以故不为预先呈白也"。① 又如大云佛学社设有慈济部,通过筹募善款以办理赈恤、放生等事项,许多善信为放生事宜乐于捐助,但对赈恤方面鲜有顾及,以至于放生款结余较多。1930年西北各省灾情严重,大云佛学社认为"转疏轻而济亲重,于理不甚相悖",打算将放生余款移作西北赈灾之用,该佛学社的创始人印光法师也表示赞同,于是写信给放生款的各位捐助人征求意见:"可否将仁者名下,先后所助洋若干元由本部汇入移助灾赈,如蒙允许,将来挈到赈会收据,再当于敝刊中汇报,以昭信实。"②

印光法师还指出,行善要有正确的方法,否则会好心办坏事。为说明这个道理,印光举了这样一个例子:"湖南一大封翁做寿,预宣每人给钱四百。时在冬闲之际,乡人有数十里来领此钱者。彼管理者不善设法,人聚几万,慢慢一个一个散。其在后者,以饿极拼命向前挤,因挤而死者二百余人。尚有受伤者,不知凡几。府县亲自镇压不许动,死者每人给二十四元,棺材一只,领尸而去。老封翁见大家通惊惶错愕,问知即叹一口气而死。不几日其子京官死于京中。"③通过这件事,印光总结出"是以无论何事,先须防其流弊"的道理。

(二)郭介梅居士的经验总结

郭介梅居士是民国年间著名的慈善家,他在长期的慈善救济实践中总结了丰富的赈灾经验,写成了《鸿嗷辑》。下表将该著的主要内容概括如下:

---

① 释印光:《致关炯之居士书一》,《印光法师话慈善公益》,上海:华东师范大学出版社,2012年,第7页。

② 大云佛学社:《慈济部以放生积款移助陕灾致乐助诸善信征求同意启》,载《大云佛学社月刊》,第30号96期,1930年4月;《补编》第21卷,第67页。

③ 释印光:《复邵慧圆居士书一》,《印光法师话慈善公益》,上海:华东师范大学出版社,2012年,第24页。

表 19:《鸿嗷辑》中的赈灾经验

思想	具体内容	资料来源
防备荒款	各级地方长官应劝辖内富户捐款,积谷备荒,大兴慈善,到了灾年自然能够从容应对。	《集成》第 133 卷,第 129~130 页。
积谷备荒	拟有积谷简章,对积谷管理团体及具体管理措施做了详细的规定。	《集成》第 133 卷,第 131~133 页。
警劝灾民	劝灾民不能纠缠放赈员,扰乱放赈秩序,否则受害的还是灾民自己。	《集成》第 133 卷,第 136 页。
利人活物	受灾之年更要保护耕牛,官府应设立耕牛代养所,以利于灾后恢复生产;要保护能捕食害虫的青蛙等野生动物。	《集成》第 133 卷,第 136 页。
加强督工	在以工代赈中,要加强监督,以保证工程的质量,并拟定督工条规。	《集成》第 133 卷,第 137~138 页。
济饥良法	教民众做耐饿、便于携带的丸子,便于逃难时食用。	《集成》第 133 卷,第 141~142 页。
粜米担粥	号召各界在大灾之年不吃副食品,节约粮食。并采取挑粥的办法到乡间便利施粥。	《集成》第 133 卷,第 142~143 页。
筑堤浚河	在灾荒之年,应大兴以工代赈,筑堤浚河。但要防止包工头克扣工人的工资。	《集成》第 133 卷,第 144~145 页。
察灾轻重	灾害发生之后,义赈会应派观察员到灾区查看灾情的轻重,作为确定赈灾方案的依据。	《集成》第 133 卷,第 145~146 页。
义官两赈之比较	官赈花钱多,但是灾民却不一定得到许多的实惠。义赈办事细,放赈前必先查户,义赈较自由,不似官赈受约束。	《集成》第 133 卷,第 7 页。
局员品格	设立查放局时,其办事人员的选任要按照"任事多年、老成可靠、不嫖不赌、任劳任怨、简朴慈善、深信因果、操守廉洁、熟悉赈务"等标准。	《集成》第 133 卷,第 147~148 页。
盟心坚志	查放员在正式工作前,要宣誓一篇《誓神疏》,表达认真救灾、不会贪污的决心,否则愿遭神诛。	《集成》第 133 卷,第 149 页。
按图分路出发	先照地图把灾区按灾情的轻重划作几段,每段分为若干路,查放员按照划定区域进行工作。	《集成》第 133 卷,第 150 页。
托董准控	查放员的旅费开支应另外支出,不能取自赈灾费用。查放员应亲自将赈济费用交到灾民手上。	《集成》第 133 卷,第 150 页。
乡镇六弊	说明在赈灾的过程中,各乡镇呈上的灾民册子上往往有六种不实之处。	《集成》第 133 卷,第 152~153 页。
乡镇宣讲	每到一乡镇,查放员要对乡镇长和灾民进行宣讲,使其明白义赈救死不救贫的道理。	《集成》第 133 卷,第 154 页。

续表

思想	具体内容	资料来源
查户十要	查户是确定民户受灾的轻重程度、并确定给与赈济钱财多少的关键，郭介梅根据自己赈灾的经验，总结了查户时需注意十个方面的事项。	《集成》第133卷，第155~157页。
克遵禁戒	介绍查户时的注意事项，主要是不能被蒙蔽。	《集成》第133卷，第159~161页。
垂死立赈	看到要死之人不必按常规程序，应立即让人代他去领赈。	《集成》第133卷，第162页。
福利终身	劝人念佛，使其终身享福。	《集成》第133卷，第162页。
五恶易剔	灾民如有好杀等恶习的不宜赈。	《集成》第133卷，第163页。
三善当加	在赈灾的过程中，如发现穷孝子、穷节妇、穷善士等应加等赈济。	《集成》第133卷，第163页。
补种入册	春耕时节可鼓励灾民补种，视情补助种子。	《集成》第133卷，第163页。
收容教读	在灾区要办临时学校，收容灾民子女就读。	《集成》第133卷，第164页。
施给药水	大灾之年往往会爆发疫病，在保障灾民衣食的基础上，要给他们施医送药。	《集成》第133卷，第164页。
通知领款	查户结束后，要将领取赈济款的时间和地点广为张贴，力求让每个灾民知晓。	《集成》第133卷，第169页。
寄养婴孩	由查放局设立寄养所，收养灾区的孤儿。	《集成》第133卷，第165页。
掩埋流亡	要注重掩埋灾区的无主尸体，一方面让死者安息，另一方面也能防止疫病的爆发。	《集成》第133卷，第166页。
躬行实践	查放员的聘任要注重动手和实践能力。	《集成》第133卷，第166页。
注意复勘	查户后要注重回访，看前面所作决定是否有错。	《集成》第133卷，第168页。
弹压拥挤	在发放赈款和财物的过程中，要使灾民保持良好的秩序，不能拥挤，以免伤害事故的发生。	《集成》第133卷，第170页。
联衔布告	查放局公布其收支账目。	《集成》第133卷，第171~172页。
严杜靡耗	善款筹集不易，在施赈的过程中不能浪费，保证有限的资金能用在刀口上。	《集成》第133卷，第173页。

续表

思想	具体内容	资料来源
竣刊征信	事情完成后刊印征信录。	《集成》第133卷，第175页。
主赈耆英	介绍国内一些著名的大慈善家。	《集成》第133卷，第176~177页。
修城防患	大灾之年，盗匪甚多，地方官要保一方平安，以免百姓受更大损失。	《集成》第133卷，第179页。
偷插门牌	在放赈的过程中要防止灾民偷奸耍滑，以偷插门牌的方式多领、冒领。	《集成》第133卷，第193页。
写票莫用铅笔	赈票是灾民领取钱物多少的凭据，放赈人员在书写赈票时不能用铅笔，以防涂改。	《集成》第133卷，第194页。
不准索赈还债完捐	赈款是专为赈济灾民所用，不能用它还债和缴纳捐税。	《集成》第133卷，第194页。

从上表看出，郭介梅居士的赈灾思想丰富而全面，可以分为以下几类：第一，主张地方政府在平时应未雨绸缪，为荒年的赈济做准备，如"防备荒款""积谷备荒"。第二，在放赈时，应使灾民保证良好的秩序，否则会造成意外伤害，如"警劝灾民""弹压拥挤"。第三，介绍了赈灾过程中的具体注意事项，这是他介绍的重点。这部分内容有"粜米担粥""察灾轻重""按图分路出发""乡镇宣讲""查户十要""克遵禁戒""垂死立赈""通知领款""注意复勘""偷插门牌""写票莫用铅笔"。第四，强调在赈济灾民的过程中，不能忘恢复生产，如"加强督工""筑堤浚河""利人活物""补种入册"。第五，主张对灾民不应只是简单的赈济，而应全方位地为他们服务。灾民逃难前，教他们怎样更方便携带口粮，即"济饥良方"；要给灾民施医送药，即"施给药水"；对灾区儿童要收容和教育，即"寄养婴孩"和"收容教读"；对死亡者要及时掩埋，防止传染疾病，即"掩埋流亡"；对灾民弘扬佛法，如"福利终身""五恶易剔""三善当加"。第六，强调赈灾账目的管理，包括"托董准控""乡镇六弊""联街布告""严杜靡耗""竣刊征信""不准索赈还债完捐"。第七，认识到赈灾成功与否，人员的素质是关键，主张精选赈灾人员，如"局员品格""盟心坚志""躬行实践"。第八，"义官两赈之比较"分析了义赈和官赈两者的利弊得失，认为义赈具有更多的优势。

本章小结

综上所述，民国时期的佛教界形成了一个较为系统、完整的慈善公益思想体系。这个思想体系中最具时代特色的内容是佛教抗日救国思想。从佛教救国的理论基础看,佛教徒从佛教教义中寻找僧尼参加军训和前线杀敌的合理性。从佛教救国的必要性看,认识到僧尼作为国民的一分子,肩负有救国的责任;救国是佛教徒报国恩的需要;只有救国才能救教救僧;救国是佛教赖以生存和实践佛教慈悲主义的重要途径。从佛教救国的可能性来看,认识到在世界性的宗教中,只有佛教能帮助中国消除战争,实现和平,进而使中华民族复兴。从佛教救国的路径来看,包括潜心祈祷,宣扬佛法,兴办慈善公益事业等,僧伽应根据不同的年龄段采用不同的救国方式。

我们应认识到,民国佛教界抗日救国思想中的一些内容虽不能产生明显、直接的效果,但在近代中国仍有很高的价值和重要的地位。

其一,民国佛教徒的抗日救国思想是近代慈善公益思想的重要组成部分。与近代中国社会一样,近代慈善公益思想有了明显的转型。这一转型体现在慈善公益理念、慈善公益动机以及对佛教慈善公益的内容和功能的认识等多个方面。就佛教慈善公益事业的内容来说,民国佛教界人士认识到佛教慈善公益事业不能仅仅局限于传统的赈灾济贫、戒杀护生、修桥铺路等方面。在国难深重、民族危机加深的形势下,佛教应该与时代同呼吸、与国家民族共命运,投身于抗日救国的时代潮流之中。这些思想丰富了近代慈善公益思想的内容,在这些思想指导下的抗日救国实践成为近代慈善公益事业的有机组成部分。

其二,抗日救国思想在很大程度上唤醒了佛教徒,使他们积极投身于抗日救国的潮流。他们积极参加国民军训,为抗战中的救护工作作出了很大的贡献。他们主办各种类型的息灾法会,超度死难军民的亡灵,为抗日战士、国家和民族祈福。他们自己节衣缩食,为前线抗日捐献款物。僧伽们掩护抗日将士,并帮助他们传递情报,部分僧尼甚至直接拿起武器,开展敌后游击战争,到前线抗日杀敌。这些成就的取得,应该说与佛教抗日救国思想的广泛宣传有直接的关系。

第三章 民国佛教慈善公益资金

民国时期,佛教慈善公益事业兴盛,募捐是民国佛教慈善公益团体资金来源的主要渠道。从笔者目前掌握的材料看,除周秋光、霍姆斯和唐忠毛等学者在其著述中略有涉及外,①尚未见有学者对民国佛教慈善团体的资金来源作专门的论述。本章主要对民国佛教慈善公益团体的资金募捐和其他资金来源进行研究。

第一节 民国佛教慈善公益团体的资金募捐

一、资金募捐的来源

民国时期佛教慈善公益团体所收捐助来自于社会各个阶层,以下分别述之。

(一)慈善公益团体创办者及发起人的捐献

一般来说,慈善团体的创办人要承担开办费。如泉州开元寺所办慈儿院的简章就明确规定:"开办费,由创办人完全负担";②龙泉孤儿院是由北京龙泉寺具体发起创建的,龙泉寺捐地27亩使孤儿院有了落脚之地。宁波佛教孤儿院的发起人岐昌、圆瑛、禅定、智圆等皆为各大刹住持,兼为鄞县佛教会领导人,皆慷慨资助。湖南佛教慈儿院由湖南灵云寺、华林寺等八大寺庙发起,其开办经费1400元由这八大寺捐献。在孤儿院创办之后,一些创办人和发起人为了维持孤儿院的运转还常年捐款,如开元慈儿院的创办人之一开元寺住持释转道常年捐大洋800元,董事会的每个董事常年个人捐资400元。湖南攸茶醴安四县佛教联合慈儿院创办后,这四县的所有寺庙为该慈儿院的日常运转提供基本捐,"各寺庙宗教财产项下捐纳十

---

① 周秋光:《熊希龄与慈善教育事业》,长沙:湖南教育出版社,1991年。[美]霍姆斯·维慈:《中国佛教的复兴》,王雷泉等译,上海:上海古籍出版社,2006年。唐忠毛:《民国上海居士佛教慈善的运作模式、特点与意义》,载《社会科学》,2013年第10期。

② 开元慈儿院:《福建泉州开元慈儿院缘起(附简章)》,载《佛音》,1924年第10~12期合刊;《集成》第145卷,第461页。

成之二,如百石岁租以外者酌派十成之三,若该寺庙仅有岁租二十石者,只派捐十成之一。但已捐款办有慈善教育事项确系力难再捐者,不在此列"。① 显然这是根据各寺的具体财力情况作了相应的要求。

(二)会员捐款

有些佛教慈善团体有很多会员,这些会员的捐助是该团体运转经费的重要来源。例如汉口佛教正信会规定:"本会经费端赖会员捐输,会章规定,凡会员至少应纳年捐三元,如愿担任月捐或特捐者亦可。自本年起,拟任年捐或月捐若干,以便按期派人前来领取。如无复示,本会即照定章最低限度认定,台端年纳常捐三元,即照此出具收条,于一个月内前来领取"。② 该会除了月捐或年捐,针对突发性事件还收取临时性捐款,如1932年上海"一·二八"抗战爆发,正信会为了支援上海的抗战向会员发起募捐,对会员的捐款这样规定:"凡本会会员除殷实者特别捐款外,其家庭老少男女量力捐一元或五角,由本会汇集汇沪。本捐款分临时捐及常捐两种,临时捐款一次捐一元或五角;常捐在战争未停止以前每月捐一元或五角。"③

(三)工商界的捐助

在本书的第一章,我们通过上海工商界领袖人物王一亭居士大力兴办慈善公益事业,说明近代工商业的发展为民国佛教慈善公益事业的发展奠定了物质基础。除了上海,其他地区的工商界也积极支持佛教慈善公益事业。如在抗战时期,汉口佛教正信会积极救护伤兵,汉口商界积极捐助,该会致海味帮糖盐业公司的感谢信这样写道:"本会救护队自去岁成立以来,护运前线运汉之伤兵,及救护空袭时被炸之民众,成绩昭著。迭经前武汉行营暨湖北全省防空司令部予以讲评各在案。此次复承贵主席及各委员热心赞助,慨捐经费洋二千元,已收一千元俾救护事业得以宏大,尤为敬佩。"④

在当时,工商界的普通工人也尽自己所能积极支持慈善公益事业。如上海百乐理发公司刘德义等50多名员工天天收听上海市佛教青年会的佛

---

① 攸茶醴安四县佛教联合慈儿院:《攸茶醴安四县佛教联合慈儿院章程》,载《海潮音》,1926年第2期;《集成》第164卷,第397页。

② 汉口佛教正信会:《本会致各会员应纳年捐启》,载《正信》,第1卷第1期,1932年3月;《补编》第43卷,第13页。

③ 汉口佛教正信会:《本会募款慰劳前方将士办法》,载《正信》,第1卷第1期,1932年3月;《补编》第43卷,第15页。

④ 汉口佛教正信会:《本会致谢各界捐助经费》,载《正信》,第11卷第8期,1938年9月;《补编》第45卷,第30页。

学广播,后得知该会福利部扩展义务诊疗工作,添设西医施医施药,需要费用巨大,他们经过公司经理王国宝的同意,决定捐献自己的部分劳动所得。上海佛教青年会对此事有这样的记载:"乃商诸本会,即日付印男宾理发券一百张,每张价值三百万元,女宾电烫券一百张,每张售价九百万元,印就后,由该公司与本会共同盖章义卖,各界士女既得理发,又做善举,诚一举两得。而该项义卖收入共计十二亿元,将悉数拨充本会福利部主办之义务诊疗所经费云。"①

（四）报界捐款

《大公报》是抗战时期一家著名的媒体,它具有强烈的社会责任感和坚定的爱国立场。武汉抗战时期,《大公报》通过宣传捐献事迹、讴歌民族大义、号召民众踊跃捐输,对富有阶层面对民族危亡而麻木不仁的现象进行了鞭挞。《大公报》积极组织发动救护伤兵的募捐运动,代收捐款并将其转交给慈善团体。《大公报》社在募捐活动中的种种表现,彰显了其作为一个重要传媒在国难时期表现出强大的动员能力。②《大公报》募捐所得款项有一部分给了佛教慈善团体汉口佛教正信会。正信会给《大公报》的感谢信这样写道:"昨承贵报补助本会救护队捐款计国币一千元整。除登载《正信》抗战半月刊弘扬仁风外,仍望大力随时予以维护,无任盼祷。此致汉口《大公报》馆。汉口市佛教正信会启。八月三日。"③

（五）书画界的捐赠

民国佛教界人士为书画界人士投身佛教慈善事业作出了表率。上海静安寺住持志法,以所藏元代绢本古画古像十二幅,送东北救济难民游艺会展览。"冀售得善款,随寄东北,充采办饷械抵抗暴日所用,该画系清室大内珍品,特赐该寺住持正生老和尚者"。④ 当时一些佛教居士本身就是书画家,他们为慈善事业无私地贡献出自己的作品。在1917年冬,直隶、奉天两地的100多个县遭灾,受灾民众达数百万人,画家王一亭居士和吴昌硕马上合作创作《流民图》义卖赈灾。1919年秋季,豫鄂皖苏浙五省爆发了震惊全国的大山洪,100多万灾民流离失所,二人再次合作《流民图》画册,印刷出版,义卖所得钱款全部赈灾。

---

① 《觉讯月刊》社:《百乐理发店同仁沐佛化慨捐义卖券救济贫病》,载《觉讯月刊》,第3卷第5期,1949年5月;《补编》第78卷,第446页。
② 周俊利:《〈大公报〉社与武汉抗战时期的募捐》,载《湖北社会科学》,2009年第1期。
③ 汉口佛教正信会:《本会致谢各界捐助经费》,载《正信》,第11卷第8期,1938年9月;《补编》第45卷,第30页。
④ 《海潮音》杂志社:《静安寺古画助饷》,载《海潮音》,第14卷第4号,1933年4月;《集成》第183卷,第501页。

在佛教界人士带动之下,民国时期许多书画家热心佛教慈善事业,他们捐献书画给佛教慈善团体,这些团体将书画作品通过多种形式变卖后所得之款作为慈善资金。世界佛教居士林在1927年致函国内知名书画家征求书画,共征求到书画作品1500件,"遂于是年冬十一月十三日,正式售券抽签,每券五元,抽书画一件。共收取八百余券。计洋四千余元"。① 位于上海市牛庄路的佛教医院,其运营经费全靠各界捐助。上海沦陷后该院"经费支出,尤感困难,乃由社会各界热心人士捐助名人字画多幅,在该院大厅举行书画展览会,于本月六日开幕。为期二周,闻所有售得之款,半充作该院经费,半充救济难民经费"。②

一些书画家本身就是收藏家,他们在贡献自己作品的同时,还把收藏品捐献出来。北京佛教筹赈会为筹款赈济灾民起见,自1923年8月27日起,在中央公园社稷坛内开书画法物展览大会三天,一方面出售这些珍品,另一方面还收取门票费,用这两项收入作为助赈款项。会场内各类物品琳琅满目,美不胜收。"法物中有迦叶佛牙、舍利子、血书法华经楞严经多种,千佛袈裟,珐琅金轮王八宝,说法各身像,古铜喇嘛像,玉罗汉、银塔银顶炉、天启经钟及清宫秘藏宋元明人所绘各种佛像,并蒙藏秘宝多件"。古今名人书画,陈列甚多,"有梅伶临仿罗庚公之字一幅,名士多有题识,至所列日本画家松蒲氏作品百余件,盖融会中西画法,亦秀润可观"。③ 这些珍品均来自于庄蕴宽、梅光远、沈凤翔、王梦白等书画家和收藏家。

(六)演艺界的助赈

世界佛教居士林有慈善布施团,该团为了救济灾民,借三马路大舞台举办演戏助赈会。为了吸引观众,他们联络了多位明星,阵容强大。"除请大舞台全班艺员全尽义务外,又请天蟾舞台艺员小翠花等十多位明星客串,琴司孙佐臣,演说者马湘伯博士、王与楫居士。监察者关炯之居士等,招待者张仲卿等。卖花队队员陈慧杰等及女界义赈会特派女士四位到台襄助"。④ 在戏开演之前,王与楫居士作捐款的动员演说,增强了募捐效果。

---

① 世界佛教居士林:《劝募基金书画会》,《世界佛教居士林成绩报告书》,1933年1月;《补编》第46卷,第180页。
② 《佛学半月刊》社:《佛教医院之书画展》,载《佛学半月刊》,第7卷第28号,1938年11月;《补编》第65卷,第22页。
③ 《佛音》杂志社:《北京佛教之赈灾展览会》,载《佛音》,第8~9期合刊,1924年11月;《集成》第145卷,第374页。
④ 《海潮音》杂志社:《上海佛教居士林演戏筹赈略志》,载《海潮音》,第2年第5期,1921年4月;《集成》第150卷,第473页。

(七)佛学院学僧的捐赠

一些佛学院的学僧在面对灾情时往往减膳捐赠。1931年闽南佛学院的学僧为了赈济灾民,发起减膳捐赠。其发起人为包括智藏、越尘在内的11名学僧,他们"闻此次灾情之惨酷,相率枕席不安,饮食难进,各人除自己尽力捐助外,更设法向外募捐,但募捐之机关,所在多有。自己又处于学僧之地位,故难尽力捐募,而所得有限。于是有同学越尘等,以为吾僧伽仰施主之恩惠一日三餐,无所缺乏,以亲我数千万灾胞在水火中,而日求一餐尚不得者,其相去奚啻天渊。乃踊跃奋起向同学会提议每日节食一餐。满十日后将所省之款悉数充赈"。① 11名学僧写了倡议书,倡议书由该院同学会执行委员会提交到同学会全体会议表决并获通过,决定全体学僧每日节食一餐,可省下10块大洋,待攒够100大洋时就捐给佛教慈善团体。1937年四川发生灾情时,南京金陵佛学院全体师生减膳助赈,减膳一月,约得大洋15元,送交佛教慈善团体。②

(八)海外华侨的捐助

有些佛教慈善团体和海外联系密切,海外华侨的捐助对慈善团体的维持作用重大。开元慈儿院创办伊始就建立董事会制度,在国内和海外的新加坡、马六甲、仰光、菲律宾等地设有董事会。在新加坡等地的海外董事会的主要任务就是负责在海外华侨中为该院筹集资金。该院的创办人圆瑛曾六次亲赴南洋,在新加坡、马六甲等地奔走呼吁,为开元慈儿院等慈善公益团体筹集资金10多万元。1919年,安心头陀为了替宁波佛教孤儿院筹集资金,三次自费到南洋群岛向华侨募捐,共募得4万多元。③

二、促进募捐的方式

(一)刊登募捐启事

民国年间,报刊出版业发达,仅佛教期刊就有300多种。在报刊上刊登募捐启事是民国佛教慈善公益团体募捐时采用最多的一种方式。为了增强募捐效果,这些募捐广告从内容到形式都力求吸引人们的眼球,唤醒大众的公共意识。当时人们认为慈善观念是民众意识的组成部分,在适当的时候,它会被唤起,并付之于行动。正如当时媒体所倡议的:"凡国中未

---

① 释智藏:《闽南佛学院学僧减食助赈》,载《海潮音》,第12卷第11号,1931年11月;《集成》第179卷,第333页。

② 《北平佛化月刊》社:《金陵佛学院师生行菩萨道减膳赈济川灾》,1937年6月;《北平佛化月刊》第50期,《补编》第40卷,第385页。

③ 孙善根:《民初宁波慈善事业的实态及其转型(1912—1937)》,博士学位论文,浙江大学历史系,2005年,第61页。

受灾之人民,当然应一刻不停,努力去救,有一分力尽一分,有十分力尽十分";"发扬中国民族仁侠之精神,牢记救人救己社会连带之真理,各量其力,有所捐助"。①

能否将大众心底蕴藏的公益心、慈善心唤起,是募捐成功与否的关键。为了唤醒大众的公共意识,佛教慈善团体采取阐述自救救人的理论、编唱赈灾歌谣等措施。关于自救救人的募捐理论,佛教慈悲会在募捐时作了这样的阐述:

> 夫施之道有二,有内施,有外施。何为内施? 舍臂指血肉脑髓,乃至生命是。何为外施? 舍钱刀象马种种珍宝,乃至宫室眷属。今者北省大旱,凄惨之状,笔难罄述。苟能发心施舍,其利益厥有两端,一曰救人,二曰自救。救人云何? 饿者食之,寒者衣之,僵者苏之,病者药之,殁者敛之。无所归者,假屋以庇之。如是焉已。自救云何,我辈四大假合之身,百年终有尽日,体魄分离之际,臂指血肉脑髓,乃至生命,虽欲不舍而不能保矣,钱刀象马种种珍宝,乃至宫室眷属,虽欲不舍而不能随矣。多生业力,一朝发现,剑林刀道,铜柱铁床,四门四狱之徒,八寒八热之地,更番迭受,无有休时。其痛苦有甚于今日灾民十万倍者。由其平日于己执着贪吝之心,无一毫之动,故其苦亦无佛力为之解脱。植目前之善根,挽未来之劫运。②

这段文字主要从内施和外施、自救和救人两个角度阐述了募捐理论,指出为赈灾捐施钱财乃为外施,捐的都是身外之物,不应吝啬;在此基础上重点从业力的角度阐述了捐钱财救灾乃是自救的路径,多施钱财可以消除业力,广植善根,免除劫运。

为了唤醒大众心底的慈善意识,一些佛教慈善团体还编唱赈灾歌谣。1921年南方洪灾,许多慈善团体纷纷募捐助赈,为了增强募捐效果,北平观音寺讲经会创办的佛教筹赈会编写了两首赈灾歌谣,歌名分别是《佛教筹赈会劝赈水灾歌》和《佛教筹赈会饥儿劝募水灾赈款歌》。③ 现将前者歌词全文罗列于下:

---

① 《大公报》社:《请求全国读者捐赈》,载《大公报》,1931年8月20日。
② 叶尔恺:《佛教慈悲会募助北方旱灾协赈缘起》,载《海潮音》,第2年第1期,1921年1月;《集成》第149卷,第413页。
③ 象坊桥佛教筹赈会编:《佛教筹赈会饥儿劝募水灾赈款歌》,载《海潮音》,第2年第10期,1921年10月;《集成》第151卷,第571~572页。

劝君快发慈悲心,大家起来救难民。去年旱灾真是苦,今年水灾苦十分。一连淹了六七省,洗了村庄毁了城。昏天黑地大浑混,家家户户遇灾星。旱灾尚有屋子住,水灾片土不留存。旱灾还往他方趋,水灾立刻丧残生。无贫无富无老少,浮的浮来沉的沉。可怜水线淹上颈,还听喊娘叫爷声。纵然赚了一条命,一贫如洗无分文。有的呼声作屋顶,有的哭啼立沙汀。有的得下水湿病,倒困泥中不像人。见者个个心不忍,闻者人人痛在心。我辈今日好气运,有衣有食有家庭。手摸胸膛忖一忖,哪能全不管他们。身边银钱多可省,家内财宝好分匀。便能救活许多命,自己所损亦甚轻。同胞互助是本分,仁人救难本良心。修福原不望报应,善有善报影随形。何况众生皆自性,各向福田种善根。这宗道理君需信,赠君一纸转劝人。①

此歌谣共 40 句,280 字。其内容可分为两个部分,第一部分到"倒困泥中不像人"一句止,用形象的语言描绘了南方洪水给灾民造成的灾难,以唤起民众的同情心;第二部分主要用佛教的因果报应理论劝说今生积德,多捐施一些身外之物,救济灾民,以求来世好报。通过朗朗上口的歌谣,向大众传布一种因果报应的佛教观念和救人救己的传统美德,并试图向民众灌输新时代国民应具有的伦理情感和公益道德。

有的法师在撰写赈灾歌谣时,为了表明自己的诚心,也为了更好地引起人们的注意,采取血书的方式,即刺破自己的身体,以血为墨书写歌谣。1943 年华北发生严重旱灾,上海玉佛寺珍华法师刺血撰写《为华北灾民乞命词》,该歌谣正文 40 句,每句 6 个字,共 240 字,再加上歌谣末尾"民国三十二年槟榔路玉佛寺珍华刺血撰告"18 字,②全歌谣共 258 字,每字都用鲜血写成,观之者无不深受感动,慈善观念很容易被激发出来。

(二)通过讲经说法促进募捐

民国时期,电台等近代传媒逐渐使用,一些法师通过电台讲经说法以促进募捐。1948 年上海市各佛教慈善团体联合成立了邳县灾馑急赈委员会,为苏北邳县灾民呼吁募赈。为了促进募捐,该委员会在当年的 5 月 2 日,请上海六大寺院和十大著名法师通过上海民生电台,向上海市民讲经说法诵经,从上午九时一直持续到午夜十二时止,全日广播。下列表格说

---

① 象坊桥佛教筹赈会编:《佛教筹赈会劝赈水灾歌》,载《佛心丛刊》,1922 年第 1 期;《集成》第 8 卷,第 340 页。
② 释珍华:《为华北灾民乞命词》,载《妙法轮》,1 年第 8 期,1943 年 8 月;《集成》第 97 卷,第 443 页。

明了这次讲经说法的情况。

表20：邳县灾馑急赈委员会的讲经说法

时段	内容	时段	内容
九时至九时二十分	屈文六、黄涵之居士灾情报告	九时二十分至九时四十分	兴慈法师开示
九时四十分至十时二十分	大悲法师开示	十时二十分至十一时	宽道法师开示
十一时至十二时	静安寺众法师上供	十二时至一时	龙常法师开示
一时至二时	玉佛寺众法师诵《金刚经》	二时至三时	道根法师开示
三时至四时	法藏寺众法师诵《行愿品》	四时至五时	慧舟法师开示
五时至六时	庄严寺众法师诵《普门品》	六时至七时	雪相法师开示
七时至八时	普济寺众法师诵《大悲咒》	八时至九时	清定法师开示
九时至十时	海会寺众法师普佛	十时至十时三十分	白圣法师开示
十时三十分至十一时	慧参法师开示	十一时至十二时	各大居士演讲

（资料来源：妙音：《佛教集团播音劝赈》，载《弘化月刊》，总第84期，1948年5月；《补编》第70卷，第287页）

从上表看出，在5月2日这一天上海著名的十大法师和六大寺院的众法师通过上海民生电台向上海市民讲经说法达15小时。其具体形式包括居士演讲、法师开示、法师诵经、法师普度和法师上供等。从时间安排上看，法师的讲经说法占了大部分时间。当时通过电台讲经说法促进募捐在上海尚属首创，据当时的文献记载看效果不错，上海各界"捐款踊跃，情绪至为热烈"，①由于捐款较多，在电台播音结束后的10天内该委员会向灾区两次输款放赈。

（三）派劝募员、募捐队外出募捐

派劝募员和募捐队外出募捐是当时佛教慈善公益团体经常采用的募捐方式，这种方式有利于扩大募捐范围，促进各劝募员之间、各募捐队之间的竞争。有的慈善团体给劝募员分派有最低任务，如世界佛教居士林在1933年"敦请劝募员一百二十人，每人至少募足一百元，一年内募足缴齐"。②有的劝募员在劝募的过程中动用自己的社会关系广为募捐，如身为劝募员的胡复省为了发动亲友募捐写了内容如下的书信："阁下热心好

---

① 释妙音：《佛教集团播音劝赈》，载《弘化月刊》，总第84期，1948年5月；《补编》第70卷，第287页。

② 世界佛教居士林：《劝募赞助费》，《世界佛教居士林成绩报告书》，1933年1月；《补编》第46卷，第156页。

善,交广北海,谅不惮此繁琐,允为劝募。则九仞之山,端赖此一篑之功,务请襄此盛举,幸勿推诿。且闻令亲友皆乐善好施,尚希据情转恳,请其慷慨解善囊。共护胜会。使法轮当转,慧日高悬。其为功德,何可胜言。所有捐册,容后日挂号呈上。特此先行奉恳,并颂福慧无量。弟胡复省集祺谨启。"①

一些佛教慈善团体在募捐数量巨大时,会采用派募捐队外出募捐的形式。世界佛教居士林在成立后的头三年,租房办公,但随着事业的发展,须筹建新的林所,所需资金较多,于是派募捐队外出募捐。该林设劝募总队一队,分队若干队。各分队的名称采用佛教名山的山名。关于各劝募队的组织情况,"总队以总队长一人,名誉总队长一人,副总队长二人,干事若干人组织之。各分队有队长一人副队长二人,队员若干人组织之"。② 第一期募捐完成后,各队的募捐成绩如下:

表21:世界佛教居士林筹建林所第一期募捐情况表

队名	劝募数	队名	劝募数	队名	劝募数
五台队	3895元	罗浮队	1152元	茅山队	250元
普陀队	2308元	灵山队	680元	天竺队	24元
洛伽队	1431元	九华队	633元	金山队	1185
总队	1500元	庐山队	573元	个人经募	384元
总计	14015元				

(资料来源:世界佛教居士林:《分队捐款第一期成绩》,载《世界佛教居士林劝募基金会特刊》,总第2期;1925年5月;《补编》第14卷,第142页)

(四)鼓励发愿

发愿,指佛教信徒许下愿心。为了使自己的心愿能够实现,信徒会布施一些钱财。一些民国佛教慈善公益团体为了募集更多的资金,就鼓励信徒发愿。世界佛教居士林号召信众施资种福。世界佛教居士林在号召广大信众发愿时,说明了发每一个愿所能达到的效果。下面试举两例:"凡欲报父母恩苦于图报无由者,今日为亲施资,求亲永出沉沦,超生净土者,以往事推之,其愿必遂。凡为怨仇追逼,苦于解脱无有者,今日为此施资,求

---

① 胡复省:《劝诸亲友代募佛教居士林林所基金书》,载《世界佛教居士林劝募基金会特刊》,总第2期,1925年5月;《补编》第14卷,第180页。
② 世界佛教居士林:《第一次劝募林所基金会章程》,《世界佛教居士林成绩报告书》,1933年1月;《补编》第46卷,第170页。

仗佛威力,消释怨仇者,以经训证之,其愿必遂。"①又如,杭州梵天寺回向超度阵亡将士和遇难同胞,并祈祷世界和平,在募捐时罗列了50种不同之愿供信众选择,每发一愿50元。考虑到各位信徒经济条件有很大的差异,该寺对于发愿也作了灵活的规定:"或一人多愿,或多人一愿。慷慨解囊,按月乐助。"②

(五)设净修室

为了鼓励信众踊跃捐款,世界佛教居士林规定凡捐款达到一定数量的信徒,可使用居士林的修行室,该居士林作了如下规定:"捐款二百五十元以上者,除上列各项外,并得居本林普通净修堂。除膳食外,不收费用。捐款五百元以上者,除上列各项外,并得居本林普通净修室,概不收费。捐款一千元以上者,除上列各项外,并得居本林净修室,概不收费。"③可以看得出来,世界佛教居士林规定根据信众捐款数量的不同可使用条件不同的净修室,捐款500元以上者免费使用。关于居士免费使用净修室的经费来源,世界佛教居士林也作了细致的安排:"凡个人捐款在500元以上者,于建筑林所时当提出半数另存殷实银行生息。备作将来居住本林净修室时膳食之费,特此声明。"④即把使用者捐款的半数存银行以获取利息,用所得利息来贴补这部分费用。设立修行室这一举措,受到居士们的称赞,"所定扩充计划,其净修室一项,设想尤为周到"。⑤

(六)酬谢有功之人

为了调动各位善信捐款的积极性,民国时期的佛教慈善团体对捐款人都采取一定的方式加以酬谢。归纳起来,其酬谢方式有以下几种:

1.在报刊或征信录上注明数目并致谢意

在报刊或征信录上注明捐款数目并致谢意,这是当时各佛教慈善团体经常采用的感谢方法。一般是将一些捐助信息汇总后同时刊登,刊登时注明收到某人捐助的财物若干,并致谢意。如佛教正信会慈济团在1932年9月份共收到捐款33笔,共133.153元,其中数额最大的一笔70元,最小的

---

① 世界佛教居士林:《第二次募集基金导言》,《世界佛教居士林成绩报告书》,1933年1月;《补编》第46卷,第179页。

② 释寄东:《杭州梵天寺念佛斋粮募化月捐启》,载《佛学半月刊》,第10卷第13号,1941年7月;《补编》第65卷,第363页。

③ 世界佛教居士林:《酬报第一次基金捐款人细则》,《世界佛教居士林成绩报告书》,1933年1月;《补编》第46卷,第169页。

④ 世界佛教居士林劝募基金会:《紧要声明》,载《世界佛教居士林劝募基金会特刊》,总第2期,1925年5月;《补编》第14卷,第139页。

⑤ 杨瑞葆:《杨瑞葆居士来函》,载《世界佛教居士林劝募基金会特刊》,总第3期,1925年6月;《补编》第14卷,第226页。

一笔只有0.047元,无论数量多少,都在报刊上注明得清清楚楚,以昭征信。这33笔捐款信息都刊登在正信会的会刊《正信》第1卷第15期上。①上海佛教青年会强调:"随意捐助者,均在会刊发表捐款征信录,永留芳名。"②佛化新青年会也声明:"其有捐款至十元、五元、一元者,均一一将其大名刊入《佛化新青年》月刊,特别致谢。"③

2. 列名纪念

当时一些佛教慈善团体为了能让捐款人的名字流芳百世,把捐款人的名字刻在石头、佛塔和铜牌上。下表列举了部分信息。

表22:勒名纪念

留名类型	相关规定	慈善团体名称	资料来源
勒石留名	凡认捐五角以上者,一律刻石留记。	湖南佛教居士林	《本林募捐例言》,《补编》第48卷,第37页。
	捐款十元以上者,即将台衔勒石以志不忘。	世界佛教居士林	《酬报第一次基金捐款人细则》,《补编》第46卷,第170页。
刻塔留名	捐款五十元以上者,除上列各项外,并在功德塔上镌勒台衔。	世界佛教居士林	《酬报第一次基金捐款人细则》,《补编》第46卷,第170页。
铜牌列名	自捐一亿元以上者,铜牌第一格大字列名,永志纪念。	上海佛教青年会	《本会敬募会所建设特捐小启》,《集成》第103卷,第80页。
	捐募一千万元以上者,以铜牌第二格中字列名,永志纪念。		
	捐募五百万元以上者,以铜牌第三格小字列名,永志纪念。		

3. 为捐款人设禄位、莲位

禄位,又称长生禄位、延生禄位或长生牌位,是为在世之人设立的,其目的是通过功德加持熏习,使这个人平安、幸福、长寿,早闻正法。莲位,又称往生莲位、荐亡莲位或往生牌位,是为已经过世之人设立的,其目的是通过功德加持熏习,使这个人投生善道或往生极乐,已经往生的品位高增。下表罗列了一些民国佛教慈善公益团体为促进募捐所设之禄位或莲位的

---

① 佛教正信会:《慈济团本年九月份收入捐款征信表》,载《正信》,第1卷第15期,1932年10月;《补编》第43卷,第119页。

② 上海市佛教青年会:《本会敬募会所建设特捐小启》,载《觉讯月刊》,总第12期,1947年12月;《集成》第103卷,第80页。

③ 佛化新青年会:《佛化新青年会募捐公启》,载《佛化月刊》,第1年第1期,1923年2月;《集成》第13卷,第16页。

有关情况。

表 23：设禄位或莲位

慈善团体的名称	相关规定	资料来源
湖南佛教居士林	认捐五元以上者，本林为认捐人设禄位三年，认捐十元以上者，一律设永久禄位或莲位，自由指定生殁一人姓名年龄。	《本林募捐例言》，《补编》第 48 卷，第 37 页。
世界佛教居士林	捐款一百元以上者，除上列各项外，并设立长生禄位，永久供奉。	《酬报第一次基金捐款人细则》，《补编》第 46 卷，第 170 页。
湖南佛教慈儿院	无论僧俗凡捐百元以上者由该院制长生禄位一座，入该院念佛功德林，永享净土之酬谢。	《湖南佛教慈儿院章程》，转引自《湖南慈善史》①，第 460 页。
上海护国息灾法会	延生禄位和荐亡莲位都分普通位和专位两种，专位设位费法币十元，普通位设位费法币二元。	《上海护国息灾法会简章》，《集成》第 53 卷，第 148 页。

从上表看出，禄位和莲位从时间上看都有临时禄位和永久禄位之分，从等级上看有普通位和专位之别，佛教慈善公益团体根据捐款人捐款数量的多少而为其设立不同的禄位或莲位。

4. 赠纪念章、纪念证和功德证书等

纪念章、纪念证和功德证书都是佛教慈善团体赠给捐款人的纪念品，这也是酬谢捐款人的一种手段，请看下列表格。

表 24：赠纪念章、纪念证和功德证书

慈善团体的名称	相关规定	资料来源
湖南佛教居士林	凡捐助本林一百元以上者，由本林制赠功德纪念章一枚，认捐二百元以上者，除上项赠外，另制送精美功德证书，悬挂认捐人堂前。	《本林募捐例言》，《补编》第 48 卷，第 37 页。
世界佛教居士林	捐款三十元以上者，除上项外，即赠以纪念证一张。	《酬报第一次基金捐款人细则》，《补编》第 46 卷，第 170 页。
佛化新青年会	凡能布施款至百元以上者，除其他酬谢外，外赠徽章一枚，以作纪念。	《佛化新青年会募捐公启》，《集成》第 13 卷，第 16 页。
	凡布施捐款一万元以上者，除其他酬谢外，外赠大证书一纸，以作远久纪念。	

---

① 周秋光、张少利、许德雅等：《湖南慈善史》，长沙：湖南人民出版社，2010 年。

5.悬挂照片或制作肖像

为了彰显捐款人的功德,使更多的人向他们学习,一些佛教慈善团体为捐款人制作照片或肖像,将照片悬挂,将肖像印在纪念册中。

表 25:悬挂照片或制作肖像

慈善团体的名称	相关规定	资料来源
湖南佛教居士林	认捐二百元以上者,并将认捐人六寸半身照片,悬挂本林纪念堂。	《本林募捐例言》,《补编》第 48 卷,第 38 页。
世界佛教居士林	分队之募捐总数最多之前三队,并将全队玉照悬之林中,以垂永久。	《第一次劝募林所基金会章程》,《补编》第 46 卷,第 170 页。
	个人捐款数目最多之前三名,并将玉照悬于林中,以志景仰。	
	捐款一百五十元以上者,除上列各项外,并将玉照悬于林中,以资景仰。	
佛化新青年会	凡能布施款至五十元以上者,亦得登其肖像于本会纪念册上,用表善德。	《佛化新青年会募捐公启》,《集成》第 13 卷,第 16 页。
	凡能布施款至一千元以上者,得悬其六尺肖像、述其事略于本会俱乐部,另制六寸铜版肖像,刊入本会纪念册,以作远久纪念。	
	凡布施捐款一万元以上者,悬其八尺肖像述明历史于本会俱乐部,另制八寸铜版肖像,刊入本会纪念册。	

6.赠送礼品

为了鼓励捐款,民国佛教慈善团体还赠给捐款人物品,这些物品包括金银质纪念品、佛像、佛教刊物和佛画等。在金银质纪念品中有银盾,这是用白银制作而成的盾形礼品。① 为了说明的方便,将当时一些佛教慈善团体赠送物品的信息罗列如下:

---

① 银盾是一种特殊的礼品,清末民初由国外传入上海,后流行于全国。它集奖杯、奖牌、锦旗、奖状的诸多功能于一体,是一种用途广泛、层次丰富的礼品。银盾的造型各异,材料的质地也不尽相同。银盾的牌面造型及花纹图案,多数是机模早已冲压好的,空白处的词句,根据客户的要求,再雕刻上各种内容。

表 26：赠送礼品

赠送物品	相关规定	慈善团体名称	资料来源
金银质纪念品	个人捐款数目最多之前三名，本林当各赠以金质纪念品一件。	世界佛教居士林	《第一次劝募林所基金会章程》，《补编》第46卷，第170页。
	如有特别巨捐，除由本林加等赠送以上各品外，并由本林添赠银盾一座。	湖南佛教居士林	《本林募捐例言》，《补编》第48卷，第37页。
	分队之募捐总数最多之前三队，本林当赠以银盾一个。	世界佛教居士林	《第一次劝募林所基金会章程》，《补编》46卷，第170页。
佛教期刊	凡捐助赞助费满五元以上者每人概赠佛学书局出版之《佛学半月刊》一年。	世界佛教居士林	《劝募赞助费》，《补编》第46卷，第156页。
书画	如捐满十元以上者，除上项赠品外，加赠精印名人法书一副。	世界佛教居士林	《劝募赞助费》，《补编》第46卷，第156页。
	捐款三百元以上者，除上列各项外，并赠名人敬绘佛画。	世界佛教居士林	《酬报第一次基金捐款人细则》，《补编》46卷，第170页。
佛像等	捐款十元以上者，奉以小铜佛一尊，以资供养。	世界佛教居士林	《酬报第一次基金捐款人细则》，《补编》46卷，第170页。
	凡捐助本林一百元以上者，赠庚种陀罗尼经被一条。	湖南佛教居士林	《本林募捐例言》，《补编》第48卷，第37页。

7. 授以永久林友、名誉董事等头衔

为了感谢捐款人，一些慈善团体授予捐款人以荣誉头衔，请看下表相关信息。

表 27：授予永久林友、名誉董事等头衔

荣誉头衔	相关规定	慈善团体名称	资料来源
永久林友	捐款两百元以上者，除上列各项外，并赠为永久林友。	世界佛教居士林	《酬报第一次基金捐款人细则》，《补编》第46卷，第170页。
名誉董事	自捐一亿元以上者，为本会名誉董事，以厅堂命名永志纪念。	上海佛教青年会	《本会敬募会所建设特捐小启》，《集成》第103卷，第80页。
永久经济会董	捐募三千万元以上者，为本会永久经济会董。		

续表

荣誉头衔	相关规定	慈善团体名称	资料来源
经济会董	捐募一千万元以上者,为本会经济会董。	上海佛教青年会	《本会敬募会所建设特捐小启》,《集成》第103卷,第80页。
资助人	捐募五百万元以上者,为本会资助人。		
成为董事候选人	对于本院乐输特别捐款在千元以上者,或者代本院募集经费在二千元以上者,成为董事候选人。	攸茶醴安四县佛教联合慈儿院	《攸茶醴安四县佛教联合慈儿院章程》,《集成》第164卷,第400页。
聘为林董	捐款四百元以上者,除上列各项外,并请为本林林董。	世界佛教居士林	《酬报第一次基金捐款人细则》,《补编》第46卷,第170页。

8.其他感谢方式

除了以上感谢方式,民国佛教慈善公益团体对捐款人还有其他一些感谢方式。其一,当面致谢。例如龙泉孤儿院"每年开纪念会一次,约请捐助各大善士,报告一年收支,并刊发征信册散布。复请诸善士演说毕,由院长带领孤儿向各大善士行三鞠躬礼,以谢厚意"。① 其二,赋予保送孤儿的权利。这是佛教孤儿院通常采取的办法。如湖南佛教慈儿院的章程规定,"无论僧俗凡乐捐光洋300元者保送慈儿1名,有永久继续之权"。② 这里规定的是凡是捐助300元者即可介绍一个孤儿入院,而且以后永远享有这一权利。其三,呈请政府褒奖。例如湖南佛教慈儿院对于捐款数量巨大的慈善家,往往会呈请政府予以褒奖。其四,召开会议特别表彰。如佛化新青年会规定,对于"代募款至十万元以上者,召开会议特别表彰"。③

在对捐助人感谢的同时,有的慈善团体还声明更提倡善信不接受表彰,以使钱款能全部用于慈善事业。如佛化新青年会指出:"以上信约各种办法绝非以金钱之多少分种种之阶级,不过借此以表敬谢。如有大布施仁者,不着相布施,申明不接受表彰者,本会尤为感佩。"④

---

① 龙泉孤儿院:《创办龙泉孤儿院记序及房式章程》,载《海潮音》,第2年第3期,1921年3月;《集成》第150卷,第164页。
② 转引自周秋光、张少利、许德雅等:《湖南慈善史》,长沙:湖南人民出版社,2010年,第460页。
③ 佛化新青年会:《佛化新青年会募捐公启》,载《佛化月刊》,第1年第1期,1923年2月;《集成》第13卷,第16页。
④ 佛化新青年会:《佛化新青年会募捐公启》,载《佛化月刊》,第1年第1期,1923年2月;《集成》第13卷,第16页。

第二节　民国佛教慈善公益团体的其他资金来源

除资金募捐外,民国佛教慈善公益团体还有其他一些资金来源。以下以民国时期的佛教孤儿院等慈善团体为例加以说明。

一、政府的财政补助

一些佛教孤儿院在某些时期曾受到政府的补助。龙泉孤儿院在清末和北洋军阀政府时期就曾受到政府为数不少的补助:"京师警察厅每月补助大洋80元,学务局每月50元,财政部每月120元,商界的月捐、季捐、年捐每年共有1000多元,这些收入每年在4000元以上。"①开元慈儿院的主要捐助来源于南洋华侨,但是在1934年时由于南洋商业不景气,华侨给该院的捐助减少,导致其经费紧张,新加坡中华总商会会长林文田上文呈请福建省政府给该院补助。

二、利息和租金收入

当时的一些孤儿院为了能获得稳定的收入来源,也做一些投资活动,以获得利息和租金收入。20世纪30年代早期,受世界金融危机的影响,宁波本地的钱庄业风潮频起,宁波佛教孤儿院原有基金五万元,为防止通货膨胀,一部分基金用来购置房屋,通过董事会购买该市狮子街及江北纪家弄、南郊鄞奉车站旁等三处的房屋,希望通过收房租获得稳定的收入。但事与愿违,金融危机期间百姓经济困难,房租难以收取,而且活动资金变成了固定资产,难以随时使用。龙泉孤儿院也有房租收入,"东边的孤儿院,房产众多,出租给一些手工业作坊,分成若干单位,每个单位称作科。寺庙的主持便以这些单位的租金,作为经营管理孤儿院资金的一部分"。②在民国时期,安庆迎江寺所出租的房屋最多时有200多间,其中有市房四处,专门出租给市民开商店,收取租金。合肥明教寺也有市房四处,向外出租。

在当时,安庆迎江寺还有一项特别的房租收入,即停放棺柩的收入。在沿江江南有一种风俗,大凡老人去世,先用寿材入殓,停葬数日后抬送郊外,选址将棺置于地面,上盖小屋或以草裹好,三年后再请阴阳先生,在选

---

① 百川:《北平龙泉孤儿院宣言》,载《世界佛教居士林林刊》,总第36期,1933年12月;《集成》第15卷,第465页。
② 冉中:《萤光集》,北京:大众文艺出版社,2007年,第77页。

买的风水好地上埋葬。但是城中的官僚富商,财富颇多,陪葬品也很多,易引起歹徒偷盗,很多人都愿花钱将棺椁找一安全处停放,最为理想的地方就是寺庵开放的停枢间。迎江寺在大士阁辟有停枢间,存放棺椁数十口,每年都能收取不菲的停枢费用。安庆城内停放棺椁数量最多的当推太平寺,该寺最多时曾停放棺材百余口。收费的标准大体上每年每口棺材需向寺方缴纳租米少则三五担,多则上十担,其收入相当可观。

开元慈儿院的海外董事会也注重筹集基本基金以获取利息,"新加坡董事会基本基金一万五千元存放新加坡陈嘉庚公司,由该董事会保管,每年生息一千四百四十元。马六甲董事会置基金业产树乳园五十一基甲,价值二万五千元,每年生息二千元"。[①] 湖南佛教慈儿院有田租收入,发起成立该院的八大寺庙每寺出一部分田地连同文契交出来,由院里负责管理,以每年田租收入作为事业经费,年收租谷 900 石左右。

三、实业收入

民国时期每个佛教孤儿院都有自己的实业,要么有自己的工场,要么有自己的农场,有的两者兼有。当时每个孤儿院的孤儿都要学工艺,有的孤儿在毕业后也留在孤儿院的工场继续工作,这样孤儿院每年都有一些产品对外出售,能够获取一些利润。宁波佛教孤儿院出售的产品有枕席、无线电产品等;开元慈儿院的产品有粉笔、簿本、泥塑产品、木器、竹藤编织品等;宝庆佛教慈儿院的产品有伞、衣物、毛巾和棉布等;龙泉孤儿院的产品有棉布、印刷品、编织品、衣物、鞋子等。每个孤儿院基本上都有自己的菜地,有的孤儿院还有自己的大片农场。宁波佛教孤儿院有农场 80 亩,位于鄞县西部宝岩寺。通过董事会决议,自 1929 年 7 月至 1942 年 7 月孤儿院在此地开办分院,以一部分年长院生(约计全部人数三分之一)下乡半耕半读,雇用熟练老农带领院生种植水稻及其他经济作物,靠种植收入以补助院中经费。

柏文蔚创办的枞阳县民生小学遵照柏先生办学的旨意,于 1936 年下半年办起了卷烟厂。当时学校没有厂房,柏先生就率领工人亲自动手,把学校东侧城隍庙里的文官武判神像推倒,把校办工厂迁到城隍庙的大厅。这座卷烟厂,在开始时从城镇和乡村招收了 20 余名女工。当时卷烟采取旧式卷烟机和手工卷烟相结合的方式。产品定名为"白鸽峰香烟",由于烟质烟味很好,当时畅销城乡各地。这所校办工厂的建成,得到当地群众的

---

① 福建省档案馆编:《福建华侨档案史料》(下),北京:档案出版社,1990 年,第 1552 页。

广泛赞誉。他们说:"儿孙们进了这个学校,既能读书,又能做工,是件大好事。"①

四、商业收入

清末民国时期,商业性收入成为九华山佛教会及其各寺院的重要收入来源之一。九华山商业受佛事活动的影响,带有明显的季节性,"以正八九十月为极盛,时间虽短,而获利最丰"。九华山商品种类丰富,"玩具如木刀、木鱼、竹笛,用品如木盘竹箸、饭桶、果盒、样包,食品如姜片、黄精、茶叶、查钱、麻糕等,皆本山出品",这些商品"工省而价廉,销场极旺"。九华山还有外来商品,只不过"运费增加,加价亦昂贵"。②

有人分析了九华山商业繁荣的原因,认为这与九华山地区的农业收成状况不佳有很大的关系。有人指出,"九华山田,峻如梯,小如笠。瘠如沙漠,惟泉水灌注,保无旱干。午节后分秧,重阳前后收获。每亩秋收不及三百斤。且多风灾,若谷熟遭风,则收成更歉。山高性寒,无蚕桑之利"。③看得出来,贫瘠的土地和不良的收成促成了九华山商业的繁荣。

除将沿街房屋出租收取房租外,迎江寺还直接从事商业活动,迎江楼茶社就是迎江寺开设的。它既为香客和游客供应茶水和点心,又为僧俗供应可口的饭菜。其素菜闻名,质高价廉,在沿江一带颇有点名气。芜湖广济寺开设的滴翠轩也为香客提供方便且收入相当可观。九华山佛教会,在民国时期建有旅馆性质的接待社,专门接待大批香客和游客;同时,各大寺还专门设有高级客房接待国内外高级香客,有时能获得他们对佛寺在财力上的支持。如旃檀林后花厅,曾接待过蒋介石原配夫人及华侨领袖陈嘉庚的夫人和佛教界众多名僧。④

五、其他收入

有些孤儿院还有其他收入。寺院中的庙会为有的孤儿院提供了收入,如龙泉寺在每年的四月和八月各有一次庙会,在庙会时有京剧、木偶及其他娱乐表演,娱乐表演的门票每张 30 分,这些门票收入归孤儿院所有。⑤

---

① 杨正民:《柏文蔚先生创办民生小学的回忆》,见中国人民政治协商会议安徽省委员会文史资料研究委员会:《纪念柏文蔚先生》,合肥:安徽出版局登记证(86)2014 号,第 172 页。
② 姜孝维编著:《九华指南》,上海:文明书局,1926 年,第 45 页。
③ 姜孝维编著:《九华指南》,上海:文明书局,1926 年,第 45 页。
④ 张栻:《佛教与安徽》,合肥:安徽省新闻出版局 97(045)号,第 160 页。
⑤ [美]霍姆斯·维慈:《中国佛教的复兴》,王雷泉等译,上海:上海古籍出版社,2006 年,第 103 页。

此外，当时许多佛教孤儿院成立了由孤儿组成的乐队，这些乐队有时也为社会提供有偿服务，如春节替人拜年，出殡时替人送葬。宁波佛教孤儿院还开有振孤商店，此店专门销售该院工场生产的产品，兼营日常用品，为了让孤儿能够在实践中学到商业知识，由孤儿轮流看店管理。

第三节　民国佛教慈善公益团体的资金监管

募捐是民国佛教慈善公益团体的主要资金来源。这些团体收到的每一笔捐款都体现了捐赠者的拳拳爱心，其目的是救济社会困难群体。为了达到这一目的，必须对民国佛教慈善公益团体的资金进行了有效的监管。民国时期，对佛教慈善公益团体的资金监管主要体现在法律法规的监管、捐款人和社会各界的监督、这些团体的自我监管等三个层面。

一、慈善法律、法规的监管

民国时期的慈善立法随着慈善事业的发展而逐渐完备。仅中央政府这方面的法律法规就有《管理各地方私立慈善机关规则》《监督慈善团体法》《监督慈善团体法施行细则》《统一缴解捐款献金办法》《统一募捐运动办法》《社会救济法》等，一些地方政府如上海、广州和青岛等地也都制定相关的地方性法规。这些慈善法律法规对包括佛教慈善团体在内的民间慈善团体的募捐原则、募捐的目的和类型、募捐的主体和程序、募捐管理等方面都作了具体的规定。关于这些规定，学界已有较为系统的研究，[1]此不赘述。

二、捐款人和社会各界的监督

佛教慈善公益团体的资金使用接受捐款人和社会各界的监督，其主要信息体现在对社会发布的征信录上。所谓征信录，就是慈善团体接受外界的捐赠款物后，向外界公布的账目明细。从某种意义上说，征信录是民国时期慈善组织的会计报告书。关于征信录的起源，日本学者夫马进指出，"征信录"这一名称大约最早出现于康熙年间。[2] 民国佛教慈善公益团体的征信录一般有两种，一是印成册子，将捐款人员的姓名、各自捐款数额及用途等昭示于众，便于监督；另一种方式是在报刊上公布收支情况。在报

---

[1]　曾桂林：《民国时期慈善法制研究》，北京：人民出版社，2013年，第218～232页。
[2]　[日]夫马进：《中国善会善堂史研究》，伍跃、杨文信、张学锋译，北京：商务印书馆，2005年，第712页。

刊上登载征信录是民国佛教慈善组织的常用手段。民国时期的佛教报刊有 300 多种,几乎每种报刊都登载过佛教慈善团体的征信录。一些属于佛教慈善公益团体主办的刊物如《正信》《世界佛教居士林林刊》更是几乎每期都连篇累牍地登载征信录。例如,《正信》第 1 卷第 14 期上就刊登了汉口佛教正信会 1932 年 8 月的两篇征信录,一是《本会慈济团八月份收支对照表》,①二是《八月份收入捐款征信表》。②前者详细列出了捐款人的姓名和捐款数目,后者主要列出了慈济团在该月的收支类别和数目,以使捐款人和社会各界了解该团所募捐款的去向。

捐款人对佛教慈善公益团体的监督还体现于在捐款时指定用途,这些慈善团体也尊重捐款人的意见,在变更善款用途时须征得捐款人同意。例如大云佛学社设有慈济部,通过筹募善款办理赈恤、放生等事项,许多善信为放生事宜乐于捐助,但对赈恤方面鲜有顾及,以至于放生款结余较多。大云佛学社感觉到"放生一事,最不易办,欲徒妥然无弊,而所放每不能多,在本部力薄心殷,承诸同志信任,随时乐助。至今颇有积款,既不敢草率从事,而又苦无法推广"。③ 1930 年西北各省灾情严重,大云佛学社认为"转疏轻而济亲重,于理不甚相悖",打算将放生余款移作西北赈灾之用。该佛学社的创始人印光法师也表示赞同,但是考虑到"惟物各有主,意难孤行,本部只付代理之责,而无变更之权,若非得助者同意,未免有专擅之嫌",于是写信给放生款的各位捐助人征求意见:"为此略称梗概,奉达左右。可否将仁者名下,先后所助洋若干元由本部汇入移助灾赈,如蒙允许,将来掣到赈会收据,再当于敝刊中汇报,以昭信实,如尊意不以为然,仍当由本部如数保存,做他日放生之用。是否即希克日明白示知,以便分别核转,无任企祷,此请居士慈鉴。绍兴大云佛学社慈济部谨启。"④

有的佛教慈善公益团体不时接待捐款人和社会各界人士的参观,这实际上也是捐款人和社会各界监督捐款使用效果的一种方式。1925 年初,《宁波时事公报》记者在参观宁波佛教孤儿院后,对该院孤儿教育大加赞赏:"以吾所见,惟佛教孤儿院可称毫无遗憾。该院之教育,记者仅仅以数

---

① 正信会:《本会慈济团八月份收支对照表》,载《正信》,第 1 卷第 14 期,1932 年 10 月;《补编》第 43 卷,第 111~112 页。

② 正信会:《八月份收入捐款征信表》,载《正信》,第 1 卷第 14 期,1932 年 10 月;《补编》第 43 卷,第 112 页。

③ 大云佛学社:《慈济部以放生积款移助陕灾致乐助诸善信征求同意启》,载《大云佛学社月刊》,第 30 号 96 期,1930 年 4 月;《补编》第 21 卷,第 67 页。

④ 大云佛学社:《慈济部以放生积款移助陕灾致乐助诸善信征求同意启》,载《大云佛学社月刊》,第 30 号 96 期,1930 年 4 月;《补编》第 21 卷,第 67 页。

小时参观,未能确知其优劣,惟观其教职员对于学生,无论何事,俱令其自动,教职员立于指导之地位,颇足以发展学生之个性,即如校中之应用器具俱由学生手制,而树木花卉,亦由学生自植之,又足以助长学生之创造冲动。"①《佛宝旬刊》在1928年对参观龙泉孤儿院有这样的报道:"日前本报社同人同社会局赵局长前往参观,见该院秩序井然,工作精细,内中惟雅科作法之规矩,石印套版之精良,较各科更高一筹,其明静和尚维持之苦心,可概见矣。"②

三、慈善公益团体的自我监管

民国时期,佛教慈善公益团体在资金使用上除接受法律和社会各界的监管外,还有内部自我监管的机制。佛教慈善公益团体的董事会等机构对包括资金使用在内的一切重要事务进行自我监督,许多团体在资金的募捐和使用上还订有详细的制度。

董事会的监管。一般来说,董事会是佛教慈善公益团体的最高管理机构,其成员一般由政界和商界中与孤儿院有联系的人组成。宁波佛教孤儿院还有常务董事会,其成员共有11人,在董事会闭会期间由常务董事会行使董事会的职权。湖南佛教慈儿院不设常务董事会,但是有总董二人,一为沙门,另一为居士,两人都由董事会选举产生,在董事会闭会期间由两位总董行使董事会的职权。《湖南佛教慈儿院简章》对董事会的职权作了如下规定:"(总董)监察院务,会商院长院监改良一切事宜。(一)董事部每周须轮推二人到院视察,视察之事项如左:(子)关于教育事项;(丑)关于抚养事项;(寅)关于工作事项;(卯)关于经费事项。(二)观察之结果须填具观察表,有认为应行使改良者得添附意见,于每月提交董事部会议,并报院长院监,但不得干涉院监职权。(三)有修改院章及进行扩张院务之权。(四)有议本院预算决算之权。"③龙泉孤儿院的董事会行使以下职权:"孤儿院的院产、储金和契券由院长交给四名董事共同保管。董事有监察孤儿院各种事务的权利和责任,如认为有必要,可要求院长召开评议会(由政商两界人士组成)商讨决定。董事兼有维持孤儿院运行经费的责任。在每周日,

---

① 《宁波时事公报》记者:《参观孤儿院感言》,转引自孙善根:《民初宁波慈善事业的实态及其转型(1912—1937)》,博士学位论文,浙江大学历史系,2005年,第61页。
② 《佛宝旬刊》杂志社:《龙泉寺孤儿院成绩优良》,载《佛宝旬刊》,总第57期,1928年11月;《补编》第33卷,第91页。
③ 湖南佛教慈儿院:《湖南佛教慈儿院简章》,载《海潮音》,第3年第10期,1922年12月;《集成》第154卷,第433页。

到会的董事有权稽考会计股各项捐款,如有异议,可要求院长彻查。"①从以上规定看出,董事会对孤儿院的一切事务都有讨论、决定和监督之权,是一种自我监管的机构,但在行使监督权时不能干涉院监的权力。除董事会以外,民国佛教慈善公益团体还设有其他多种自我监管的机构,请看下列表格。

表 44:民国佛教慈善公益团体的自我监管

慈善团体名称	监察机构和人员	组成情况和职权
中国佛教会省级分会	监事会、监事	监事七人至九人,候补监事三人至五人;正副监事长只能由出家者担任。监事任期二年。②
中国佛教会县级分会	监事会、监事	监事三至五人,候补监事一至二人。正副监事长只能由出家者担任。监事任期二年。③
江苏省佛教会	监察委员十三人	由代表大会选举之,对于执行委员之执行会务有监察之权。另设候补监察委员七人,候补者可以列席会议发言,但无表决权。遇有执行委员缺席时,可以递补。④
中华佛教总会	参议科、参议员	本会相关事务交参议科议决,经会长认可,发交执行。凡关于本会提议事件,经参议员四人以上之同意,得请会长开参议会,议员到会过半数方可开议,以多数赞成、会长认可为实行。惟对于重大事件须交参议科议决,或二次否决,不得再提议执行。⑤
中国佛教会	查账委员会	各项账目除由监事随时查核外,应于代表大会开会时于理事外另推代表二人至五人组织临时查账委员会,详细查核,并将其结果报告大会。⑥

---

① 龙泉孤儿院:《龙泉孤儿院章程》,载《觉社丛书》,总第 5 期,1919 年 10 月;《补编》第 1 卷,第 317 页。

② 中国佛教会:《大会通过之中国佛教会省县分会组织通则》,载《佛教月刊》,1937 年第 6 期;《集成》第 59 卷,第 410 页。

③ 中国佛教会:《大会通过之中国佛教会省县分会组织通则》,载《佛教月刊》,1937 年第 6 期;《集成》第 59 卷,第 411 页。

④ 江苏省佛教会:《江苏省佛教会会章》,载《中国佛教会公报》,总第 2 期,1929 年 8 月;《集成》第 19 卷,第 572 页。

⑤ 中华佛教总会:《中华佛教总会章程》,载《佛学丛报》,总第 1 期,1912 年 10 月;《集成》第 1 卷,第 110 页。

⑥ 中国佛教会:《修正中国佛教会章程》,载《海潮音》,第 27 卷第 3 期,1946 年 3 月;《集成》第 202 卷,第 357 页。

续表

慈善团体名称	监察机构和人员	组成情况和职权
世界佛教居士林	评议会、评议员	设评议员十一人,十一人中互推评议长一人,评议长有召集评议会表决两方对等之议案及复议已决之案件等权,评议会有通过各部部长所推任之各主任等职员、审查账目、核准预算、弹劾职员、通过预算外各项费用之权,经常开支不得超过评议会核定之预算,特别用费十元至五十元由林长同意,各部主任签领之,仍须交评议会追认;数目在五十元以上者需先交评议会通过。①
世界佛教居士林	监察员五人	监察职员办事状况,审查收支账目,及督促一切进行事宜。监察员由全体林员用投票的方法选举产生,任期三年。② 理事会开会时,预通函监察员及各部主任列席旁听,惟无表决权。但必要时,除理事外谢绝其他职员旁听,惟监察员概不得谢绝之。③
世界佛教居士林	林董及责任居士	有权随时查核本林账目。④
云南省佛教居士林	监察部、监察员	掌管关于本林各款项之出入,及服务勤惰并建议林务进行,纠举职员的违规事项。⑤
云南省佛教居士林	所有捐助人	对于本林均有提议、质问并陈述意见之权,对于款项账目有随时到林清查用途之权。⑥
贵州盘县居士林	监察部、监察员	监察部分款项股、服务股二股。款项股专门监察各部需要及款项出入事项;服务股专门监察各部服务人员之勤惰,并建议林务之进行,及职员林友违规等事项。⑦

---

① 世界佛教居士林:《世界佛教居士林组织纲要》,载《世界佛教居士林林刊》,总第1期,1923年1月;《集成》第14卷,第330页。

② 世界佛教居士林:《本林(世界佛教居士林)之组织》,《世界佛教居士林成绩报告书》,1933年1月;《补编》第46卷,第198页。

③ 世界佛教居士林:《世界佛教居士林办事细则》,《世界佛教居士林成绩报告书》,1933年1月;《补编》第46卷,第202页。

④ 世界佛教居士林:《世界佛教居士林组织纲要》,载《世界佛教居士林林刊》,总第1期,1923年1月;《集成》第14卷,第330页。

⑤ 云南省佛教居士林:《云南佛教居士林简章》,载《弘法特刊》,1932年第1期;《补编》第46卷,第452页。

⑥ 云南省佛教居士林:《云南佛教居士林简章》,载《弘法特刊》,1932年第1期;《补编》第46卷,第453页。

⑦ 贵州盘县居士林:《贵州盘县居士林简章》,载《弘法特刊》,1932年第1期;《补编》第46卷,第512页。

慈善团体名称	监察机构和人员	组成情况和职权
佛化新青年会北京高级职工学校	评议会、评议员	评议员由佛化新青年会全体会员开会推举之。评议会得通过董事会所提出之校长,通过校长所提出之全校兴革事项,通过后得叫校长执行之;评议会会长由评议员互选之。执行部设校长,依评议会之通过执行全校事务。①
湖南佛教孤儿院	院监	有进退及监督各教职员之权;有报告董事会商议改良院务进行之权。②
龙泉孤儿院	董事	在每周日,到会的董事有权稽考会计股各项捐款,如有异议,可要求院长彻查。③

佛教慈善团体对劝募人员的选任与管理。民国时期佛教慈善公益团体对劝募员的选任相当严格,如佛化新青年会严格选派劝募员,"本会募捐员得由本会荐举,由委员长选任登录,给以证书簿据,始能向外募捐,不得私自行动"。④ 又如世界佛教居士林规定:"凡无本林林长及总务部部长副署之委任募捐证,一概不得在外募捐。倘有不完全之委任证,或假冒本林名义在外募捐者,经本林调查属实后惩办之。"⑤再如开元慈儿院有"捐务员若干人,义务职。川资由院开支,专司募集经费,附以证书、卷册、收据为凭,以杜假冒"。⑥

募捐簿据收条的严格管理。关于募捐簿据收条,佛化新青年会是这样规定的:"本会募捐簿据收条概由本会制定编号,限定每本三十页,每页八行,均盖有骑印。由委员长签名发出,无论何人不得私自假冒。本会募捐多寡,可由经手人给与临时收条,再由本会委员长给与正式收据。本会所募捐款多寡概于本会月刊《佛化新青年》上一律公布之。凡见本会募捐公启而发大布施心之各大仁者,不待本会募捐员劝募,能自行捐助款资者,请

---

① 佛化新青年会北京高级职工学校:《佛化新青年会北京高级职工学校简章》,载《世界佛教居士林林刊》,总第8期,1925年2月;《补编》第8卷,第447页。

② 湖南佛教慈儿院:《湖南佛教慈儿院简章》,载《海潮音》,第3年第10期,1922年12月;《集成》第154卷,第434页。

③ 龙泉孤儿院:《龙泉孤儿院章程》,载《觉社丛书》,总第5期,1919年10月;《补编》第1卷,第317页。

④ 佛化新青年会:《佛化新青年会募捐公启》,载《佛化月刊》,第1年第1期,1923年2月;《集成》第13卷,第16页。

⑤ 世界佛教居士林:《世界佛教居士林组织纲要》,载《世界佛教居士林林刊》,总第1期,1923年1月;《集成》第14卷,第331页。

⑥ 开元慈儿院:《福建泉州开元慈儿院缘起(附简章)》,载《佛音》,1924年第10~12期合刊;《集成》第145卷,第463页。

直交本会总办事处，即给与正式收据。"① 从上可见，该会做到凡捐助必给正式收据，且采取措施防止簿据收条的假冒。

对募捐所得资金的使用，一些佛教慈善团体规定了详细、严格的制度。这里以佛教会和居士林这两类慈善团体来说明。中国佛教会规定所得捐款须专款专用，为救济所得捐款必须用于救济，"所募善款应悉数为救济之用，凡筹款所需之费用应另行筹补，不得支用赈款"。② 有时中国佛教会组织各地省市县佛教会统一募捐，要求它们将所得捐款汇缴给中国佛教会。在实际操作的过程中，有时地方佛教会鉴于当地灾情比较严重，就将募捐所得款项赈济当地灾民。中国佛教会对这种做法是认同的，但是有些地方佛教会在操作的过程中手续有不完善之处，"将所募赈款交就地赈灾会散放，而仍将捐款登入捐册寄还，以使本会缴还各省水灾急赈会捐册时，并无实款可交。对该会统筹支配方面不无窒碍"。③ 针对这种情况，中国佛教会专门规定了解决办法："当地收放赈款毋庸填写本会发卷册以清界限，其余无灾地方各级教团募集之款均请汇缴本会，以便酌情支配。"④

上海的世界佛教居士林是民国时期佛教居士林的代表，它在资金使用上规定有严格的制度。为了说明的方便，现罗列部分内容如下："第十七条：经常开支不得超过评议会核定之预算；特别用费由各部部长之同意，由主任签领之；十元至五十元由林长同意，各部主任签领之，仍须交评议会追认；数目在五十元以上者需先交评议会通过。第十九条：一切年费捐款须由款产处发给正式收据，并由该处主任、总务部部长及林长三方面之署印方为有效，惟零星杂费之收据由款产处主任及总务部部长签印以为有效。"⑤ 从这些规定可看出，该居士林在资金使用上具有预算明确、审批严格等特点。

---

① 佛化新青年会：《佛化新青年会募捐公启》，载《佛化月刊》，第 1 年第 1 期，1923 年 2 月；《集成》第 13 卷，第 16 页。
② 中国佛教会：《拟定各省市县佛教会募集赈款办法》，载《中国佛教会月刊》，总第 26～27 期合刊，1931 年 12 月；《补编》第 28 卷，第 120 页。
③ 中国佛教会：《本会函各级佛教会各寺院方丈凡捐款在本地散放者毋庸登入本会所发捐册由》，载《中国佛教会月刊》，总第 26～27 期合刊，1931 年 12 月；《补编》第 28 卷，第 125 页。
④ 中国佛教会：《本会函各省市佛教会为规定赈灾募款办法并附通告请散发由》，载《中国佛教会月刊》，总第 26～27 期合刊，1931 年 12 月；《补编》第 28 卷，第 119 页。
⑤ 世界佛教居士林：《世界佛教居士林组织纲要》，载《世界佛教居士林林刊》，总第 1 期，1923 年 1 月；《集成》第 14 卷，第 331 页。

本章小结

从本章的研究可看出,民国佛教慈善公益团体募捐所得资金来自于佛教界、工商界、书画界、演艺界和海外华侨等社会各个阶层。佛教慈善公益团体采取刊登启事、讲经说法、派员劝募、鼓励发愿、设净修室、酬谢等多种方式促进募捐。对募捐资金的监管包括法律法规的监管、捐款人和社会各界的监督以及佛教慈善团体的自我监管等三个层面。讲经说法、鼓励发愿、设净修室和一些酬谢手段等都带有鲜明的佛教色彩。

民国时期,佛教慈善公益事业兴盛。究其原因,佛教慈善公益团体具有良好的公信力、慈善资金能够很好地用于赈灾济贫是一个重要的方面。公信力是慈善组织的生命线,公信力的缺失意味着慈善组织将失去公众的信任,其中最明显的表现就是公众对慈善组织的捐款大大减少,慈善公益事业的发展缺乏必要的资金。从"郭美美事件""中非希望工程""尚德诈捐门"等事件中,可以看到我国慈善组织存在着监督不力的缺陷,慈善组织的公信力受到质疑,已经成为当前我国慈善事业健康发展的严重障碍。当前中国的慈善公益组织要想获得良好的公信力,可在完善相关法律法规、构建有效的社会监督体系和自我监管制度等方面借鉴民国佛教慈善公益团体的做法。

第四章　民国佛教慈善公益团体

如前所述,学界对民国佛教慈善公益团体的研究主要集中在上海世界佛教居士林、佛教正信会、苏州隐贫会等少数几个团体上。但民国时期的佛教慈善公益团体数量众多、种类丰富,远非这几个团体所能代表的。从业务活动的范围看,民国佛教慈善公益团体可分为综合性和专门性两类。本章主要对这两类团体作较为系统的研究。

第一节　综合性佛教慈善公益团体

一、全国性佛教会

晚清民国时期,佛教界在维护自身权利的过程中成立了全国性的佛教组织,如中华佛教总会、中华佛教联合会、中国佛教会等,这些佛教组织的管理范围很广,涵盖了全国僧俗两界所有佛教团体和所有信徒。这些佛教团体为了融入社会、振兴佛教,都把兴办慈善公益事业作为自己的重要任务。

（一）中华佛教总会

1912年2月,寄禅大师等高僧大德联合全国80多个寺院共同发起成立中华佛教总会,该会总部设在上海的静安寺,其下属组织最多时有22个省级支会,600多个县级分会,成为民国初年最著名的现代宗教社团。该会正常活动的时间不长,在袁世凯政府的打压下,1915年10月以后逐渐停止了一切活动。中华佛教总会的成立是中国佛教组织转型的开始,在中国佛教史上具有重要地位。[①]　该会存续期间积极兴办慈善公益事业,其章程第九条规定:"提倡公益。建设病僧院、孤儿院、贫民工艺厂、施诊局等慈善事业。逐渐筹款布置,另订规章。凡关于社会上之种种公益,均酌量本部之财力,逐渐扩充,以尽义务。"[②]中华佛教总会督促下属各支部和其他

[①] 许效正:《中华佛教总会(1912—1915)述评》,载《法音》,2013年第4期。
[②] 中华佛教总会:《中华佛教总会章程》,载《佛学丛报》,第1期,1912年10月;《集成》第1卷,第111页。

全国各佛教团体兴办慈善公益和平民教育事业。如该会山东支部慈济部兴办了第一染织工厂，其宗旨是"开通实业、普及教育、维持公益"，其业务"先从各种爱国布、斜纹布、毛巾等项入手，俟办有成效，再添置各种织品"，并"教养无力贫民，以符慈善名义，凡食用等费尽由本厂筹备，以一年毕业"。该厂还附设传习所，"所有愿买轮机、学习织染者，限一学期毕业，学费房价概不收取"。① 该厂每年提取股本利息和红利的一部分作为兴办慈善公益事业的经费，"股本常年六厘行息，以二厘提作兴办学校经费。本厂每年终结算一次，除支股本年利外，所余红利分作十成，以二成做本会创办慈善事业"。②

（二）中华佛教联合会

太虚法师的佛教改革计划中有建立世界佛教联合会的设想。他认为，"渤海起于泉源，大格始于椎轮，内无团体，外何发展"，③要想办好世界佛教联合会，第一步应先成立中华佛教联合会，然后组成东亚佛教联合会，由东亚佛教联合会联合万国佛教会，最后组成世界佛教联合会。④

关于中华佛教联合会的慈善公益性质，从其建立的目的和宗旨、内部组织的设置及其活动可以看得出来。关于建立的目的，该会的宣言有详细的说明：

> 民国虽然成立多年，但是国内并不太平，战争颇多，蒙藏唱独立。汉满蒙藏以及回族，语不同音，书不同文，俗不通风，欲其冶于一炉，化合无间，难矣。幸有无上圣教，除回人外，遍行四族，诚我国之灵心与爱力也。欧美企图以基督教把握中国之人心，日本企图控制中国佛教的领导权。同国同胞，同教同人，泄泄不自谋，以戬取而代之之心，而免中原鱼烂之祸。本会适应巩固五族共和之责任，此为成立本会的第四个原因。第一次世界大战后，欧洲衰落，日本饱受自然灾害之苦，弱小民族的独立运动风起云涌，新的世界大战也在酝酿之中。佛法在维护世界和平的过程中有不可替代的作用。新二十世纪之天地，不以兽性，而以人道，不以武

---

① 中华佛教总会山东支部：《中华佛教总会山东支部慈济部第一染织工厂开办简章》，载《佛教月报》，第4期，1913年7月；《集成》第6卷，第273页。

② 中华佛教总会山东支部：《中华佛教总会山东支部慈济部第一染织工厂招股简章》，载《佛教月报》，第4期，1913年7月；《集成》第6卷，第275页。

③ 中华佛教联合会：《中华佛教联合会宣言》，载《海潮音》，第5年第10期，1924年11月；《集成》第160卷，第266页。

④ 世界佛教联合会：《世界佛教联合会第四次开中华佛教联席会议决案十四条》，载《佛化新青年》，第2卷第7~8号合刊，1924年8月；《补编》第4卷，第264页。

力,而以文化。此本会适应增进世界和平之天职,此为发起的第五个原因。①

从以上可看出,中华佛教联合会的成立有两个目的,一是维护民族团结和国家统一,二是增进世界和平。其简章也明确规定该会以"联合中华全国佛教徒、发扬佛教济世利人"为宗旨。② 该会内部组织的设置与活动,请看下列表格。

表 28:中华佛教联合会内部组织的设置与活动

团体名称	相关信息	材料出处
中华佛教联合会	设有佛教利济事业联合部,专门从事慈善公益事业。	《集成》第 161 卷,第 454 页。
中华佛教联合会岭南支会	设立义学一所,已招学生四十余人,一切经费概由本会担任。	《集成》第 162 卷,第 283 页。
四川省佛教联合会	宣导部掌理在病院、工厂、监狱及其他群众集会之处,慈善部掌理病院、孤儿院及老弱贫苦天灾之救济等各事项。联合会以弘扬佛法、救世利生为宗旨。	《四川省佛教联合会章程》,《集成》第 161 卷,第 194 页。
顺德中华佛教联合会	设有慈济股、医院股、慈儿院股、贫民工厂股。	《顺德中华佛教联合会简章》,《集成》第 162 卷,第 395 页。
岭东佛教联合会	第一期事业是放生,第三期事业是创办慈幼院、佛化工厂、医院、新村、居士共住林、残疾院、救灾所等。	《岭东佛教联合会简章》,《集成》第 162 卷,第 398 页。

从以上看出,中华佛教联合会及其分支机构都带有明显的护国卫教、济世利人的公益性质。

(三)中国佛教会

1929 年 4 月,在南京国民政府的支持下,中国佛教会成立,这是一全国性的佛教团体。该会成立后,立即着手建立省县佛教组织,要求各省县佛教会组织依据省县佛教会大纲进行改组,更改名称,改为"中国佛教会某某省佛教分会"或"中国佛教会某某县佛教分会",没有成立佛教会组织的地方要抓紧成立。中国佛教会还规定:"凡国内名山区域本会认为必要时,得称中国佛教会某某山分会。其组织等于省分会,凡县市分会,遇紧要事

---

① 中华佛教联合会:《中华佛教联合会宣言》,载《海潮音》,第 5 年第 10 期,1924 年 11 月;《集成》第 160 卷,第 266～267 页。
② 中华佛教联合会:《中华佛教联合会简章》,载《海潮音》,第 6 年第 3 期,1925 年 4 月;《集成》第 161 卷,第 454 页。

件,得向本会直接行文,但同时需知照该管省分会。"①

根据《中国佛教会章程》第六条应积极"兴办社会慈善公益救护及教育等事业"②的规定,中国佛教会成立了专门的慈善委员会。慈善委员会由"中国佛教会执行委员会推举委员二十五人组成。本会由委员互推常务委员五至七人办理会务;遇有悲智洪深、热心慈善之缁素,得由本会常会之决议,提请中国佛教会执行委员会随时公推为本会委员,或名誉委员。以上委员任期一年,连选得连任。本会每季举行全体大会一次,常会每半月召开一次"。③

中国佛教会除慈善委员会外,还成立了社会服务团和灾区救护团办理慈善公益事务。中国佛教会社会服务团成立于1947年,其成立的缘由,当时有人作了这样的表述:"现在佛教所急需要的,便是服务社会,人人为我,我为人人,这就是佛教服务社会的要义。目前最急的,就是团结,再无团结的精神,简直使佛教立即走上灭亡的历程。"④服务社会的宗旨,在其团歌中也有明确的体现:"服务社会,是佛陀救世的精神;时代已经前进,我们不要再留恋前尘;看人间多少黑暗,有谁给与光明?我们的使命是:护国护教救世救人。社会服务团,是复兴佛教的先声。愿从今建设人间净土,促进世界和平。我们的目标崇高,意志坚定;转动正法的巨轮,创造佛教的新生命。"⑤为了实现其服务社会的宗旨,该团的主要活动包括:"(一)生产事业:一般人呼佛教徒为消费阶级,为了洗刷这个不好的名声,我们就该振作起来去做劳动生产的事业。要养成丰富的农业生产的技能与知识。(二)工业和商业:只要于人我有利。(三)慈善事业:耶稣凭他们的教理是不能与佛教相比的,但他们特别注重慈善事业,到处创办医院。"⑥与中国佛教会的组织系统相适应,社会服务团也是一全国性的慈善公益团体,其团部设于中国佛教会,在各省佛教会设有分团部,在县佛教会设有支团部,在最

---

① 《四川佛教月刊》社:《中央最近核准施行之中国佛教会章程》,载《四川佛教月刊》,第7年第5期,1937年5月;《集成》第59卷,第393页。

② 中国佛教会:《中国佛教会章程》,载《海潮音》,第28卷第7期,1947年7月;《集成》第203卷,第448页。

③ 中国佛教会:《中国佛教会慈善委员会会则》,载《中国佛教会公报》,第3期,1929年9月;《集成》第20卷,第42页。

④ 释定殊:《佛教社会服务团的使命》,载《学僧天地》,第1卷第3期,1948年3月;《集成》第56卷,第483页。

⑤ 释楞竟:《中国佛教会社会服务团成立大会速写》,载《海潮音》,第29卷第1期,1948年1月;《集成》第204卷,第125页。

⑥ 释定殊:《佛教社会服务团的使命》,载《学僧天地》,第1卷第3期,1948年3月;《集成》第56卷,第483页。

基层的慈善组织设有工作组。

依据《中国佛教会章程》第六条的规定,该会成立了专门的灾区救护团,下表是该救护团的概况。

表 29:中国佛教会灾区救护团概况

类别	具体内容
组织系统	本团总部设于中国佛教会总办事处所在地,设分团于各县市分会,均称中国佛教会灾区救护团某县或某市分团。
内部组织	医务股,凡医药诊疗等事均属之;救护股,凡担架运送急救等事均属之;掩埋股,凡收殓掩埋等事均属之;各地如遇灾变发生时,得随时召集各团员组织临时救护队,出发救护。
该团职责	(一)战时得请求军事长官或战地司令官之许可,由本团派救护人员救护受伤兵民;(二)遇有灾难发生时,设立收容所收容被难灾民;(三)急救受伤兵民;(四)收殓及掩埋被难兵民之无主棺柩。
团员组成	凡在二十一岁以上四十五岁以下之僧众均有为本团员之义务,以尽国民天职。
团员要求	本团团员均应受救护工作各种常识,及关于战地各种救护动作之训练;本团员服装平时仍着僧衣,训练及服务时着圆领短僧衣,一律灰色,各佩臂章、黄底红色佛字,帽以黄色,顶绣一红佛字。
经费来源	本团及分团经费得依照佛教寺庙兴办慈善公益事业规则征收拨用之,如遇重大灾难发生,原有经费不敷之用时,得组织募捐队临时募集补充之。

(资料来源:中国佛教会:《中国佛教会灾区救护团章程》,载《中国佛教会会报》,总第 12 期,1936 年 12 月;《补编》第 31 卷,第 345~347 页)

此外,中国佛教会还提倡殡葬改革,注重公共卫生建设。"近见郊野骨坛,失盖甚多,以至秽气熏人,发生疫疠。万全之法,莫善于采用旋盖坛。其坛高一尺六寸,周二尺九寸,坛之口两旁有凹处,盖之下两边有定胜榫。以石灰涂坛口则粘,以盖对榫旋绕坛口则固,即或日久偏侧,坛与盖粘二为一,欲求久远不失盖者,莫若乎此。务希转函各县会劝告各善堂窑户仿制采用,以免暴露,而重卫生,功德无量"。① 看得出来,中国佛教会大力推广一种新式的骨灰坛,这种骨灰坛易于密封,有利于公共卫生,便于实行殡葬改革。

二、地方性佛教会

(一)中国佛教会的地方性组织

中国佛教会下属的各省县佛教会都积极兴办慈善公益事业。例如浙

---

① 中国佛教会:《劝告各善堂窑户采用仿制新式骨瓷掩埋骨殖以重卫生——函各省市佛教会》,载《中国佛教会月刊》,1934 年第 61~63 期合刊,1935 年 1 月;《补编》第 29 卷,第 358 页。

江省佛教会兴办的慈善公益事业主要有以下举措:"(一)举办民众教育,开办各级民众学校、孤儿院、教养院、民众图书馆、阅报所等;(二)举办民生事业,开办民众工艺厂、僧众工艺厂、僧众农业场等;(三)举办慈善公益,开办医药所、赈灾协会、卫生事业等。"①

此外,浙江省佛教会在赈济灾民方面,有时走在全国各省佛教会的前面。例如在20世纪30年代初期,全国多省发生特大洪灾,浙江省佛教会就建议中国佛教会号召全国佛教界积极赈灾:"窃查近来各省大水为灾,人民惨毙不堪言状,而尤以湘鄂等省最甚。现在各地方团体均已纷纷发起筹款赈灾,我佛教徒本慈悲救世之宗旨,尤应努力拯救,兹经本会拟定办法四则,除通电各县佛教会并登报通告各诸山丛林一体筹办外,为此将筹办赈灾情形具文呈报。仰祈钧会查核俯准,并乞迅通电各省县佛教会,一致进行,实为公便。谨呈中国佛教会。"②在此次筹赈水灾的过程中,对于各地教团所筹之款怎样使用,浙江省佛教会也向中国佛教会提出了很好的建议:"惟筹募款项果赖各地教团分别进行,而散放赈款似应由贵处酌量支配方足以免凌乱,期收统一之效,准函。前因除函复外,为此将捐启五份送请查收。一俟各地赈款筹解到会,即请贵处统筹分配。是为至善。此上中国佛教总会办事处。"③

县级佛教会是中国佛教会的基层组织,它们按照中国佛教会的要求积极进行慈善公益活动,以下以浙江鄞县佛教会为例说明,请见下列表格。

表30:浙江鄞县佛教会的慈善公益活动

类别	举例	资料来源
赈灾	1934年捐款赈济福建水灾	《补编》第29卷,第215页。
慈善教育	成立了私立觉民小学	《集成》第130卷,第246页。
施医送药	成立了西医施诊所和国医施诊所,常年施医送药。	《集成》第130卷,第289~290页。
监狱教诲	鄞县佛教会组织绅僧两界人士在监狱设斋,并讲经说法。	《集成》第8卷,第132页。

此外,鄞县佛教会在抗战时期鉴于战事日亟,对受伤、受难者,各地民众纷纷组织起来进行救护收容,认为佛教徒应该以救国救民为宗旨,积极

---

① 浙江省佛教会:《浙江省佛教会会章》,载《弘法社刊》,总第26期,1934年2月;《补编》第37卷,第509页。
② 浙江省佛教会:《浙江省佛教会呈报筹办赈灾情形请备查由》,载《中国佛教会月刊》,总第26~27期合刊,1931年12月;《补编》第28卷,第87页。
③ 浙江省佛教会:《浙江省佛教会函送安徽华洋义赈会寄来水灾捐启请统筹支配由》,载《中国佛教会月刊》,总第26~27期合刊,1931年12月;《补编》第28卷,第127页。

救护负伤之兵士及被难之人民,建议浙江省佛教会"迅即召集各寺僧,妥议收容救护之办法,并需筹集大宗食物及银钱,以资需用"。①

(二)佛教青年会

宗教徒有青年会之组织,始于19世纪上半期的欧美。最初其目的是供给大都市中青年之住宿需要,或给寄宿者一种公共场所,后来逐渐兴办多种慈善公益事业。早在1931年召开的中国佛教会第三次全国代表大会上,就有人提出在中国应成立佛教青年会组织:"现今世界各宗教团体都有青年会,以宣扬教理、办理各种社会文化事业。新近青年信徒富于热诚的力量,能牺牲勇进,其活动成绩大有可观。在檀香山泛太平洋佛教大会上,各国代表均报告各该国佛教青年运动上功德无量,惟我中国对于此种事业尚属落伍,良可慨也!"②到了1946年,中华佛教青年会筹备委员会终于成立,但由于多种原因,全国性的佛教青年会最终没能成立,只是在上海、西安、重庆等大城市成立了地区性的佛教青年会。在这些地区性佛教青年会中,以上海佛教青年会最为典型,以下就对该会作一介绍。

上海佛教青年会在20世纪30年代初就已酝酿了。早在1933年,上海地区的佛教青年就提出了佛教青年会服务项目的设想,指出该会应有下表中的一些服务设施和团体。

表31:上海佛教青年关于佛教青年会服务内容的设想

类别	服务内容
生活类	蔬食处、寄宿舍、沐浴室、休憩室
医药类	医药室、电疗室、养病室
体育类	健身房、弹子房、游泳池、运动场、拳术击球等
文化类	补习学校、平民夜校、各种演讲会、书报阅览所、书籍流通所、学术研究会等
游艺类	音乐团、戏剧团、电影场、弈棋室、美术室、书画金石雕塑等
其他	参观团、旅行团、考察团、职业介绍所等

(资料来源:佛教青年会:《佛教青年会简章》,载《慈航画报》,1933年第19期;《报纸》第10卷,第74页)

从上表看出,上海佛教青年设想的佛教青年会所从事的慈善公益事务的范围非常广泛,包括生活、医药、体育、文化和游艺等多种类别。上海佛

---

① 浙江省佛教会:《为迅即召集各寺僧妥议收容救护办法并须筹集大宗食物及银钱以资需用由》,载《鄞县佛教会会刊》,总第1期,1934年1月;《集成》第130卷,第135页。

② 玉慧观:《第三次代表大会之提案 创立中国佛教青年会提倡社会文化事业案》,载《中国佛教会月刊》,1931年13~19期合刊;《补编》第27卷,第363页。

教青年会正式成立后设立的福利部、中国监狱弘法社、教育委员会等都是慈善公益团体,福利部下辖有医药组、服务组、放生组、福田组等,各组负责相应的慈善公益事务,中国监狱弘法社负责监狱教诲,教育委员会负责慈善教育。① 其事务范围虽没有最初设想的广,但也足以说明该组织的慈善公益性质。

三、居士慈善组织

(一)居士林

近代居士佛教组织主要有两大类型:一是知识精英主导的以研究和弘扬佛学为主要目的的各种研究会;二是由工商业者领导的规模较大的居士林和净业社等,此类组织将兴办慈善公益事业作为自身的主要任务。1918年11月上海佛教居士林正式成立,推王与楫居士为林长,这是民国时期最早成立的居士林。该林在1922年一分为二,第一部分由王与楫居士、朱石僧居士、李经纬居士等人成立了上海世界佛教居士林,第二部分由关炯之等居士另建立上海佛教净业社。②

上海是全国知名佛教居士汇集的场所。世界佛教居士林的建立,对团结上海居士佛教界,兴办慈善公益事业,举办各种佛教文化事业,推动近代上海佛教的复兴,起了重大作用,在上海乃至近代佛教发展史上都占有重要的地位。在上海佛教居士林的影响下,全国各地的居士佛教组织如雨后春笋般建立起来。

民国时期各地政府对居士林的期望是多办慈善公益事业。例如在张家口居士林成立大会上,刘丽生居士提议:"本林费三年之惨淡经营,始蒙党部批准。蒙批准之理由,系因本林章程第二条以致力于社会慈善事业为宗旨,故蒙党部批准。闻北平市有某念佛会请求党部立案,党部因其只管灵魂享福,不管救济社会,竟遭严厉斥驳,不准立案。由此可见救济社会为宣教第一首脑。今本林章程有救济社会之一条,不能作为骗取批准的手段。"③

在各地居士林中,以上海世界佛教居士林兴办的慈善公益事业最为典型,下表列出了相关信息。

---

① 上海市佛教青年会:《本会组织系统表》,载《觉讯月刊》,第2卷第9期,1948年9月;《补编》第78卷,第383页。
② 《简济善堂与觉园净业社所订之契约》,上海档案馆藏档案,档案编号:Q6-10-476-19;《觉园净业社购买觉园基地章程》,上海档案馆藏档案,档案编号:Q6-10-476-24。
③ 《北平佛化月刊》社:《张家口居士林议决推行慈善事业》,载《北平佛化月刊》,总第28期,1935年5月;《补编》第40卷,第306页。

表32：上海世界佛教居士林的慈善公益事业

慈善公益项目	概况	资料来源
施医送药	设施医处，联络市内多处著名医士，便于患者就近就诊，有内科、外科、皮肤科、妇孺科等。	《补编》第10卷，第256页。
赈济贫苦	每届冬令向贫苦人群发放赈济现金。	《集成》第48卷，第98页。
图书借阅	设图书馆，自购丛书集成、各省通志、各类词典等供读者免费借阅。	《集成》第52卷，第303页。
赈济灾民	成立博济团、灾赈协会，专门常年救济各类灾民。	《补编》第8卷，第337页。
为民祈禳	建立祈禳会，专门从事祈雨等祈禳事务。	《补编》第8卷，第346页。
慈善教育	办有第一义务小学、仁惠小学等慈善学校；办有孤儿教养院、贫民识字补习所等。	《补编》第9卷，第487页；《补编》第11卷，第224页。
施舍棺木	设施材会，以施送棺木和施诊给药为主，酌送粮食、衣物等。	《补编》第10卷，第441页。
公益演讲	设通俗宣讲团，宣讲内容以提倡道德、改良社会、普利众生为主。	《补编》第11卷，第98页。
临终关怀	设立念佛助生极乐团，为临终病人实行临终关怀。	《补编》第11卷，第100页。
无息借贷	成立借本处提供无息借贷，1934年4、5、6三个月为80人提供无息借贷共1265元。	《补编》第12卷，第28～31页。
放生护生	成立放生会，1934年3月9日临时放生小鳝鱼150斤、螺蛳800斤；该年5月15日阿弥陀佛圣诞日放生鳝鱼、螺蛳、甲鱼共12000多斤。	《补编》第12卷，第31页。
监狱弘法	该林的王与楫等居士擅长到监狱宣传佛法，帮助犯人认识到自己的罪过，有助于他们改造。	《补编》第8卷，第136页。
劝人惜字	设惜字会，劝人珍惜字纸，雇人尽量捡拾字纸，清水洗干净晾干后焚烧，灰烬投入长江。	《补编》第53卷，第108页。

上表中所列以珍惜字纸为主要表现的惜字活动的开展，除符合民国政府所提倡的新生活运动整齐清洁的要求外，更有其深层次的原因，关于这一点民国时期有人作了较为深刻的阐述，请看以下两段文字：

  当时有人问学人曰：惜字有何功德？余曰，古圣先贤，莫不惜字,是以尊重儒佛经典,注重道德,人人皆知孝义忠信礼义廉耻八德,以故民俗醇厚,灾劫不临,国泰民安、风调雨顺。迨至欧风东渐,美雨西来,只顾科学,罔顾道德,争端以起,灾祸迭乘。是以孙总理云,欲救中国之危亡,以及世界之和平,必须恢复固有道德,发扬忠孝仁爱信义和平之美德,同时弘扬佛法。以补救科学之偏。①

盖天下之最贵者莫如国粹,而国粹之表现者即为字迹,溯自古皇创制,前圣流传,开天地之灵,泄鬼神之秘,大而名教纲常,小而简札簿册。至于人事之纷纭,更无不因兹而底定。人性之愚鲁,亦罔非由此而通明。遥遥万古,落落千秋,美哉斐然。帝君有免惜之谕,大藏有劝惜之文。近世鄙夷国文,崇尚欧化,非特包物标号,随用随抛,抑且拭秽揩污,无忌无惮,甚至狼藉于垃圾,布满于坑前,种种暴殄,时时作贱。②

从以上两段文字可看出,民国时期的惜字活动除追求整齐清洁外,还有另外两方面的目的:一是在欧风东渐的情况下,一些人对以儒家思想为代表的中国传统文化的维护;二是在民国乱世的大环境下,一些人对回归传统道德和醇厚民风的期盼。

(二)佛教正信会

佛教正信会的成立是中国近现代佛教界的一件大事,也是太虚法师人间佛教思想付诸实践的一个典型案例。1920年6月他在广州讲经会讲《佛乘宗要论》时,就提到了要组织"佛教正信会",其目的就是要将在家众突出出来,将出家众不好说、不便办的事情通过在家众来取得解决的办法与途径。太虚认为,佛教要走人间化的道路,须由"在家信众去组织佛教正信会,推动佛教到人间去。这是改进僧制过程中一个重要的关键"。③他还指出,正信会内部应设救世慈济团,这一团体的具体活动内容如下:"救灾,救拯焚溺、消防水火、赈济饥荒、救治兵伤;济贫,传习工艺、开垦荒地;扶困,赡养老耄、保恤贞节、矜全残废;利便,施设灯明、修造桥路、义治舟渡。"此外,正信会内部还设通俗宣讲团,该团的主要宣讲内容是劝导行善和劝

---

① 《佛学半月刊》杂志社:《世界佛教居士林万善会内成立惜字会因缘记》,载《佛学半月刊》,第6卷第20号,1936年10月;《集成》第53卷,第109页。
② 无锡佛教净业社:《惜字会缘起》,载《无锡佛教净业社年刊》,总第1期,1936年12月;《集成》第132卷,第63页。
③ 释太虚:《佛教正信会纲要》,载《佛化周刊》,总第134期,1929年12月;《集成》第18卷,第432页。

化止恶。劝导行善的内容有:"爱国、守法、勤业、互助、调身、惜物、和平、诚信、放生、念佛";劝化止恶的内容有:"弭兵止杀、息斗和战、劝戒偷盗、劝戒邪淫、劝戒烟毒、改良婚制、改良家族、改良交际"。①

1920年9月,汉口佛教会成立,后改名为佛教正信会。该会设有利世部,掌管医院、孤寡院和残废院等。设有慈济团,从事救灾、济贫、扶困、施药送诊、赠米散衣等慈善活动。此外,湖南长沙、湖北监利、鄂城、武昌、蔡甸等地也都成立了佛教正信会。正信会在各地的成立,标志着太虚《整理僧伽制度论》的想法得到正式实施,正信会也是开启现代中国居士佛教运动的另一个重要组织。下表列出了汉口佛教正信会慈济团兴办慈善公益事业的概况。

表33:汉口佛教正信会慈济团兴办慈善事业的概况

慈善公益项目	概况	资料来源
慰劳前方将士	向社会募捐,筹款慰劳上海"一·二八"抗战的将士们。	《补编》第43卷,第13页。
捐施药品	向病人捐施牛痘苗、广陈皮、建泽泻等药品。	《补编》第43卷,第48页。
施医送药	1932年4月份内科、外科共送诊8866号,送药8828付,值洋382.8元。	《补编》第43卷,第64页。
放生	1932年5月10日,举行放生活动,放生各种鱼数万尾。	《补编》第43卷,第440页。
组织战地救护队	先后组织东北救护队、全面抗战时期的慈济团救护队,后者共有救护队员、护士、夫役300多人,仅1938年4、5两个月就救护运送受伤兵民3800多人。	《补编》第44卷,第417～426、第462页。
举办息灾法会	于1938年举行"七七"抗战周年纪念护国息灾法会。	《补编》第45卷,第10页。
主办慈善教育	1928年经湖北省教育厅批准成立汉口宏化小学,各项制度都按照普通小学的标准执行。并主办武汉灾童识字学校,教育受灾儿童。	《集成》第176卷,第162～164页。《集成》第181卷,第140页。
救灾	常年以食物、衣物等各类物品和钱财救济各类灾民。	《集成》第179卷,第469页,等等

---

① 释太虚:《佛教正信会纲要》,载《佛化周刊》,总第134期,1929年12月;《集成》第18卷,第432页。

续表

慈善公益项目	概况	资料来源
公益宣传	成立宣化团,在正信会所办宏化小学等团体进行公益宣传。	《集成》第176卷,第206页。
灾区宣讲	成立灾区宣讲团,主要对难民宣讲抗日救国的道理,并向难民施医送药。	《集成》第179卷,第506页。

(三)佛教净业社

如上所述,上海佛教居士林在1922年一分为二,其中一部分发展为上海佛教净业社。在上海佛教净业社的影响下,全国多个地方都成立了佛教净业社。民国时期最著名的佛教净业社是上海佛教净业社和无锡佛教净业社。佛教净业社慈善公益事务的范围较广,例如无锡佛教净业社的慈善活动包括:"临终助念、监狱感化、新生活之促进、放生、护生、施材、施医药、惜字、临时救济事项。"①下表通过具体的史料说明民国时期佛教净业社的慈善公益活动。

表34:民国时期佛教净业社的慈善公益活动

净业社名称	详情	资料来源
无锡佛教净业社	感化游民:组织感化团,聘请感化师,到无锡游民习艺所宣讲佛法,感化游民。	《补编》第58卷,第129页。
无锡佛教净业社	免费诊治:给贫民发就诊券,病人凭券到指定医师处免费就诊,并要求定点医师不要答应病人不合理的诊治要求。	《补编》第58卷,第131页。
无锡佛教净业社	救济清贫社员:成立临时救济委员会,对清贫社员发给救济费,须精进吃素念佛,领费社员将来生计宽裕后尽可交还社中,仍做救济之用。	《补编》第58卷,第139页。
无锡佛教净业社	收容难民:"八·一三"事变爆发后,该社在无锡市内设置难民收容所,收容上海等处逃来的难民。	《补编》第58卷,第182页。
上海佛教净业社	赠阅各类书籍:该社为求普利并为社会之需要起见,将历史、佛学等多类书籍全赠流通或半价流通。	《补编》第21卷,第288页
无锡佛教净业社	施送药物:向社会各界善信募捐,将善信捐施的痧药水等多种常见药布施给病人。	《补编》第58卷,第134页。

---

① 无锡佛教净业社:《无锡县佛学会佛教净业社章程》,载《无锡佛教净业社年刊》,总第1期,1936年12月;《集成》第132卷,第64页。

续表

净业社名称	详情	资料来源
无锡佛教净业社	普劝吃素：奉劝天下之人不分贫富贵贱都吃素，能早日实现天下太平。	《补编》第 58 卷，第 189 页。
南通如东佛教净业社	启建息灾法会：该社于 1941 年启建祈祷息灾法会，赴会拈香念佛者达 500 多人。	《补编》第 65 卷，第 331 页。
上海佛教净业社	教养儿童：成立净业教养院，实行半工半读，开办竹工、藤工等七个工场，按劳动成绩发奖，充分培养儿童的自理和自制能力。	陈临庄：《赵朴初和净业教养院》，载《纵横》，2010 年第 3 期。

（四）苏城隐贫会

苏城隐贫会是民国年间曹崧乔居士等人设立的富有特色的居士慈善公益团体，其救济对象主要是生活遇到困难的士商家庭，这些家庭被称为"隐贫户"。它们之所以被称为"隐贫户"，有两层原因：其一，被救济的原本是具有中等生活水平的家庭，后因种种变故，生活变得困苦，而向他人借贷又羞于启齿，因而这难言之隐别人往往并不知情。其二，救济人为了顾全被救济人的体面与自尊，而对他们的隐情加以保密。冯筱才对苏城隐贫会的发起、组织及一些活动进行了研究，并与苏州其他慈善团体的活动作比较，隐贫会反映当时社会经济及文化道德的变迁。① 笔者在梳理史料的基础上，对冯文作以下两点补充：

其一，关于隐贫会慈善公益活动的内容，曹崧乔在为自己抄写的《华严经》征求跋文的启事中，作了较全面的列举："增广月贴，以济中落之户；组办免利借本，以济小贩营生；发写金刚经文，以济寒士生计；补助中小学费，以济失业子弟；开办平价饭店，以济失业工人；施医施药；代殓代葬；筹开贫民客寓，以免天寒露宿；筹设残废工厂，教以一艺自养。"②

其二，关于无利借贷。无利借贷在民国佛教慈善公益中是较特别的。当时就有人称赞苏城隐贫会实行的无利借贷有这样一些好处："救人性命之利、全人骨肉之利、绵人宗祀、顾人体面、安慰流离、潜化盗匪、脱人刑险、义孚桑梓、宏开善路、裨益风俗。"③

---

① 冯筱才、夏冰：《民初江南慈善组织的新变化：苏城隐贫会研究》，载《史学月刊》，2003 年第 1 期。
② 曹崧乔：《敬书大方广佛华严经征求跋启》，载《山西佛教杂志》，1934 年第 12 期；《集成》第 140 卷，第 354 页。
③ 成都惜字宫体仁堂初板：《推广无利借贷为救济贫民之良法》，载《苏城隐贫会旬刊》，总第 46 号，1926 年 10 月；《补编》第 5 卷，第 382 页。

苏城隐贫会的无利借贷主要面向小本经营者,每次所借数额不多,最多不超过十元或十千文。为了减轻借款者的还款负担,隐贫会制定了周期较长的还款办法:"借款分两种,甲种自五元起,按元递增,至十元止,每元按日收回二分。乙种自三千文起,按千递增至十千文止。每千文按日收回二十文,以五十日为限满,只将原本收回,不取利息。"[①]还款周期为五十天,每日偿还五十分之一,这样既减轻了还款者的经济负担,又能确保借款能够收回。

四、寺院

作为传统的佛教慈善公益团体,民国时期的寺院在慈善公益领域仍发挥着巨大的作用。下表列出了相关信息。

表35:民国寺院兴办慈善公益事业举例

寺院	慈善公益的内容	资料来源
北平各寺院	组织农禅工禅	《补编》第10卷,第543页
南京普利寺	开织袜厂	《补编》第78卷,第483页。
江西黎山妙法寺	两百多亩良田皆由僧众耕作	《集成》第94卷,第474页。
上海法藏寺	祈雨	《补编》第15卷,第370页。
江西广昌增福寺	启建息灾法会	《补编》第65卷,第106页。
宁波汶溪西方寺	设放生园豢养牛羊	《补编》第19卷,第339页。
全国相关寺院	收养流浪无主野犬,作为看护寺院之用,避免被政府击毙。	《补编》第29卷,第359～361页。
上海栖真寺	组织戒杀放生会,从事护生放生活动。	《补编》第66卷,第233页。
安徽望江朝阳寺	每年用三十多石租谷补助地方公益事业	《补编》第29卷,第490页。
河北怀柔孤台寺	补助县立戒烟酒会经费	《补编》第29卷,第490页。

---

① 苏城隐贫会:《苏城隐贫会附设免利借本暂行试办简章》,载《苏城隐贫会旬刊》,总第54号,1926年12月;《补编》第5卷,第449页。

续表

寺院	慈善公益的内容	资料来源
镇江招隐寺	招隐寺捐塚地两亩给当地慈善团体筹星会,奖励其救济老人的善行。	《补编》第65卷,第168页。
宁波天童寺	为贵州、四川、云南三省的灾荒筹募款项	《集成》第162卷,第295页。
上海玉佛寺	为华北灾民劝募赈灾款项	《集成》第97卷,第443页。
鄞县七塔寺	开办施医院	《补编》第29卷,第490页。
北京龙泉寺	开办龙泉孤儿院	《集成》第150卷,第164页。
北京净业寺	组织贫儿工艺厂	《补编》第33卷,第91页。
北平鹫峰寺	兴办养老院	《补编》第33卷,第111页。
镇江鹤林寺等多个寺院	植树造林	《补编》第40卷,第273页。
宁波慈东兴善寺	开办免费阅览室	《集成》第53卷,第21页。
宝山都天庙	开办感化院、普济善堂、普益贫民学校等	《补编》第29卷,第490页。
鄞县天童寺	开办义务小学校、食药局、孤儿院	
南陵千佛寺	施药施茶等	
信阳贤首山寺	开办养成学校及图书馆	
北平广善寺	开办民众学校、施药局和施送棺材等	
北平广化寺	开办妇婴救济会、难民收容所、粥厂	

从上表看出,民国时期寺院的慈善公益活动范围很广,几乎涵盖了当时社会所能见到的慈善公益活动的所有形式。以下主要对农禅和工禅、收养野犬、植树造林等几种形式作一说明。

自唐代百丈禅师以后,农禅并重成为丛林的重要经济原则并一直沿袭相传。到了民国时期许多寺院为了解决经济困难,要求僧众积极从事农耕,或学一门工艺,在一定程度上减轻了社会的经济负担,也是公益事业的一个体现。从目前所掌握的材料看,当时以北平地区的农工禅最为典型。

北平佛教会制定了该会下属各寺须遵守的农工禅办法,该办法的主要内容请看下列表格。

表 36：北平佛教会关于农工禅的规定

类别	具体内容
从事农工禅的范围	各寺住持、各佛学院法师、学生得暂习农工各业。如自愿发心工作者听。
	普通僧人特许免除外，其余均需在农工中自习一艺。
免除农工禅的条件	甲：愿依佛制乞食者，日中一食，乞食不乞钱；次第行乞，不过七家。乙：有确实施主者。丙：年在六十以上者。丁：自愿还俗者。
相关手续	凡僧人愿为农工禅者，须立愿书交存于常住，愿书式样由佛教会定制。
	所作之功及时间每日应有日记，式样由佛教会定制。
利益分配	农工所得利益除资本及做工者之伙食衣单外，如有盈余，应以其半数分之于做工者，余下半数由售品所出售，售品所由佛教会组织之。
其他	各寺农禅院工禅院成立后由佛教会组织养老院。

（资料来源：北平佛教会：《北平各寺组织农禅工禅缘起》，载《世界佛教居士林林刊》，总第 25 期，1930 年 6 月；《补编》第 10 卷，第 543 页）

为了培养农业人才、使农禅有效落实，北平佛教会还成立了农禅养成所。该所"设本科一班，暂定额三十名，简易科一班无定额。本科三年毕业，入学者以比丘、沙弥年在十五以上，二十以下，文理清顺者为合格"。其本科班学生所学课程每年都包括经学、律学、论学、文学、历史、农学、数学、三民主义、书画、行持等。其三年农学具体课程分别如下：第一年，农具学、作物学、土壤学、肥料学、气象学、繁殖学；第二年，园艺学、作物病虫害学、作物学、农业经济学、农业制造学；第三年，农业制造实习、园艺实习、农场实习。①

可以看出，该养成所课程设置全面，包括佛学、人文社科和自然科学，自然科学以数学和农学为主，农学中有基础理论课九门，三门实习课，完全能培养高素质的农学人才。

民国时期近代工业发展，一些佛教寺院重视工禅，兴办了一批近代化的工厂，如四川荣昌县僧伽工厂、广州佛学会慈慧机织工厂、南京普利寺织袜厂等。僧人在这些工厂中劳动，一方面解决了生计问题，另一方面也为寺院增加了经济收入。当人手不够时，这些工厂有时还雇用一些世俗工人，解决了一些社会人员的就业问题。

关于野犬的收养。此事的起因是一些地方"鉴于野犬充斥街道，加以捕捉，但豢养无所，如无人认领即加以处死；思犬类忠于职守，具有美德、机

---

① 《佛宝旬刊》杂志社：《柏林寺成立北平农禅养成所简章》，载《佛宝旬刊》，总第 55 期，1928 年 11 月；《补编》第 33 卷，第 83 页。

警灵敏"。① 中国佛教会决定,仿照各地收养牲畜鱼鳖办法,号召"各地丛林长老,善男信女,开设专所,尽量收养,以谋彻底解决。特检奉收养野犬办法三百份,将该项办法转函全国各寺,划地收养。中国佛教会给各省市县致函,要求酌情让各寺院收养,看守门户"。② 具体办法是由各地丛林寺院,分设野犬收养所,各地慈善护生机关,应向各地寺院丛林接洽,义务留养。各收养所"请将认养证依式填明认养类别及数量,交存征求之团体或慈善团体。各慈善机关,征集各寺院、丛林认养证时,须汇列总数,分别开单函寄中国动物保护会存查"。③

关于植树造林。各地方为贯彻国民政府加强植树造林的要求,要求各地佛教团体大力开展植树造林活动。江苏省农矿厅林务局对于林务大力提倡,推广宣传,不遗余力,并采取种种方法保护民有林。镇江鹤林寺的僧众认为"现在林务局保护周至,且明定寺有林条例,对于确定产权、供给苗木、指导技术、防护林产,均为空前未有破天荒之良好机会"。④ 湖南民政厅奉省政府发交整理寺产委员陈严华呈报,"各处寺庙荒地甚多,特令湖南省佛教会转饬各寺僧,将各寺庙所管所有童山荒地,一律种植桐树,以免荒芜。并检发植桐说明及办法,由佛教会转发遵照云"。⑤ 衡阳县府令"全县民众造林,对于南岳一带,即利用受训僧众,共植七万余株。名之为和尚林云"。⑥

民国佛教界在推广植树的过程中,还引进了在中国已失传的树种。佛教密宗的宗教仪式三摩地法在举行时注重以香花供养,但在中国多数地区,冬季鲜花难寻,可用檫树叶代供,但是我国自密乘失传后,此树亦绝迹,只在日本保留着这一从中国传来的树种。1925 年秋在日本东京召开东亚佛教大会,我国太虚法师和胡子芬居士等同往出席,胡居士向日本相关人士请求将此树种再回传至中国,以为中国密教复兴之兆。过了五年,日僧

---

① 中国佛教会:《转劝各寺庙酌为收养野犬以重物命——函各省市佛教会》,载《中国佛教会月刊》,总第 61~63 期合刊,1934 年 7 月;《补编》第 29 卷,第 359 页。
② 中国佛教会:《转劝各寺庙酌为收养野犬以重物命——函各省市佛教会》,载《中国佛教会月刊》,总第 61~63 期合刊,1934 年 7 月;《补编》第 29 卷,第 359 页。
③ 中国佛教会:《附收养野犬办法野犬认养证》,载《中国佛教会月刊》,1934 年第 61~63 期合刊,1934 年 7 月;《补编》第 29 卷,第 361 页。
④ 《法海波澜》杂志社:《镇江鹤林寺僧玉澄联络各寺集议造林并请农厅指导保护》,载《法海波澜》,1929 年第 3 期;《补编》第 40 卷,第 273 页。
⑤ 《湖南佛教通讯》杂志社:《民政厅令饬寺庙植桐》,载《海潮音》,第 11 卷第 11~12 期合刊,1930 年 12 月;《集成》第 176 卷,第 432 页。
⑥ 《威音》杂志社:《衡阳僧众造林》,载《威音》,总第 77 期,1937 年 5 月;《集成》第 44 卷,第 527 页。

水野梅晓亲自将此树种送到北平,适值胡居士主办的华北居士林林址确定,故分植一株于居士林中,作为永久纪念。华北居士林认为这是一件大事,"于是日召集林友开会庆祝"。①

由于民国佛教界植树造林成绩巨大,中国森林火灾保护委员会主席凌道扬在国际会议上将僧道和风水先生的造林成绩作为中国林业发展的希望向世界作介绍。在加拿大召开的太平洋科学会议上,凌道扬在大会闭幕式上致辞答谢,向世界宣称:"我国森林恢复,财源之展开,可取之僧道及风鉴家之手。盖守庙林之经营,及陪护风水,实足使一切荒山变成森林,如能集合僧道及风鉴家,努力进行,庶有振兴之希望。"②

第二节　专门性佛教慈善公益团体

一、儿童慈善教育团体

民国佛教界兴办的儿童慈善教育团体主要有以下这样几类:

其一,孤儿院。佛教孤儿院专门招收生活无依的孤儿,兼有救济、佛化教育、灌输文化知识、培养劳动技能等多方面的功能,当时有代表性的佛教孤儿院有北京龙泉孤儿院、泉州开元慈儿院等。

其二,普通小学。普通小学按照教育部的课程标准设置课程内容,与社会力量兴办的普通小学无异,其中有代表性的有鄞县觉民小学、世界佛教居士林仁惠小学等。

其三,佛化小学。佛化小学除学习教育部规定的主要课程内容外,还学习佛学课程,其中有代表性的有漳州南山学校、观宗义务学校等。

其四,职业类学校。职业类学校实行半工半读,主要目的是培养学生赖以谋生的一技之长,如北平广济寺平民工读学校、佛化新青年会北京高级职工学校等。

其五,文化补习类学校。文化补习类学校主要针对成人,利用周末或晚上等业余时间进行文化知识的补习,如世界佛教居士林义务通俗夜校、武昌佛学院附设平民小学等。

以上五类学校的具体情况在第五章中有详细的介绍。除这五类学校

---

① 释常惺:《华北居士林植榿树记》,载《佛教评论》,第1卷第3号,1931年7月;《集成》第46卷,第418页。

② 《中央日报》社:《僧道与中国森林恢复》,载《海潮音》,第14卷第9号,1933年9月;《集成》第185卷,第15页。

外,民国佛教界的儿童慈善教育团体还有养正学校和教养院,这两类团体偏重于对儿童进行道德品质的培养。

养正学校。养正,即涵养正道,一般指人在幼年时期培养其良好的品德。太虚法师对"养正"二字有专门的解释:"所谓养正者,是求养其正性,与这人人本具个个不无的性海相应一致。倘是真能把这正性静养而不失,都能与正性融合无间,则从性海而起的心海的活动也随之而正。养正性而成为正心,发为正业,由正业而成为创造全宇宙的正气。"①关于民国佛教界兴办的养正学校的情况,以下举两例说明。

湖南湘乡佛教会举办养正初级小学校一所,其经费由乡村各寺庵摊派,不足则由该会补助。从开设以来成绩卓有可观,县督学成赞育君视察该校后在向教育局的报告咨文中这样称赞:"养正初小系僧界所立,其校址、风景、空气俱较城市各初小为上,学生无和尚徒弟,校本亦无佛经,校长释得一、训育主任释清泉,均常住该校,甚为认真。设备整齐,教授编制,亦甚完善。应请特别嘉奖,以资激励。"②

20 世纪 20 年代,福建晋江安海镇诸小学毕业生日益增多,为满足他们继续升学的需要,老同盟会会员旅日华侨陈清机、吴警予会同李永洞、蔡世贵、蔡德远等居士以及安海"五谷途公会"诸乡贤发起创办养正中学。初期经费由安海"五谷途公会"和泉安汽车公司负责。③

教养院。从笔者目前掌握的材料看,民国时期的"教养院"有两种含义,一是政府为收容伤残军人设置的集管理、教育、供养和安置于一体的团体,这些教养院统称为荣军教养院。据有学者研究,到 1945 年全国的荣军教养院有 36 个,伤残军人在教养院内接受政治教育和职业培训。④ 新民主主义革命时期苏维埃政权设置了残废军人教养院,如湘鄂赣残废战士教养院。⑤ 第二种含义是儿童教养团体。1938 年 2 月,国民政府行政院调整赈济团体,正式成立中央赈济委员会,统辖掌管全国救济行政,其下特设儿童一科专司难童教养。例如,抗战期间由该会与广东省政府合力创办了广

---

① 释太虚:《太虚大师在安海养正中学校之讲演》,载《海潮音》,第 12 卷第 10 号,1931 年 10 月;《集成》第 179 卷,第 170 页。

② 《湘乡教育周刊》社:《湘乡佛教会私立养正学校之近况》,载《海潮音》,第 10 年第 10 期,1929 年 11 月;《集成》第 173 卷,第 517 页。

③ 释太虚:《太虚大师在安海养正中学校之讲演》,载《海潮音》,第 12 卷第 10 号,1931 年 10 月;《集成》第 179 卷,第 169 页。

④ 姜迎春:《由救恤到保障:抗战时期国民政府伤残军人的服务型抚恤探析——以国统区荣军教养院为中心》,载《民国档案》,2011 年第 1 期。

⑤ 中共江西省委党史资料征集委员会:《回忆湘鄂赣残废战士教养院》,载《江西党史通讯》,1981~1984 年合订本,第 825~828 页。

东儿童教养院,该院对难童进行生产技能教育、文化教育和军事教育。①民国时期佛教界也兴办有儿童教养院,请看下列表格。

表 37:民国佛教界的儿童教养院

类别	教养院名称	具体信息	资料来源
招收对象	积因幼幼教养院	收八岁至十二岁资质纯良、肢体完好之丐儿为限,满十六岁只教不养,但有优秀学童得视本院经济状况补助升学或培进其他业务。	《补编》第74卷,第440页。
	上海净业教养院	大部分为流浪儿童,可分为五种:一是学童,占百分之十;二是学徒,不堪苛刻而逃出者,占百分之四十九;三为幼失怙恃、无人抚养者,占百分之二十一;四为受尊长虐待而离家出走者,占百分之八;五为父母嗜好不良而任其流浪者,占百分之十二。	《集成》第98卷,第280页。
	通德农业慈儿教养院	招收十岁至十五岁赤贫乞丐子弟二百人	《补编》第74卷,第50页。
教养内容	积因幼幼教养院	二读六工制;教养方针注重智德体工四育。	《补编》第74卷,第440页。
	上海净业教养院	生活、工作、读书并重。七个工厂,即竹工、结网、成衣、西服、养兔、皮鞋等。院生每日上午授课三小时,下午分在各厂工作四个半小时。	《集成》第98卷,第280页。
	通德农业慈儿教养院	半日读书,授以小学程度之课程,半日学农,开辟农场。极端注重德育培养,每天上德育一课;夜间集中念佛一小时。	《补编》第74卷,第50页。

从上表看出,民国佛教教养院的招收对象主要是年少的乞丐和流浪儿童。教育内容除文化知识和生产技能外,教养院特别注重对他们进行品德培养。

二、成人慈善救助团体

(一)养老院

民国时期的佛教养老院一般男女分设,例如泉州佛教会主办的妇人养老院原设在大开元寺内,后因避日本飞机轰炸,转移到金粟寺中。后来,该院董事会制定五年计划,筹建男养老院,"准备募集资金三百万,收容老人

---

① 许雪莲:《抗战时期广东儿童教养院难童保育工作述评》,载《广东党史》,2005 年第 3 期。

五十人。菲律宾信愿寺慈悲法会首先响应,愿捐款一百五十万元"。① 又如浙江绍兴鹫峰寺养老院开办之初仅招收六十岁以下无依无靠、不能工作之老男,免费为他们提供衣食,"遇有疾病死亡时并为之医治营葬"。②

(二)恤嫠会等节妇救济机构

恤嫠会是旧时一种救济贫苦寡妇的慈善团体。嫠,寡妇之义。清张焘《津门杂记》云:"恤嫠会,专养寒苦孀居,月给口粮。"③在孟子时代,鳏寡孤独就被认为是王者应特别关心的人,救助他们是实行仁政的典型体现。到了汉代,朝廷向鳏寡孤独赐予谷物的事例在《汉书》《后汉书》中多有记载。据夫马进先生研究,把寡作为特殊问题单列出来并进行单独救济是到了清代才出现的事;对寡妇的特别关怀与救济,绝非始于从鳏寡孤独中取出寡妇一项,而是在彰显节妇、礼赞节妇的社会潮流中,抽取节妇这一独特的关怀与接济对象。④

清代乾隆年间在苏州成立了中国最早的恤嫠会。到了民国时期,作为慈善团体的恤嫠会在民间继续存在,佛教界人士也开办有此类团体。成都宝慈佛学社兴办的恤嫠团开办后不断发展,到1937年节妇人数已增加到350多人,"每人每月发钱四千余文,共该发钱一千三百余千文,每月初八日集众妇念佛讲演后,即发给钱财"。⑤ 当时有的综合性佛教慈善团体也救济孀居老妇。例如福田积善会创立于1939年,该会的公益部下设救济、供养、孀老三组。该会规定:"经本人申请,会员介绍,老弱无依贫苦守节的孀妇均可获得本会救济。经调查属实后,发给救济折一本,逐月凭折向本会领取救济金一次。现在救济人数三十人,每月领八百元。"⑥

有的佛教慈善团体对节妇不限于救济,还设立了保节工厂,专门收留节妇并培养她们掌握赖以谋生的技能。例如湖南民众佛化协会就设立了保节工厂,该工厂由私人集资组成,办理多年,成绩卓著,节妇毕业之后均能自谋生计,且能转授其他女众谋生技能。从该厂毕业的节妇总数有150

---

① 释慧堂:《泉州开光儿童教养院及男女二养老院近况》,载《佛教公论》,复刊第4期,1946年7月;《集成》第146卷,第229页。
② 鹫峰寺养老院:《鹫峰寺养老院简章》,载《佛宝旬刊》,总第62期,1929年1月;《补编》第33卷,第111页。
③ (清)张焘:《近代中国史料丛刊·津门杂记》卷中,台北:文海出版社,1966年,第129页。
④ [日]夫马进:《中国善会善堂史研究》,伍跃、杨文信、张学锋译,北京:商务印书馆,2005年,第320页。
⑤ 《四川佛教月刊》社:《宝慈恤嫠团近况》,载《四川佛教月刊》,第7年第1期,1937年1月;《集成》第59卷,第318页。
⑥ 姚玉笙等:《创立福田集善会及举办佛教慈善施粥处经过》,载《弘化月刊》,总第47期,1945年5月;《补编》第69卷,第417页。

多人,很多人都发挥了很好的传帮带作用。其中有人"在省城、衡阳等处组织合作社,有在孤儿院、女子实业社充当教员,有在乡间工作,均能自谋生计"。①

民国时期救济节妇最典型的慈善团体是兴化刘庄女子净土院。其创办者是高鹤年居士。高鹤年居士幼年信佛,将自家祖产改为净土院,专门收容贞女节妇。并"呈县出示,凡高氏子孙及各界人士皆不得干预。院地十多亩,四周挖通壕沟,作为放生河,内建佛殿、厢房、楼堂等屋,不下百间"。② 此院规模较大、设施较为完备,并建立了完善的管理制度,请看下列表格。

表39:兴化刘庄女子净土院的管理制度

人员类别	选任要求	管理职责
院长	在老参中推举,必须年高有德、戒律精严、心地光明、行解相应者为合格,本院如无,他方另请。	化导之主,领袖大众,善能调伏众心,有赏功罚过之权。
正监院	在老参中选取,必须道高德重、事理明白、正直无私、善能调众为合格,本院如无,他方另请。	一院之主,大众依靠,调伏众心。亦有赏善罚恶之权;管理院中财务。
副监院		管理赈济等相关事宜。
巡查		时时巡行,刻刻查察,设有要事,随时通报院长监院。
护法	以圣贤己立立人之心,行菩萨自利利他之道。	摧邪扶正、护持真修、监察住众,勿犯规章,担荷外交,依法保护。
监督绅士	由诸方推举道高德重、正直无私者任之。	
院董		月来一次,监察住众,勿犯规章。

(资料来源:兴化刘庄女子净土院:《执事规条》,载《海潮音》,第10年第10期,1929年11月;《集成》第173卷,第509页)

(三)残废留养所

民国佛教界创办有一些收留残疾人的慈善团体。如王一亭居士发起创办的上海残疾院对于"手足不完具者,派人照护;其有目能视,手能做者,随彼身份,作诸工业,以稍贴补其服用"。③ 由佛教居士创办的积因残废留

---

① 湖南民众佛化协会:《湖南民众佛化协会维持保节工厂之两呈》,载《佛化新闻周刊》,总第5期,1927年4月;《集成》第129卷,第198页。
② 兴化刘庄女子净土院:《兴化刘庄女子净土院规章》,载《海潮音》,第10年第10期,1929年11月;《集成》第173卷,第504页。
③ 释印光:《上海残疾院劝捐疏》,载《净业月刊》,第12期,1927年4月;《集成》第125卷,第454页。

养所"以收贫苦重残废人而无依靠者为目的",并按照佛门的要求对凡在本所服务及留养之残废人进行管理,"一律茹素,禁荤入门;概不得吸烟、饮酒、赌博"。① 此外,在民国时期四大佛教名山之一的九华山也开办有佛教残废养老院。

三、放生护生团体

晚清民国时期,佛教逐渐走向复兴。戒杀护生作为佛教传统的慈善公益内容,在这一时期继续存在,并有了新的发展。这一时期国内的戒杀护生团体很多,其中著名的有中国动物保护会、江浙放生会和中国放生基金会等,以下以前二者为例说明民国佛教界戒杀护生团体的概况。

(一)中国保护动物会

1933年,上海佛教界知名居士叶恭绰、王一亭、关炯之、黄涵之、施省之、朱石僧、李经纬、沈彬翰、吕碧城等23人开始筹备成立中国保护动物会。在该年5月,筹备委员会发表《中国保护动物会宣言》,指出当时国家多难,农村破产,都市萧条,经济垂竭,弥补为难,国计民生,不堪设想。成立该会"倘能保护动物,各戢贪饕,不特有益卫生,实于国家、社会、经济三方获益"。② 1934年2月25日,中国保护动物会举行成立大会,通过了会章,选出了理事及各组负责人。根据简章规定,该会以仿照各国保护动物会之办法,阻止虐待或残杀各种动物为宗旨,不涉及各教教义。

该会成立之后,为了保护动物采取了如下举措:其一,举行动物节宣传大会,并发行《世界动物节暨征求会员宣传大会特刊》,撰文宣传保护动物。其二,设立分会、扩大影响。其时,还在陕西西安成立了中国保护动物分会,北京、长沙、苏州、如皋、东台等地则先后成立了分会的筹备处。其三,号召禁屠、戒杀放生。1934年,该会向法租界公董局呈文,并获准于1934年10月4日动物节通告全市民众禁止屠宰各种动物一天。③ 为了广泛宣传该会的宗旨,又发行《护生专刊》。同时设立放生部,负责放生事宜。由于基金充沛,中国保护动物会的放生事业愈办愈兴旺。1937年秋,该会曾在吴淞杨行镇保安寺辟有放生园一座,占地20多亩,作为该会放生的专门场所。其四,筹设了动物治疗所和动物掩埋队等。

---

① 积因残废留养所:《积因残废留养所简章》,载《积因放生会年刊》,1943年第2期,《补编》第74卷,第440页。

② 中国保护动物会:《中国保护动物会宣言》,载《四川佛教月刊》,第3年第12期,1933年12月;《集成》第58卷,第153页。

③ 《上海动物保护会关于动物节、动物宰杀问题给上海法租界公董局的信件》,上海档案馆馆藏档案,卷宗号:U38—1—2359。

(二)江浙放生会

1927年11月,杭州市政府鉴于西湖物产丰富,且财政困难,准备开发利用西湖。市政府以西湖蓄鱼有碍水质清洁为由,不承认西湖在1922年重新确立的放生池地位,对西湖鱼类进行标卖。① 这一消息公布后,杭州提倡放生的佛教信仰群体便迅速作出反应,他们立即联络江浙各地重要的士绅和僧侣,成立江浙放生会,寻求对策。

江浙放生会成员的社会身份和地位普遍较高。该会成立初期,其主要成员包括印光法师、谛闲法师以及他们的士绅弟子们。后来,江浙放生会的重要成员除原先的王一亭、关絅之和黄涵之等人外,又增加了熊希龄、朱庆澜、屈映光、闻兰亭、李晋、孙发绪、许世英等政商两届的社会名流。他们的加入使该会的影响力大大增强,成为江浙沪一带最有影响的放生社团之一。这些社会名流常年组织或参与各项慈善救济,1928年以后他们中的许多人开始进入南京国民政府的赈务系统,逐渐受到蒋介石等要员的重视。在获得了蒋介石支持的情况下,王一亭、黄涵之等江浙放生会成员能在民间信仰问题上向地方政府施加影响,②因而此时的杭州市政府也不得不顾及江浙放生会成员的声音。江浙放生会与杭州市政府在西湖作为放生池的地位问题上进行了长达数年的博弈,此过程请看下表。

表40:江浙放生会与杭州市政府的博弈过程

时间	事情进展
1922年夏秋两季	浙江遭受严重水灾,杭州举办"浙江护国佑民消灾减难祈祷大会",杭州佛学会负责人向杭州市当局呈请"将西湖永作放生池",此请得到当局的允许,西湖便被官方认定为放生池。
1925年	"五卅"运动爆发后,杭州有团体提议标卖湖中之鱼,以所得款项资助运动。谛闲法师直接上书浙江省省长和督办,强烈反对此提议。③
1926年	有人提议将西湖鱼类移入内湖,而将外湖开放捕鱼。一批居士和士绅上书当局,力求维持禁捕命令。在他们的维护之下,西湖放生池地位安然无恙。
1927年11月	杭州市政府鉴于西湖物产丰富,且财政困难,准备开发利用西湖。市政府以西湖蓄鱼有碍水质清洁为由,在1927年11月决定废除西湖放生池地位,对西湖鱼类进行标卖。

---

① 杭州市政府:《呈省政府为江浙放生会承买西湖鱼类愿守条款呈请备查由》,载《申报》,1927年11月23日,第7版;第240册,第501页。

② 陈明华:《士绅们的西湖放生梦——1927—1933年关于西湖放生池的争端》,载《开放时代》,2010年第4期。

③ 释宝静:《谛闲大师语录》,台南:台湾和裕出版社,1996年,第269页。

续表

时间	事情进展
1927年12月	江浙放生会成立后,公推孙嘉荣居士为代表,向省政府承买西湖鱼类,设法迁移。
1927年12月	孙嘉荣居士向杭州市政府提出呈请:"呈为遵示承买湖鱼,恳请批准放生事。敝会仰祈政府为民卫生德意,请以备价八千元,呈请承买全湖鱼类。既为清洁湖水而驱鱼,当谋永久不复浊计。应请钧府颁发命令,事后人不得再在西湖内放生,并禁止网钓。庶于人民卫生之中,仍寓鱼类救护之意,实为公德两便。"①
1927年12月	杭州市政府发文曰:"江浙放生会代表孙嘉荣,承遵示承买湖鱼,恳请批准放生由。书悉。查本政府标卖西湖鱼类,原为清洁湖水起见,受买者受买后,或供食料,或纵江河。现查投标期内,既无人投标,应准该会以八千元承买,先交三千,限期明年六月三十日前,迁移完竣。逾期本政府当另行处置。"②
1927年底至1928年5月	江浙放生会将承买西湖鱼类的八千元款项全部付给杭州市政府。
1928年6月	因考虑到迁鱼困难,江浙放生会决定暂将湖鱼留养在湖中,努力"向政府要求保留内湖仍作放生池,永禁捕捉"。③如果政府不同意,便在迁鱼问题上采取拖延战术。④
1928年7月	王一亭代表江浙放生会正式向杭州市政府提议,将西湖的一部分即北里湖作为放生场所。市政府参事会讨论决定,北里湖只能作为暂时蓄养鱼类之所,但不能作为永久放生池。⑤
1931年11至12月	杭州市长赵志游将湖鱼招标出售,所得款项充作开办乞丐收容所的经费。12月,西湖鱼类的标卖在市政府大礼堂举行。
1931年12月	市政府的卖鱼行为,遭到江浙放生会的反对,市政府让步,提出由江浙放生会"赔还鱼商损失洋一千五百元",全湖鱼类不再标卖,"移往里湖留养"。
1932年12月	闻兰亭等人请求蒋介石向浙江省政府施压,将西湖作为放生池。蒋答应,并通电浙江省主席鲁涤平,要求对西湖鱼类进行保护,不得擅自标卖。江浙放生会的成员倍感振奋,立即在报刊上发表西湖全湖将成为放生池的消息。

---

① 《大云》杂志社:《江浙放生会向省政府承买西湖鱼募集巨款》,载《大云》,总第83期,1928年3月;《补编》第18卷,第521页。
② 《大云》杂志社:《江浙放生会向省政府承买西湖鱼募集巨款》,载《大云》,总第83期,1928年3月;《补编》第18卷,第522页。
③ 释性海:《复谛老法师书》,载《净业月刊》,总第21期,1928年1月;《集成》第126卷,第321页。
④ 释性海:《复谛老法师书》,载《净业月刊》,总第21期,1928年1月;《集成》第126卷,第321页。
⑤ 杭州市政府:《市参事会第七次常会会议录(1928年7月26日)》,载《市政月刊》,1928年第10号。

续表

时间	事情进展
1933年1月	蒋介石路过杭州,杭州市长赵志游前来拜谒,陈述西湖不能全部作为放生池的理由。蒋表态,西湖不能全部作为放生池。
1933年春	江浙放生会积极奔走,试图以经济手段逼迫市政府就范。王一亭代表江浙放生会与市长交涉,答应对杭州市政府所办"残疾院经费先为担任临时费洋一千七百五十元,嗣后经常之需亦允随时接济",①希望以此换得市政府的让步。
1933年秋	在蒋介石的协调下,杭州市政府同意划出西湖的一部分北里湖作为放生池。杭州市政府随后布告民众"北里湖范围内无论何人不得捕捉鱼类,倘敢故违定即依法罚办不贷,各遵照此",②正式承认了北里湖的放生池地位。

从以上分析看出,为了保护西湖鱼类和维持西湖作为放生池的地位,江浙放生会与杭州市政府进行了长达六年的博弈,最终的结果是双方各让一步,西湖的一部分即北里湖被确立为放生池。有学者认为,西湖能够部分恢复为放生池,其背后的原因是国家重新借用戒杀放生这一传统文化资源,将它作为动员民间慈善力量的资源。③

值得一提的是,在此博弈的过程中,江浙放生会在资金来源上受到社会各界的广泛支持。印光法师为江浙放生会救赎西湖之鱼专门写了疏文,号召社会各界捐款。该疏文首先介绍了事情的由来:"杭州西湖,自宋真宗时即为放生池,自后纵有废弛,不久即复。今政府以为湖鱼过多,致湖水浑浊,有碍卫生,拟标卖之。令彼渔人一网打尽,盖以益民生,杭州上海各慈善大居士,不忍以历来放生之鱼,令复作食料,派孙厚在居士来杭,恳求政府卖而迁之他处。则于卫生放生两则适宜。"④其次说明了这次迁鱼行动需耗费大量的金钱:"政府准以八千元承买,作三期交。即日交三千,明年阳历二月二十九与四月十日各交二千五百。以六月三十日为期限。承买正价八千,而数十顷湖面,欲令迁尽,殊非易事。须雇许多渔船,日事打捞,又须人力挑运,而其经理监督者,每船当须几位。彼船资、挑资及日间食

---

① 《许世英、闻兰亭、朱子桥等致鲁(涤平)主席函》,上海档案馆馆藏档案,档案编号Q114-1-49。
② 杭州市政府:《杭州市政府布告社字第五十一号》,载《市政季刊》,1933年第4期。
③ 陈明华:《士绅们的西湖放生梦——1927—1933年关于西湖放生池的争端》,载《开放时代》,2010年第4期。
④ 释印光:《赎迁西湖放生鱼募缘疏》,载《净业月刊》,总第21期,1928年1月;《集成》第126卷,第331页。

用,所费亦需数千。"①最后呼吁各界发慈悲心大力捐助:"恳祈十方善信随力随心各出净资,俾彼待烹之辈,复得其所,诸大居士,所愿圆成。其有宿具善根之人,见此义举,当悉爱惜物命,不忍杀伤,由此因缘,庶可消灭杀机,增长仁风。其为功德,何能名焉?"②江西彭泽许止净居士为了表明自己的诚意,让更多的人为西湖迁鱼捐款,刺自己身体之血,以血为墨,撰写《西湖放生募缘启》一篇,③在社会上引起了很大的反响。除利用个人关系网外,江浙放生会也借助佛教组织,向周边的信众募捐。江浙放生会向江浙等地诸山丛林、诸大居士发出通函,请求募捐。④ 杭州佛学会得此消息后便致函绍兴佛学会,绍兴佛学会则再通告绍兴地区的佛教团体,将募捐消息传播出去。⑤ 募捐的信息就此沿着佛教组织传递开去,为各地信众所知。

除了保护西湖鱼类和西湖作为放生池的地位,江浙放生会还从事其他放生事宜。江浙放生会住杭办事处主任刘利达认为,"杭州市政府令各清道夫于每晨在街市捕捉各犬类,囚以铁笼,运往木场附近地方,用锶水注射惨死,未免有伤天和",特致函中国保护动物会,请该组织"再函请浙江省政府转令杭州市政府,迅即遵令停止,以全物命"。⑥ 为了妥善解决这一问题,江浙放生会"向公安局商妥,概交本会收养。在离城十余里之祥福桥报福寺地方,筑建围墙草舍,以为养犬之所,搬运筑墙及将来之饲养费,全仗诸上善人乐为补助"。⑦

结合以上所述和相关史料我们可看出,民国时期的放生与传统的放生相比,有以下几个特色:

其一,成立专门的基金会。这些基金会中最有名的是中国放生基金

---

① 释印光:《赎迁西湖放生鱼募缘疏》,载《净业月刊》,总第 21 期,1928 年 1 月;《集成》第 126 卷,第 332 页。
② 释印光:《赎迁西湖放生鱼募缘疏》,载《净业月刊》,总第 21 期,1928 年 1 月;《集成》第 126 卷,第 333 页。
③ 许止净:《西湖放生募缘启》,载《净业月刊》,总第 21 期,1928 年 1 月;《集成》第 126 卷,第 333~335 页。
④ 江浙佛教联合会:《通函诸山丛林、诸大居士》,载《净业月刊》,总第 21 期,1928 年 1 月;《集成》第 126 卷,第 353 页。
⑤ 《大云》杂志社:《江浙放生会向承买西湖鱼募集巨款》,载《大云》,总第 83 期,1928 年 3 月;《补编》第 18 卷,第 522 页。
⑥ 江浙放生会:《江浙放生会再函中国保护动物会呼吁请保护犬类以维仁风》,载《护生报》,1933 年 6 月 12 日,第 5 版;《报纸》第 11 卷,第 93 页。
⑦ 江浙放生会:《江浙放生会致大云佛学社莲航季和书》,载《大云》,总第 84 期,1928 年 4 月;《集成》第 139 卷,第 54 页。

会。该会以所募捐款,投资收益,以获利去购买放生。该会采取多种措施鼓励会员捐款,在这些措施中有两个值得我们注意,一是"会员可提取自己所出资金的利息去购买生物放生,可做到月月有放生,年年有功德";二是鼓励设立分会,"在三个月内介绍捐款二百五十元者,即聘为该分会会长,总会随时有款拨来,请该分会会长专门办理慈善"。①

其二,有的放生团体兼办赈灾事宜。如中国放生会鉴于安徽当涂灾情严重,特委派该会会员郭介梅到当涂放赈,并委任其为当涂义赈查放局局长,并配有印记。②

其三,有的放生组织内设机构较为完善。如积因放生总会内部组织的设置包括:"设董事长一人,副董事长六人,监察本会一切事宜。本会办事分总务、审查、买放、征求、推行、文书、交际、会计、宣化等九股。"③有的放生团体为扩大规模,采取滚雪球的方式发展会员。如戒杀放生会"由发起人先集同志十人,每人担任召集九人(不限国籍男女老幼),各为一组,共一百人,合成十组,均为会员。以召集满额为成立期间,以后推广之前人依照此办法办理"。④

四、其他专门性慈善公益机构

(一)感化院

1922年,北京香山感化院成立,同年民国北京政府司法部颁布了《感化学校暂行章程》,筹设感化教育团体,并与香山感化院协商,联合成立北京感化学校,令各省新监幼年犯一概移送该校施行感化,德智兼施,教以普通小学课程与工业训练。关于民国时期佛教界设立的有代表性的感化院见下列表格。

---

① 生生:《中国放生基金会之十问十答》,载《护生报》,总第78期,1935年7月;《集成》第79卷,第235页。
② 中国放生基金会:《中国放生基金会委派至当涂县放赈》,载《护生报》,总第81期,1935年9月;《集成》第79卷,第264页。
③ 积因放生总会:《积因放生总会简则》,载《积因放生会年刊》,1943年第2期,《补编》第74卷,第439页。
④ 戒杀放生会:《戒杀放生会简章》,载《佛音》,总第8~9期合刊,1924年11月;《集成》第145卷,第364页。

表38：民国佛教界有代表性的感化院

类别	感化院名称	具体信息	资料来源
招收对象	上海特别市僧办感化院	收容无业贫民	《集成》第127卷,第151页。
	淮阴普应寺感化院	受感化的男女犯人共有九百多人	《集成》第86卷,第41页。
	湖北佛教会感化院	收容湖北全省乞丐罪犯,凡青年乞丐及各罪犯出狱后无力谋生者。	《集成》第162卷,第292页。
感化、教育内容	上海特别市僧办感化院	施以佛法感化,俾知为人之本分,并教授浅近文字、算术及工作技能,以资维持生计为宗旨。	《集成》第127卷,第151页。
	淮阴普应寺感化院	以教育为主,工艺为辅;院长请醒公上人每逢一三五讲两个钟头的佛法。	《集成》第86卷,第41页。
	湖北佛教会感化院	学习佛法、改过从善、振兴工艺、自谋生活;说法讲经,并赠送各种佛书。	《集成》第162卷,第292页。

从上表看出,民国佛教感化院主要收容罪犯、乞丐和无业贫民,教育内容以佛法感化为主,力图让犯人悔过自新,同时教给他们赖以谋生的技能。在以上佛教感化院中,湖北佛教会感化院最为典型,主要有这样几点体现：

其一,湖北省佛教会除在省城设立感化院外,在各县也设立感化院,省院和各县院之间有总院和分院的关系。这种关系主要体现在这样几个方面：首先,在经费上省院与县院有相互支持之关系,"各县院经费由各县董事会自行筹备,如确系无法筹款者,省院有代为募款职责。如县院之财政丰富者,对省院亦应负筹款之义务"。其次,县院所用章程不能违反省院章程的规定,"凡各县院均可适用省院章程,(如不适用),须以不抵触不侵越为要"。再次,"各县院所用佛书及文件信笺概归省院备办,以昭划一,必须由县院缴呈半价"。最后,各县院须定期向省院汇报活动情况,"各县院每月必将一月之办理情形并收容乞丐罪犯人名册报告省院一次,以便考查成绩"。①

其二,开办工厂。"每一工厂以一百人为限,必先办第一工厂,俟有成效,再办第二工厂,由此逐渐扩充。一经官厅送来本院,即行收容做工。俾各自食其力,以免再蹈前非。至于管理规则另订,由董事会议决请官厅规

---

① 湖北感化院：《湖北感化院章程》,载《海潮音》,第6年第6期,1925年5月；《集成》第162卷,第292页。

定之"。①

其三，设有专门的卫生管理机构。湖北感化院设卫生科，每逢星期日有卫生科科长向各工厂视察外，并会同监狱员到监狱视察一次，如有应改良之处，应报告院长呈请狱员改良之。②

其四，讲经。湖北感化院每逢星期日由院长派宣讲师一人或二人到监狱或工厂，教导念佛各种方法，该省各县感化院也采用此办法。

（二）施粥厂

与传统施粥团体相比，民国的施粥团体慈善范围更广，除施粥外，还兼办施借寒衣。如上海佛教施粥厂对施衣办法作了详细的规定："成人每套棉衣二十八元五角，童子棉衣裤每套二十二元。一身起购，由出资人自己施送。如外埠购者不便自送，当带托申报新闻馆代送。其收据挂号寄还。看样购买处，上海佛教施粥厂。"③该厂为了节约成本，还办理借穿寒衣的业务，"专借隐贫，凭保人出借，在五个月内归还。否则须保人赔偿成本半数，由施粥处办理。衣额暂定为一万套"。④

与传统施粥团体相比，民国有的施粥团体采用近代化的管理模式。例如上海施粥厂"实行董事制，在上海设五个收款处，广为募捐"。⑤

（三）书报阅览处

民国时期许多佛教慈善团体都提供免费的书报阅览业务。此外，一些居士还成立有专门的免费书报阅览团体，如汕头觉灵书社和上海白洋宣讲所暨书报观感处等，这些团体除提供免费的书报阅览外，还兼办其他慈善公益业务。下表列出了上海白洋宣讲所暨书报观感处的相关慈善公益业务。

---

① 湖北感化院：《湖北感化院章程》，载《海潮音》，第6年第6期，1925年5月；《集成》第162卷，第292页。

② 湖北感化院：《湖北感化院章程》，载《海潮音》，第6年第6期，1925年5月；《集成》第162卷，第293页。

③ 施省之等：《上海佛教施粥厂及寒衣施借处吁请捐助施粥施衣》，载《罗汉菜》，总第34期，1942年10月；《集成》第88卷，第242页。

④ 《罗汉菜》杂志社：《代上海佛教施粥厂寒衣施借处征求功德王启事》，载《罗汉菜》，总第33期，1942年9月；《集成》第88卷，第218页。

⑤ 《罗汉菜》杂志社：《介绍最近成立之上海佛教施粥厂》，载《罗汉菜》，总第31期，1942年6月；《集成》第88卷，第170页。

表41：上海白洋宣讲所暨书报观感处的慈善公益活动

慈善公益业务	详情
图书阅览	俾展观孔孟佛老，不拘谁人之书，语体文言，无论何人所撰，凡有关于劝善者，博采旁收，不遗余力。
报刊阅览	报则以慈善为主，时事附之，并于冲要处所，粘贴壁端，摘取先儒格言，悬诸标语，人之好善，谁不如我，量必有观感而兴起者。
请人演讲	每届星期，敦请地方老儒，登坛演讲，其所演讲者，不外乎阴骘果报，天理循环，福善祸淫，人心感召，撞晨钟与暮鼓，警聩发声，振木铎之金声，移风易俗，或亦挽救人心，消弭世变之一道欤？
其他业务	其他如本镇固有之消防也，施棺也，舍药也，惜字也，各有的款，不劳筹措，惟无相当地址，散处东西，今拟概行并入，以资统一。

（资料来源：孙月庭等：《筹设白洋宣讲所暨书报观感处募捐启》，载《宏善汇报》，1935年第5期；《补编》第52卷，第92页。）

（四）掩埋无主尸骨的慈善公益团体

掩埋无主尸骨的慈善团体，至少在明朝时就已出现。在崇祯年间，经僧人恒鉴提倡，刘宗周等人在绍兴组织了掩骼会，专门收集、掩埋无主遗骨。① 民国时期战乱灾害甚多，一些佛教慈善团体组织尸体掩埋团体，相关信息列表如下。

表42：民国佛教的尸骨掩埋团体

掩埋队名称	工作成绩
北京广济寺佛教掩埋会	1938年春，现明大师及宗月大师发起成立佛教掩埋会，由僧众往南口及北京四郊，亲埋尸骨七八千具，因物价人工空前昂贵，棺木既薄，入土又浅。请各佛教团体为死者结缘，为生者除疫困。②
上海佛教掩埋队	此队由上海法藏寺和佛教同仁会于1937年共同组织，以圆瑛法师为总队长，全队有队员八十多人，分为六个工作组。工作三个多月，掩埋了一万多具尸首。③
九江佛教收殓掩埋队	1935年夏长江大水为灾，各省葬身鱼腹者不可数计，九江莲社因该处江面日来浮尸甚多，特组织收殓掩埋队，从事收埋，并函请湖口、彭泽各佛教团体继起组织，共襄善举。④

---

① （明）陈正龙：《掩骼会序》，《几亭全书六十四卷》（三），清康熙云书阁刻本，第594页。
② 李定吉：《劝请掩埋暴露尸骨》，载《觉有情半月刊》，总第113～114期合刊，1944年5月；《补编》第62卷，第225页。
③ 范成、释慧开口述，栖禅记：《佛教掩埋队实写》，载《妙法轮月刊》，1945年第1～9期合刊；《补编》第75卷，第489页。
④ 《威音》杂志社：《九江莲社组织收殓掩埋队》，载《威音》，总第66期，1935年8月；《集成》第42卷，第434页。

（五）临时性慈善公益团体

为了应对自然灾害，民国佛教团体经常组织临时性慈善组织，请看下列表格。

表 43：民国佛教的临时性慈善团体

临时慈善团体名称	缘由和具体业务	资料来源
四川佛教团体临时救济募捐委员会	为四川灾民劝募，以一月为限，所有办事职员，由佛教会职员义务兼任。	《集成》第40卷，第318页。
世界佛教居士林赈灾协会	本年雨雪为灾，几遍全国，爰特组织赈灾协会，分头劝募。	《集成》第35卷，第246页。
上海佛教华北旱灾义赈会	华北五省旱灾严重，该会印发简章，积极劝募，计划捐募中储券十五万元。	《集成》第97卷，第439页。
北京观音寺佛教筹赈会	因华北五省旱灾严重。该寺组建筹赈会，积极劝募，积极筹办全国佛教筹赈大会。	《集成》第148卷，第465页。
佛教徒救济日灾大会	为救济日本灾害，该大会举办法会道场、组织劝募团和多种形式的救灾展览。	《集成》第157卷，第169页。

本章小结

通过以上研究并结合相关史料，我们可看出民国时期的佛教慈善公益组织具有以下两方面的特征：

其一，种类丰富，数量繁多。从慈善公益事业内容上看，民国佛教慈善公益团体可分为综合性团体和专门性团体。综合性团体包括各级各类佛教会、居士林、正信会、净业社和寺院等，专门性团体包括慈善教育团体、养老团体、感化院、节妇救济团体、残废留养所、放生护生团体、施粥团体、战地救护队、难民救护团体、施医送药团体、惜字会、无息借贷团体、尸骨掩埋团体、临终关怀团体、书报阅览处、宣讲团等。综合性佛教慈善公益团体往往下设许多专门的慈善公益组织，如世界佛教居士林是当时著名的综合性慈善公益团体，它下设慈善学校、佛学图书馆、施医处、施材处、放生会、赈灾协会、惜字会、借本处、莲社和宣讲团等多个专门的慈善公益组织。从存在时间的角度看，可分为常设性慈善公益团体和临时性慈善公益团体。临时性慈善公益团体一般是专为赈济某地灾害而临时成立的赈济组织，赈济任务完成后，该组织也就随之解散。关于民国时期到底有多少佛教慈善公益团体，很难有一个确切的数字，但有一点可以肯定，即其数量是非常庞大的。在佛教界大力兴办慈善公益事业的大背景下,全国的绝大多数寺院都会根据自身的财力兴办慈善公益事业,这些寺院毫无疑问都是慈善公益团体。据陈金龙研究,1933年国民政府进行了一次县政调查,在不包括未申报资料的288个县所属寺庙的情况下,全国各县共有寺庙127054所,[①]这还不包括不属于县管的各大城市中的寺庙。再加上各级各类佛教会、居士林、净业社和数量众多的专门性的佛教慈善公益团体,我们可以认为,民国时期全国佛教慈善公益团体有数十万之多。

其二,传统与近代并存。从以上内容可看出,民国时期佛教慈善公益团体的类型可说是传统与近代并存。传统的佛教慈善公益团体如尸骨掩埋组织、施粥厂、放生护生团体、节妇救济团体和寺院等在民国时期继续存在。在民国时期新出现的佛教会、居士林等社团在慈善公益方面发挥着非常重要的作用。佛教慈善公益团体在类型上传统与近代并存,这与近代社会的总体特征是相吻合的。中国近代处于转型时期,在转型的过程中,传统因素与近代因素并存是正常的现象。

[①] 陈金龙:《南京国民政府时期的政教关系:以佛教为中心的考察》,北京:中国社会科学出版社,2011年,第44~45页。

第五章　民国佛教的慈善教育

民国佛教的慈善教育包括学校教育和社会教育两部分,兴办的慈善学校包括佛教孤儿院、普通小学、佛化小学、职业学校和文化补习学校等。社会教育主要体现在对监狱人犯进行佛教教诲。以下分别述之。

第一节　民国佛教孤儿院

民国时期战乱频仍、灾害频发,给百姓造成了巨大的灾难,社会上产生了大量的孤儿。在这种情况下,佛教寺院创办了一批孤儿院,收容孤儿并对他们进行慈善教育。这些孤儿院中有代表性的有:北京龙泉孤儿院、宁波佛教孤儿院、泉州开元慈儿院、湖南佛教慈儿院和湖南宝庆佛教慈儿院等。关于民国时期的佛教孤儿院,美国学者霍姆斯的《中国佛教的复兴》对北京龙泉孤儿院的概况有所涉及,①王荣国《圆瑛法师与泉州开元慈儿院》对圆瑛与泉州开元慈儿院的关系作了研究,②孙善根《民初宁波慈善事业的实态及其转型(1912—1937)》对宁波佛教孤儿院创办之初的一些情况作了简单的说明,③周秋光、张少利、许德雅等《湖南慈善史》对湖南佛教慈儿院的董事会、孤儿入院的条件及手续作了简介。④ 总体来说,学界关于此课题的研究成果较少。本部分主要利用《集成》《补编》中的史料,兼采学界已有的研究成果,对民国佛教孤儿院进行总体上的研究。

一、孤儿的招收

社会上流浪儿童众多,而孤儿院的容量有限,当时各个孤儿院对所招收的孤儿有条件的限定,并有一定的入院手续。

---

① [美]霍姆斯·维慈:《中国佛教的复兴》,王雷泉等译,上海:上海古籍出版社,2006年,第102~105页。
② 王荣国:《圆瑛法师与泉州开元慈儿院》,载《宗教学研究》,2005年第1期。
③ 孙善根:《民初宁波慈善事业的实态及其转型(1912—1937)》,博士学位论文,浙江大学历史系,2005年,第60页。
④ 周秋光、张少利、许德雅等:《湖南慈善史》,长沙:湖南人民出版社,2010年,第461~462页。

(一)招收孤儿的条件

龙泉孤儿院在招收孤儿的简章中对孤儿入院的条件作了如下限定："无父或无父母者；其亲属确无抚养能力者；在六岁以上十二岁以下者；无恶疾者。"①这个规定实际上包含了三方面内容，即家庭抚养条件、年龄和身体状况，其他孤儿院的相关规定也是大体围绕这三个条件。其一，家庭抚养条件。父母双亡或双亲中仅有母亲健在却无力抚养者符合入院条件。关于"其亲属确无抚养能力者"宝庆佛教慈儿院有非常明确的规定，罗列了好几种情况："若果然无父母或虽有母亲但确实贫苦，确实在外面讨米的，方能收入。如果其兄成人，也不能收。虽无父兄，但有继父，尚不致极贫者也不收；其继父如果是务农经商的，即使很贫困，也不能收。如果其继父是卖苦力的，这种孤儿可以收。若虽有父亲，但其父亲已经外出多年，家中全无可靠的，或是其父有癫狂症，这种孤儿也可以收。"②其二，年龄条件。各个孤儿院关于入院孤儿年龄的限定不甚相同：如上述龙泉孤儿院对入院孤儿的年龄限定在6至12岁之间，宁波佛教孤儿院、开元慈儿院和湖南佛教慈儿院对这一年龄分别限定在8至13岁之间、7至13岁之间、7至12岁之间。可以看得出来，当时民国佛教孤儿院一般对入院孤儿年龄规定的下限不小于6岁，上限不大于13岁，因为小于6岁的儿童太难抚养，大于13岁的儿童有时难以管教，都不适合入院。其三，身体条件。关于身体条件各院都规定不能有恶疾如传染病之类。

另外，有的孤儿院在经济条件好的时候还招收一些不是孤儿的孩子。如泉州开元慈儿院在太平洋战争爆发以前经费较充足，这时孤儿院还兼收附近的一些儿童入学，他们参加全日制学习，与普通小学的学生没有差别，而不像贫苦孤儿那样半工半读。还有少数富家子弟，因自幼体弱多病或调皮顽劣难以管教，家长通过关系自费入院教养，以求祛病消灾或在院中磨练成人。

(二)孤儿的入院手续

孤儿入院大体上有报名、调查、体检和写保证书等四道手续，完成这些手续后，孤儿即可入院。其一，报名：由其亲属或关系人到孤儿院报名。其二，调查：有的孤儿院在报名后要进行相关调查，看孤儿的情况究竟如何。如宝庆佛教慈儿院会"托本地相熟的人去调查一次，接后院中的调查员亲

---

① 龙泉孤儿院：《龙泉孤儿院章程》，载《觉社丛书》，总第5期，1919年10月；《补编》第1卷，第312页。

② 笠居众生：《创办宝庆佛教慈儿院的经过》，载《海潮音》，第2年第6期，1921年6月；《集成》第151卷，第17页。

自去调查一次,若果然无父母或虽有母亲但确实贫苦,确实在外面讨米的,方能收入"。① 其三,体检:看是否有恶疾和残疾等。其四,写保证书:从笔者目前掌握的材料看,湖南佛教慈儿院的保证书内容最为全面。为了说明的方便,现将该院的保证书格式录文于下:

  孤儿保证书
  立保证书　　今有孤儿　　系　　年　月　日　时生,现年　岁,　　省　　县　　人。曾祖　　祖父　　,因孤苦无依经保送请贵院教养,所有保证条件于下:
  一、　　来历分明,实系无父母亲属可靠。
  二、入院后至出院日止,该儿之抚养教育悉凭　　贵院主持,无论远近亲属不得干预。
  三、毕业后当在院尽义务 2 年。
  四、如有故意违犯半途辍业情事,保证人自应按月缴教养费洋 5 元。
  五、如有违法行为致院受意外损失者,除由保证人担任赔偿外,仍照前条之规定,按月缴教养费。
  六、如该孤儿逃亡于外,由院通知保证人,令其亲属自行寻觅,其教养费仍照第四条规定,由保证人负担。
  七、如遇疾病,由院斟酌诊治,设有不测,听之天命。
  以上所开各条悉应遵照,如有违背,保证人负责。
  孤儿
  保送人　　　　住　　　　　　盖章
  保证人　　　　住　　　　　　盖章
          民国　年　月　日具②

  从湖南佛教慈儿院保证书的格式条款看,民国时期佛教孤儿院保证书的内容大体包括以下四个部分:首先,孤儿的基本信息,包括姓名、年龄、籍贯、直系亲属的姓名等。其次,保送人和保证人确保孤儿的基本信息真实,确实是无依无靠,且其他一切远近亲属对该孤儿入院不会有异议。应该说明的是,有的孤儿院虽有保送人和保证人确保孤儿信息的真实性,但在孤

---

① 笠居众生:《创办宝庆佛教慈儿院的经过》,载《海潮音》,第 2 年第 6 期,1921 年 6 月;《集成》第 151 卷,第 18 页。
② 湖南佛教慈儿院:《湖南佛教慈儿院简章》,转引自周秋光、张少利、许德雅等:《湖南慈善史》,长沙:湖南人民出版社,2010 年,第 462 页。

儿送来之时孤儿院的工作人员还要对其穿衣打扮进行观察,最后确定到底是不是无依无靠。如宝庆佛教慈儿院曾采用过这样的判断标准:"若衣服烂的很,头发亦很深,通身的漫垢亦重,那么即收了,以其必是极苦的、无依的;若衣服尚洁净,头亦剃过了,亦看是本日忽然换过的吗?头是今昨两日剃过的吗?如果是,那么就收了,以其必是保人或亲属人代为更换送来的;若是平常穿的衣服尚好,不像讨米的样子,那就不收,以其必有所靠。"①再次,孤儿院的权利条款。即孤儿如中途出院其亲属或保证人要向孤儿院缴纳每月 5 元的抚养费。孤儿中途出院的情况包括:家人或亲属中途领出、孤儿从院中逃出、孤儿为达到出院的目的而在院中故意搞破坏。其中故意搞破坏的孤儿如果给孤儿院造成财物损失,其亲属或保证人还要负责赔偿。关于孤儿中途出院涉及的相关费用问题,该保证书还有一些情况没有罗列进去。如龙泉孤儿院规定"如此儿品行不端,不堪造就者,可由贵院随时退回该保,亦不取经费"。② 即孤儿院如果认为该孤儿品行恶劣而难以造就,有权让其亲属领出,这种情况下不需要向孤儿院缴纳抚养费;龙泉孤儿院还规定,如因有人领养致孤儿中途出院,领养人要捐给孤儿院一定的经费。湖南佛教慈儿院权利条款还有一个内容,即孤儿毕业后要在院内尽两年的义务,这一条款在其他孤儿院的保证书中均未出现。最后,孤儿院的义务条款,主要是规定孤儿院在孤儿生病时应"斟酌诊治"。

二、教育内容和原则

民国佛教孤儿院对孤儿除进行一般的文化知识教育外,还培养他们的劳动技能,并进行佛学教育,在教育方法上注重因材施教,让孤儿互教。以下分别述之。

(一)文化知识教育

一些孤儿院文化知识教育的内容与一般的小学基本相仿,基本上按照部颁修正小学课程标准。现将宁波佛教孤儿院文化课的设置科目和课时罗列如下。必修科有:公训 60,国语 400,社会 90,自然 60,算术 180,体育 105,共计 895 课时;选修科:音乐 30,美术 30。③ 该孤儿院国语和算术二科都采用正式出版的教材。宝庆佛教慈儿院的国语教学也采用正式出版的

---

① 笠居众生:《创办宝庆佛教慈儿院的经过》,载《海潮音》,第 2 年第 6 期,1921 年 6 月;《集成》第 151 卷,第 17 页。

② 龙泉孤儿院:《创办龙泉孤儿院记序及房式章程》,载《海潮音》,第 2 年第 3 期,1921 年 3 月;《集成》第 150 卷,第 162 页。

③ 宁波佛教孤儿院:《佛教孤儿院概况报告》,载《鄞县佛教会刊》,总第 2 期,1935 年 12 月;《集成》第 130 卷,第 286 页。

教材,但是算术一科的教学内容以教珠算为主,从九轮子到三十六个钱,最后是九九归除。①

孤儿院的国语教学除教授当时小学通用的教材外,还兼教传统四书五经的相关内容。如宝庆佛教慈儿院在孤儿入院之初先让他们学《三字经》,在有了一定的识字基础后又给他们读《增广贤文》和《传家宝》等。

孤儿院对文化课程教师的选任要求较高。如开元慈儿院十分注意选聘学识渊博、富有教学经验的教师。在当时人的眼里,在孤儿院任教不失为比较理想的工作,因此有不少教师要求到该院任教。抗战前夕,在开元慈儿院任教的教师大都有真才实学,有的是大专毕业的中学教师,有的曾任《泉州日报》副刊编辑,有的教师经常为报刊撰稿。新中国成立后泉州市名牌中学的几个教学骨干,如叶在甲、吴邦雄、林雪等都曾在该慈儿院任教过。

(二) 佛学教育

佛教孤儿院在教育内容上的一大特点是进行佛学教育。龙泉孤儿院每天黎明和晚饭后由工作人员带领孤儿到礼堂谒见释迦牟尼。每周日请高僧大德对孤儿宣讲佛法精要。每月的初一和十五两日要到龙泉寺去礼佛,他们还学习净土宗教义和业力理论。② 宝庆佛教慈儿院的孤儿早上"洗脸后,各至佛前礼佛三拜。礼佛后一排打盘坐坐定。如程朱的静养法,与和尚坐禅的法则差不多。这种办法的目的是培养人沉稳的性格。坐的时候有要求,脊背竖直,眼帘微启,不许动摇,时间为四十分钟";③该院虽没有专门的佛学课程,"而每于训诫词中,则必随宜授以浅浅相当之佛教历史、法要"。④ 该院创办人后来认识到,在佛教慈儿院中应开设专门的佛学课程,"否则但怜其现前之贫苦孤露,越数十年调得头来,又依然如故而或不及,斯则吾辈全功尽废,可胜慨欤?"⑤意即如不进行佛学教育,不利于使孤儿真正养成良好的道德品质。开元慈儿院有早晚两次的诵经时间,李叔同1938年2月曾到该院作演讲,表示对该院诸生早晚的两次诵经很满意。

---

① 笠居众生:《创办宝庆佛教慈儿院的经过》,载《海潮音》,第2年第6期,1921年6月;《集成》第151卷,第23页。

② 龙泉孤儿院:《龙泉孤儿院章程》,载《觉社丛书》,总第5期,1919年10月;《补编》第1卷,第315页。

③ 笠居众生:《创办宝庆佛教慈儿院的经过》,载《海潮音》,第2年第6期,1921年6月;《集成》第151卷,第20页。

④ 笠居众生:《各慈儿院应加佛学课程》,载《海潮音》,第4年第7期,1923年8月;《集成》第156卷,第415页。

⑤ 笠居众生:《各慈儿院应加佛学课程》,载《海潮音》,第4年第7期,1923年8月;《集成》第156卷,第416页。

他们主要念诵《炉香赞》《三皈依》《金刚经》《华严经》等。①

（三）劳动技能培养

为了使孤儿在长大后能有一种谋生的技能，佛教孤儿院注重培养孤儿的劳动技能。孤儿院多采用半工半读的学制，用于劳动技能培养的时间较多。如宁波佛教孤儿院规定"院内服务"是一门课程，占280课时。其分院有大片农场，分院的孤儿"农事操作"课程有675课时。② 龙泉孤儿院10岁以上的孤儿每天文化学习3个小时，其余时间用于学习工艺。

关于孤儿在院内所学工艺的种类，不同的孤儿院有不同的特色。龙泉孤儿院的工场"有六种，即织布工场、石印工场、编席工场和缝纫工场、制鞋工场、刻字工场。织布科中附设染线，石印科中附入装订"。这些科目中"以石印、织布两科成绩最优良，织布机四十架，提花及铁机各居其半，石印机亦有十余架"。③ 宝庆佛教慈儿院"最初从伞工入手。资本少，工价高，但因材料不充足，又因南北战争不久就放弃。后改为缝纫工，后来受了些捐项，资本雄厚了，添了制毛巾、织棉布一项"。④ 宁波佛教孤儿院"总院方面，备有缝纫车三台，选儿童之性质相近者，令其学习。最近组织无线电训练班，从事无线电收音机之修理及制造。分院方面有农田山林八十亩，儿童均从事农艺"。⑤ 开元慈儿院的技术班创于20世纪30年代，曾办过缝纫、瓷绘、裱褙、竹藤、木工、园艺等科。延聘名匠技师来班传授技艺，实行半工半读。从以上可看出，龙泉孤儿院和开元慈儿院教授的工艺种类较多，宁波佛教孤儿院的农场面积大，孤儿在农艺方面费时较多，而宝庆佛教慈儿院因资金较少，所开工艺课的成本较低。

孤儿院注重孤儿自我服务能力的培养也是培养劳动技能的重要体现。龙泉孤儿院对于年岁较大的孤儿，"宜使洒扫应对，此古人教育之法也。由院长遴派数生，逐日轮流专司洒扫，以示劳动"。⑥ 宝庆佛教慈儿院"凡洒扫洗碗抹桌检收等事均使值日者为之，管理员在旁指导。早上起床时值日

---

① 李叔同著，李津主编：《李叔同谈禅论佛》，北京：中央编译出版社，2011年，第192页。
② 宁波佛教孤儿院：《佛教孤儿院概况报告》，载《鄞县佛教会会刊》，总第2期，1935年12月；《集成》第130卷，第286页。
③ 龙泉孤儿院：《龙泉孤儿院章程》，载《觉社丛书》，总第5期，1919年10月；《补编》第1卷，第314页。
④ 笠居众生：《创办宝庆佛教慈儿院的经过》，载《海潮音》，第2年第6期，1921年6月；《集成》第151卷，第23页。
⑤ 宁波佛教孤儿院：《佛教孤儿院概况报告》，载《鄞县佛教会会刊》，总第2期，1935年12月；《集成》第130卷，第287页。
⑥ 龙泉孤儿院：《创办龙泉孤儿院记序及房式章程》，载《海潮音》，第2年第3期，1921年3月；《集成》第150卷，第162页。

者到厨房抬水洗脸;吃饭时有值日者到厨房去抬饭菜到食堂,并且摆放碗筷"。①

（四）教育的原则和方法

因材施教的原则。一些孤儿院在教育中根据不同孤儿的实际情况施以不同的教学内容和学习年限,体现了因材施教的原则。宝庆佛教慈儿院对于聪明学得快的孤儿,除让他们学公共的课程外,另外给他们读杂字,会读、会写、懂意思后,又给他们读《增广贤文》等启蒙读物。龙泉孤儿院"设半日学堂,对于天资愚钝、年龄稍大者,不让他们整日读书,而是半日读书,半日劳动,学习一门谋生的技能";②具体来说,"小学分为两部,第一部为初级年级,学生年龄在10岁以内,光上课学习,每天文化学习五个小时的时间。第二部为中高年级,年龄为超过10岁的学生,每天文化学习3个小时,其余时间工作"。③ 在学习年限上不作具体规定,"以修满院内各学科和工艺为标准",④关于这一点开元慈儿院也有相同的规定。龙泉孤儿院对有生理缺陷的孤儿也采取有针对性的教育,"孤儿中间有畸形或五官不完者,院中必设法器使之,会见有一矮形人,年已二十四,而身长不满二尺,以其不能做工,则使之学写算,近居然能在账房助司记账矣"。⑤ 说的是让一个侏儒孤儿专门学习写算,学成后这个孤儿能帮着管理院内的账目了。

知行合一的原则。宁波佛教孤儿院"在教养方面,特注重于孤儿随时随地、即知即行,所谓知行合一"。⑥

宝庆佛教慈儿院在进行文化课教学时采用孤儿间互教的方法。上课时教师先讲,讲完后班长复述,班长复述后教师进办公室,在班长的主持下,每个孤儿依次将上课内容复述一遍。这样做的目的是防止有的孤儿在老师面前紧张,不能完成复述。在国语课上,对于要求背诵的课文,岁数大一点的孤儿在老师面前先背,岁数小的在岁数大的面前背。在写字课上,

---

① 笠居众生:《创办宝庆佛教慈儿院的经过》,载《海潮音》,第2年第6期,1921年6月;《集成》第151卷,第20页。
② 龙泉孤儿院:《创办龙泉孤儿院记序及房式章程》,载《海潮音》,第2年第3期,1921年3月;《集成》第150卷,第162页。
③ 龙泉孤儿院:《龙泉孤儿院章程》,载《觉社丛书》,总第5期,1919年10月;《补编》第1卷,第314页。
④ 龙泉孤儿院:《龙泉孤儿院章程》,载《觉社丛书》,总第5期,1919年10月;《补编》第1卷,第313页。
⑤ 野云:《记北京龙泉寺孤儿院》,载《海潮音》,第2年第10期,1921年10月;《集成》第151卷,第528页。
⑥ 释圣功:《宁波佛教孤儿院志略》,载《海潮音》,第4年第11期,1923年12月;《集成》第157卷,第411页。

教师教岁数大的孤儿先会写,在全体孤儿识字的时间大孤儿再教小孤儿。其他如日记课、账目课和珠算课也采取类似的方法。宁波佛教孤儿院培养学生的自学能力,"该院对于孤儿教育,实施美国哥伦布大学师范院之最新颖设计教育法。孤儿人人能自学,活泼地、精神奋发,为宁波各小学儿童之冠。该院本慈爱之精神,施新颖之教育,定能收良好之效果,实佛教之模范事业也"。[1]

三、教育管理

董事会是民国佛教孤儿院的最高权力机构,对孤儿院进行日常管理的还有一些人员和机构。

院长。在董事会之下由院长全面负责孤儿院的事务管理,院长一般由董事会选任。但是也有例外,如开元慈儿院的正副院长都由大开元寺主持及两序僧职共同投票选举产生。孤儿院的院长一般有两人,有的称为正副院长,有的称沙门院长和居士院长。

院监。有的孤儿院设有院监,湖南佛教慈儿院规定院监必须常住在院内,并有这样一些权力:"有收受儿童及行使亲权之权,但儿童无论因何事故开缺出院,必得董事会认可;有进退及监督各教职员之权;有报告董事会商议改良院务进行之权。"[2] 从以上规定可看出院监受董事会的委派并向董事会负责,对孤儿院所有人都可监督,可提请开除院中的孤儿,聘任或解聘教职员工,可向董事会提出改良院务的建议。

院内管理机构。各孤儿院内部组织的设置大同小异,院内的后勤保障、教学、工场或农场、钱财都有专门的机构进行管理。龙泉孤儿院和开元慈儿院的院内管理机构相同,都设有总务股、教育股、工务股和会计股。总务股设"总务主任一人,由院长选任,辅助院长管理院内各股职务。每天院长和副院长必须有一人在院内。其他职员共有五人,由院长委任,受总务主任的管理。管理员一人,管理孤儿院的饮食生活起居和护病、清洁等事务;医务员一人,检查孤儿身体及医治疾病;书记员一人,办理院内文书;招待员一人,司理来院宾客;庶务员一人,办理院内杂务"。[3] 教育股专管院内教学事务,负有教授、训练和管理的责任,有教师若干人,听教育主任的

---

[1] 释灵云:《宁波佛教孤儿院近况》,载《佛光月报》,总第 1 期,1923 年 3 月;《集成》第 12 卷,第 99 页。

[2] 湖南佛教慈儿院:《湖南佛教慈儿院简章》,载《海潮音》,第 3 年第 10 期,1922 年 12 月;《集成》第 154 卷,第 434 页。

[3] 龙泉孤儿院:《龙泉孤儿院章程》,载《觉社丛书》,总第 5 期,1919 年 10 月;《补编》第 1 卷,第 316 页。

指挥,助理教授、训练和管理的事务。工务股有主任一人,专管配发材料、储藏货品,负有监督各工场工作之责任,有专门技工师若干人,各主管本科工务。在院生学习时间,他们听教育主任、工务主任之指挥,实施教授。会计股设主任一人,负有掌管银钱、稽查、簿据之责任,有会计员一人,专管登陆簿记和制作各种收支表册,支付银钱除经常之费外,遇有临时支出,须得到院长的许可。各股主任的选任由院长、副院长和总务主任商定。各股股员由院长选任,各股主任有推荐之权。宁波佛教孤儿院的内部组织有总务系、教养系、教师修养会和农事系,其中总务系类似于上述的总务股,教养系的职能和教育股的职能相当,农事系相当于工务股。

应该说,当时佛教孤儿院管理人员的责任心是较强的。例如宝庆佛教慈儿院的工作人员就有这样的认识:"一根树木,原是一种未成的材料,到了院内做成器皿。好歹妍丑,坚牢不坚牢,都出自职员的手里。他日长大成人,做好人做歹人,都是当职员的责任。且各慈善家捐来钱米做这个事,原是怕后来变歹人。若此辈孤儿长大,果然不做盗贼,那么,各慈善家亦睡得安稳。"①通过这段文字可看出,他们认识到管理人员是否尽心直接关系到孤儿日后能否成人;把孤儿教育成人也能对得起捐款的慈善家。在行动上,该院的管理人员在夜间"轮流起来查看孤儿是否蹬被。有些孤儿有夜间遗尿的毛病,管理人员在半夜会把这些遗尿的孤儿唤醒小便"。②

管理制度。每个孤儿院成立时都订有章程,章程中对孤儿院的管理机构、入院条件、入院手续、教学内容、生活条件、经费的筹集办法等方面都作了原则性规定。此外,一些孤儿院对一些具体的事务也都定有制度,现举一例。

宝庆佛教慈儿院为了保证孤儿的教育效果,对孤儿与外界的交往规定了严密的制度。"孤儿院的放假:不认星期,认阴历初八、十四、二十三和三十为放假日。因为若与各校同期,则彼此不能互相参观,又使贫儿感染恶习。若放假日为晴天,教师和管理人员把他们带到各校去参观,或到城外有田园的地方游戏。一方面探其执业相近的性质,另一方面可使染其勤俭的风俗,并多收些新鲜的空气。除放假日,寸步不能离开孤儿院。若遇特殊的情况孤儿须出院门,让孤儿随身佩戴一护照牌,预先出严查布告在市上,由地方代为查辖"。所谓护照牌,就是剪一大小适中的布条,用镪水在

---

① 笠居众生:《创办宝庆佛教慈儿院的经过》,载《海潮音》,第 2 年第 6 期,1921 年 6 月;《集成》第 151 卷,第 21 页。

② 笠居众生:《创办宝庆佛教慈儿院的经过》,载《海潮音》,第 2 年第 6 期,1921 年 6 月;《集成》第 151 卷,第 20 页。

上面写上"慈儿院"三个大字,缝在胸前或背上。清明、端阳、中秋、中元四节都放假三天。该孤儿院的暑假和年假都放二十天。在这些较长的假期,"孤儿均可到亲友家团聚和暂住。若没有此等亲戚的,须在孤儿院温课、玩耍"。① 从以上内容可看出,该院为了避免孤儿受到社会不良习气的影响,可谓煞费苦心:其一,放假时间同其他学校岔开,免得受到不良习气的感染;其二,若孤儿因故必须单独到院外,在孤儿的身上要佩戴明显的标识,便于社会人员的关照和监督;其三,在放长假期间,孤儿可到亲友家暂住,由亲友负责管理,没有亲友可投靠的孤儿必须在院内温课和玩耍。

四、生活条件和权利保障

(一)饮食供给

寺院办的孤儿院在饮食上仿照出家人,全为素食,在一般情况下能保证孤儿吃饱。龙泉孤儿院"孤儿饭食,每日三次,而不是像许多官办孤儿院那样每日只提供两餐。凡食物必保持新鲜清爽,不能有腐败变质之物"。② 宁波佛教孤儿院食油定量每人每日三钱,院中自做豆腐定期供应,蔬菜大部分出自院内自产,其他如豆类、竹笋及副食品,则日常在外采购,伙食供应比一般丛林的斋堂稍好一些。每逢岁时节令,依照当地习俗,适当改善生活,如中秋发给素月饼,年节供应年糕、糖果等;又赠给每个孤儿以少量的压岁钱,使他们精神愉快,生活改善。但是有的孤儿院在战争时期孤儿的生活会受一些影响。如开元慈儿院在抗战期间孤儿的饮食供应标准有所下降,最初每天能吃到三顿粥,到最后只能一天三顿吃麦皮。在过年时才能改善一下生活。有个孤儿几十年后还清楚地记得某年的正月初一吃线面和冬至丸煮成的线面汤。

(二)居住条件

从目前掌握的资料看,民国佛教孤儿院的居住条件总体较好。龙泉孤儿院的孤儿宿舍共有27间,每间住6人,每3间宿舍设护理师1人,负责孤儿的饮食起居、饥饱寒暖以及洗濯等事。宁波佛教孤儿院的房间较多,有多个房间专门供孤儿学习、娱乐和生活之用,除有宿舍、教室、厨房、餐厅外,还有专门的仪器室、玩乐室、浴室、服装库、游戏场、小公园和体育场等。

(三)卫生条件

孤儿院中多人生活在一起,易发传染病,且一些孤儿年幼体弱,难以抵

---

① 笠居众生:《创办宝庆佛教慈儿院的经过》,载《海潮音》,第2年第6期,1921年6月;《集成》第151卷,第21页。

② 龙泉孤儿院:《创办龙泉孤儿院记序及房式章程》,载《海潮音》,第2年第3期,1921年3月;《集成》第150卷,第164页。

抗疾病。在这样的情况下，佛教孤儿院特别注重院中的卫生。如前所述，孤儿院为了培养孤儿的劳动技能和自我服务的能力，院中的清扫工作由孤儿轮流值日。龙泉孤儿院规定"孤儿每天早上起床后要洗脸，春冬二季，每七天沐浴一次，对有传染病的儿童要分开沐浴，以防传染。夏秋两季每七天换一次衣服，其他季节每十天换一次衣服。孤儿的铺盖每星期晾晒一次，宿舍内不得存放杂物。宿舍摆放一痰盂，每日都要清洗"。① 孤儿在院中生病后，有医生来义务诊治。如宁波佛教孤儿院"定期举行健康检查，并注意个人及公共之清洁；消极方面注意疾病之预防，并设小医院诊治轻症，病重者送入医院诊治"。② 该院有时还邀请市内华美医院的西医及著名中医徐馀藻来院诊治。由于该院预防得当、诊治及时，除少数孤儿生皮肤病外，院中孤儿很少生其他疾病。此外，还有不少人给孤儿院施药，所以孤儿在生病后基本能得到免费的诊断和治疗，这有助于减少孤儿院的开支并促进病儿早日康复。

（四）权利保障

宝庆佛教慈儿院的创办人认为："盖别人的子弟送入院来，其责任比自己的儿子犹重。"③在这种思想的指导下，佛教孤儿院注重保护孤儿在院中的各项权利。前述孤儿院素食主要受佛教戒律的影响，这其中还有一个原因，即为了尊重少数民族的饮食风俗，"本院既以仁慈为旨，自宜博爱为法。惟清真教人，以禁食猪肉为大戒，若不断食此肉，清真幼孤不能入院，自此以往，院内不许食肉"。④ 宁波佛教孤儿院还保证院中孤儿有自治的权力，其章程具体规定："全体学生大会为最高意思机关，分设交际、风纪、会集、成绩、工艺、图书、出版、玩乐、健身、医治、整洁、舍务、膳食等科"；"分院儿童自治组织采委员会制，以儿童自治团团员大会为最高意思机关，由团员大会选定工具保管、农具保管、总务、交通、健身、畜植、出版、整洁、医治、膳食、舍务、公安、学术、玩乐等委员，组织行政委员会，分全体儿童为二团，各团设执行委员，统属于团员大会"。⑤ 从以上可看出，该院的总院和分院都

---

　　① 龙泉孤儿院：《创办龙泉孤儿院记序及房式章程》，载《海潮音》，第 2 年第 3 期，1921 年 3 月；《集成》第 150 卷，第 162 页。

　　② 宁波佛教孤儿院：《佛教孤儿院概况报告》，载《鄞县佛教会会刊》，总第 2 期，1935 年 12 月；《集成》第 130 卷，第 287 页。

　　③ 笠居众生：《创办宝庆佛教慈儿院的经过》，载《海潮音》，第 2 年第 6 期，1921 年 6 月；《集成》第 151 卷，第 21 页。

　　④ 龙泉孤儿院：《创办龙泉孤儿院记序及房式章程》，载《海潮音》，第 2 年第 3 期，1921 年 3 月；《集成》第 150 卷，第 161 页。

　　⑤ 宁波佛教孤儿院：《佛教孤儿院概况报告》，载《鄞县佛教会会刊》，总第 2 期，1935 年 12 月；载《集成》第 130 卷，第 287 页。

有学生自治团体,这些团体职权范围广泛,涉及孤儿在院中方方面面的权利。

　　有时社会上一些无子女的人士欲领养院中的孤儿,对此孤儿院并不禁止,但是作了非常细致和严格的规定,以保证被领养的孤儿出院后的生活有保障。关于这一点龙泉孤儿院是这样规定的:"如有人欲领养院内孤儿作为养子,须由本院调查该领养人确无亲族承嗣,且获得其亲族同意,并且由孤儿院取得该孤儿原送养人(亲属或关系人)的同意。在这种情况下,领养人才能领养。领养时,要捐给孤儿院一定的经费;觅五等以上三家之铺保,出具保证书给该孤儿院,由孤儿院呈请官署加盖印章,存放在孤儿院,由孤儿院代为保存。"①从以上规定可看出如领养院中的孤儿须具备这样几个条件:其一,领养人没有子女或其他有继承权人,且其亲属表示同意;其二,要取得孤儿原送养人的同意;其三,要捐给孤儿院一定的经费;其四,要有三家以上的铺保②出具保证书,保证书要由官府盖章后存放在孤儿院内。

　　综上所述,民国佛教孤儿院对所招收的孤儿有条件的限定,并有一定的入院手续。民国佛教孤儿院的经费来源多样化,其中以社会各界的捐助为主;这些孤儿院的教育内容包括文化知识教育、佛学教育和劳动技能的培养,在教育的过程中遵循因材施教和知行合一的原则;在管理上也有比较健全的机构和制度。民国佛教孤儿院在饮食、居住、疾病诊治等方面都能为孤儿提供较好的条件。这些孤儿院对孤儿的慈善救济和教育是卓有成效的,经过在孤儿院的学习一些孤儿能够升入中学进一步深造,其余的孤儿也学到了在出院后能够赖以谋生的劳动技能。民国佛教孤儿院能为当前儿童慈善事业的发展提供借鉴。

第二节 民国佛教的其他慈善学校

　　民国佛教的慈善学校除佛教孤儿院外,还有普通小学、佛化小学、职业学校和文化补习学校等。普通小学按照教育部的课程标准设置课程内容,与社会力量兴办的普通小学无异,其中有代表性的有鄞县觉民小学、世界佛教居士林仁惠小学等。佛化小学除学习教育部规定的主要课程内容外,

---

　　① 龙泉孤儿院:《龙泉孤儿院章程》,载《觉社丛书》,总第5期,1919年10月;《补编》第1卷,第313页。

　　② 旧时称以商店名义出具证明所作的保证。如茅盾《手的故事》九:"干脆一句:要进社的,得找铺保。"

还学习佛学课程,其中有代表性的有漳州南山学校、观宗义务学校等。职业类学校实行半工半读,主要目的是培养学生具有赖以谋生的一技之长,如北平广济寺平民工读学校、佛化新青年会北京高级职工学校等。文化补习类学校主要针对成人,利用周末或晚上等业余时间进行文化知识的补习,如世界佛教居士林义务通俗夜校、武昌佛学院附设平民小学等。

一、收费情况

民国佛教慈善学校的慈善程度不尽相同,有的学校承担学生所有的费用,而有的学校则做不到这一点。请看下列表格。

表46:民国佛教慈善学校的收费情况

类型	学校名称	相关规定	资料来源
完全免费	宜兴显亲寺平民学校	学费书籍杂费悉皆免收。	《集成》第159卷,第387页。
	漳州南山佛化学校	凡入校肄业者,学费书籍杂费悉皆免收。	《集成》第169卷,第220页。
	广济寺平民工读学校	本校一概免收学费,并供给书籍纸笔费;如中途无故退学者,由保证人担负缴还所免学费及书籍纸笔等费。	《集成》第20卷,第163页。
	世界佛教居士林义务通俗夜校	学费、书籍费及一切杂费一概不收。	《集成》第138卷,第266页。
部分免费	世界佛教居士林仁惠小学	免费及半费生每级若干名,以孤贫无力出费者为限;惟学期终结后其品行学业均列乙等者下学期方许继续免费或半费。	《补编》第11卷,第98页。
	鄞县佛教会永明小学	每生每学期收大洋一元,贫寒者学费一律不收。	《集成》第130卷,第280页。

上表显示,民国佛教慈善学校在收费上分为完全免费和部分免费两种情况。永明小学等学校收取一些学费,但是这些学费在学校的总收入中只占很小的一部分。永明小学某年的收入来源如下:"收佛教会永明寺共捐基金二千元,每年息金洋一百八十元整;收翁传发公捐助田十三亩零,每年产息洋约二十元整;收学杂费洋每年二十元整;收道修和尚常年捐洋一百元整;收佛教会每年补助费洋三百九十四元整;每年收入约七百一十四元整。"[①]可见,永明小学该年收入714元整,其中学费收入只有20元,学费

---

① 鄞县佛教会:《永明小学报告》,载《鄞县佛教会会刊》,总第2期,1935年12月;《集成》第130卷,第280页。

收入只占总收入的不到百分之三,从收入来源看此项收入可忽略不计。所以说,永明小学等收学费学校的慈善公益性质仍体现得很明显。

二、办学宗旨和目标

民国时期不同类型的佛教慈善学校有不同的办学宗旨和目标。普通小学的办学宗旨以鄞县觉民小学最为典型和全面,请看下列表格。

表47:鄞县觉民小学的办学宗旨

类别	具体内容
体格方面	培养整洁的卫生习惯、快乐活泼的精神。训练纲要:强健、整齐、快乐、活泼。
德性方面	培养礼义廉耻的品格、亲爱精诚的美德。训练纲要:勤勉、诚实、公正、亲爱、互助、礼貌、服从、负责、勇敢、和蔼、守纪律。
经济方面	培养勤俭劳动的风尚、生活合作的智能。训练纲要:朴素、简单、节俭、勤劳、生产、合作。
政治方面	培养奉公守法的观念、爱国爱群复兴民族的思想。训练纲要:奉公、守法、爱国、爱群、拥护公理、拥护领袖。

(资料来源:鄞县佛教会:《觉民小学训育概况》,载《鄞县佛教会会刊》,总第2期,1935年12月;《集成》第130卷,第264页)

从上表看出,鄞县觉民小学从四个方面规定了办学目标和宗旨,每个方面既有总体的目标要求,又阐明了训练的具体细目,将宏观与微观相结合,目标更易达成。

佛化学校的办学宗旨以漳州南山学校的规定最为全面:"遵依总理三民主义及现行教育法令,酌量地方情形,施以切实教育,培养建设人才、完成国民革命为宗旨;南山佛化教育机关,对于各区寺院之整顿,社会佛化之宣传、应负倡导、协助之责。"[①]可见,佛化小学的办学目标一般包括两大方面,一是为适应世俗社会的要求应达到的政治、经济等方面的目标,二是在佛教事务、佛学修养方面应达到的目标。

职业类学校分为初级和高级两类,初级职业类学校一般冠以"工读学校"的名称。工读学校的培养目标具有多重性,例如北平广济寺平民工读学校的办学宗旨是"救济寒苦失业子弟,灌输常识,习学工艺,养成其生活必需之技能"。[②] 表述目标的文字虽然简短,但是却包含了三重内容,一是

---

① 二树庵:《南山寺与南山小学校》,载《中道》,总第70号,1929年11月;《集成》第124卷,第370页。

② 广济寺贫民工读学校:《广济寺贫民工读学校简章》,载《中国佛教会月刊》,第5~6期合刊,1929年12月;《集成》第20卷,第163页。

救济贫苦子弟,二是教授基本的文化知识,三是传授工艺,培养赖以谋生的一技之长。高级职业类学校的培养目标主要以培养高级技工人才为主,例如佛化新青年会北京高级职工学校规定"本校以养成高级职工人才,开展国民生计、培植劳工道德、应付世界潮流为宗旨"。①

文化补习学校的培养目标在于给文盲半文盲补习基本的文化知识,如世界佛教居士林义务通俗夜校规定其办学宗旨是"灌输一般平民智识";②厦门佛教慈儿院附设的觉世夜习学校"以普及教育救济一般青年失学,授以普通文字及生活上必需之知识,俾将来得以自谋生活为宗旨"。③

三、教学内容和方法

(一)教学内容

在下列表格中每种类型的慈善学校都列出了一个或两个有代表性学校的教学内容。

表 48:民国佛教慈善学校的教学内容

学校类型	教学内容
普通小学	世界佛教居士林仁惠小学:小学各科一例完备,犹重国算英三科,女生加授刺绣,犹重家政。④
	鄞县觉民小学:按照部颁小学课程标准办理,中高年级酌加英语、商业、珠算和尺牍等学科。⑤ 开辟小农场,使儿童有从事生产的兴趣,养成勤劳的习惯。⑥
佛化小学	四川各县佛教会所办佛化小学:根据四川佛教会的规定,这些小学除学习教育部课程标准规定的课程外,还要学习多种佛学课程。
初级职业学校	北平广济寺工读学校:工科以织布为本位,教科以大学院审定小学课本为用书。⑦

---

① 佛化新青年会北京高级职工学校:《佛化新青年会北京高级职工学校简章》,载《世界佛教居士林林刊》,总第 8 期,1925 年 2 月;《补编》第 8 卷,第 446 页。
② 世界佛教居士林:《世界佛教居士林义务通俗夜校简章》,载《大云佛学社月刊》,第 11 号第 77 期,1927 年 4 月;《集成》第 138 卷,第 266 页。
③ 厦门佛教慈儿院:《厦门佛教慈儿院附设觉世夜习学校》,载《海潮音》,第 4 年第 3 期,1923 年 5 月;《集成》第 155 卷,第 545 页。
④ 世界佛教居士林:《世界佛教居士林仁惠小学校简则》,载《世界佛教居士林林刊》,总第 26 期,1930 年 8 月;《补编》第 11 卷,第 98 页。
⑤ 鄞县佛教会:《觉民小学教学概况》,载《鄞县佛教会会刊》,总第 2 期,1935 年 12 月;《集成》第 130 卷,第 256 页。
⑥ 鄞县觉民小学:《校务进行计划》,载《鄞县佛教会会刊》,总第 2 期,1935 年 12 月;《集成》第 130 卷,第 275 页。
⑦ 《佛宝旬刊》杂志社:《广济寺成立工读学校》,载《佛宝旬刊》,总第 68 期,1929 年 3 月;《补编》第 33 卷,第 135 页。

续表

学校类型	教学内容
高级职业学校	佛化新青年会北京高级职工学校：本校分设四科，土木工科、机械工科、电工科、化学工科；教授各科基本科学，注重实用经练，所有教材以切要于实施者为主体。实习：本校养成完全高级职工，注重实习，设立各科实习工厂，各科均附设简易科，专为造就工头工夫或工人或劳工。①
补习学校	世界佛教居士林义务通俗夜校：学习内容以平民千字课本为主，佐以公民常识、珠算、笔算、习字。②

从上表可看出以下几点：其一，国民政府教育部规定的小学课程是普通小学、佛化小学、初级职业类学校都要完成的学习内容。其二，劳动技能的培养是除佛化小学外的其他学校都非常注重的内容。其三，佛化学校除文化知识的学习外，偏重于佛学课程的开设；补习学校以教会成人识字和基本的运算为主要的教学内容。

表格中所提到的四川各县佛教会兴办的佛化小学所学佛学课程具体如下："初小第一年，佛教初学课本、四十二章经、禅门课诵；初小第二年，佛遗教经、八大人觉经、俱舍颂、释迦牟尼成祖记、禅门课诵；初小第三年，沙弥律仪诵、八识规矩颂、百法明门论、释迦如来成道记、禅门课诵。"③"初小第四年，阿弥陀经要解、念佛伽陀、唯识三字经、释迦如来成道记、二课合解；高小第一年，佛学通释、二课合解；高小第二年，禅林宝训、信心铭、七佛偈、证道歌、完慧相资歌、愿生偈、醒世子、家时、释氏稽古略、金刚经"。④可见，这些佛化小学在6年中要学习30种佛学课程。

为什么注重在佛化学校推行佛学教育，当时佛教界人士有这样的认识：他们认为世界文化可分为两大类，一是"了义文化"，二是"不了义文化"。了义文化可以做到"为统贯研究，开启大雄共智，共尘合觉，以图公众之乐利也"，不了义文化"为分部研究，开启强力意志，背觉合尘，以成个性私自之能为也"；世界能做到"通彻两种文化，不偏不执，纯乎中道，圆融无

---

① 佛化新青年会北京高级职工学校：《佛化新青年会北京高级职工学校简章》，载《世界佛教居士林林刊》，总第8期，1925年2月；《补编》第8卷，第447页。
② 世界佛教居士林：《世界佛教居士林义务通俗夜校简章》，载《大云佛学社月刊》，总第77期，1927年4月；《集成》第138卷，第266页。
③ 四川省佛教会：《各县佛教会立两等小学校通行章程》，载《佛教月刊》，第12年第5～6期合刊，1941年6月；《集成》第60卷，第216页。
④ 四川省佛教会：《各县佛教会立两等小学校通行章程》（续前），载《佛教月刊》，第12年第7～8期合刊，1941年8月；《补编》第42卷，第202页。

碍,经数千百年,专致精进,而为一切世界无上等精神文明者,厥唯佛学"。① 这是说明佛教文化能让世界上的文化圆融无碍、和谐发展。

(二)自学辅导法和设计教学法

关于民国佛教慈善学校的教学方法,鄞县觉民小学有"自学辅导、启发式、低年级兼用设计教学法",②永明小学有"中年级采用自学辅导兼用设计教学法;低年级采用设计教学法"。③可见,自学辅导法、设计教学法等是较常用的教学方法。作为民国佛教慈善学校常用的教学方法,这里对它们作一简单的介绍。

1913年前后,随着欧美所谓"民主"教育思想传入中国,在全国各地的小学中,开始兴起一股教学改革的热潮,国外的多种教学模式被介绍给广大教师,并在许多学校中进行实验。其中在小学教育界最有影响的当属"自学辅导法"。这种教学方法反对在教学过程中由教师包办一切,注重发展儿童的积极性与自主性,要求学生自学的同时,教师要加以必要的辅导,以减少学生在暗中摸索的困难和时间浪费。

20世纪20年代前后,在杜威教育理论的影响下,克屈伯的"设计教学法"传入中国,在俞子夷、沈百英等教育家的推动下,这一教学法在当时小学教育界得到广泛运用。"设计教学法"强调儿童的自主活动、动手能力、合作意识和生活实践等,为当时教育实践注入了一股新的活力。有学者认为,设计教学法的许多理念在今天仍然值得我们借鉴,如设计教学法的实质是以自发活动即自愿活动为中心,混合组织各科教材的活动课程,设计一种尽可能像生活的教育;设计教学法的特性是必须使学生专心致志地做;学生对于具有问题性质的活动必须自己负责计划与实行。目前我国中小学广泛推行的探究教学、情景教学、问题教学、愉快教学、活动教学以及合作学习、自主学习、研究性学习等无疑也从设计教学法实验中获得了诸多有益的启示。④

(三)小先生制

"小先生制"是陶行知在教育实践中依据"即知即传人"的原则,采取小孩教小孩、小孩教大人的方法倡导并推广实施的一种教育组织形式。它是

---

① 《海潮音》杂志社:《兴办佛化小大两级制学校为世界精神文明模范书》,载《海潮音》,第5年第6期,1924年6月;《集成》第159卷,第302页。

② 鄞县佛教会:《觉民小学教学概况》,载《鄞县佛教会会刊》,总第2期,1935年12月;《集成》第130卷,第256页。

③ 鄞县佛教会:《永明小学报告》,载《鄞县佛教会会刊》,总第2期,1935年12月;《集成》第130卷,第282页。

④ 易红郡:《"设计教学法"述评》,载《课程・教材・教法》,2013年第7期。

在教育落后的情况下,促进教育普及的一种有效手段。一些民国佛教慈善学校如鄞县觉民小学除重视对本校学生的教育外,还将推广社会教育为己任,实行小先生制,让本校学生互教并教没有文化的社会上的成人。为了让小先生制富有成效,觉民小学成立了小先生导师团。该团的工作范围如下:"辅助小先生的教学方法,辅助小先生编制教材,辅助小先生制作教具,解决小先生之困难问题,考察小先生的工作成绩,出席小先生团员大会,实地巡回指导。每两周开一次会,由团长召集,于必要时召开临时会议。"此外,该校还出版《小先生》半月刊,栏目有"小先生学做""小先生的通讯""小讲坛""小先生的施教消息"等,对成绩优良的小先生予以奖励,并对小先生制予以扩大宣传。①

此外,一些佛教慈善学校在教学上的指导原则比较先进。例如鄞县觉民小学的教学原则有这样一些:"从旧到新、从远到近、从易到难、从简到繁、从具体到抽象、从心理到论理、从基本到高深、从问题到直叙。"②从现代教育学、心理学的视角看,这些原则符合小学生的心理特点和认知规律,有一定的借鉴价值。

四、多样化德育手段

民国时期佛教慈善学校注重用多种手段加强德育建设,主要有以下几方面的表现:

(一)利用"总理纪念周"集会加强德育建设

国民政府时期为了纪念孙中山先生,有一个"总理纪念周"的纪念仪式。"总理纪念周"仪式最初起源于军队,后来在全国推广开来,取得了国教仪式般的地位,渗透到党、政、军、学、群,乃至公共生活的各个方面。在宗教仪式般的氛围下,领袖、伟人和英雄的纪念事宜,与精神偶像的塑造和集体信仰的整合紧密结合起来,成为一种政治资源,服务于国民党集权统一的政治权威的建构和巩固。"总理纪念周"的重点并不在于纪念孙中山、宣传孙中山的思想,而在于宣讲时事政策,结合本单位的实际情况进行道德及其他相关教育。③ 以下以世界佛教居士林的仁惠小学为例说明当时慈善学校利用"总理纪念周"这一纪念仪式加强德育建设的情况。请看下

---

① 鄞县佛教会:《小先生导师团的组织及其职务》,载《鄞县佛教会会刊》,总第 2 期,1935 年 12 月;《集成》第 130 卷,第 257 页。
② 鄞县佛教会:《觉民小学教育概况》,载《鄞县佛教会会刊》,总第 2 期,1935 年 12 月;《集成》第 130 卷,第 260 页。
③ 李恭忠:《"总理纪念周"与民国政治文化》,载《福建论坛(人文社会科学版)》,2006 年第 1 期。

列表格。

表 49：世界佛教居士林仁惠小学的"总理纪念周"

周次	纪念日（周）教育集会
第二周	报告校务；报告时事；学生自治会成员宣布就职；教唱学歌。
第三周	分发学生品行评定方法，废历年关学生不得借故请假。
第四周	学生演讲团演讲；上届服务儿童图书馆职员殷勤尽职者，由潘校长发给奖品，以资鼓励。
第八周	三月二十一日为地方纪念日，校长报告纪念事由，教务主任演说《应抱如何的心理始合纪念的原则》。
第九周	三月二十九日革命先烈纪念日。除停课一天以志哀悼外，上午九时全体师生集合礼堂，举行纪念会。校长报告革命先烈殉难事略，继由朱涤心先生及教员相继演说先烈经过事实，及我们应如何继续努力，以慰先烈等语。
第十周	四月四日儿童纪念日。由校长潘人伟君报告儿童节的意义及庆祝会的旨趣。续即继以各种演说与游艺，其最足引起观众者，如慈儿院学生参加之哑铃操和军笛。态度活泼，音韵悠扬，及该校新剧中有汪琦救国一幕，慷慨激昂，有声有色，犹足令一般儿童悠然发生爱国之观念。

（资料来源：世界佛教居士林：《本林仁惠小学校务记录》，载《世界佛教居士林林刊》，第37期，1934年4月；《集成》第16卷，第21～23页。世界佛教居士林：《仁惠小学纪念儿童节》，载《世界佛教居士林林刊》，总第37期，1934年4月；《集成》第16卷，第107页）

从上表看出，仁惠小学利用"总理纪念周"的仪式进行内容丰富的思想道德教育，这些教育内容包括时事报告、教唱学歌、奖励勤勉、纪念日的纪念和操行评定等，可见"总理纪念周"是仁惠小学重要的德育阵地。

（二）其他多样化的德育手段

当时民国佛教慈善学校除普遍利用"总理纪念周"仪式进行道德教育外，还在先进德育思想的指导下，采用多种德育手段以增强德育效果。以下主要以鄞县觉民小学和世界佛教居士林仁惠小学为例加以说明。

关于德育的指导思想和原则，鄞县觉民小学有明确的规定："原则有多积极指导，少消极抑制；多用间接方法少用直接方法；教师以身作则使其无形受到感化；充实学生生活的实质与社会相和谐。"①在这样的德育思想和原则的指导下，该校注重通过"出席、秩序、清洁、敏捷等方面的比赛，还有人格、健康、演讲等比赛"来加强道德教育。民国佛教期刊显示，每种比赛情况都有特制的评比表格，每种比赛都从不同的方面进行评比打分。现将

---

① 鄞县佛教会：《觉民小学训育概况》，载《鄞县佛教会会刊》，总第2期，1935年12月；《集成》第130卷，第264页。

相关信息整理如下：

表 50：鄞县觉民小学的比赛

类别	评比角度	评比方法
教室清洁检查	地上 桌椅 黑板 门窗 痰盂 纸箱 零件	１２３记分制①
教室秩序检查	集会 上课 下课 排队 自修 其他	１２３记分制
人格比赛选举	品行优良 读书用功 态度和蔼 服务勤勉 学业超群 办事认真	投票选举
健康比赛检查	年龄 身高 体重 发色 牙齿 皮肤 脊柱 肺活量 视力 听力 握力 疾病	根据检查情况填写
演讲比赛	姿势（10%） 语言（35%） 声浪（30%） 内容（25%）	评分数、等第
出缺席统计	缺席或出席	按次数统计
敏捷比赛评判	写评语	记分
早到统计		按次数统计

（资料来源：鄞县佛教会：《觉民小学训育情况》，载《鄞县佛教会会刊》，总第 2 期，1935 年 12 月；《集成》第 130 卷，第 266～270 页）

除此以外，鄞县觉民小学还采用其他多种德育手段，请看下列表格。

表 51：鄞县觉民小学的德育手段

德育手段	具体内容
惩戒	劝告、警告（口头和书面两种）、默言、褫夺权利、停学
奖励	"赞词、奖状或奖旗、留影、题名"等形式
环境熏陶	张贴"训育标语、党义表解、名人画像、国耻挂图"等
家庭联络	除学期结束时分发成绩单外，遇必要时随时通讯报告学生家属；家庭访问，每学期至少举行一次，以便查看儿童生活习惯、环境情况。
游艺恳亲会	每年国历四月初八日，举行游艺及恳亲会，借与家庭联络，为辅助训导实施上的工作。
恳亲成绩展览会	每学期结束时举行，除邀请各生家长来校参观，使其明了自己子弟成绩外，并酌加游艺节目以助余兴。

（资料来源：鄞县佛教会：《觉民小学训育情况》，载《鄞县佛教会会刊》，总第 2 期，1935 年 12 月；《集成》第 130 卷，第 271 页）

组织学生捐款救国。在抗战时期，世界佛教居士林仁惠小学发起成立了长期救国储金会："全体教职员暨学生自治会见政府宣布长期抗日，深为感动。即日起发起组织长期救国储金会。将所储之金，悉数捐助救国之用。而吾侪小学生，肩无荷枪之力，不能服务于沙场，虽有爱国热忱，苦无效力余地。乃经几度讨论，组织长期救国储金会，将所储之金，悉数存于上

---

① 所谓"１２３"记分制，即成绩好记"3"，不好记"1"，中等记"2"。

海市俭德银行,以充政府抵抗暴日购置枪械、或其他军用品之补助。然本校能力微薄,愿沪上各小学共襄义举,集腋成裘。大之可以早日收复失地,争国家光荣;小之可以张爱国热忱,树吾侪人格。"①这里有两点值得我们注意:一是该小学的学生不但自己捐款救国,而且号召上海各小学效仿,说明仁惠小学的这一行为至少在上海是领先的;二是他们已经明确认识到这一行为不但有助于抗日,也有利于学生良好人格的形成,是一种效果不错的德育手段。

每周公民训条制度。每周公民训条即每周进行道德教育的主题。如世界佛教居士林仁惠小学每周都有公民训条,现罗列以下五条:"我自己能做的事一定要自己做","书籍文具不可浪费","不可高声嬉笑妨害公众安宁","勿以小事而不作","以父母待我之心待父母"。②这些公民训条涉及自立、节约、遵守公共秩序、勤勉、孝敬等方面,是对学生进行道德教育的很好途径。马来西亚槟榔屿由华侨开办的菩提学院附设小学像国内的佛教慈善学校一样,也采用每周公民训条制度。这一制度又叫作"中心周训练",具体做法是"以十二守则及时节环境所需为中心周训练德目,每星期一举行周训,将中心周应行细目标写于三角板上,放在交通集中场所,每周内举行观念及实践考察"。③

五、完善的管理制度

(一) 县市佛教会对下属慈善学校的统一管理

民国时期一些县市佛教会或其他团体对下属慈善教育机构进行统一的管理。例如,民国时期浙江鄞县佛教会下属有多个慈善学校,中国佛教会鄞县分会执监联席会议是这些慈善学校的最高权力机关,对它们进行统一的管理。④再如,"长沙八大丛林,及各寺庵所办私立平民小学校,约共十余所,其职员组织,即各现任主持充任校长,当家管理庶务。近年来聘请教员,多由区公所为之介绍,对于小学行政程序,与部尚有未合。桐溪寺住持陕鑫和尚,有鉴及此,立谋改善,同时于寺产办理公益事业之计划,亦拟促

---

① 世界佛教居士林:《本林仁惠小学发起长期救国储金会》,载《佛学半月刊》,总第53期,1933年4月;《集成》第48卷,第194页。
② 世界佛教居士林:《本林仁惠小学校务记录》,载《世界佛教居士林林刊》,总第37期,1934年4月;《集成》第16卷,第21～23页。
③ 菩提学院附设小学:《本校概况》,载《菩提特刊》,1947年12月;《补编》第59卷,第363页。
④ 鄞县佛教会:《鄞县觉民小学行政组织系统表》,载《鄞县佛教会会刊》,总第2期,1935年12月;《集成》第130卷,第246页。

早日实现。以其福利社会,目前特与慈儿院院董超尘法师等商定,发起组织长沙僧寺私立小学校校董会,为着手进行整理之初步,闻已分呈各主管机关,请予备案云"。① 可见,长沙各丛林和各寺庵发起成立了长沙僧寺私立小学校校董会,对各僧立慈善小学进行统一的管理。

(二)慈善学校的内部管理机构

当时许多慈善学校内部设立了较为完善的管理机构。例如,鄞县觉民小学内部设立了四级管理机构:一级机构为校董会;二级机构为校长主持下的校务会议;三级机构为学校的总务部、教务部和训育部;四级机构为总务部、教务部和训育部的下属各股,总务部下属有文书股、交际股、会计股、庶务股、保管股和卫生股,教务部下属有成绩股、学籍股、测验股、统计股、教具股和图书股,训育部下属有级务股、训导股、体育股、惩奖股、监务股和会务股。② 关于各股的管理职能,请看下列表格。

表52:鄞县觉民小学内部管理机构的具体职能

各部名称	下属各股	具体职能
总务部	文书股	掌管公牍簿籍表格印刷品之抄写、印刷及记录各项会议决议之案件
	交际股	掌管招待参观人及调查联络毕业生校友等事宜
	会计股	掌管全校经济之出入,保管簿据编造预算决算书等。
	庶务股	掌管全校校工收发、教科消耗品、学用品,以及全校厅屋场地之清洁,校具修理添制等事务。
	保管股	掌管校具仪器等之保存及处理事宜
	卫生股	掌管全校校舍场地及教职员学生等之各项卫生事宜
教务部	成绩股	及时保管儿童学业成绩,筹备举行各种成绩展览会。
	学籍股	掌理儿童学籍,每日每月结算出席、缺席儿童数及统计儿童勤惰事宜。
	测验股	主持全校测验材料之统一及测验方式之规定事宜
	统计股	掌管全校一切统计及调制各种图表等
	教具股	掌管全校各种教具用品事宜
	图书股	掌管图书之整理、添置、保管事宜

---

① 《海潮音》杂志社:《长沙组织僧里小学校董会》,载《海潮音》,第18卷第4号,1937年4月;《集成》第196卷,第342页。

② 鄞县佛教会:《鄞县觉民小学行政组织系统表》,载《鄞县佛教会刊》,总第2期,1935年12月;《集成》第130卷,第246页。

续表

各部名称	下属各股	具体职能
训育部	级务股	掌管各级在训育方面应行规划统一等事宜
	训导股	注意儿童品行学业，施以个别训练。
	体育股	注意儿童体格之检查及锻炼事宜
	惩奖股	主持全校惩奖方式之规定及处理其他惩奖事宜
	监务股	注意学校风纪及儿童品行的优劣点，研究改进方法并处理儿童惩奖事宜。
	舍务股	注意寄宿生饮食起居及宿舍设备的清洁事宜，并督促儿童自行保管宿舍用具。

（资料来源：鄞县觉民小学：《行政组织大纲》，载《鄞县佛教会会刊》，总第2期，1935年12月；《集成》第130卷，第249~250页）

从上表看出，觉民小学的基层管理机构"股"共有18个，每个股都有具体而明确的管理事务，这样就保证了学校日常管理的正常运转。

此外，觉民小学在管理中还充分发挥教职工的作用。该小学在管理过程中召开的各种会议如"校务会议、总务会议、教务会议、训育会议和各科教学会议，均由全体教职员工参加；编审委员会由教职员中推定三人以上组织之，办理关于校刊及其他刊物之编审事宜；学生升学及职业指导委员会，由教职员中推定三人组织之，办理关于学生升学择业事宜。各种临时会议由教职员中推选组织之"。①

（三）学生的自我管理

"学生自治"是五四运动后在教育领域出现的一种新思潮和新实践，其以学生为主体的价值取向推动学校教育管理理念的革新及教育管理制度的改革。学界关于民国时期学生自治的研究成果主要是针对大学生和中学生的，尚未发现有成果介绍当时小学生自治的有关情况。② 以下以鄞县觉民小学为例说明当时佛教慈善小学的学生自治情况。

---

① 鄞县觉民小学：《行政组织大纲》，载《鄞县佛教会会刊》，总第2期，1935年12月；《集成》第130卷，第251页。

② 张继才：《二十世纪20年代"学生自治"图景——《学生》杂志所反映的"学生自治"》，载《教育研究与实验》，2013年第5期；党亭军：《民国时期厦门大学学生自治组织的特点述评》，载《教育与考试》，2013年第2期；金国：《中国近代高校学生管理中的"自治"与"他治"述评》，载《高校教育管理》，2013年第2期。

表53：鄞县觉民小学的学生自治情况

类别		内容
实施原则		满足儿童适应社会环境需要；对儿童能力培养有教育意义；切近社会生活；活动有具体的规律；组织有一贯的系统；教师须切实负责指导；培养自治精神及发展儿童自治能力。
组织大纲	基本结构	组织学生会以保甲制为基本组织，以镇公所为综合机关，定名为觉民镇。
	公民组成	凡本校学生皆为本镇公民
	宗旨	为全镇公民谋利益，练习办事能力，养成公共服务的习惯，增进互助的精神。
	最高权力机关	本镇以镇民大会为最高机关，每学期举行一次，产生执行委员会及监察委员会，遇必要时开临时大会。
	执行机关	执行委员会每半月开常会一次，其讨论范围如下：分配职务，处决各部事务，讨论本镇兴革事宜。
	监察机关	监察委员会按规程每半月召开一次，必要时得开临时会议。
	委员来源	本镇各委员均由镇民大会选举产生；体格健全者，品行端正者，学业优良者才能当选。
	导师聘任	本镇各机关得聘请导师一人为常任指导
组织系统		觉民镇—镇务会议—三保(第一保、第二保、第三保)—保甲长会议—下辖两个委员会(执行委员会，监察委员会)。执行委员会含七个部，包括公安部(巡查团、判决庭)、卫生部、学艺部(出版股、游艺股)、图书部、运动部、演讲部、小商店(小邮政、小银行、储蓄股)。其中监察委员会与执行委员会中的公安部关系密切，职能基本相同。

(资料来源：鄞县佛教会：《觉民小学训育概况》，载《鄞县佛教会会刊》，总第2期，1935年12月；《集成》第130卷，第273～274页)

从表格看出，觉民小学的自治组织仿照"镇"这一级行政管理机构而设立，全体学生被称为"公民"，建立了管理团体镇民大会、执行委员会和监察委员会，执行委员会还下辖多个具体管理部门，都由学生进行自主管理。这些做法对于培养学生的公民意识、将来适应社会环境、自我管理能力的培养都有重要的意义。

(四)管理制度

以下从考试、请假和奖惩三个方面说明民国佛教慈善学校的内部管理制度。

1. 考试制度

下表列出了汉口宏化小学、世界佛教居士林仁惠小学、鄞县觉民小学、南山佛化学校四所慈善小学的考试制度。

表 54：鄞县觉民小学等学校的考试制度

学校	考试制度
汉口宏化小学	修业期满,自应遵章举行毕业考试,事前即有教务处筹备各项呈报及考试手续。届时蒙市教育局派委股长傅云龙到校监试,并将各科试卷呈局复核。①
世界佛教居士林仁惠小学	分月考、学期考和毕业考三种。升级：凡学生学期考试总平均分数及一二年级国算二科、三四五六年级国算英三科平均分数均在六十五分以上者,方准升级。②
鄞县觉民小学	每月举行学月测验一次,每学期终了时举行总测验一次,月测验未及格者由担任教师随时严加督促外,并分函通知其家长,学期测验结束时除分发成绩单外,并将各生学业成绩填入学籍簿。③
南山佛化学校	临时考试：每级各科均由教员随堂口头考试,分数多寡与学期考试平均计算。学期考试：每寒暑假前举行考试一次,平均分数及格者给予修业证书,否则留级或开除。毕业考试：修业期满举行毕业考试,平均分数及格者均由本校给予毕业证书,得与普通之省立、县立毕业者资格同等。④

从上表可看出以下几个信息：其一,这些佛教慈善学校的考试类型较多,有随堂口头考试、月考、学期考和毕业考等。其二,注重学习过程的考核,如南山佛化学校将平时随堂口头考试的成绩与学期总评成绩挂钩。其三,根据告示成绩的高低决定学生的修业证书和毕业证书的发放和是否留级等事宜,世界佛教居士林仁惠小学和南山佛化学校的考试制度作了这方面的规定。其四,借考试之机,向社会和教育主管部门展示自己的教育质量,如汉口宏化小学毕业考试的各个环节都接受地方教育主管部门的管理和监督。

2. 请假制度

世界佛教居士林仁惠小学的请假制度在佛教慈善小学中最具代表性,"为防止学生请假弊端起见,特印请假条存学校备用。凡学生确有事故必须请假,应先向学校领取假条,由家长填就或签字、或盖章,送经本校批准方为有效,时间至多一星期,万一逾时,必须续假,若无请假条,或虽有但未

---

① 张启陶：《汉口宏化小学十七八年度行政报告书》,载《海潮音》,第 11 卷第 9 期,1930 年 9 月；《集成》第 176 卷,第 163 页。
② 世界佛教居士林：《世界佛教居士林仁惠小学校简则》,载《世界佛教居士林林刊》,总第 26 期,1930 年 8 月；《补编》第 11 卷,第 99 页。
③ 鄞县佛教会：《觉民小学训育会议细则》,载《鄞县佛教会会刊》,总第 2 期,1935 年 12 月；《集成》第 130 卷,第 256 页。
④ 南山佛化学校：《南山佛化学校章程》,载《海潮音》,第 8 年第 11～12 期合刊,1927 年 12 月；《集成》第 169 卷,第 221 页。

经学校批准,擅自旷课十日内,照缺课扣分,逾两星期者除名,所缴各费,概不退还"。① 从规定看出,该小学的请假制度较为完备,专门印制格式假条、家长签字、续假等规定都能防止学生弄虚作假。

3.奖惩制度

下表列出了民国时期一些佛教慈善学校的奖惩制度。

表55:世界佛教居士林仁惠小学等校的奖惩制度

类别	学校	内容
奖励	广济寺平民工读学校	凡学生成绩优良、品行端正在校始终不请假者,由校酌给奖品,毕业后或送往各工场习学高级工艺,或给与褒奖状,以示鼓励。②
奖励	世界佛教居士林仁惠小学	如一学期内品行学业优良者,给奖励。若两项均列甲等者,除给奖品外,并准免下学期学费,以示优异。③
处罚	南山佛化学校	本校学生犯以下之一者,予以退学:不守校章及常住恒规者;品行不良屡戒不悛者;无故旷课在一月以上者;学期学年试验屡次留级者。④
处罚	观宗义务学校	唯有品行顽劣、屡戒不悛及无故旷课占授课时间三分之一者,得令其退学。⑤
处罚	广济寺平民工读学校	学生有违反校规行为,酌量事情轻重,施以训诫、记过、除名等惩戒之。⑥
处罚	四川各县市佛教会所办小学	不守校规及破坏校誉者,毁谤佛教及破坏全体秩序者,无假缺课每学期达一周以上者,留级至三次者,勒令其退学。⑦
处罚	世界佛教居士林仁惠小学	品行卑劣屡戒不改者,酌量轻重,或记过,或开除。⑧

---

① 世界佛教居士林:《世界佛教居士林仁惠小学校简则》,载《世界佛教居士林林刊》,总第26期,1930年8月;《补编》第11卷,第99页。

② 广济寺平民工读学校:《广济寺平民工读学校简章》,载《中国佛教会月刊》,第5~6期合刊,1929年12月;《集成》第20卷,第164页。

③ 世界佛教居士林:《世界佛教居士林仁惠小学校简则》,载《世界佛教居士林林刊》,总第26期,1930年8月;《补编》第11卷,第99页。

④ 南山佛化学校:《南山佛化学校章程》,载《海潮音》,第8年第11~12期合刊,1927年12月;《集成》第169卷,第222页。

⑤ 观宗义务学校:《观宗义务学校简章》,载《观宗概况》,1936年6月;《集成》第131卷,第238页。

⑥ 广济寺平民工读学校:《广济寺平民工读学校简章》,载《中国佛教会月刊》,总第5~6期合刊,1929年12月;《集成》第20卷,第164页。

⑦ 四川省佛教会:《各县佛教会立两等小学校通行章程》(续前),载《佛教月刊》,第12年第7~8期合刊,1941年8月;《补编》第42卷,第202页。

⑧ 世界佛教居士林:《世界佛教居士林仁惠小学校简则》,载《世界佛教居士林林刊》,总第26期,1930年8月;《补编》第11卷,第99页。

第三节　民国佛教的监狱教诲

对监狱人犯进行佛教教诲，中国自古就有。早在北魏时期，统治者就注重将佛教思想引入狱政管理，"狱滞虽非治体，不犹愈乎仓卒而滥也？夫人幽苦则思善，故囹圄与福堂同居。朕欲其改悔，而加以轻恕耳"。①材料中的"福堂"即佛堂，常人拜佛的目的是求福，故有此名。材料说明北魏统治者认为罪犯在佛堂里悔过自新，能防止其再次犯罪，还能解决讼事久拖不决的问题。武则天当政时期，政府在御史台狱旁建筑精舍（佛舍），运用佛教经义感化罪犯弃恶从善，"所以金舍众资，议立斯宇。欲令见者勇发道慧，勤探妙根。悟有漏之缘，证波罗之果，缨珞为施，菩萨之导引众生"。②到了民国时期，监狱中的佛教教诲有了很大的发展。但就笔者掌握的材料看，学界对此领域很少有人涉及。张东平等指出宗教教诲是民国时期监狱行刑的重要特色，它使罪犯获得一定程度的心理慰藉，客观上有助于促进犯人的道德改悔。③赵震忠对民国时期上海监狱的佛教教诲状况也略有涉及。④应该说，此话题还有较大的研究空间。

一、监狱教诲的官方支持

（一）民国法律对监狱宗教教诲的规定

关于对犯人进行宗教教诲的立法，最早见于《大清监狱律草案》，该草案规定："在监人若请就其所信宗派之教职者，受教礼或行宗教仪式，斟酌情形得许之。"⑤在民国时期，有一些法律法规保证了监狱的佛教教诲能够顺利进行。民国北京政府监狱会议曾决议："监狱教诲应参用宗教，教诲应以因果报应的感化方法为主，而以他教辅之。"⑥在南京国民政府时期，对监狱犯人进行宗教教诲的立法内容更多。法律规定犯人有权请牧师："在情境许可之下，须使各犯人得有机会按期施行其所需要之宗教生活。犯人

---

① （北齐）魏收：《魏书》卷111，北京：中华书局，1974年，第2876页。
② 崔湜：《御史台精舍碑铭》，见（清）董浩编：《全唐文》卷280，北京：中华书局，1983年，第2839页。
③ 张东平、胡建国：《论民国时期监狱的宗教教诲》，载《河北青年管理干部学院学报》，2011年第3期。
④ 赵震忠：《上海旧监狱的教育》，见郭富纯主编：《旅顺监狱旧址百年变迁学术研讨会文集：1902—2002》，长春：吉林人民出版社，2003年，第233页。
⑤ 葛炳瑶、田丰、郭明主编：《监狱法律法规导读》，北京：中国方正出版社，2004年，第387页。
⑥ 转引自王利荣：《中国监狱史》，成都：四川大学出版社，1996年，第229页。

如欲延请其所信仰宗教牧师入监接见,监狱官不得拒绝其请求。如监内有充足人数信仰同一宗教者,监狱须延请一合格之教士按期入监服务。"①此外,国民政府 1935 年通过的《监狱法草案》第六章第七十四条规定:"受刑者请求所信宗教之僧侣来监施教但应得监狱长官之许可。"②1936 年 1 月 31 日司法部的一项法规显示,该部对宗教教诲更为重视:"星期日并应由典狱长邀请教士高僧或佛教团体来监演讲,其犯人中有愿演讲者也得准许,但应予将讲题呈由典狱长核定,演讲时典狱长及教诲师均应莅场。"③此规定保证了犯人有权在监狱内宣讲佛法,有利于监狱内佛教教诲的进一步发展。1946 年公布的《监狱行刑法》第三十八条规定:"对于受刑人应施以教诲及教育";第三十九条指出:"受刑人得依其所属之宗教举行礼拜祈祷或其他适当之仪式,但以不妨害其他纪律者为限。"④

(二)民国司法部对监狱佛教教诲的支持

1917 年民国北京政府司法部针对有教会拟在京师第一监狱乘囚人休息之际敦请会员作德育演说等请求,指出"该教会拟在该监狱乘囚人休息之际,敦请会员作德育演说等情,系为感化人犯起见,事属可行,应准照办",但强调"仍仰将嗣于讲演一切与该会随时商定,务臻完善,俾收实益"。⑤南京国民政府时期,为了能顺利推行监狱佛教教诲,中国佛教会曾向司法部呈文要求给予支持,"中国佛教会第 160 号训令开,查本会为感化狱囚起见,案经呈请司法行政部通令各级法院通令准予佛教团体至各监狱宣传佛教,当蒙核准通令各级法院准予照办"。⑥针对中国佛教会的请求,司法部积极回应,专门发文要求"各省高等法院,转知各监狱,到监宣讲佛教在案。如果笃信佛教,于工余之暇,念诵佛号,不加禁止"。⑦司法部监狱司是专门管理全国监狱的机构,监狱司为居士入监狱宣讲佛法提供了许多便利。当时有一著名的弘法居士王与楫,监狱司特地行文介绍其到山东济南第一监狱进行佛教教诲:"兹有王居士与楫先生精研佛法,愿度众生,顷

---

① 孙雄:《狱务大全——监狱待遇犯人最低限度标准规则》,上海:上海商务印书馆,1935 年,第 408 页。
② 山东省劳改局编:《民国监狱法规选编》,北京:中国书店,1990 年,第 27 页。
③ 山东省劳改局编:《民国监狱法规选编》,北京:中国书店,1990 年,第 88 页。
④ 山东省劳改局编:《民国监狱法规选编》,北京:中国书店,1990 年,第 47 页。
⑤ 司法部:《准教会在监作德育演说令》,1917 年 6 月 26 日指令京师第一监狱第 571 号,转引自河南省劳改局编:《民国监狱资料选》(上),郑州:河南省文化厅批准印刷,1987 年,第 216 页。
⑥ 四川省佛教会:《司法行政两院准佛教团体赴各监狱宣传佛教》,载《四川佛教月刊》,1935 年第 1 期;《集成》第 58 卷,第 366 页。
⑦ 司法部:《司法行政部通令全国监狱一律奉持佛法》,载《佛教月刊》,1940 年第 2 期;《集成》第 60 卷,第 144 页。

闻因事赴鲁,并愿意为监犯讲演佛法,以弘感化,特此介绍,即希接洽一切。此致许典狱长、王员监长。监狱司启。"①中国佛教会曾请求司法部监狱司为赴监狱进行教诲的上海居士林的居士开具证明书,监狱司为此提出了更为便利的方法:"唯证明书似应函由该居士林妥拟书式,印刷多份,一面送至该部,有司通函转至各监收存。一面由该居士林分给宣讲居士,携带到监,以便核对。"②司法部为中国佛教会派员到各监宣讲佛法创造便利条件后,还致函中国佛教会询问实施效果:"司法行政部监狱司函开,敬启者。前据贵会呈请准予佛教团体到监宣讲佛教以资感化一案,业经本司通函饬遵在案,惟各监有无佛教团体到监演讲,其感化成绩若何?"并要求中国佛教会加快推进这一工作:"嗣后务请贵会还派相当人员,随时分往各监广为宣传,以宏佛化,而符慈悲度生之旨,为盼。此致各县市分会。"③

(三)检察机构对监狱佛教教诲的支持

南京国民政府在各省设有检察厅,当时一些省的检察厅对省内监狱佛法教诲的情况十分关注,以下以浙江省为例说明。浙江省金华市监狱自遵令实行佛教教诲以来,收效颇为明显。浙江省检察厅长陶思曾特向全省各监狱发布关于监狱布教的训令,训令详细叙述了该监狱佛教教诲所取得的成绩,并号召各监狱都向金华市监狱学习。在训令中,陶思曾对金华市监狱对犯人进行佛教教诲的登记表格大加赞赏,并向全省各监狱进行推广,即"查本厅前核定第一监狱及上虞县监狱之在监人修持表登记格式,尚属详周,合亟检发",其表格格式如下:

表57:浙江省新旧监狱在监人修持考察表格式

浙江省新旧监狱在监人修持考察表 年月份						
番号姓名	罪名刑期	修持种类	修持时间	每日计数	每月计数	附记
备考							

(陶思曾:《浙江高等检察厅举行监狱佛法教诲之状况》,载《佛化新青年》,1923年第7期;《集成》第14卷,第210页)

---

① 司法部:《司法部介绍王与楫居士至山东济南第一监狱及分监演教书》,载《世界佛教居士林林刊》,总第6期,1923年7月;《补编》第8卷,第136页。
② 朱石僧:《为各监狱同胞请求事》,载《佛学半月刊》,第5卷第7号,1925年4月;《集成》第50卷,第475页。
③ 中国佛教会:《本会通函各县市分会准司法行政部监狱司函送佛教团体到监宣讲佛教成绩表希知照并盼广为宣传以宏佛化由》,载《中国佛教会公报》,1936年第7期;《补编》第31卷,第16页。

从上表看出,表格对犯人的番号姓名、罪名刑期、修持种类、修持时间、每日和每月的计数等信息都有详细的登记,通过此表可以全面掌握每个犯人进行佛法修持的具体情况。训令还根据不同犯人的情况规定了不同的要求,即"凡已修持者,督其精进,将修持者,促其发心,未修持者,起其信念"。训令还规定,"所有修持功课,如诵经或念佛等,各各令其自认,列册登记,逐日查考,毋任荒怠,其有勤修不懈,或因故作辍,或有其他善行,或有顽梗不化者,均据实逐事,填注备考于内,每届月终,汇造总表一份,迳呈本厅查核"。① 从训令内容看出,浙江省检察厅十分关心各监狱犯人佛法修持的效果,要求各监狱将犯人修持佛法情况的汇总表逐月上报。

(四)司法院对佛教监狱教诲的支持

司法院是南京国民政府的最高审判机关,中国佛教会也曾呈文司法院请求支持在监狱实行佛教教诲:"拟请钧院通令各级法院准予佛教团体至各监狱宣传佛教,以资感化,实为公便理合,备文呈请查核施行。谨呈司法院院长。中国佛教会常务委员圆瑛王一亭等。"②针对中国佛教会的请求,司法院特地发文准许佛教团体到监狱进行佛教教诲:"准此,相应抄发上海中国佛教会原呈。函请贵院查照。转知所属各新旧监狱,准予佛教团体到监宣讲佛教,以资感化。附抄原呈一件等因。相应抄附原呈。函请贵院烦为查照。"③

二、监狱教诲社团的建立

民国年间出现了一些专门在监狱进行佛教教诲的监狱弘法社团。这些社团中,有全国性的社团如中国监狱弘法社,该社有时也称为中国监狱弘法会;更多的是区域性的社团,如杭州监狱感化会和合肥监狱感化团等。以下以中国监狱弘法社和合肥监狱感化团等佛教监狱弘法社团为例说明民国时期佛教监狱弘法社团的一些情况。

中国监狱弘法社的主办单位上海市佛教青年会发布有主办中国监狱弘法社的简章,该简章包含了中国监狱弘法社的一些信息,为了说明的方便,现将简章信息列表如下:

---

① 陶思曾:《浙江高等检察厅举行监狱佛法教诲之状况》,载《佛化新青年》,1923年第7期;《集成》第14卷,第210页。

② 中国佛教会:《本会呈司法院为请通令各级法院准予佛教团体至各监狱宣传佛教由》,载《中国佛教会月刊》,总第55~57期合刊,1934年5月;《补编》第29卷,第209页。

③ 司法院:《司法院通令各监狱准许佛教团体至监宣扬佛教》,载《威音》,总第57期,1934年3月;《集成》第40卷,第534页。

表 58：中国监狱弘法社开办简章的主要内容

项目	具体信息
成立背景	参照民国二十年司法会议第 143 号提案中"充实监狱教诲教育"办法。
组织系统	各省市高等法院所在地成立分社,与各法院协商监狱弘法事宜。
任 务	聘请高僧居士前往监狱弘法。募款购印或征集佛教经典及佛学书籍,分送各地监狱,供狱中人阅读。口头或书面答复在监人对于佛学之疑问。
驻会人员	本社设秘书一人,并设文书、弘法、事务三组,各置组长一人,组员若干人,秘书、组长由委员会添充。组员由常务委员派充之。
经费情况	本社经费由各慈善团体募集之,常务委员将收支情况按月公布之。

（上海市佛教青年会：《上海市佛教青年会主办中国监狱弘法会简章》,载《觉讯月刊》创刊号,1947 年 1 月；《集成》第 103 卷,第 9 页）

关于中国监狱弘法社的经费来源,除各慈善团体提供较为固定的经费来源外,在从事某项慈善活动而所需的费用较多时,也会进行专项的募捐活动。如该社在成立后准备向全国的监狱赠送三经合订本两万本,当时计算全部经费,共需黄金二十两之多。单靠该社已有的经济实力,难以完成。于是该社就进行了募捐的分工："白报纸及封面纸归不慧负责劝募,排印工计法币一百八十万元,由范成法师负责。对于经内注解,归唐敬界居士负责,谈妥之后,分头进行。"①经过多方的努力,终于完成了三经的印刷。在募捐的过程中,他们灵活机动,抓住一切可能的机会。如他们在印刷材料准备齐全后,趁上海觉林有大规模的佛教界人士聚会的时机,"唐居士即乘机分送传单,征求附印,结果承本外埠各大居士附印两万五千本",②一下就解决了印刷的人工费用问题。

合肥监狱感化团是当时地方上一个较有影响的监狱弘法社团。为成立该社团动员了社会各界的力量。"拟以大众愿力,集中教诲,当商请于管狱员尹平东,看守主任王文基、朱棣华及县政府法院各方当局诸公,咸蒙许可,旋由刘叔达开始进行,函请县佛教分会、法缘集、女子净业社、西林念佛社、法界莲社、居士念佛社等诸佛化团体,派员参加组织"。③从官方看,司法部门和各方当局都纷纷支持；从民间力量看,各佛化团体和社团都派员

---

① 萧菊生：《中国监狱弘法社之创立经过及工作报告》,载《觉讯月刊》,1949 年第 2 期；《集成》第 103 卷,第 187 页。
② 萧菊生：《中国监狱弘法社之创立经过及工作报告》,载《觉讯月刊》,1949 年第 2 期；《集成》第 103 卷,第 187 页。
③ 《佛教日报》社：《合肥监狱感化团将成立》,载《佛教日报》,1936 年 5 月 7 日,第 1 版；《报纸》第 3 卷,第 9 页。

参加。该社团成立后,吸引了不少社会名流加入。如合肥南门范巷口街孙继贵老居士,崇信佛教,昔任县长时,对于监狱弊政,即极力整顿,禁止刑讯逼供,其仁慈爱民,深为当时称颂。合肥监狱感化团成立后,"孙居士闻讯,亦雀跃署名加入,除对一般囚徒详讲因果,为根本之救济外,并拟捐助医药等费及向各亲友处募化,购备大批佛书经品散发,俾诸犯人于开法后,得诵经礼佛,忏悔自新,依据功课奉行云",①为监狱内弘扬佛法作出了很大的贡献。

此外,一些佛教弘法社团积极主动地同监狱联系弘法事宜。如河南佛学社监狱男女布教团给河南省第一监狱写了这样一封信:"敝社同人,本我佛慈悲救世之旨,开会组织一男女监狱布教团,每逢星期六日,下午三时半至四时半,分组亲诣贵公署男女两狱,输次演讲佛法,俾狱囚人众同沾法雨,各知前非,欣然而勇于向善,思知恩以报恩,今者激之以天良,晓之以佛理,岂为守法知悔已也。从兹上报四恩,下济三途之菩提心,油然生之矣。所陈是否可行,相应函请贵公署查照示复。此为公德两便,此致河南省第一监狱。"②此信内容虽然简短,但是信息含量较为丰富,阐明了监狱弘法的目的、时间、弘法对象等,并征求第一监狱公署的意见,言辞恳切,令人感动,使人感受到佛教普度众生的精神。

三、监狱教诲的三种形式

关于民国佛教监狱教诲的形式,净业社居士袁德常提出了在江苏省第五监狱实行佛教教诲的具体思路:"恭请法师定期宣讲,灌输佛学;赠送佛学善书,成立小图书室;解除烦闷;派员逐日领导念佛,忏悔业障。"③其思路实际上包含了民国佛教监狱教诲的三种基本形式,即宣讲佛法、赠送图书和物品、引导犯人念佛和信佛。

(一)宣讲佛法

在入监宣传佛法的呈请获得批准后,中国佛教会在宏观上规定了入监宣讲佛法的内容:"以采用教会浅说、佛学浅说、安士全书、人生指津、初机

---

① 《佛教日报》社:《合肥监狱感化团最近成绩》,载《佛教日报》,1936 年 7 月 25 日,第 2 版;《报纸》第 4 卷,第 14 页。

② 河南佛学社:《河南佛学社监狱男女布教团致河南第一监狱公署函》,载《海潮音》,第 7 年第 5 期,1926 年 6 月;《集成》第 165 卷,第 217 页。

③ 无锡佛教净业社:《第五监狱佛化记》,载《无锡佛教净业社年刊》,第 4~5 期年刊,1942 年 12 月;《集成》第 132 卷,第 341 页。

敬业指南、因果输回录、劝世白话文、感应篇续编及直讲等书,为最良善本"。①在实际操作的过程中,弘法者大体上按照这个框架对犯人进行宣讲,但在内容上更加丰富。

表59：民国佛教监狱教诲的主要内容

类别	宣讲内容	出处
佛教经典	阿含经、五戒品、佛说梵网经、五戒十善乐道经。	《集成》第154卷,第84页。
	阿弥陀经、八大人觉经、仁王护国般诺波罗蜜多经。	《集成》第103卷,第187页。
佛教的人生观	戒贪、去邪从正、伦常、迷信、性本善。	《集成》第144卷,第190页。
	佛学的人生观	《集成》第159卷,第458页。
	悔过迁善、节俭和浪费、改过。	《补编》第36卷,第470页。
	人生指津、初机敬业指南、劝世白话文。	《集成》第58卷,第366页。
佛教教义	因果轮回之理、五戒六度之行、忏衍悔罪之归、离苦得乐之法。	《集成》第14卷,第210页。
	因果循环、普劝念佛、念佛之功德、观世音菩萨愿力之宏大况力之功德、八苦、人身难得佛法难闻。	《补编》第59卷,第462页。

从上表看出,在对监狱犯人进行佛教教诲的过程中,注重向犯人宣传佛教的人生观,这是因为犯人的佛学修为普遍不深,且宣扬以弃恶从善为核心的佛教人生观,有助于他们反思罪过,有助于他们改造成功,重新做人。

在对犯人宣讲佛法的过程中,一些法师采用多种方法以增强效果。有的法师善于运用比喻的方法,效果颇佳。如广文法师在京师第一监狱演讲时,"凡讲演一题,无不多方譬喻。穷其理而尽其辞。因之在监听众,莫不心领神会。深感兴趣,乐而忘倦也"。②可以看出,广文法师在演讲中善于运用比喻的方法激发听众的兴趣。四川军人监狱的一位犯人所写的感想也说明了在宣讲佛法的过程中采用比喻的方法能有效激发听众的兴趣,达到良好的效果。这位犯人写道:"忽的这一天,听见一位先生说:'譬如有一个小孩子,损毁了别人家的物品,借用了别人家的钱财,后经他的家长教训他一番,拘管他几天,那么人家就能够善罢甘休了么?世界上没有这个便

---

① 四川省佛教会:《司法行政两院准佛教团体赴各监狱宣传佛教》,载《四川佛教月刊》,1935年第1期;《集成》第58卷,第366页。

② 京师第一监狱:《京师第一监狱应用佛教教诲监犯之成绩》,载《佛音》1924年第10～12期合刊;《集成》第145卷,第463页。

宜的事情,你们明白了这个道理,就可以知道你们的刑期,是不能消除你们的罪恶!'我突然一听了这几句话,就好像一支弩箭,不偏不斜,嗖的一声,正射在我的心上,登时就把我全部的精神、全副的耳音,满贯在那人的身上,去听他往下怎讲。"①

关于监狱进行佛法宣讲的周期,一般是每周一次,如湖北佛学院派人到湖北第一监狱宣讲佛法,"夏历每月初七、十四、二十二、二十九;以每日下午二至四点钟为宣讲时间,每场以二三十分钟为度"。②有的监狱如四川军人监狱的演讲周期较长,半月才一次,规定每月之初八及二十三两日为讲演日期。有的监狱在某段时间内每日都举行佛学宣讲,如浙江嘉湖监狱"每日下午讲两小时或三小时"。③该狱不但每日都宣讲佛法,而且每次时间长达两三个小时之久,可能是国内之最了。

(二)赠送佛教读物及其他物品

在对监狱犯人进行佛教教诲的过程中,一些佛教团体和居士还经常将佛教读物和一些生活用品赠送给狱中的犯人,请看下列表格。

表60:民国佛教监狱弘法者向犯人赠送物品

赠送者	赠送物品	材料出处
王居士	念佛珠六百串,经咒若干种。	《集成》第150卷,第309页。
王居士	念珠子数百串,日诵经咒数百册。	《补编》第1卷,第479页。
佛教同愿会	佛像五十份	《补编》第59卷,第497页。
孙居士	医药等费,大批佛书经品。	《报纸》第4卷,第14页。
中国监狱弘法社	三经(普贤菩萨行愿品、观世音菩萨普门品、地藏菩萨本愿经)合订本二万本,痧药水六十打,观世音菩萨庄严镜框、观世音菩萨密宗每日诵念课本、护国品单、西方三圣像等,尊圣善会黄药膏二磅,丸药三百小包;宁波卤萝卜数十斤;调味卤菜黄豆芽两铅桶,价值三百元的五香萝卜,豆腐一千四百块,寒衣一百三十五套,糖果五磅。	《集成》第103卷,第187页。

从上表看出,当时佛教团体和居士赠送给狱中犯人的物品主要有两

---

① 京师第一监狱:《京师第一监狱应用佛教教诲监犯之成绩》,载《佛音》,1924年第10~12期合刊;《集成》第145卷,第464页。
② 李开铣:《佛学院院护致湖北第一监狱吴榘亭函》,载《海潮音》,1923年第9期;《集成》第157卷,第206页。
③ 《海潮音》杂志社:《嘉湖监狱讲演佛学之情形》,载《海潮音》,1922年第4期;《集成》第153卷,第204页。

类：一是弘扬佛法的物品，包括经书、佛珠、经咒、佛像和诵念课本等；二是改善犯人生活水平的物品，如药品、食品和衣物等。有的监狱为了增强狱内的教诲效果，主动向居士索要佛教读物。如江苏无锡的金昌居士著有《因果录》三集，江苏省第二监狱的教诲师读后对该著评价很高，于是写信给金昌居士索要该著："爰请尊著因果录，自三集以下，酌量分寄若干。"①

应该说，向犯人赠送物品本身就是一种很好的教诲手段。赠送弘法物品有助于在犯人中弘扬佛法自不待言，给犯人赠送生活用品对弘扬佛法也有极大的帮助。因为犯人陷于囹圄，身心困顿，对于关爱他们的人必怀以深深的感激之情，在听讲佛法时会产生"亲其师而信其道"的效果。

(三) 引导狱囚诵念佛经、佛号

民国时期的法师和居士在对监狱犯人进行佛教教诲时引导他们诵念佛经和佛号。对于能识文断字的犯人引导他们诵念佛经，如王与楫居士在浙江第二监狱中要求能识文断字的犯人"一应细心诵持阿弥陀经及往生神咒"，对于目不识丁的犯人则要求他们诵念佛号，即"一律每日持念那谟阿弥陀佛圣号一句或一万句或二万声五万声不等"。②有的监狱对于犯人诵念佛经、佛号还有一些专门的规定，如前述浙江某监狱规定犯人在诵念时不得高声："惟本监规则，在监人犯均应清静无哗，此次所颁弥陀经八十四本及饬念佛等事，只准默念，不得高声齐诵，有碍安宁，是为至要。"③湖北蒲圻县监狱规定犯人在诵念佛经、佛号时要绕运动场步行，"督促狱官于工余之后，令钧五等虔诚奉持，并于每日下午五点钟时，率同钧五等在运动场中，绕讲弥陀佛号五百声，诵经忏悔回向"。④

四、监狱教诲的良好效果

(一) 一些犯人认识到自己的罪孽

湖北蒲圻监狱的犯人雷钧五等人在思想上就有这样的认识："数月以来，无敢或阙，行之既久，已觉心境澄清，污浊胥化，以前种种无非罪孽，以后积善日见光明，如大梦之初醒，如拨云而见天，佛恩所被之效果，较之泛

---

① 江苏第二监狱署教诲堂：《江苏第二监狱署教诲堂致无锡金昌居士书》，载《大云佛学社月刊》，总第 87 期，1928 年 9 月；《补编》第 19 卷，第 272 页。

② 浙江第二监狱署：《王与楫之浙江监狱布教令》，载《海潮音》，第 1 年第 3 期，1920 年 5 月；《集成》第 147 卷，第 459 页。

③ 浙江第二监狱署：《王与楫之浙江监狱布教令》，载《海潮音》，第 1 年第 3 期，1920 年 5 月；《集成》第 147 卷，第 459 页。

④ 四川高等法院：《司法行政部通令全国监狱一律奉持佛法》，载《佛教月刊》，1940 年第 2 期；《集成》第 60 卷，第 144 页。

泛之教诲,其相去实不啻天壤。"①他们认为佛教教诲的效果比其他形式的教诲效果要好得多,佛教教诲应在全国范围内全面推广,"钧五等利己利他之心,其众生普度之愿,为社会计,为国本计,故敢冒渎上呈。钧座俯赐采纳,令行全国各监狱于工余之暇,一律奉持佛法,并将念佛列为课程。谨呈司法院院长居。湖北蒲圻监犯雷钧五、周西成等十六人代表全体谨呈"。②可以看出,雷钧五等人向司法院院长居正建议,让全国各监狱的犯人在工余之暇都念经诵佛,将佛学列为监狱教诲的主要课程。中国监狱弘法社成立后,派人到上海江湾高境庙国防部战犯监狱演讲佛法,放映电影并赠送佛书、衣服和食物等,使日本战犯深受感动,日战犯代表菱田元四郎中将致函中国监狱弘法社的主办者上海青年佛教会表示感谢。中国国防部长徐永昌也特致函该会表达谢意,国防部(卅八)桂姿沪0029号公函云:"据本部上海战犯监狱长孙介君卅八年元月七日代电报称,贵会于卅七年度内按期前往该监宣教布道,每次除邀集中外名佛学家及名音乐家,分别宣扬慈悲和平为善去恶之宗教思想,并放映教育片以收陶冶教化之效外,并不时捐赠书籍食物及药品等,各犯皆深受感动等语。贵会不辞劳瘁,热心化导,嘉惠战犯,有助于该监教诲工作,良深感佩,特函致谢,即请查照为荷。部长徐永昌。"③

宣讲佛法的教诲效果有时比较明显,一些犯人在听演讲时就出现了悔罪心理。佛教同愿会的何叔良在北平(现北京)各监狱的演讲就取得了明显的效果,在该会汇总的监狱弘法总体状况的表格中,就有何叔良的演讲对犯人产生效果的记载:"垂泪点头示忏悔意""注意静听似深受感动""静默颇现忏悔意""静默叩首求忏悔者求经卷念珠者甚多,并有呈忏悔状者""垂泪忏悔""点首示忏悔意""静默垂泪表示忏悔者请求经卷念珠者甚多"。④

思想认识转变后,一些犯人开始用实际行动洗刷自己的罪孽。这里举江苏省如皋县(现如皋市)监狱的犯人为例加以说明。该狱犯人洗刷罪孽的行动见表中所列内容。

---

① 四川高等法院:《司法行政部通令全国监狱一律奉持佛法》,载《佛教月刊》,1940年第2期;《集成》第60卷,第144页。
② 四川高等法院:《司法行政部通令全国监狱一律奉持佛法》,载《佛教月刊》,1940年第2期;《集成》第60卷,第144页。
③ 上海市佛教青年会:《监狱弘法社化导战犯国防部来函致谢》,载《觉讯月刊》,1949年第3期;《集成》第103卷,第228页。
④ 佛教同愿会:《监狱布道状况表》,载《同愿半月刊》,1940年第3期;《集成》第59卷,第462页。

表 61：江苏如皋县（现如皋市）监狱犯人赎罪的表现

类别	具体内容
禁语	王亦泉禁语越两年。
抄经卷	朱翘材抄经近百卷。
捐助	该监犯一百三十余人，重此名义，亦同举佛七于一时，不求外助，反汇敛九千文有奇，以输此寺（定慧寺）。
捐助	在当地佛七道场等重大佛事活动，分次输十千十三千文不等。今且推及于掘港西方寺之塑像开光，亦输以十三千之巨。
集资建教诲堂	王亦泉等同众议决，愿再将公犒节羡共集洋二百元建教诲堂三间、病室一大间，分别念佛养疴。

（邓璞君：《如皋县监狱增建教诲堂记》，载《净业月刊》，第 21 期，1928 年 1 月；《集成》第 126 卷，第 335 页）

（二）一些犯人开始信奉佛教

经过监狱中的佛教教诲，一些犯人不但认识到自己的罪孽，还皈依佛法。请看下列表格。

表 62：民国监狱犯人皈依佛法举例

所在监狱	皈依佛法的情况
四川第一监狱	连年以来皈依囚犯已达四百余人；是日皈依男女囚犯达一百余人之多。①
合肥监狱署	兹有狱中开释男女数人，均感人世无常，相继恳求刘居士介绍出家，刘居士以彼辈发心诚恳，兼无家室重累，乃将江理开、王家发、尚志贤、梅少川、胡詹氏等九人均一一介绍，各听其随喜地入本县或外埠寺庵，削发为僧尼。②
提篮桥监狱	皈依者有六十多人③
提篮桥看守所	皈依者有五六百人④

从以上表格可看出，一些监狱和看守所的犯人在经过佛教教诲后，皈依佛法的人数较多，如四川第一监狱历年来共皈依四百多人，提篮桥监狱

---

① 《四川佛教月刊》社：《第一监狱囚犯皈依》，载《四川佛教月刊》，1935 年第 10 期；《集成》第 59 卷，第 29 页。

② 《合肥通讯》社：《合肥监犯多人释后削发出家》，载《佛教日报》，1937 年 1 月 29 日，第 1 版；《报纸》第 5 卷，第 185 页。

③ 萧菊生：《中国监狱弘法社之创立经过及工作报告》，载《觉讯月刊》，1949 年第 2 期；《集成》第 103 卷，第 187 页。

④ 萧菊生：《中国监狱弘法社之创立经过及工作报告》，载《觉讯月刊》，1949 年第 2 期；《集成》第 103 卷，第 187 页。

和提篮桥看守所皈依的犯人共有五六百人之多。这些犯人之所以皈依佛法，佛教教诲显然起了非常重要的作用。

本章小结

民国佛教慈善学校使学生学到了文化知识，孤儿院和职业类学校的学生还获得了赖以谋生的劳动技能，对于民国时期教育的发展有一定的促进作用。民国佛教慈善教育活动对于当前佛教慈善公益事业的发展也有一定的借鉴意义。民国佛教界兴办的慈善学校有一些先进的教育理念，如因材施教、知行合一、自学辅导、小先生制、多样化的德育手段、注重学生的自我管理等，这些教育理念对今天的基础教育仍有重要的借鉴价值。

民国佛教的监狱教诲在中国近代司法史上具有重要的地位。中国古代的刑罚以生命刑和肢体刑为主，强调行刑的恐吓性和痛苦性，突出其威慑效应。到了近代，教育刑在刑罚中逐渐处于主导地位，教育刑主要体现于对在监犯人实行教诲。中国近代监狱的教诲，开始于清末狱制改良，定制于民国北京政府时期，到南京国民政府时期普遍推广。据有学者研究，民国监狱教诲的主要内容包括道德、人性、宗教和社会等诸多方面；从教诲方式上看，包括集合教诲、类别教诲和个人教诲，个人教诲从时机上看又有入监教诲、出监教诲、转监教诲、赏与教诲、惩罚教诲、疾病教诲、接见教诲等不同的种类。[①] 本章所述的民国佛教的监狱教诲，从内容上看是进行宗教教诲的体现；从形式上看，是集合教诲与个人教诲的相结合。从上文所述的民国佛教监狱教诲的情况看，无论从理念转变、制度创新还是从法令颁行、狱务督饬而言，与古代刑罚相比都有很大的不同，是近代中国刑罚变革的重要体现。

---

① 张东平：《近代中国监狱的感化教育研究》，北京：中国法制出版社，2012年，第111页。

第六章　民国佛教界的抗日救国实践

抗战时期,佛教界应该怎样抗敌?如第二章所述,当时就有居士提出了以下十点建议:"(一)宜依照佛教显密经典,虔诚自修,或抄写读诵,或结坛密持,如法祈祷,以求感应而冀消大劫。(二)宜依照佛教教义,并叫人信受奉行,如法修持祈祷,以期合大众之力,增益无量威德,而降伏魔军。(三)宜由真言宗上师,加持密咒,制大量之密咒小袋,分送于前敌兵士,以资加被。(四)宜由佛教大众,组织救护队,直往前方施行救护。(五)宜由佛教各寺各团体,捐助款项及物品,以慰劳前敌将士。(六)宜由各寺庙,将所有收入,除弘法及维持寺庙日常开支外,一律用之以办理后方一切救济慈善公益事业。(七)宜由各自有田产之寺庙,于禅观之余,尽力农田,以符农禅之制,且可自给,不累社会,更可以其有余,以供军食。(八)宜由各寺,将其余屋,自动办理学校,以救济失学之青年。(九)宜由佛教有智慧、有辩才者,组织宣传队,向民间宣传自救救人的要义;以期人人皆能舍身救世。(十)宜由佛教导师,在不背三民主义及新生活运动之范围内,普宣佛教因果报应,缘起性空诸胜义,务令一般人诸恶不作,众善奉行,以断苦因。"①这十点建议中关于护国卫教的措施主要有这样几个方面:主办护国息灾法会、救护和慰劳前线将士、捐献款物、实行农禅和工禅减轻社会的负担、兴办慈善教育和宣传抗日等。

关于实行农禅和工禅,在本书第四章第一节中已有探讨;关于抗战时期佛教界的慈善教育本书第五章进行了研究。关于抗战时期的护国息灾法会,本书第七章进行了研究;本章将对民国佛教徒的抗日宣传、战地救护、慰劳前线将士以及为抗日捐献款物等抗日救国实践进行探讨。其中第一节至第三节分别从民国佛教徒对国内人民、对海外人士、对日本的抗日宣传进行较为系统全面的研究。

---

①　康寄遥:《佛徒抗敌工作》,载《正信》,第 10 卷第 10 期,1937 年 10 月;《补编》第 44 卷,第 406 页。

第一节 民国佛教徒对国内的抗日宣传

一、对僧侣居士的号召

"九·一八"事变发生后,慧慈法师发出号召,指出现在东北边地上的同胞,为着救国保种,血肉横飞,伤亡狼藉,面对这种状况,我们学佛的人们应该发起慈悲心。"我们不仅要口头上宣称要发慈悲心,而且要拿出实际的行动来,去救护那些被杀害的军民,这才是成佛的根本。行菩萨道,就是凡有大智慧、慈悲心,牺牲自己的快乐,而去救度众生的人,就是菩萨。发了心去救众生,要牺牲一切,完全为众生安乐而做一切事业,入地狱,蹈刀山,不以为苦,有病的除其病,没药的施以药,为一切众生作首领、作父母、作儿女、作奴仆、作看护,都是行菩萨道,来十足地表现菩萨精神,方配称佛弟子"。①

"一·二八"事变发生后,中国佛教会号召各地僧众居士"均应共发悲悯救世之心,募集金钱或物品,输送战地慰劳我忘生救国之将士,兼济战区逃出之难民,拯国家之危亡,尽国民之义务。愿我佛教徒踊跃图之。勿居人后,是为至盼。又战地居民死亡枕藉,并望吾诸山人大德,速建法会虔诵佛号,暨观世音菩萨圣号,以祈祷和平,消弭大劫"。②温岭县僧界救国祈祷会鉴于日寇到处暴横,侵占我国领土,生命财产惨受荼毒,向全国各寺院发出呼吁:"我们佛教徒同是国民分子,爱国之心,岂容后人?为我佛慈悲济苦,因国难当头,民众受苦,闻之莫不悲伤,敝会为赓续祈祷慈悲济度起见,努力宣传救国救民,仰祈贵会通函各寺院,诚心祈祷,努力宣传救国救民,不胜感激之至。"③

包括佛教徒在内的中国人民对于日本部分佛教徒成为侵略战争的帮凶是非常厌恶的,他们希望中国佛教徒能够增强社会责任感,为救国作出自己应有的贡献。法铎法师认为,中国佛教徒要增强国民意识,"要洗刷多数日本佛教徒所侮辱了的佛教正义,洗刷我们自己所招得的羞耻,首先需走上国民

---

① 释慧慈:《为救护抗日伤亡同胞告佛教徒》,载《正信》,第 2 卷第 6 期,1933 年 4 月;《补编》第 43 卷,第 197 页。

② 中国佛教会:《本会通告全国各山寺院请发起慰劳战地将士及持诵佛号祈祷和平由》,载《中国佛教会会刊》,总第 31~42 期合刊,1933 年 1 月;《补编》第 28 卷,第 315 页。

③ 诚心:《为国难当头民众受苦该会为赓续祈祷慈悲济渡起见努力宣传救国救民请通函各寺院》,载《鄞县佛教会会刊》,总第 1 期,1934 年 1 月;《集成》第 130 卷,第 108 页。

正义之路。我们要牢记释迦牟尼的两句话:亲族之荫,故胜外人"。①

二、对世俗社会的号召

(一)呼吁政府出兵抗日

"九·一八"事变后,藏传佛教著名活佛诺那·呼图克图立即通电全国,指出日本帝国主义的侵略行为是蓄谋已久的,仅有口头抗议是不可能收回失地的,"窃日本帝国主义之敢于悍然不顾,迹其居心,缘已垂涎甚久,事前筹划已详,进攻步骤如此严整,此非抗议交涉,即能璧还失地"。他以满腔的悲愤之情,要求政府出兵抗日:"警耗传来了,我等痛怆之亟,发指血腾。悲愤之余,惟一希望政府者,即请立下全国总动员令,驱彼倭奴,还我故土。"他还表达了以自己老迈之身参加抗战的决心:"以我等老耄之力,亦愿与之一击,宁作战死鬼,不为亡国奴。"②

全面抗战爆发后,在八路军及晋察冀边区政府领导人的宣传和提议下,在山西牺盟会的影响和帮助下,1938年4月16日五台山举行了声势浩大的僧众大会,宣布正式将"五台山僧界救国会"改称"五台山佛教救国会"。1941年1月五台山蒙藏同乡会和五台山佛教救国会就蒋介石消极抗日积极反共发出了关于团结抗日反对投降的紧急呼吁,阐明"在中华民族已临生死存亡的紧急情况下,抗日则生,降日则亡"观点。③

(二)号召国人奋起抗日

面对日寇的疯狂侵略,佛教界人士号召国人奋起抗日,他们在这方面的观点可概括为这样几点:第一,有血性的中国人都应各尽所能,为抗日做贡献。释万均指出,"夫人之所以为人,为其有血性也,血性者,是非、羞恶、恻隐之心也"。在"日寇侵华,腥秽所致,万里丘墟,吾人年来所努力建设者,悉成灰烬"的情况下,"华夏之人,倘不谋抗战,屈膝事之,以求苟活于一时者,非人也"。他认为,每个中国人不管能力大小,都能为抗战作出自己的贡献。"倭寇虐杀我同胞,我不能驾飞机驱战车,发炮鸣枪以抗之,亦必奋起余痛,发为诗文,以激励国人;又不能,亦必号泣于天,祷之于灶,以祝其速亡"。第二,为抗日而舍血肉之身在所不惜。"人情对抗莫不以血肉之身为真实,屈辱图存,无知故也。佛家之言曰,血肉之身,本非我有,生灭起伏,心业所为。是故能全其心者,不计其身之生死窍通,迷恋生身者,将会

---

① 释法铎:《从日本的侵略说到佛教的耻辱》,载《海潮音》,第19卷第1号,1938年1月;《集成》第198卷,第62页。
② 喜饶尼玛:《抗日救亡中的藏传佛教僧人》,载《中国民族报》,2010年8月31日。
③ 《晋察冀日报》社:《五台山士绅喇嘛畅谈废约观感》,载《晋察冀日报》,1943年4月18日。

失其心。古之人,有杀身取义、舍身成仁者,又有不屈而死,成神天上者,皆为全心故也"。① 第三,抗日要有坚强的意志。太虚法师指出,反侵略的成功,不是容易的,必须要有坚强的力量。"看那些抵抗意志不坚强的国家,如阿比西尼亚和法兰西,不是都已灭亡了吗?中国全国民众在贤明的领袖率领指挥下,以坚强不屈不挠的力量,站在反侵略的最前线,由最先的被侵略国变成最成功的反侵略国了"。②

佛教界人士还批评了民众中存在的甘做亡国奴、甘心受辱的现象,认为这种现象的存在是"无羞恶是非之心"的表现。他们指出,"日寇本无文化,虎狼之性,残忍天成","求为之奴,必然坐视其父兄母妻婉转呼号而不能援之以手,是无恻隐之心也"。③ 释万均指出,忍辱是有条件的,即"忍辱而不致失心,又使对方因惭愧敬仰者,可忍也"。但是,"倭寇灭绝人性,勉强忍之,在我则为失心,在彼则将利我之忍,而恣意为恶,不可忍也"。④

(三)号召每个中国人修六度

"九·一八"事变发生后,四川省佛教会交际员广文在该年国庆日发表演说,指出中国现在应该对日本宣战,中国人个个都应修行佛法中的"六度"法才对。六度的具体内容和修持理由见下表。

表65:广文关于中国人修行"六度"法的观点

修持内容	修持的理由
布施	中国人向来私心很重,只顾自己包包满,不管他人死与生。富翁们应多布施,把一般穷兵穷民能做到丰衣足食,才能去打仗。
忍辱	我国内斗不息,才引起外辱来,这是因为中国人争小利,小不忍则乱大谋,不在小利上争夺,自然就能精诚合作,团结抗日。国人假如都不能忍辱,终究是不能反抗日本的。
精进	在打败日本之前,我们的抗日工作不能退化。有精进心,就不怕死,不用枪炮也能打败日本。
禅定	中国人遇事,每每缺乏镇定功夫,往往听信于道听途说,日本占了东三省以后,又造出许多谣言,是中国人自己恐慌,自己散乱,这是恶毒的计谋。这镇定的功夫就是佛法中所说的禅定功夫,能减少上当受骗。

---

① 释万均:《佛教之救亡抗战观》,载《正信》,第11卷第8期,1938年9月;《补编》第45卷,第21页。
② 释太虚:《反侵略要有坚强力量》,载《海潮音》,第22卷第5号,1941年5月;《集成》第200卷,第344页。
③ 释万均:《佛教之救亡抗战观》,载《正信》,第11卷第8期,1938年9月;《补编》第45卷,第21页。
④ 释万均:《佛教之救亡抗战观》,载《正信》,第11卷第8期,1938年9月;《补编》第45卷,第21页。

续表

修持内容	修持的理由
持戒	不但出家人要遵守清规,在家人也要守清规,如军法、约法以及各团体各单位的规章制度。这样才能使团体和社会清净。中国社会现在的混乱,都是因为不守清规导致的。现在我们应把我们的身心约束在政府颁布的法律之下,可以使国人救国的方法统一。
智慧	中国教育没有普及,所以愚人太多,他们不了解国家已处在危难之中。救国是每个国民应尽的职责,应经济绝交,每家每户抵制日货,使日本经济陷入恐慌之中,没有进行战争的经济基础。

(资料来源:广文:《国庆节参加反日宣传之演说词》,载《四川佛教月刊》,第1年第8期,1931年11月;《集成》第57卷,第151页)

(四)号召世俗社会开源节流

为了筹集抗战资金,一些佛教界人士号召世俗社会开源节流,以下以宽静法师为例加以说明。宽静法师给其在部队当师长的在家弟子谢慧如写信,号召该师在经济上应注重开源,以减轻国家的经济负担。他指出开源的办法主要有二:一是投资,"或交银行生息,或做公司股本,永为全师公积金,以充军费,以备不虞"。二是兴办实业,"平时则督饬兵工垦荒、筑路,眷属纺织营生,寓兵于农、工、商之中,救经济恐慌之弊"。能做到以上两点,"政府既无筹饷之忧,人民又鲜苛捐之累,何患内乱不靖,外辱不平也?"[1]

宽静法师还号召军人厉行节约,为此他还专门算了一笔经济账。他指出该师有7000多名官兵,如果能做到减少肉食,官佐与士兵同甘共苦,"拒绝烟酒嗜好,一年就可节约十二三万"。[2] 全国共有300万军人,如果都厉行节约,每年可节约的费用是一个非常庞大的数字。

宽静法师还指出了建设廉洁政府的重要性。他认为,如果政府能做到廉洁,人民自能争先恐后共赴国难。"以我地大物博之中华民族,以及现有之二三百万海陆空军,只要人人消除贪嗔私欲,个个振作互助精神,加之最高无上之东方文化,出而辅助之世界弱小民族,促进世界之永久和平,吾料数十年间即能蒸蒸日上,而握东亚文明之牛耳。退一步来说,只要我们扎扎实实的努力,即使不能达到上述理想的目的,也绝对不会受日本小国的欺辱"。[3]

---

[1] 释宽静:《宽静师敬告谢慧如师长寓兵于农工商贾以救国难》,载《四川佛教月刊》,第3年第9期,1933年9月;《集成》第58卷,第55页。

[2] 释宽静:《宽静师敬告谢慧如师长寓兵于农工商贾以救国难》,载《四川佛教月刊》,第3年第9期,1933年9月;《集成》第58卷,第55页。

[3] 释宽静:《宽静师敬告谢慧如师长寓兵于农工商贾以救国难》,载《四川佛教月刊》,第3年第9期,1933年9月;《集成》第58卷,第55页。

三、其他宣传内容

(一)佛教可为国防教育做贡献

1. 佛教教育是国防教育的重要组成部分

正平居士认为,全面抗战爆发后,国家处于一种总动员的状态,佛教也要负国家动员的义务。佛教徒承担这一义务的形式就是在佛教教育中增加国防教育的内容。他从三个方面阐述了这样做的理由。其一,近代意义上的国防不仅仅指军事斗争,还包括政治、经济、教育、外交、社会、宗教以及其他国家层面的东西。"我们现在看欧洲人的国防,大约有三种,一个是民族精神和理论的国防,一个是经济方面的国防,一个是军事的国防"。其二,他认为当时的各级各类学校教育对国防教育不够重视。"最近三十年来,学校林立,农工商学校教育之盛,大学生之多,也是前所未有的。可是国家凌夷,有加无已"。究其原因,"这些教育始终都是没有顾到国防的需要。学校虽多,只能造出许多消耗国力的袖手好懒的高等游民"。其三,佛教讲的慈悲平等与国防并不矛盾。他指出,国防的佛教教育并不是要和尚去仇视敌国的人民,而是要和尚去降服敌国的黩武主义。他认为要做到这一点是有可能的,因为"敌国的黩武主义不但被中国人民所厌恶,而且也被敌国的大众所仇视"。①

2. 边疆国防教育中离不开佛教徒的参与

正平居士指出,巩固的国防离不开安定的边疆,而边疆地区绝大多数民众都信奉佛教,所以边疆地区的佛教教育能为边疆的巩固作出应有的贡献。他指出,"我们现在主张在一个整个的国防下面,办理一个国防的教育,在国防教育里面,应该设一个专门的国防专校来训练佛教青年,作为边疆国防的中坚分子"。他认为有佛教徒参与的国防教育才是完整的国防教育,即"无论是对于中国文化还是国际文化,都需要一个佛教学府的佛教大学,然后才能完成整个的国防教育"。②

他进一步指出,建立训练佛教青年的国防专校意义重大。一方面"可吸收优秀的边疆青年到内地来受高等教育,灌输三民主义。同时也可令内地佛教徒有去国防前线工作的机会。因都是佛教徒,就不会引起猜忌"。另一方面可使两蒙西藏边疆地区得到安固,收复东北,另外"世界的和平也

---

① 正平:《佛教教育与国防》,载《海潮音》,第18卷第8期,1937年8月;《集成》第197卷,第247页。

② 正平:《佛教教育与国防》,载《海潮音》,第18卷第8期,1937年8月;《集成》第197卷,第248页。

是可以维持。我们因为爱世界的和平,所以更爱中国,建设一个中国的新国家来保障世界的和平"。①

(二)宣传民族团结

在抗战期间,藏传佛教僧人大力宣传民族团结。他们认识到:"中国的抗战,不啻为各佛教民族的共同要求而抗战,设非中国抗战胜利,则各佛教民族皆将受日本侵略而无独立自主之日!"他们进一步清醒地看到,祖国的前途与自己的命运息息相关,唇亡则齿寒。在国难当头、民族危亡的时刻,只有与各兄弟民族人民紧紧地维系在一起,才能拯救祖国,从而拯救自己。正如《康藏民众代表慰问前线将士书》中所说:"中国是包括固有之二十八省、蒙古、西藏而成之整个国土,中华民族是由我汉、满、蒙、回、藏及其他各民族而成的整个大国族。日本帝国主义肆意武力侵略,其目的实欲亡我整个国家,奴我整个民族,凡我任何一部分土地,任何一部分人民,均无苟全幸存之理。"②日本帝国主义挑拨中国各民族间的关系,达到分裂中国的目的。但是藏传佛教僧人认为日本的这一目的并没有达到,"卢沟桥的炮声反而促成了中华民族的精诚团结——汉满蒙回藏的联合"。这场斗争加深了各民族间的互相了解,促进了民族大团结与协作。抗日战争中,中华民族所表现出的高度凝聚力和强大生命力,成为打败日本帝国主义的先决条件和决定因素。藏族僧人的抗日救亡运动,对于鼓舞抗日斗志,推动抗战高潮进一步发展,促进抗日民族统一战线的形成,增强民族凝聚力,无疑起到了相当重要的作用。难怪当时有媒体认为,"于此可见中华民族之真正团结已有坚实基础"。③

(三)宣传抗战胜利对佛教的影响

民国佛教界人士指出,抗战的胜利不仅挽救了中华民族,也挽救了中国佛教和世界佛教。第一,中国佛教的胜利保全了世界佛教的命运。因为佛教主要分布在亚洲的中国、日本、东南亚和印度等地,佛教的产生地印度的佛教早已衰落,东南亚仅有小乘佛教,日本的佛教混合其神道教,夹杂着迷信与污秽的气氛,忽视了佛教精神所系的戒律,其大多数佛教律只是形式上的,有些佛教徒甚至成为日本军国主义的帮凶。"惟中国大小乘并存,各宗相容,可以说是世界佛教的中心,如果中国佛教灭亡也就意味着世界

---

① 正平:《佛教教育与国防》,载《海潮音》,第18卷第8期,1937年8月;《集成》第197卷,第253页。

② 贡嘎活佛、格桑泽仁等:《康藏民众代表慰问前线将士书》,载《新华日报》,1938年7月12日。

③ 喜饶尼玛:《论战时藏传佛教界僧人的抗日活动》,载《抗日战争研究》,2003年第2期。

佛教的灭亡"。第二,中国佛教在抗战胜利后地位进一步提高。在抗战以前,中国在政治上基本上不上轨道,抗战时期的中国军事第一,佛教命运不佳,偏偏在漫漫长夜中走着这两步霉运了,好像谁也不需要负责,现在僧尼为抗战的胜利作出了重要的贡献,僧尼理应是国民的一分子,"胜利的共同光荣也是有份的,今后中国政治生活中再也不能有迫害佛教徒的事件发生了"。①

四、主要宣传形式

民国佛教界在国内宣传抗日主要采用这样几种形式。

(一)编歌谣

民国佛教界人士为使自己的观点被更多的人接受,他们往往通过编写歌谣进行宣传,如慈航法师就编写了一首题为《佛教护国济民歌》的歌谣,请看其内容:

> 佛法僧,称三宝。要恭敬,当听好。经律论,快读诵。需研究,多请问。戒定慧,勤修持。常精进,得大利。对佛像,先礼拜。见师尊,求识论。孝父母,和朋友。看病人,问他苦。嘿长膏,救物命。念菩萨,有感慨。香花受,茶食弃。随供养,增福举。学文殊,行慈善。问慈氏,度众生。恕观音,憷势至,望弥陀,接引去。②

这首歌谣发表于1936年,正是日本对中国步步紧逼之时。它提倡大家应做好自身的修行,使社会和谐稳定,也就是为护国济民作出了贡献。

全面抗战爆发后,予倩居士编写了一首山歌,用热情洋溢的语言激励民族解放的斗士奋勇杀敌,抗战到底:

> 民族解放的斗士呦,时势是这样的急迫紧张。再不能容我们忍辱退让,中华民族的生死存亡,就决定在这一仗!民族解放的斗士呦,我们的头颅强项,我们的热血沸扬,人人敌忾,步步设防,百折不挠的精神如铁如钢!民族解放的斗士呦,华南、华北,到处变为民族革命的战场,前进、拼命,把血肉筑成围墙!民族解放的斗士呦,我们要誓死遵行领袖的主张,牺牲到底,抗战到底,一朝

---

① 广文:《从佛教立场上分析胜利的意义》,载《海潮音》,第26卷第11期,1945年11月;《集成》第202卷,第216页。
② 释慈航:《佛教护国济民歌》,载《佛教与佛学》,第7期,1936年6月;《集成》第78卷,第183页。

最后的胜利来了,立马昆仑上看我国徽飘扬!①

(二)游行

游行是当时中国佛教界人士进行抗日宣传的又一种重要形式,以下试举两例。其一,诺那、罗桑坚赞、贡觉仲尼等藏传佛教高僧在国难当头之际,求大同,存小异,不仅积极参与组织抗日救国会,还与在京藏族僧俗一起发起康藏同胞抗日大游行,宣传誓死抗日救国,以激励民众抗日热情。其二,四川省佛教会成立了反日宣传会,由该会交际委员广文率领空林佛学院全体学生六十余人,整队出发,旗帜飘动,参加游行,向各民众团体散发传单,并在成都街头分头演讲,所到之处皆引起市民之注意,讲演期间,有市民数百人围观听讲。②

(三)远足旅行

1938年4月,重庆汉藏教理院组织全体师生组成远足旅行团,赴静观场旅行,并有宣传队,宣传抗战及佛教文化,其行程如下:"第一日由院出发至北碚,乘船到土沱,午餐赴塔坪寺。第二日,参观静观场各处。第三日,拟参观复旦大学、北川铁路,或禅岩寺"等。他们在旅行的同时,打出了一些宣传标语,其内容有:"拥护临时代表会议、抗战建国领袖!拥护抗战政府领袖!扩大抗战宣传!以佛教财产办理佛教教育!实现汉藏教理院沟通汉藏文化!"③他们的宣传在重庆引起了较大的反响。

(四)写慰问信

当时一些佛教团体还给前线的抗日将士写慰问信,如南岳佛教青年服务团所写慰问信的内容大致可分为这样几个部分:其一,指出抗日将士为国家和民族付出了巨大的牺牲,即"你们别离了亲爱的父母妻儿,抛弃了繁茂的田地家园,踏上征途,效命疆场,用肉的'金城',血的'汤池',保持了祖宗的光荣,挽救了垂危的国运"。其二,称赞抗日战士的伟大功绩并给予很高的评价。这些功绩包括:"你们伟大的牺牲行动,获得全世界的同情和后方广大群众的奋起。一向山居世外、不问世事的佛教徒,现在也动员起来了,英美法等二十八个国家,不是已经给与我国许多有效的援助吗?日本强盗不是已经无法进展、面临崩溃了吗?""牺牲了个人的幸福,而为国家艰苦奋斗的战士,就是人类的救星,就是'因位的菩萨'",抗日战士的功勋、

---

① 予倩:《全民抗战》(山歌),载《正信》,第11卷第4期,1938年6月;《补编》第44卷,第443页。
② 《四川佛教月刊》社:《国庆节省佛教会及空林佛学院参加讨日宣传之盛》,载《四川佛教月刊》,第1年第8期,1931年11月;《集成》第57卷,第157页。
③ 释惟贤:《汉藏教理院春假旅行宣传佛教抗战文化》,载《佛化新闻报》,1938年4月28日,第1版;《报纸》第7卷,第169页。

英名,"也将因此而流芳千古"。其三,勉力抗日战士坚持到底,争取最后的胜利。"日本强盗的狡诈凶残决定不容我们多咽一口气,向前,我们就会跟着来,把日本强盗赶出中国的时候,最后胜利凯歌轰动全世界的时候,你想,我们多自由,多光荣!"①

(五)其他宣传方式

民国佛教界的国内抗日宣传还采用其他一些方式,以下还是以南岳佛教青年服务团为例说明。该服务团成立后,主要在长沙和衡山等地进行宣传工作,其宣传方式除写慰问信外,还以《阵中日报》副刊的形式出版佛青特刊四期,与长沙县佛教会合作组织长沙佛教青年战时训练委员会和僧伽训练班,召集长沙市佛教徒举行国民公约宣誓;参加"七·七"纪念会、"八·一三""九·一八"等纪念工作;戏院宣传;每周出佛青壁报四张;写大型标语,发慰劳品等。他们还同基督教青年会军人服务部合作,在长沙组织了一个临时贫民儿童俱乐部,教小孩唱歌认字,讲抗战故事给民众听。②

第二节 民国佛教徒对海外的抗日宣传

抗战时期,爱国僧人们除在国内宣传外,还向友好国家的佛教徒和人民呼吁,号召他们支持中国的抗战。关于爱国僧人在国外的抗日宣传,以"中国佛教访问团"(以下简称"佛教访问团")和"中国佛教国际步行宣传队"(以下简称"步行宣传队")两者最为典型。佛教访问团于1939年组建,以太虚法师为团长,于同年11月开始出国访问,先后访问了缅甸、印度、锡兰(今斯里兰卡)、新加坡、马来亚(今马来西亚)、安南(今越南)等地,历时近7个月,在1940年5月回到重庆。步行宣传队组建于1940年,同年11月出国到缅甸进行了历时8个月的访问,于1941年7月回国。民国佛教徒在海外的宣传很有成效,但学界却很少有人关注。就笔者掌握的材料看,目前仅见曾友和、邓子美、陈永革和台湾学者释东初等对佛教访问团有所涉及。③ 本节利用民国佛教期刊和《太虚大师全书》等史料,主要对佛教访问团和步行宣传队的海外宣传情况作较为系统的研究。

---

① 南岳佛教青年服务团:《致抗日将士慰劳书》,载《海潮音》,第20卷第7~8号合刊,1939年8月;《集成》第199卷,第482页。
② 笑定:《佛教青年服务团工作的经过》,载《人间佛教》,1940年第8期;《补编》第67卷,第38页。
③ 曾友和:《"中国佛教访问团"走出国门宣传抗日》,载《四川档案》,2012年第4期。邓子美、陈卫华:《麾下一代新僧:太虚大师传》,西宁:青海人民出版社,1999年,第198~201页。陈永革:《人间潮音——太虚大师传》,杭州:浙江人民出版社,2003年,第250~253页。释东初:《中国佛教近代史》(下),台北:中华佛教文化馆,1974年,第947~951页。

一、海外抗日宣传的必要性

(一)日本在东南亚等地区进行欺骗宣传

在太平洋战争爆发前,日本帝国主义为了掩盖其侵略野心,并为其即将发动的侵略战争寻找借口,在东南亚等地进行大肆欺骗宣传。他们针对东南亚等地人民饱受西方殖民主义长期压迫并怀有强烈的反西方情绪,提出所谓"亚洲是亚洲人的亚洲"的口号;他们宣称当今世界在政治、经济和文化等各领域都由分散向统合发展,亚洲也有"统合"的必要,要建立所谓的"大东亚共荣圈";日本帝国主义还竭力鼓吹日本文化是东亚文化的"真正代表",还宣称他们与东南亚各民族有共同的宗教信仰。①

为了消除中国在东南亚地区的影响、挑拨这一地区人民同中国的关系并掩盖其侵略中国的罪行,日本的日莲宗训练了数十个僧徒,穿着缅甸、暹罗(今泰国)和锡兰(今斯里兰卡)等地的僧衣,能说各国的语言,进行欺骗宣传:"中国已赤化或耶教化,佛教已被灭,日本为保护佛教及东方文化,向中国作神圣的战争,所以凡信佛的国民都应与日本站在一条战线上以对付中国,并且中国是不消三月半年便可被日本征服的。"②他们还说:"中国政府是共产的政府,是耶稣教政府,摧残佛教,我们日本是佛教盟主国,为了保护东亚的佛教,所以同中国作战,这种战争就是佛教同耶稣教的战争,是圣战。"③日本人针对东南亚的伊斯兰教民族,每天有一次阿拉伯文的播音,并散发一些小册子,污蔑中国政府屠杀回民。日本人的这种宣传尤以在缅甸为甚。他们利用缅人的心理和习惯,用种种手段投其所好,甜言诱惑,金钱收买,由于缅人信仰单纯,很容易被蒙骗。他们贿赂一部分缅僧、报纸和政党,公然反对滇缅公路的通车。

(二)东南亚等地区一般民众对中国了解甚少

当时中国的国民外交工作比较欠缺。例如对于缅甸,中国政府和缅甸上层联系较多,但是对缅甸下层关注得很不够。缅甸的上层人物听命于英国殖民当局,在缅甸人的心目中地位较差,很多官员被缅甸人称为"缅奸",在这种情况下许多缅甸一般民众对中国也无好感。中国的抗战持续了三年,多数缅甸人还不知道是怎么一回事,缅甸的一些专业人士对中国的基

---

① 马勇:《太平洋战争前日本在东南亚的欺骗宣传及间谍活动》,载《东南亚研究》,1997年第4期,第60~64页。
② 释太虚:《佛教与国际反侵略》,《太虚大师全书》第27卷,北京:宗教文化出版社,全国图书馆文献缩微复制中心,2004年,第404页。
③ 释乐观:《沪渝僧侣救护队及国际宣传队组织经过》,《僧侣抗战工作史——奋迅集》,1947年1月;《补编》第78卷,第47页。

本情况也不甚了解。当时缅甸影响最大的报纸《缅甸新光报》专门报道中国新闻的记者对中国的行政院、监察院、司法院、立法院等主要机构都不了解,更何况一般的缅甸民众。①

在日本帝国主义的欺骗宣传下,东南亚等地的人民不明日本侵略中国的真相,锡兰(今斯里兰卡)高僧奈拉登说:"我们只接到日本佛教徒的宣传,没有接到中国佛教徒的宣传,所以真相不明。"②缅甸人民"以为中国的政府是耶稣教政府,亦有认作是共产政府的,也不信中国有佛教"。③一些国家如缅甸出现了仇华反华运动,这成为英缅殖民当局将有"战时大动脉"之称的滇缅公路关闭三个月的原因之一,这一关闭行动一度给中国抗战造成严重危机。由于久受日本侵略者的麻醉宣传和唆使,暹罗(今泰国)出现了逮捕华侨的排华事件。

为了与东南亚等地区的佛教界和一般民众建立经常的联系,为东方永久和平的建立打下基础,以太虚法师为代表的中国佛教界爱国人士提出组建佛教访问团,以开展民间外交,扩大在国外的抗日宣传。对这次佛教访问团的任务,太虚法师明确指出:"以宗教的情感,联络近东诸佛教国家,使彼等深切了解中国抗战,系为正义、自由、平等而战,系为保卫佛教而战,同时对敌人之宣传阴谋,决以全力粉碎之",使"彼等明白真相不但对中国抗战深表同情,而且竭尽力量,助我争取最后胜利"。④步行宣传队也阐述了自己的宗旨,即"宣扬政府宏护佛教德意,并揭破日寇在印度、缅甸、暹罗、锡兰各国阻挠我抗建大业之阴谋麻醉宣传,使各佛国人士认识敌人对我所施之一切残忍暴行之真相",⑤并且"阐扬佛教和平正义主张,展开佛教反侵略宣传,唤起国际佛教人士对我抗战之同情,与我携手,成立东亚佛教徒反侵略之广大战线,共同扑灭人间恶魔之日本军阀,以期奠定世界之永久和平之基"。⑥

---

① 释乐观:《沪渝僧侣救护队及国际宣传队组织经过》,《僧侣抗战工作史——奋迅集》,1947年1月;《补编》第78卷,第51页。
② 释苇舫:《应速组织佛教访问团》,载《海潮音》,第20卷第2号,1939年2月;《集成》第199卷,第323页。
③ 释乐观:《沪渝僧侣救护队及国际宣传队组织经过》,《僧侣抗战工作史——奋迅集》,1947年1月;《补编》第78卷,第52页。
④ 释太虚:《佛教国家同情中国抗战》,载《海潮音》,第21卷第5~6号合刊,1940年6月;《集成》第200卷,第87页。
⑤ 《海潮音》杂志社:《佛教国际步行宣传队将出发》,载《海潮音》,第21卷第11号,1940年11月;《集成》第200卷,第232页。
⑥ 释乐观:《沪渝僧侣救护队及国际宣传队组织经过》,《僧侣抗战工作史——奋迅集》,1947年1月;《补编》第78卷,第48页。

二、海外抗日宣传的可能性

（一）中国易于同东南亚等地区的国家沟通

中国同东南亚等地区的国家有沟通的便利条件。关于这一点，佛教访问团的苇舫法师有明确的认识。他认为"东方的一切民族是天然的我们的朋友。我们的国际宣传，不仅要针对欧美国家，尤其要注意到东亚的邻邦，以取得最广大的同情，增加抗战的帮力"。①他还指出，中国的邻国有些在历史上与中国有朝贡关系，朝贡关系同现代的宗主国与殖民地的关系大不相同，中国不曾用暴力去压迫他们，如安南（今越南）、缅甸；有些在历史上与中国有过平等的交往，如印度和锡兰（今斯里兰卡）。

中国易于同暹罗（今泰国）、缅甸等国进行沟通还有一个便利条件就是这些国家佛教徒占多数，佛教僧侣在这些国家有很高的地位。例如"缅甸全国国民是完全信佛的民族，同时对于代表佛的僧侣，也有最大的尊敬心和信仰，凡是僧侣说的话，他们都认为是对的，绝对地信从"。② 这一点在佛教访问团访问缅甸的过程中得到充分体现。访问团在缅甸的瓦城受到两千多缅僧和一万多中缅印人士的欢迎。到达仰光时，欢迎仪式更胜于瓦城，参加游行的群众有三万多人，游行队伍所至，万人空巷，许多人伏地膜拜，以示崇敬。太虚法师面对盛况，兴奋地题诗："下山车似龙归海，迎塔僧如岫出云。金地传承阿育化，瓦城犹见佛仪存。"③

（二）中国官方的支持

面对日本人在东南亚等地区的欺骗宣传，国民党中央社会部专门呈文给中央执行委员会："查缅甸、安南、暹罗等，与我为近邻，迭据各方报告，敌人在上列各地作种种不利于我之宣传活动进行甚力，情形可虑，本部有鉴及此，拟即策动国内佛教人士组织中国佛教访问团，前往缅甸、暹罗、安南、印度、锡兰各地进行抗战建国之宣传，宏扬我国文化，揭破日敌阴谋，借收国民外交之功效。"④社会部在拟定的《策动组织中国佛教访问团办法大纲草案》中指出该团的工作主要有：宣传敌人大陆政策对亚洲各民族国家之影响；征集敌人破坏文化机关及佛教寺庙之事实，向各该访问地区宣布之；

---

① 释苇舫：《应速组织佛教访问团》，载《海潮音》，第 20 卷第 2 期，1939 年 2 月；《集成》第 199 卷，第 323 页。

② 释乐观：《沪渝僧侣救护队及国际宣传队组织经过》，《僧侣抗战工作史——奋迅集》，1947 年 1 月；《补编》第 78 卷，第 51 页。

③ 释印顺编著：《太虚法师年谱》，北京：宗教文化出版社，1995 年，第 245 页。

④ 国民党中央社会部：《抗战初期佛教徒参加抗日活动史料选（上）·社会部致中央委员会呈稿》，转引自《民国档案》，1996 年第 3 期。

宣传敌人违背人道之暴行；宣传我国努力建设之成绩；联络各该访问地区佛教及社会人士之感情；设法增进各访问地区政治当局对我之同情；征集救济难民捐款；举办抗战宣传展览等。①

中央社会部的报告最后到了蒋介石的手中。蒋介石看后，意识到事态的严重性，随即指示由教育部和外交部负责组建佛教代表团到缅甸等国访问，并给予经济援助和外交便利。有了蒋介石的指令后，社会部官员朱家骅致函教育部部长陈立夫，敦促尽快组建中国佛教访问团。在筹组佛教访问团的过程中，太虚法师受到了包括蒋介石、孔祥熙等在内的政府要员的接见。

佛教访问团成立后，聘请多位政界要人为该团的指导委员。"本团已恭请林主席为指导委员长，蒋总裁为名誉指导委员长，孔院长、孙院长、居院长、戴院长、于院长、叶部长、王部长、周部长、何部长、陈部长、张部长、翁部长、吴委员长、陈委员长、云南龙主席、驻日许大使等为指导委员"。②可看出国民政府主席林森、国民党总裁蒋介石、行政院院长孔祥熙、立法院院长孙科、司法院院长居正、考试院院长戴季陶、监察院院长于右任等18位政要都成为该团的指导委员长或指导委员，这在一定程度上说明佛教访问团得到了官方的大力支持。

步行宣传队得到官方的支持可从组队过程等方面看得出来。步行宣传队的负责人乐观法师的一段记述可说明这一点："中央宣传部、中央社会部、国际宣传处、国际反侵略运动大会中国分会各方面，对于我们这个行动，很感兴奋，很同情，国际宣传处曾处长虚白先生，很热忱的赞助，所以不到一星期，就获得中宣部准予备案的批示。"③国民党中宣部国际宣传处联系西南运输处，给予宣传队乘车上的便利，因考虑到缅甸、暹罗（今泰国）等国正处多事之秋，为争取更多的时间，于是在交通上采取权宜之计，在国内这段路程以车代步。

带有官方性质的社团也给佛教访问团以很大的鼓励。国际反侵略协会中国分会和国民外交协会分别给佛教访问团送了一面锦旗，这两面锦旗上书写的内容分别是"苦行救世""奋怒金刚"，对佛教访问团的精神给予高度的评价。国际反侵略协会中国分会还为佛教访问团举行了欢送会，参加此会的有邵力子、

---

① 国民党中央社会部：《抗战初期佛教徒参加抗日活动史料选（上）·策动组织中国佛教访问团办法大纲草案》，转引自《民国档案》，1996年第3期。
② 《海潮音》杂志社：《佛教访问团将出发》，载《海潮音》，第20卷第9号，1939年9月；《集成》第199卷，第499页。
③ 释乐观：《沪渝僧侣救护队及国际宣传队组织经过》，《僧侣抗战工作史——奋迅集》，1947年1月；《补编》第78卷，第48页。

陈真如等各界知名人士共一百余人。在欢送会上，太虚法师作了题为《武力防御与文化进攻》的演讲，阐述了组建佛教访问团的基本动机。

（三）两个团队成员的经历和素质有利于海外宣传

当初太虚法师在寰游世界的时候，就有组团访问佛教国家的设想。寰游归国以后他就为加强与世界上其他佛教国家的联系打基础，先后派留学僧赴缅甸、印度、锡兰（今斯里兰卡）、暹罗（今泰国）等地留学。佛教访问团的成员中，慈航法师有在仰光工作的经历，等慈法师曾留学暹罗（今泰国），惟幻法师曾留学锡兰（今斯里兰卡）。步行宣传队的乐观法师先后在暹罗（今泰国）、安南（今越南）、印度、缅甸等国考察。1932 年，在日本的唆使下，暹罗（今泰国）国内发生政变，成立了亲日政权，压迫华侨。乐观法师组织暹罗（今泰国）留学团，借以通过佛教外交改善中暹两国的关系。他本人在缅甸居留过半年，并在当地受比丘戒。在缅甸雀登贡佛教学校学习过缅文，并取了一个缅僧名字"宇格达拉"。全面抗战爆发前，他在印度曼德拉斯（鹿野苑）国际佛教大学学习梵文。

乐观法师还有参加并组织僧侣救护队的经历，对日本侵华罪行有切身的感受。1937 年"八·一三"事变爆发后，他从印度回国，参加上海僧侣救护队，对于伤兵和难民的救济贡献颇大。后该队转入汉口，因经费紧张解散，乐观法师转入湖南伤兵医院，任政治教官。1940 年由湖南到重庆，组织僧侣救护队，任队长。在重庆遭受敌机轰炸之时，该队积极救护，建立功勋。1940 年 6 月 17 日，蒋介石在中央纪念周会议上对该队工作表示嘉许，赠一奖章，后政府又传令嘉奖。这些经历有利于他在海外的抗日宣传。

海外宣传人员具有无私奉献的精神。步行宣传队的法师们不愿伸手向政府求援，没有向外募捐，采取借钱、变卖衣物等方法筹款，"我商量之下，只好各人在各人身上打主意，拍卖自己，我本无长物，把几件旧僧衣和被盖卖掉，卖得六十元，又向朋友借了一百元，有了这一点办法，才把《宣言》和《简章》印出来，呈请中央党政机关备案"。① 步行宣传队在缅甸揭露了日寇的暴行，引起日寇"第五纵队"的嫉恨，竟准备对宣传队进行加害。缅甸政府事先得到一些消息，通过爱国华侨胡茂庶转告宣传队要当心，提高警惕。但是队员们并没畏惧，仍然坚持自己的工作。

三、海外抗日宣传的内容

中国佛教徒在海外的抗日宣传主要有以下几方面内容：

---

① 释乐观：《沪渝僧侣救护队及国际宣传队组织经过》，《僧侣抗战工作史——奋迅集》，1947 年 1 月；《补编》第 78 卷，第 47 页。

(一)揭露日军对中国佛教的暴行和日本佛教的虚伪

佛教访问团和步行宣传队在海外除揭露侵华日军对中国人民实施的种种暴行外,还着重控诉了日军对中国佛教犯下的滔天罪行。这些罪行可归为以下三类:

其一,轰炸中国的佛教庙宇。乐观法师在缅甸指出,"自抗战以来,前方后方大小寺庙,被日本飞机大炮轰炸摧毁了三分之二。这些惨痛的事件三年半以来不下数百件"。①在锡兰(今斯里兰卡)访问期间,佛教访问团收到国内来电,称日本侵略者加紧了对重庆的轰炸,造成了大量的人员伤亡,不仅重庆各大学等文化教育团体遭受严重破坏,而且重庆的一些佛教寺院也被毁。佛教访问团立即将日本侵略者犯下的这一罪行在科伦坡公之于世,让世界人民认清日本侵略者的丑恶面目。1940年,佛教访问团回国后,还就日机轰炸重庆寺院向缅越暹印佛教徒发表通电:"中央通讯社致锡兰(今斯里兰卡)哥伦布市佛教联合筹备会并转缅越暹印等各国佛教徒公鉴,日本军阀半月来轰炸重庆,不仅各大学等文化机关遭受摧残,昨日竟将重庆佛教古刹长安寺、罗汉寺炸毁,可知日本自称为佛教国全属欺骗,愿全世界佛教徒联合起来,共灭此佛教公敌。"②其二,掠夺寺庙法器。乐观法师指出,"日军所到达的地方,凡是我佛教中的法器宝物,那是掠夺尽净。北平佛寺中保存的世界上最珍贵的旃檀香佛像,和古代藏经版,都被日军掠夺运到日本"。③其三,屠杀僧侣、奸淫女尼。步行宣传队在缅甸也控诉了日军在这方面的罪行,"凡铁蹄所至,僧侣任意屠杀,女尼任意淫奸"。④

步行宣传队通过具体的事例说明自从明治维新后,日本佛教逐渐变质,成为日本军国主义的帮凶。"作战以来,敌机不断轰炸我佛教寺庙,显见日本没有信佛的人。作战三年以来,从来不曾见有日本和尚出来纠正那些日本军阀的造孽行为;日本本愿寺和尚,在东京广播说,中日事件除非把中国十五岁以上的人完全杀掉,方有结束的办法"。步行宣传队通过这些事例,认为"日本素称为佛教国家,自作战以来,他那套假面具,纸老虎,都被我们揭穿了。并不真正信佛,是日本天皇愚弄人民的幌子,使人民替他

---

① 释乐观:《日军在华残害佛教寺庙僧尼》,载《缅甸新光报》,1942年3月18日;《补编》第78卷,第79页。

② 《佛化新闻报》社:《佛教国际访问团电缅越暹印教徒呼吁》,载《佛教月刊》,第11年第7期,1940年7月;《集成》第60卷,第182页。

③ 释乐观:《日军在华残害佛教寺庙僧尼》,载《缅甸新光报》,1942年3月18日;《补编》第78卷,第79页。

④ 释乐观:《日军在华残害佛教寺庙僧尼》,载《缅甸新光报》,1942年3月18日;《补编》第78卷,第79页。

去谋人国家,占人土地的一个烟幕",①"由此种种暴行看来,日本自命为佛教国家的说法,完全是虚伪的,是利用佛教美名,做侵略之实,用佛教的帽子,掩护他杀人的面目"。②

(二)揭露日本侵略东南亚的野心

日军占领海南岛后,佛教访问团当时还未组建,太虚法师就指出日本的野心不在于独霸中国,而在于吞并东亚地区,"是实行其独霸东亚之开端,其直接威胁菲律宾、香港、新加坡及东印度者可无论也。使循其开端之轨辙而进展无阻,则美英法荷在东亚之势力将被一扫而空,以完成独霸东亚之企图矣"。③

步行宣传队向缅甸人民揭露日本侵略东南亚的野心,指出日本速战速决解决"中国事变"的梦想幻灭后,就采用新的侵略伎俩。"想趁火打劫,趁着欧战风云紧急的时机,再放一把野火,企图来燃烧南洋群岛,分化列强的势力,以威逼列强放弃其殖民地,藉此把陷在中国的两条泥腿拔出来,一方面想把列强殖民地南洋各岛攫取过来,以达到他们以战养战的目的"。④太平洋战争爆发后,日本很快占领了包括缅甸在内的东南亚地区,这说明当时步行宣传队对形势的判断是准确的。

步行宣传队指出,日本的侵略野心使缅甸人忧心忡忡。"缅甸人民,从生一直到老死,不知有忧悲苦恼事,男女老少,昼夜六时都沐浴在快乐光阴之中,过的天人生活。自从日本强盗放出这个要南进的烟幕以来,缅甸这座辉煌庄严金光晃耀的大金佛塔上,就蒙上了一层阴影。全缅的人民,都惶惶不安。都在为缅甸的前途命运焦虑着。这都是日本军阀强盗们所赐"。⑤这些宣传在一定程度上激发了缅甸人痛恨日本侵略者的情感。

(三)佛教徒应有护国卫教的思想

步行宣传队在海外大力宣传佛教徒应有护国卫教的思想,为中外佛教徒参加反侵略斗争寻找理论依据。这一宣传主要体现在三个方面:

其一,佛教徒离不开国家。步行宣传队指出,佛法的主义虽然是"世界

---

① 释乐观:《多难兴邦——在仰光华侨国民精神动员委员会第十八次国民月会席上播讲》,《僧侣抗战工作史——奋迅集》,1947年1月;《补编》第78卷,第63页。
② 释乐观:《沪渝僧侣救护队及国际宣传队组织经过》,《僧侣抗战工作史——奋迅集》,1947年1月;《补编》第78卷,第53页。
③ 释惟心:《占海南岛之威胁与佛教国家之诱略》,载《海潮音》,第20卷第3~6号合刊,《集成》第199卷,第405页。
④ 释乐观:《中缅佛教徒团结起来,共同扑灭侵略者的火焰》,《僧侣抗战工作史——奋迅集》,1947年1月;《补编》第78卷,第30页。
⑤ 释乐观:《中缅佛教徒团结起来,共同扑灭侵略者的火焰》,《僧侣抗战工作史——奋迅集》,1947年1月;《补编》第78卷,第31页。

大同",没有种族界和国界的区别,可是在教团建立上,在法化设施上,仍然是离不开国家的。全体佛教徒应当护卫共同的"依报国土",因为生于斯、长于斯的依报国土,与佛教徒有切身利害关系。"如果佛教徒生长的地方一旦被他人压迫、统治、灭亡,就失掉了自由。既失去了自由,处处受着他人的限制,怎能谈得上弘扬佛法、广度众生呢？佛经上说,'对魔慈悲,即是对众生残忍',这就是我们佛教反侵略的根本理论,即佛教应该与国家打成一片,也需要强盛的国家作为佛教的保障"。①

其二,护国卫教体现了佛教的慈悲观念。抗战时的中国多灾多难,"三年半以来,日寇携其凶恶的利器,节节侵占我土地,残杀我同胞,大有明末之情景,牺牲在日寇枪弹炮火下的同胞,何止百千万人,不谈国家民族,就以我佛教的慈悲观念,也就不能忍受。不能望着苦恼的同胞而不救,是真佛子,在这时候,应该要有所表现,为国家民族效劳"。②

其三,中国佛教徒有护国卫教的传统。他们指出,从佛教传入中国近两千年的历史看,历代帝王宰官,多崇信佛教,其间也有像梁武帝出家为僧的帝王。也有像明太祖出家还俗后做了一国之君的,历史上释门中的英雄人物更是多得不可胜数。在列举了这些事例后,乐观法师指出当前中国佛教徒秉承了中国佛教护国卫教的优良传统,"抗战以来,各地多有佛教抗战的旗帜,各项抗日救亡运动都有僧人参加,充分发挥了佛教积极入世的精神"。③

(四)佛教国家应精诚团结、加强交流

中国僧人指出,明治维新后日本佛教逐渐成为日本军国主义的帮凶,"现在暴日还想把这种行为推广到亚洲各佛教国家,来根本的摧灭佛教。倘若不把日本军阀消灭,我们全东亚的佛教是要被摧灭的。所以我们为了保持我们东亚各国佛教制度文化,希望一致联合起来,打倒日本军阀"。④太虚法师在锡兰(今斯里兰卡)政府电台作了题为《应破之迷梦与应生觉悟》的演说,呼吁全世界佛教徒团结起来,从佛教的角度,破除日本侵略者恃优势武器以侵略征服其他国家民族和从侵略其他民族国家以利益自己

---

① 释乐观:《护国卫教》,《僧侣抗战工作史——奋迅集》,1947 年 1 月;《补编》第 78 卷,第 64 页。
② 释乐观:《佛说的"行"与革命家的"干"》,《僧侣抗战工作史——奋迅集》,1947 年 1 月;《补编》第 78 卷,第 58 页。
③ 释乐观:《沪渝僧侣救护队及国际宣传队组织经过》,《僧侣抗战工作史——奋迅集》,1947 年 1 月;《补编》第 78 卷,第 54 页。
④ 释法舫:《为佛教访问团出发告印锡泰缅佛教徒》,载《海潮音》,第 21 卷第 1 号,1940 年 2 月;《集成》第 200 卷,第 2～3 页。

民族的迷梦,宣传和平理想,消除战争危害。① 太虚法师认为,"全世界的佛教徒应该在趁战火尚未蔓延到全世界的时候,运用佛教慈悲救世的清凉水来泼灭这把野火,加强佛教徒的联系,交换意见;使侵略战争早些消弭,使侵略者有所警惕、反省,自拔于泥沼之中,自救救人"。②

对于缅甸,步行宣传队强调中缅两国的共同性。乐观法师指出,缅甸与中国是兄弟之邦,这两个国家、两个民族在今日已成为远东反侵略战线上重要的一环。中缅两国在此时,犹如人之两肩,担荷有拯救卫护全世界人类的重大责任。中缅两国,都是信佛的民族,两国都是正统佛法,两国佛教都有两千年的历史,就两国的地形、贸易来说都是不可分离的。"华人住在缅甸者,多娶缅女为妻室,这种关系尤为密切。为了保持中缅两国的佛教历史,发扬中缅两国的佛教,安定中缅两国佛教徒的清静生活,应联合团结起来,以佛法'慈悲平等'的教义,共同扑灭燃烧世界众生慧命的魔焰";③"中缅两国的佛教虽有大乘和小乘的区分,但两者都是出自佛祖之口,各有各的优点。中国佛教徒希望学习缅甸的佛法宝藏——巴利文经典,把缅甸佛教的长处介绍到中国。同时也愿意把中国大乘佛化的特长介绍到缅甸,使中缅两国佛教文化调合起来,使它们进一步发扬光大"。④

佛教访问团到达缅甸后,太虚法师谈访缅感想:"中国之胜利,亦即缅甸等东方民族之共同胜利,望缅民本我佛之慈悲为怀,与中华民族携手奋进。"⑤他代表中国五十万青年佛教僧侣,向缅甸佛教领袖和权威大德呼吁,请求他们迅速把缅甸全国佛教僧众发动、组织起来,并与被压迫的被迫害的中国佛教僧侣合作,给中国抗战以支持和援助,结成一条坚牢的远东佛教反侵略的联合战线,保障世界人类永久和平。太虚法师在同印度尼赫鲁会谈时表示:中印两国都是文明古国,两国进行联合,对于世界的和平必有很大的贡献;印度文化、中国文化和西洋文化各具特色,但西洋文化偏重于对物的执着,使世界危机日深,中印两国也受它的不良影响,在这样的背

---

① 释太虚:《应破之迷梦与应生觉悟》,《太虚大师全书》第27卷,北京:宗教文化出版社,全国图书馆文献缩微复制中心,2004年,第395~396页。
② 释太虚:《佛教访问团日记》,《太虚大师全书》第32卷,北京:宗教文化出版社,全国图书馆文献缩微复制中心,2004年,第60页。
③ 释乐观:《中缅佛教徒团结起来,共同扑灭侵略者的火焰》,《僧侣抗战工作史——奋迅集》,1947年1月;《补编》第78卷,第31~32页。
④ 释乐观:《日军在华残害佛教寺庙僧尼》,《僧侣抗战工作史——奋迅集》,1947年1月;《补编》第78卷,第79页。
⑤ 《佛化新闻报》社:《佛教访问团抵缅京当地人士热烈欢迎》,载《佛化新闻报》,1940年1月4日,第1版;《报纸》第8卷,第143页。

景下中印两国更应加强文化交流。①太虚法师对印度国民大会领袖波史说:"中国亦决援助亚洲其他国家同得平等自由,所以真正建立亚洲新秩序的关键,仍系在中印两民族的联合。"②

在中国抗日战争即将取得胜利的1943年,太虚法师向全世界佛教徒呼吁战后联合共同建设自由的世界:"然邻近各邦之纯奉佛教如缅甸、暹罗、锡兰等国民,及拥有相当多数佛教徒之安南、印度等国民,或已沦入敌国之势力圈中,或方受敌国之威胁,其可与我国表同情者,正复无量。诚能由中国佛教徒发出在抗战中共同争取胜利,在胜利后共同建设和平国际之呼声,其成为国民外交上之一有力功用,盖无疑义。我全国佛教徒应如何联合各国佛教徒,应如何与各国佛教徒携手偕进,以造成佛教徒之自由世界!"③

(五)介绍中国抗战的状况

抗日战争的爆发,使中华民族空前团结。步行宣传队在缅甸指出,自从日寇发动全面侵华战争后,"我们中国人民,好似水合泥一样,自然团起来了,自然都站在一块了,就是从前拼过刀枪认为生死冤家的,这时也都成了亲密朋友。大家手挽着手,走到抗战的旗帜之下"。④佛教徒坚信,最后的胜利一定属于中国,这是因为"我们中国人民,是富于勇敢、充满活力的民族;我们中国人民,是世界上最爱好和平的民族;我们中国人民是最能刻苦、坚忍、团结、奋斗的民族;大后方人民具有同仇敌忾的精神"。⑤

四、海外抗日宣传的方式

(一)举行演讲

举行演讲是中国僧人在国外进行抗日宣传所采用的最常见的方式。佛教访问团和步行宣传队每到一处都参加集会、发表演讲。佛教访问团到仰光之后,太虚法师马不停蹄地在仰光大学、仰光市政厅、华侨商会、佛教会等处共演讲十多场。在条件允许的情况下,法师们利用电台发表演讲,以扩大宣传范围。上文所述,太虚法师在锡兰(今斯里兰卡)的政府电台作

---

① 释太虚:《在摩诃菩提会与尼赫鲁先生谈话》,《太虚大师全书》第30卷,北京:宗教文化出版社,全国图书馆文献缩微复制中心,2004年,第154~157页。
② 释太虚:《在加尔各答与波史先生谈话》,《太虚大师全书》第30卷,北京:宗教文化出版社,全国图书馆文献缩微复制中心,2004年,第145页。
③ 释太虚:《佛教徒与国民外交》,《太虚法师全书》第27卷,北京:宗教文化出版社,全国图书馆文献缩微复制中心,2004年,第450页。
④ 释乐观:《多难兴邦——在仰光华侨国民精神动员委员会第十八次国民月会席上播讲》,《僧侣抗战工作史——奋迅集》,1947年1月;《补编》第78卷,第61页。
⑤ 释乐观:《多难兴邦——在仰光华侨国民精神动员委员会第十八次国民月会席上播讲》,《僧侣抗战工作史——奋迅集》,1947年1月;《补编》第78卷,第62页。

了题为《应破之迷梦与应生觉悟》演说,呼吁全世界佛教徒团结起来。步行宣传队在缅甸最成功的一次演讲是在仰光华侨精神动员委员会上乐观法师所作的以《多难兴邦》为题的演讲,当晚缅甸的各大华文报纸对他的演讲内容大为宣传。全面抗战开始后,圆瑛法师远赴东南亚各地进行抗日宣传和筹款的工作,他的演讲引起了巨大反响,以至于"大师每到各处,报界人士积极拥护,大力宣传,报道高僧圆瑛老法师,为了拯救祖国,远渡重洋,奔走呼号"。①

(二)会晤各界人士

佛教访问团和步行宣传队在国外访问期间频繁会见各界人士,以争取他们的支持。以下表格列举了部分信息。

表63:佛教访问团和步行宣传队在海外会见各界人士

	访问国	会见的各界名人	备注
佛教访问团	缅甸	现任总理宇勃、森林部长宇素、仰光市长宇容温、前任总理、仰光市长、教育部长、教会部长、达到那边僧王	与缅甸佛教界联合召开中缅佛学会会议,编印中缅文佛教刊物,创设巴利文学院。
	印度	尼赫鲁、"圣雄"甘地、泰戈尔、波史	太虚法师送《自由史观》一书给尼赫鲁,并作《甘地泰戈尔赞》一诗:"中国古墨子,印度今甘地。要见活庄周,来会泰戈尔。寄语庄墨徒,休徒钻故纸,好从面对时,证知实如此。"②
	锡兰(今斯里兰卡)	首相买铁拉卡、科伦坡市长杜拉胜芳、佛教总会会长马拉拉舍克喇	
步行宣传队	缅甸	中缅文化协会主席、各侨领、缅甸众议院议员胡茂庶、缅甸的外交部次长	缅甸外交部次长对该队此次为国奔驰之苦干精神,深为欣欢,慰勉有加。

(资料来源:《仰光通讯》杂志社:《中国佛教访问团抵缅甸之盛况》,载《海潮音》,第20卷第12号,1939年12月;《集成》第200卷,第33~37页。释太虚:《佛教访问团日记》,《太虚大师全书》第32卷,北京:宗教文化出版社,全国图书馆文献缩微复制中心,2004年,第149~157页)

中国僧人在国外期间抓住一切机会进行宣传。1940年1月27日,太虚法师与日本僧人行辽交谈,他指出:"这次中日战争,完全是由于日本军

---

① 明旸主编:《圆瑛法师年谱》,北京:宗教文化出版社,1996年,第141页。
② 释印顺编著:《太虚法师年谱》,北京:宗教文化出版社,1995年,第253页。

阀的狂妄,中国并没有派一兵一卒到日本领土。希望能将中国的实情,转达日本有识人士,一致起来,打倒军阀,这才可以救日本皇室,也就是救日本人民。"①这次谈话揭露了日本侵略中国的实质,并指出日本人民只有打倒日本军阀才能自救救国。

(三)办特刊进行宣传

在访问的过程中,步行宣传队把抗战以来能反映日寇摧残我国各地寺院的材料连同该队组织的经过用中、英、缅三种文字印了一本特刊,分送缅甸各界人士,使缅人对日寇的虚假宣传有所了解。特刊内容包含呈报公文、函电、记述、照片等,取材新颖,编印美观,深受喜欢。特刊文笔优美,大力宣传了中国的抗战,下面以其登载的题为《此日今时》的作品为例加以说明。

> 此日今时:大地在动荡着,全世界人类都走进了黑暗之乡;一个个都是忧愁、苦闷、徘徊、焦虑、彷徨;贫、富、贵、贱是一样,正义、人道、公理,一切早被侵略者撕毁、埋藏,和平之神也展不开它两肋的翅膀,处处只见着一堆堆的白骨和血浆。
>
> 此日今时:世界上只有吃人者和被人吃的两个面相,无力的被人吃掉,有力的站起来抵抗;看:一般强盗正在那里商量分赃——化妆,又变化新的吃人花样,企图放火攫取的方向,自由新中国做了太平洋上一座桥梁,文明人类的两眼,都向着中国投射着热烈的瞩望。
>
> 此日今时:一步坎坷,一步进展,三年半的战斗,锻炼出新中国的伟大力量,愈战愈兴奋,愈战愈坚强。黄帝的子孙们!要整齐震撼山岳的步伐,同心同德,驰进生存的战场,不用惆怅!不是我们死,就是倭奴亡!擦亮我们的刀枪,准备把敌人赶出鸭绿江!②

可以看出,这是一首散文诗,文笔优美,气势磅礴。这首诗共分为三段,第一段无情地鞭挞了侵略者的罪行,第二段着重指出中国在世界反法西斯战争中所起的重要作用,第三段表明了中国人民抗战到底、争取完全胜利的决心。除特刊外,步行宣传队后来还发行《中缅佛教》月刊作进一步

---

① 释太虚:《在菩提场告日僧行辽》,《太虚大师全书》第30卷,北京:宗教文化出版社,全国图书馆文献缩微复制中心,2004年,第151页。
② 释乐观:《此日今时》,《僧侣抗战工作史——奋迅集》,1947年1月;《补编》第78卷,第112页。

的宣传。①

(四)发表通电和公开信

1938年2月8日,武汉佛教徒致电日内瓦宗教推进会、伦敦佛教会、巴黎世界佛学会、纽约菩提精舍及其他各国佛教团体,为中国抗战呼吁。电文云:"日本侵略中国,残害人类,全出于不明人我性空,自他类同,善恶业报,因果缘生之痴迷,及掠夺不已之贪,黩武不止之嗔,凌厉骄傲之慢等根本烦恼,以造成今日世界和平之破坏,其愚痴实堪怜悯。务请我全世界佛教徒联合一致,运大慈悲,以般若光照破其妄想之邪见,建议各国政府,以方便力阵伏其凶暴魔念,速令日本少数军阀的疯狂消灭,拯救日本多数无辜人民,以及中华人民早获安全,世界得保太平,以符合我佛普度众生之旨。"②在佛教访问团启程赴国外访问的同时,法航法师发表了题为《为佛教访问团出发告印锡泰缅佛教徒》的公开信,揭露日本佛教的虚伪,并号召印度、锡兰(今斯里兰卡)和暹罗(今泰国)等国的佛教徒联合起来,打倒日本军阀,保护东亚的佛教,保持东亚各国佛教制度文化。

除口头演讲和文字宣传外,步行宣传队的乐观法师还到缅寺安居,与缅僧同样生活,学习缅甸佛法宝藏,认为"只有这样,才能达到联络的地步,而可以做根本上的沟通"。③

第三节 民国佛教徒对日本佛教徒的宣传

中国佛教界人士除在东南亚和国内进行抗日宣传外,还对日本佛教徒进行宣传。其宣传内容主要体现在以下几个方面:

一、揭露日本侵华对世界和平的危害

(一)破坏亚洲和世界的和平

民国佛教界人士指出,日本的侵华行为使其成为破坏亚洲和世界和平的罪魁祸首。1928年"济南惨案"发生后,浙江佛教联合会致电日本佛教徒称:"吾全世界从佛口生,从法化生之佛子,同体一心,故非民族、国家可分隔,然贵国当局,此次纵其无明贪嗔,出兵夺攘华北,挑觉各商埠,做破坏

---

① 《西北佛教周报》杂志社:《中国佛教国际宣传队发行〈中缅佛教〉月刊》,载《西北佛教周报》,第31~34期合刊,1941年8月;《集成》第91卷,第356页。
② 武汉市佛教会:《武汉佛教徒电各国佛教团体》,载《大公报》(汉口版),1938年10月26日。
③ 《中国新报》社:《乐观法师访问记》,《僧侣抗战工作史——奋迅集》,1947年1月;《补编》第78卷,第76页。

东亚或世界和平之戎首,既残安全在华之日侨,复大屠无抵抗之华军华民,杀盗淫妄,罪无不犯。致全华全世界皆以贵国为怨府,实为不慈不仁之极。"①

中国佛教徒指出,日本的侵华行动将使日本成为发动世界大战的始作俑者。《现代僧伽》杂志社认为在"九·一八"事变前,"第二次世界大战,布置已定,惟少导火线而。不料贵国政府,不惜甘为破坏世界和平之罪人,世界大战之作俑者"。② 太虚法师认为,日本"强占中华民国东北地区,强迫满人蒙人为傀儡妄言独立,逼令东亚以至南亚全亚佛教民众入于自相屠杀之一途,将亚洲民族复兴的活路突然堵塞,将世界和平之基础忽而摧坏"。③

宽道法师指出,日本乘中国政府忙于应付史无前例的大水灾之际,侵占中国东北地区,这种行为将使人类惨剧"再演于同文同种之邻邦,或将断送共存共荣之东亚"。④ 日本发动全面侵华战争后,中国佛教会向日本佛教徒指出,"从九·一八到今天我们两大民族中间,摆着一串血腥的事实,破坏了我们千余年来的友谊,破坏了我们文化合作的关系。破坏了东亚的和平,破坏了世界的和平"。⑤

(二)侵华政策给日本本国造成深重的灾难

中国佛教界人士认为,日本发动侵略中国的战争,其本国也会深受战争的危害。中国佛教会指出,日本"军备不断地扩张,造成大众生活之不安,社会经济之恐慌,民族道德文化之损失,尤其是最可痛心的一批批纯洁之青年,受黩武主义的麻醉,被派到我们的领土上来,以疯狂的姿态,执行所谓光荣的使命"。⑥ 德馨居士认为,当中日战争进行到"中国筋疲力尽

---

① 浙江省佛教联合会:《电日本佛教联合会》,载《佛化旬刊》,总第116期,1928年6月;《集成》第17卷,第559页。
② 《现代僧伽》杂志社:《告日本佛教徒书》,载《现代僧伽》,第4卷第3期,1941年10月;《集成》第67卷,第109页。
③ 释太虚:《为日本侵华问题告台韩日四千万佛教民众书》,载《佛化随刊》,总第18期,1931年12月;《集成》第28卷,第309页。
④ 释宽道:《告日本全国佛教徒》,载《海潮音》,第13卷第1号,1932年1月;《集成》第180卷,第118页。
⑤ 中国佛教会:《中国佛教会致日本佛教徒书》,载《佛教月刊》,第8年第1期,1938年1月;《集成》第59卷,第475页。
⑥ 中国佛教会:《中国佛教会致日本佛教徒书》,载《佛教月刊》,第8年第1期,1938年1月;《集成》第59卷,第475页。

时,相信日本也山穷水尽了。结果两败俱伤,欧美列强坐收渔人之利"。①太虚法师更是明确指出,中日之间相持不下的战争会"引起欧美各国相聚东亚以作战场,发生二次世界战争,中国固受其苦,而日本数十年来所造成的政治的、经济的优势将会被摧毁殆尽"。②

从"九·一八"事变开始,中国佛教界就向日本宣传,日本的侵略政策必将导致其亡国。《现代僧伽》杂志社指出,日本发动对中国的侵略,对于其本国"无一利而有百害,远则足以灭亡三岛而有余,近则帝国亦将瓦解,而蹈德意志之覆辙"。③太虚法师清醒地认识到,由日本挑起的中日之间的战争,"将悬十年二十年而不已。戎首既为日本,结果非陷日本于灭亡不可"。④"七·七"事变发生后,太虚法师指出,"中日冲突已达危迫之极点,将陷中日民族于数十年相争相杀,卒致日本自杀,遗地球至惨之祸"。⑤ 太虚法师在抗战处于相持阶段的1940年,更清楚地向日本佛教徒指出日本必然灭亡的命运,日本侵华"近三十二个月以来,已消耗尽数十年来所积蓄的物力和人力,仍得不到一点可以安定下来徐图苏息的征兆。若循现势下去,不速自救,则未有等待崩溃的到来而自杀身亡了"。⑥

二、分析中日战争日本必败的原因

中国佛教界在对日本的宣传中,明确指出中国必胜,日本必败。这个观点不是凭空得出的,而是佛教界人士在全面分析多方面的形势后得出的结论。他们认为日本必败的原因如下:

(一)日本军阀对形势的误判

太虚法师指出,"日本军阀为贪慢痴心所蔽,浅见短视,妄以为历史上少数的蒙古人和满清人曾用兵力及汉奸灭亡过中国,错认为优势的日军利用汉奸的傀儡组织,便可征服今日的中国,却忘了近代的中国,由英美法俄等复杂国际关系支持着,且清季以来中国民族的自救运动已到了精力弥满

---

① 德馨:《告日本佛教徒》,载《佛教月刊》,第7年第9期,1937年8月;《集成》第59卷,第420页。
② 释太虚:《为日本侵华问题告台韩日四千万佛教民众书》,载《佛化随刊》,总第18期,1931年12月;《集成》第28卷,第309页。
③ 《现代僧伽》杂志社:《告日本佛教徒书》,载《现代僧伽》,第4卷第3期,1941年10月;《集成》第67卷,第109页。
④ 释太虚:《为日本犯中国电告其国佛教徒》,载《四川佛教月刊》,第1年第8期,1931年11月;《集成》第57卷,第174页。
⑤ 释太虚:《电告日本佛教徒》,载《佛教月刊》,第7年第9期,1937年8月;《集成》第59卷,第424页。
⑥ 释太虚:《告日本佛教徒书》,载《人间佛教》,1940年第7期;《补编》第67卷,第3页。

高涨的时代,已不是宋末明末之时可比"。① 太虚法师还认为,日本的军阀没有"充分认识到中国最高领导人蒋介石的作用,往往以李鸿章和袁世凯等以前的人与蒋介石相比,认为可用兵力征服,或者可用汉奸来分化,殊不知蒋为第一流的军事家,在庐山总训军官时的演说,早已预见到近三年来抗战的情况,绝非现在的日本军人能够比拟"。在太虚法师看来,蒋介石"既有远见,又有坚强的意志,一旦开始抗战,自必抗战到底",在"七·七"抗战开始后,他"不但成为国内军民大团结的最高领袖,也成为国际所仰慕的伟大人物,绝不是诱降战略所能成功的"。②

象贤法师认为,日本军阀对形势的误判还体现在错用了"国家主义"这一思潮。国家主义"在一个国家本身没有统一的情况下是可以适用的",但是日本作为一个早已统一的国家打着国家主义的旗帜,不惜牺牲自己国内外良好国民的生命,以满足其少数野心家的愿望,必定没有好的结果。"不但日本是如此,凡是国家主义的帝国主义国家,迟早恐怕是免不了同一个命运"。③

仁心法师更指出,日本军阀对形势的误判还体现在低估了中国人民的抗日斗志。"中国人不尽是羔羊任你强暴宰杀而不知反抗,数年来让之又让,忍之又忍,实为爱护世界和平、保持东亚幸福、不忍同种相残陷两民族于悲惨的境地。而今忍让已到最后关头,和平没有希望了。大军压境,逼中国为城下之盟,中国纵极度无能,亦得领率健儿和你一拼"。④ 从这个角度看日本也难以灭亡中国。

(二)中国是大国,日本难以灭亡

早在"九·一八"事变后,太虚大师就认为:"英较日强盛十倍,因一甘地之反抗,尚无术施高压手段于殖民地之印度,今以人众地大蓬勃兴起之中国民族,岂甘为日本所征服?"⑤在这样的情况下,中日之间的战争势必进入相持的状态,中国"利用其交通不便,使新战器失其效用,兵连祸结,相持不下"。⑥

---

① 释太虚:《告日本佛教徒书》,载《人间佛教》,1940年第7期;《补编》第67卷,第4页。
② 释太虚:《告日本佛教徒书》,载《人间佛教》,1940年第7期;《补编》第67卷,第5页。
③ 释象贤:《日本佛教徒应一致觉悟起来》,载《现代佛教》,第5卷第3期,1932年3月;《集成》第67卷,第501~502页。
④ 释仁心:《告日本佛教大众》,载《海潮音》,第18卷第8号,1937年8月;《集成》第197卷,第238页。
⑤ 释太虚:《太虚致书日本佛徒请促军政财阀觉悟》,载《威音》,第35期,1931年11月;《集成》第35卷,第507页。
⑥ 释太虚:《因辽沪事件为中日策安危》,载《海潮音》,第13卷第5号,1932年5月;《集成》第180卷,第492页。

中国佛教界人士还认识到日本的经济难以支撑长期战争,如太虚法师对日本经济就有清醒的认识:"日本为后起之工业国,粮食材料多依靠中国,且环顾全球,更无销售日本商品之市场。半年一载之后,兵力势必随经济力而衰竭,兵力受挫后,国内民怨沸腾,民众运动兴起,日本帝国就有倾覆的危险。"①

(三)国际社会不会坐视日本灭亡中国

对于国际形势非常了解的太虚法师认为国际社会不会坐视日本灭亡中国。他指出,中美苏三国联合起来共同对付日本的可能性非常大。"假如中美苏三国联合,必能置日本于死地。因为不甘心日本独霸中国市场,担心中国会加入第三国际,美国肯定会牵制日本,其海空军足以制服日本,中国的陆军足以和日本的陆军相抗衡。从联苏的角度来说,中国国民党和苏联共产党有很深的渊源,联苏的可能性也很大"。②

(四)因果循环报应规律也不会让日本猖狂很久

中国佛教徒运用因果报应的理论指出日本必然失败。浙江佛教联合会认为日本数年前发生的地震,"为全世界空前之浩劫,其余风雪之灾,亦甚于他处,是皆恶业感召所致"。该会指出,"佛教首重感化,故使一切众生忏悔恶业,断除恶行,尤为要端。近来贵国出兵山东,无故残杀我多数军民,此等强暴举动,非但世界公理所不许,造次凶横之恶业,必受重大之恶报"。③

第二次世界大战的结局说明,太虚法师等人对日本前途的预测以及对日本必然战败原因的分析是正确的,这也体现了他们具有很敏锐的预见性。

三、指出中日两国关系的光明大道

中日之间应该实现和平,这是民国佛教界的共识。他们指出,佛教文化是中日间实现和平的重要纽带。中国青年佛学会认为,中国和日本"不但同洲其亚,种同其黄,且文教风化之同,亦千百载于是。而贵国与吾国文化之同,强半因缘佛教。故贵国通俗所用之和文,亦由留学我国佛教之空海大师所造。今贵国人民多数为佛徒,吾国人民亦然,前岁东亚佛教之大

---

① 释太虚:《因辽沪事件为中日策安危》,载《海潮音》,第13卷第5号,1932年5月;《集成》第180卷,第492页。
② 释太虚:《因辽沪事件为中日策安危》,载《海潮音》,第13卷第5号,1932年5月;《集成》第180卷,第492页。
③ 浙江佛教联合会:《浙江佛教联合会致日本佛教团体电》,载《海潮音》,第9年第5期,1928年6月;《集成》第170卷,第317页。

会,吾国佛徒团之赴会,深念贵国佛徒及朝野人士,犹未失千百年来文化风教相同之情感"。① 仁心法师从同文同种的角度说明了中日实现和平有共同的文化基础,"从地理关系上说,从历史友谊上说,从国民幸福和国际厉害上说,这两个国家无论如何应该合作以求共存共荣,总有利害冲突之处,亦当权衡轻重,互求相让复归于和平"。②

佛教界人士还认为,西方优胜劣汰、生存竞争的学说是导致近代战争频发的原因之一。中国和日本应该以佛教文化为代表的东方文化为主导,实现中日间的和平,以维持人类之和平,这是东方文化的责任,也是东方民族的责任。③ 太虚法师认为,"日本民族有爱护其民族文化的心念,日本佛教徒更有圣德太子建立的国家和文化",用日本传统的民族文化能够"唤醒全日本的人民,共同起来要求撤退侵入中国的军队,回复民国二十年九·一八以前的中国领土与行政完整,日本民族保存千百年文化历史于将来悠久绵延不绝之幸"。④

在以上分析的基础上,中国佛教界人士进一步指出,中日间实现和平对中日两国、对亚洲乃至世界都有很大的益处。

(一)中日和平对两国都有利

太虚法师认为,"日本与中国联合,在经济上进行合作,可以开发中国的丰富资源,日本工业发展可获得原料,商品可销售于中国的市场,日本人到中国移民,可解决日本的人口问题"。太虚法师乐观地估计,如果中日间实现联合,等到第二次世界大战爆发后,"中国可收复香港澳门等地,到时中国和日本可以援助英国在太平洋地区的殖民地及朝鲜、缅甸、暹罗、安南成立为自由联盟国家,更可帮助印度、锡兰成立联邦共和国,在这个国家群体中,佛教应成为其总神经,会形成一个令人向往的人间乐园"。⑤

中国青年佛学会认为,中日间实现和平能使日本成为亚洲复兴的盟主。该会指出,假如日本能立刻"与欧蛮帝国主义断绝关系,撤回华北之兵,解除吾国之不平等条约。退还侵占吾国之不平等利益,而援助吾国三

---

① 青年佛学会:《告日本佛教徒书——为日本出兵华北事》,载《海潮音》,第8年第8期,1927年9月;《集成》第168卷,第333页。
② 释仁心:《告日本佛教大众》,载《海潮音》,第18卷第8号,1937年8月;《集成》第197卷,第238页。
③ 中国佛教会:《中国佛教会致日本佛教会重要宣言》,载《四川佛教月刊》,总第12期,1932年4月;《集成》第57卷,第238页。
④ 释太虚:《告日本佛教徒书》,载《人间佛教》,1940年第7期,《补编》第67卷,第4页。
⑤ 释太虚:《因辽沪事件为中日策安危》,载《海潮音》,第13卷第5号,1932年5月;《集成》第180卷,第492页。

民主义之国民革命的成功,又进而援助印度及南洋群岛,皆脱欧蛮帝国主义之羁绊。则执牛耳者必为东南亚之佛化,贵国自为亚洲复兴之盟主"。①

(二)中日和平对亚洲复兴、世界和平大有裨益

太虚法师认为,佛法是亚洲各民族文化的总线索,以之复兴亚洲的民族文化,复兴亚洲的民族国家,可收到良好之成效。中国和日本是亚洲信奉佛教的两个最主要国家,只有中日间实现和平,才能达到以佛教振兴亚洲的目的。②

中国佛教会认为,中日间保持和平不仅关系到亚洲的和平,还对世界和平有重要影响。第一次世界大战以及战后的无产阶级革命和民族解放运动说明欧洲文明陷入全体崩溃与末路。在这种情况下,佛教文化应该为国际和平、世界大同局面的实现作出自己的贡献。中国佛教会指出,如果中日间能实现和平,就会"使西方民族知我东方文化果足为长治久安之保障,则关系于世界文化之趋势及人类之幸福者其重大为如何。东方民族之责任在此,我佛教徒之责任亦在此"。③

四、呼吁日本佛教徒制止侵略行为

为了争取和平,中国佛教界一直没有放弃对日本佛教徒的争取,从1928年"济南惨案"到1937年日本发动全面侵华战争,中国佛教会和太虚法师等名僧一致通过发表宣言和通电的方式呼吁日本佛教徒制止其本国军阀的侵略行为,请看下表。

表66:民国佛教界呼吁日本佛教徒制止本国军阀的侵略行为

呼吁人	时间	宣言(通电)名称	资料来源
太虚法师	"济南惨案"后	《致日本佛教联合会电》	《补编》第19卷,第273页。
太虚法师	"九·一八"事变后	《为日本犯中国电告其国佛教徒》	《集成》第57卷,第174页。
太虚法师	"九·一八"事变后	《为日本侵华问题告台韩日四千万佛民众书》	《集成》第28卷,第309页。

---

① 青年佛学会:《告日本佛教徒书——为日本出兵华北事》,载《海潮音》,第8年第8期,1927年9月;《集成》第168卷,第333页。
② 释太虚:《为日本侵华问题告台韩日四千万佛教民众书》,载《佛化随刊》,第18期,1931年12月;《集成》第28卷,第309页。
③ 中国佛教会:《中国佛教会致日本佛教会重要宣言》,载《四川佛教月刊》,总第12期,1932年4月;《集成》第57卷,第238页。

续表

呼吁人	时间	宣言(通电)名称	资料来源
太虚法师	"卢沟桥事变"后	《太虚法师为时局问题发电告日本佛教徒》	《集成》第59卷,第424页
宽道法师	"一·二八"事变后	《告日本全国佛教徒》	《集成》第180卷,第118页。
法舫法师	1934年	《评第二届太平洋佛教青年会》	《集成》第61卷,第264页。
象贤法师	"一·二八"事变后	《日本佛教徒应一致觉悟起来》	《集成》第67卷,第501~502页。
全国佛教会议部分代表	"济南惨案"后	《电日本佛教联合会》	《集成》第17卷,第559页。
中国佛教会	"九·一八"事变后	《本会电日本佛教联合会请唤醒国民条陈政府制止对华军事行动由》	《补编》第28卷,第185页。
中国佛教会	"九·一八"事变后	《中国佛教会为日本侵略致彼国佛教界书》	《集成》第47卷,第255页。
中国佛教会	"一·二八"事变后	《中国佛教会致日本佛教会重要宣言》	《集成》第57卷,第238页。
中国佛教会	"卢沟桥事变"后	《中国佛教会致日本佛教徒书》	《集成》第59卷,第475页。
《现代僧伽》杂志社	"九·一八"事变后	《告日本佛教徒书》	《集成》第67卷,第109页。

以上表格所列宣言和通电内容可概括为以下三个方面:

(一)日本佛教界具有唤醒政府的便利条件

宽道法师指出,日本佛教徒"厕身军政大有其人。倘能根据教义,唤醒政府,幡然改图,立循正轨,化干戈为玉帛,进世界于大同,则贵国之佛教徒,有不愧为如来忠实之弟子"。① 太虚法师认为,"日本佛教多优秀人士,且人民过半数为佛教徒,此正宜大启慈心慧眼,以之自救救人时矣"。② 中国佛教会认为,日本佛教徒占全国人口的绝大多数,在社会上具有很重要的地位,"我们相信你们在时局上能做一部分挽救工作。贵国佛教徒以研

---

① 释宽道:《告日本全国佛教徒》,载《海潮音》,第13卷第1号,1932年1月;《集成》第180卷,第118页。
② 释太虚:《太虚法师为时局问题发电告日本佛教徒》,载《佛教月刊》,第7年第9期,1937年8月;《集成》第59卷,第424页。

究佛学著名于当世,自能本所学我佛慈悲救世的精神,见诸实行"。①

(二)呼吁日本佛教界履行自己应尽的责任

"九·一八"事变发生后,太虚法师指出,"日本之三千余万佛教徒众,为救世之大勇故,为恤邻之大仁故,为自拔之大智故,应联合起来,表示大雄大悲大力之佛教精神,忠告日本主犯中国之军政军阀迅速停止侵略中国之行动,这样就可改造帝国主义,世界为大同世界之先河"。② 太虚法师还进一步号召台韩日地区四千万信佛民众,"应速速成为一大联合,以菩萨大悲大无畏之精神,晓谕日本军阀政客因果之正业,制止其一切非法行动。如劝阻而不听从,则愈加与东亚、南亚以及全球之佛教徒联合,组织成佛教之国际,以联合振兴亚洲各民族皆获平等自由为职志,亦以联合世界上平等相待各民族实现永久和平为目标"。③

"一·二八"事变发生后,法舫法师希望日本青年佛教徒,以佛陀的名义,用佛陀的方法,感化日本军阀,消灭以武力行成的不太平的现象。"希望日本青年佛教徒,以佛陀平等大悲之精神,行自救救世之道,不帮助日本政府之侵略政策,以助长日军正在太平洋制造危机。应以佛教之本怀,济化日本之恶行,取信于各国佛教徒"。④ 中国佛教会常务主席圆瑛法师希望日本佛教徒"注意努力,各出广长之舌,相共奋无谓之精神,唤醒全国民众,条陈贵国政府,制止在华军阀之暴行。遵守国联之议案,撤退免伤两国之邦交,免招两国之公愤,免坏东亚及世界之和平"。⑤

"七·七"事变发生后,中国佛教会号召日本佛教徒应担起佛教徒的责任,"我们诚恳地希望你们抱自觉觉他的精神,放狮子吼,出大雷音,唤醒一般迷信黩武主义者,联合大众的力量,制止少数军人危险的行动,我们等待你们握手,共同努力于国际仇恨及不平等事件之铲除"。⑥ 该会指出,如果能实现中日间的和平,那么世界和平的力量将会大大增强,这不但是中日

---

① 中国佛教会:《中国佛教会致日本佛教徒书》,载《佛教月刊》,第8年第1期,1938年1月;《集成》第59卷,第475页。
② 释太虚:《为日本犯中国电告其国佛教徒》,载《四川佛教月刊》,第1年第8期,1931年11月;《集成》第57卷,第174页。
③ 释太虚:《为日本侵华问题告台韩日四千万佛教民众书》,载《佛化随刊》,总第18期,1931年12月;《集成》第28卷,第309页。
④ 释法舫:《评第二届太平洋佛教青年会》,载《正信》,第4卷第4期,1934年6月;《集成》第61卷,第264页。
⑤ 中国佛教会:《本会电日本佛教联合会请唤醒国民条陈政府制止对华军事行动由》,载《中国佛教会月刊》,1932年第28~30期合刊;《补编》第28卷,第185页。
⑥ 中国佛教会:《中国佛教会致日本佛教徒书》,载《佛教月刊》,第8年第1期,1938年1月;《集成》第59卷,第475页。

两大民族之幸,也是全人类之幸。

(三)批判日本部分民众和佛教徒对侵略政策的盲从

中国佛教徒在尽力争取日本佛教徒的同时,对日本部分佛教徒和民众盲从政府侵略政策的行为进行了批判。"一·二八"事变发生后的第三天,日本佛教联合会致电太虚法师,歪曲事实真相,说是因为中国没有善待在华日僧才导致中日之间军事冲突,中日之间实现和平的前提是中国必须停止抗日行动。太虚接到此信后,义愤填膺,立刻撰写《致日本佛教联合会书》一文,批评日本佛教界偏袒日本军国主义,为其侵略行为辩解的言论。① 宽道法师针对"一·二八"事变后日本佛教徒的麻木不仁进行了批评:"身荷如来使命,教化众生、引人入胜之贵国佛教徒,未闻促请政府改弦易辙之表示,殊欠佛徒感化之精神。贵国佛法昌明,教徒高尚,厕身军政大有其人。倘能根据教义,唤醒政府,幡然改图,立循正轨,化干戈为玉帛,进世界于大同,则贵国之佛教徒,有不愧为如来忠实之弟子。可告无罪于世人,否则阳标佛教立国之名,阴行侵略之实。"②

"卢沟桥事变"发生后,中国佛教会对日本国内部分狂热的民众进行了批评,指出,卢沟桥事变的发生,固然有在于日本军人的盲动,"但意想不到贵国人民会举国若狂,一致的表示拥护赞助。这种盲从的举动,逼迫敝国人民不能不放弃最后的容忍,事实发展,必然会使人类遭逢更严重的危难,而贵国亦将不可避免受因果律的支配"。③ 宽道法师认为,由于日本部分佛教徒观念上的错误,"他们口头上宣称推进大亚细亚文化主义,好像努力佛教和平精神的事业,实际上喘息在帝国主义的权势之下,而且甘愿地为其爪牙"。宽道法师对日本佛教徒纵容本国军阀侵略中国的态度猛烈批判,指出"现在日本的政策携着大炮飞机的礼物向着中国土地人民轰炸,不但听不到普通佛教徒提着佛教正义来向自己政府抗议,即便最高知识阶层的佛教徒,也好像能心安理得过着自己的知识生活,我又觉得不仅是他们自己的耻辱,而且是一般人真的怀疑到佛教与人类到底有什么益处?这简直是整个佛教的耻辱"。④

---

① 释太虚:《致日本佛教联合会书》,载《现代佛教》,第5卷第4期,1932年4月;《集成》第68卷,第88页。
② 释宽道:《告日本全国佛教徒》,载《海潮音》,第13卷第1号,1932年1月;《集成》第180卷,第118页。
③ 中国佛教会:《中国佛教会致日本佛教徒书》,载《佛教月刊》,第8年第1期,1938年1月;《集成》第59卷,第475页。
④ 释法铎:《从日本的侵略说到佛教的耻辱》,载《海潮音》,第19卷第1号,1938年1月;《集成》第198卷,第62页。

第四节　民国佛教的其他抗日救国实践

民国佛教界的抗日救国实践除举办护国息灾法会、实行农禅和工禅、兴办慈善教育和进行抗日宣传外，还包括僧众参加军事训练，掩护抗日将士和上前线杀敌，为维护边疆巩固和民族团结而努力等。本节将对这些内容进行研究。

一、参加军事训练

（一）僧众参加军事训练的由来

1936年初，大规模的军事训练在全国展开，中国人民特别是青年开始接受军事训练，为抵抗外来侵略做准备。1936年6月，中央训练总监部规定全国僧尼应服国民兵役，"训练总监部查兵役法，关于免役、禁役、缓役及停役各项规定，未列僧道尼姑。应按其适当年龄，服国民兵役，分别加入壮丁队、妇女队受训。但同一地区此类人数甚多时，亦可单独组织，实施训练。已函各省府饬县先将境内现有僧道尼姑详加调查，俟壮丁训练开始，分别受训"。①

此令发布后，遭到部分僧尼的反对，反对的理由是"佛教以慈悲为本，首重戒杀，若令驰驱疆场，参加战役，于佛徒所报宗旨，不无抵触"。② 但是中国佛教会考虑到"僧尼虽居方外，同属国民一分子，与国难重任，自未便置之不问"，该会"为发扬佛教大乘救世之精神，为仰体中央为国为民之意旨，并顾及佛教徒应持戒行之起见"，向国民政府行政院建议采用变通的办法，即"凡全国壮年僧尼，应悉令训练救护工作，并乞通令全国，于训练壮丁时，另予编制，俾资汇练"。③ 太虚法师也曾致电国民党二中全会，并致函训练总监部教育处处长杜心如和总监唐生智，请一律改"僧尼为救护队"训练，以符佛教宗旨。

在佛教界人士的大力争取之下，国民政府作了让步，训练总监部给太

---

① 释法舫：《僧尼应否服国民兵役》，载《海潮音》，第17卷第8号，1926年8月；《集成》第194卷，第277页。
② 《中国佛教会月刊》杂志社：《本会呈国民政府、行政院、训练总监部呈请将全国僧尼应服兵役俯准另予编制训练俾卫国奉教两得其利由》，载《中国佛教会月刊》，1936年新7期；《补编》第31卷，第19页。
③ 《中国佛教会月刊》杂志社：《本会呈国民政府、行政院、训练总监部呈请将全国僧尼应服兵役俯准另予编制训练俾卫国奉教两得其利由》，载《中国佛教会月刊》，1936年新7期；《补编》第31卷，第19页。

虚法师的复信这样写道:"太虚法师道鉴:昨奉大函,敬悉一是,关于僧道受训一事,本部业经顾虑事实,缜密研讨,规定变通办法四点如下。(一)僧道受训得单独组织;(二)训练服装,得用原有之短僧服;(三)前两项如认为无需而照一般在俗参加者亦听;(四)僧道受训后之编组,不列入战斗部队。以上四点,与尊见虽稍有出入,而迁就事实之用心,已无二致。"①四点变通办法实际上可归结为三个内容,即僧众训练单独举行、可穿僧衣、受训后的僧尼不编入战斗部队。这四点办法虽没有明确同意中国佛教会"应悉令训练救护工作"的请求,但后来各地僧众在训练时都以救护训练为主,辅之以其他军事常识和政治训练。

在不违背训练总监部的要求下,中国佛教会要求各地僧众在训练时一律穿僧衣,"案查僧众训练服装,前奉训练总监部国字第 2699 号指令规定,得用原有之短僧服,当经通令各分会遵照在案,兹闻有少数寺庙,于单独编组训练时,改着其他服装,殊有未合,除分令外,合再令仰该分会即便转饬各寺庙于单独编组僧众训练时,一律仍用原有之短僧服,以符部令,而保僧相,是为至要。此令"。② 后来僧众参加战地救护时也同样着僧服。这样规定的主要目的是彰显佛教保卫国家的直接担当,借此驳斥一般社会大众把僧人看成社会寄生虫的偏见;另一方面,穿着僧装的救护队员可以时刻提醒自己,既是抗日的一分子,又是守持佛教戒律的出家人。

实际上,对于僧尼是否要服兵役、是否参加正式的军事训练,佛教界与政府的博弈到了抗战胜利后还在进行。国民党发动全面内战后,"各地抽签或指派服兵役者,不时拉及僧青年",湖南、广西两省的僧青年曾为此事组织联合请愿团,推派代表到南京请愿,其宣言称:"我们愿意到战地去为受伤的官兵裹伤看护,同时我们愿意集中各地的僧青年,在不违佛制的范围内,单独受战地医药及各种战地服务的训练。"③

(二)训练师资的准备

僧人军训是以救护训练为主,但是佛教界这方面师资欠缺。于是中国佛教会请中国红十字会培训师资,要求一些僧众人数较多的大寺院派员参加。该会在给上海三寺的函中这样写道:"又议决拟请宝刹暨二寺各选派

---

① 《海潮音》杂志社:《总监部规定僧尼军训办法》,载《海潮音》,第 17 卷第 8 号,1926 年 8 月;《集成》第 194 卷,第 363 页。
② 中国佛教会:《本会令第四三二号令各县市分会为僧众训练服装应遵照部令仍用短僧服装令仰转饬遵照由》,载《中国佛教会月刊》,1936 年新 14 期;《补编》第 31 卷,第 531 页。
③ 《海潮音》杂志社:《拥护政府总动员》,载《海潮音》,第 28 卷第 8 期,1947 年 8 月;《集成》第 203 卷,第 470 页。

壮年僧人二人于红十字会第二期救护训练班开始训练,日期除本会与红十字会接洽后再行通知。宝刹务将选定僧人法名先行示复,以便向红十字会报名接洽。当此国难方殷,救护痛苦为我佛教徒应有之责任。此次选派前往训练之人,即为预备佛教徒自行推广训练师资之人才,幸祈接洽赞同。并盼复音为荷。此致流云寺方丈志宽大和尚、玉佛寺方丈远尘大和尚、法藏寺方丈慧开大和尚。"① 看得出来,中国佛教会致函上海的流云寺、玉佛寺和法藏寺的方丈,要求他们派员参加中国红十字会的救护训练班,学成后回来训练本寺僧众。

(三)训练内容

关于僧众军事训练的具体内容,各地不尽相同,请看下列表格。

表 67:民国僧众军事训练的具体内容

训练团体	训练内容	资料来源
中国佛教会灾区救护团僧众训练班	佛学常识、生理学、卫生学、药性常识、日来弗条约及陆地战例纲要、绑绷带法、救护法则、军事常识、毒气防止法。还有担架法、普通初步操法、实习救护动作等。	《补编》第31卷,第348页。
中国佛教会无锡分会	佛学常识、党义、医药、卫生常识,以及一切急救、看护、防空、防毒等常识。	《集成》第194卷,第510页。
中国佛教会镇江分会	党义、政治、医药、卫生、国术、救护、军事,每日六课,两操四讲,犹能就佛法与国家之关系、救世精神等深切说明。	《集成》第196卷,第340页。
重庆慈云寺僧侣救护队	本队之救护训练及军事训练,业已期满。定于日内再举办政治训练,已函请巴县团管区司令部派政治教官来队训练政治常识。	《集成》第100卷,第253页。
南岳寺僧组设救护队	南岳衡山全体僧人共一千二百多人,全体参加军事训练,待机齐赴沙场。这些僧人对于武术训练娴熟,尤其擅长大刀,假如遇敌人来侵,足可以自卫。	《集成》第198卷,第48页。
五台山蒙藏同乡会喇嘛训练班	训练科目为日本对华政策、抗日形势与中国的前途、汉满蒙回藏的关系、亡省后的东北、宣传方法等七种,负责训练与授课者为佛教救国同盟会、边区行政委员会及各群众团体负责人。	《晋察冀日报》,1941年4月27日。

从上表看出,当时僧众训练内容主要分为这样几部分:其一,救护训练。具体内容包括生理学、卫生学、药性常识、担架法、绑绷带法、救护法则、毒气防止法、实习救护动作等。其二,军事常识训练。具体包括日来弗

---

① 中国佛教会:《本会函流云寺玉佛寺法藏寺请派员参加红十字会学习救护训练班并将选定人员法名示复为盼由》,载《中国佛教会月刊》,1936年新10期;《补编》第31卷,第225页。

条约及陆地战例纲要、军事常识、普通初步操法、防空、国术等。"国术"即武术,如五台山僧众救护队的僧人经过训练后,"对于武术训练娴熟,尤其擅长大刀,假如遇敌人来侵,足可以自卫"。① 其三,政治训练。具体包括党义、形势、民族关系等。以三民主义为核心的政治学习是许多地方僧尼军训的必修课程。国民党和国民政府的一些官员和干部常常应邀给学僧们上时政课。镇江第二期僧训邀请了国民军事训练委员会主任禹治作报告,他作了题为《僧徒应如何奉行三民主义与实行新生活》的演讲报告,指出佛教的慈悲济世精神与三民主义都具有共同的性质,三民主义就是救国主义,广大僧众如能以救世之心去救国,那就是在实践三民主义。僧众参加全国性的军训就是三民主义与佛教的慈悲主义相结合的典范。② 其四,佛教常识训练。

(四)训练效果

一些僧尼在军训中受到了很好的教育。光源法师是镇江竹林佛学院的学僧,也是镇江第二期僧伽训练班的学员。他参加了第一期训练班的毕业典礼,他在写给《佛教日报》的新闻中,表达了他深受感动的情形。在会场,他感到精神振奋,因为他看到了中华民族振兴的希望,如此众多的热血青年,不愿意做亡国奴,参加军事训练,准备以身抗敌。"参加训练的同胞,我们现在已站在同一条战线上了,振奋起我们的精神,沸腾起我们的热血,尽我们应负的双肩,为国出力吧"。③

受训后的一些僧尼表示,通过军训,他们加强了对佛教大慈大悲、兴乐拔苦、自利利他等思想的认识,超一法师在《江苏省无锡县佛教会僧众救护训练队同学录序》中这样写道:"区区救护工作,虽不足言大补于国家社会,然各尽其天职,亦匹夫之责为耳。吾辈僧众,孰非中华民国之民?爱护国家,岂敢后于恒人?自兹以往,护国即以卫教,精诚不懈,实行我佛常赞之大乘不共法,以自利利他之心,更进而达自度度人之愿。"④

---

① 《海潮音》杂志社:《南岳寺僧组设救护队》,载《海潮音》,第18卷第12号,1927年12月;《集成》第198卷,第48页。
② 禹治:《僧徒应如何奉行三民主义与实行新生活》,载《佛教日报》,1937年3月27日,第2版;《报纸》第6卷,第102页。
③ 释光源:《镇江佛教徒第二期救护训练班开学典礼的一日日记》,载《佛教日报》,1937年3月6日,第2版;《报纸》第6卷,第20页。
④ 释超一:《江苏省无锡县佛教会僧众救护训练队同学录序》,载《佛教日报》,1936年12月7日,第2版;《报纸》第5卷,第38页。

二、实施战地救护

早在北伐战争时期,厦门南普陀寺的闻道、传球二位法师等就与杜尊恩医师曾设立医药寮,后来还成立了医疗救护队,这是民国时期最早成立的僧侣救护队。1932 年"一·二八"事变发生后,上海的一些法师"以佛陀之慈悲精神,追随社会各团体,组织战地救护队,慰劳将士,拯救难民,兼启法会,虔持佛菩萨名号,以济幽灵"。① 在全面抗战爆发前的 1936 年,中国佛教组织了灾区救护团,"战时得请求军事长官或战地司令官之许可,由本团派救护人员救护受伤兵民;遇有灾难发生时,设立收容所收容被难灾民;急救受伤兵民;收殓及掩埋被难兵民无主棺柩"。② 中国灾区救护团为全面抗战爆发后僧众全面参与军事训练和战地救护工作奠定了基础。在抗战时期,全国多地僧众和居士都组织救护队,其中最著名的有上海僧侣救护队、汉口佛教正信会慈济团救护队、重庆慈云寺僧侣救护队、陪都僧侣救护队等。当时直接参加指挥僧众救护工作的屈映光先生认为,到 1938 年为止,全国僧尼参加抗战救护工作共有 50 万人次之多。③ 以下对抗战时期僧众的救护工作作一研究。

(一)救护队员的奉献精神

救护队员的奉献精神主要从其经济待遇看得出来。陪都僧侣救护队的队员"不拿政府的津贴,队员百余人全靠经忏法事收入维持生活,也不愿向社会去募捐。最初有每月一元的草鞋费,后来连这个费用也舍掉了"。④ 有的救护队还让队员自行准备救护用品,如汉口佛教正信会慈济团救护队的队员没有任何收入,队长队员服装用品"除平时在会服务职员由会制发外,其他队员均行自备。服装用品标准如下:(一)草绿色军服一套,军帽一顶,裹腿一双,皮带一根。(二)绿色油布雨衣一件,青布鞋一双,胶皮套鞋一双。(三)水壶袋一个、电筒一个、毛巾一条"。⑤ 该队还规定:"队员如因公发生不测,各安天命,本会不负任何责任,但确系贫困者,本会为之料理

---

① 释常惺等:《本会函复弘伞常惺法师及包闻赵诸居士为组织救护队拯战地兵民由(二十一年二月二十九日)》,载《中国佛教会月刊》,1933 年第 31~42 期合刊;《补编》第 28 卷,第 314 页。
② 中国佛教会:《中国佛教会灾区救护团章程》,载《中国佛教会会报》,总第 12 期,1936 年 12 月;《补编》第 31 卷,第 345~347 页。
③ 《佛学半月刊》社:《僧侣掩埋队出发京沪线》,载《佛学半月刊》,总第 157 期,1938 年 5 月;《集成》第 54 卷,第 265 页。
④ 释乐观:《陪都僧侣救护队五周年纪念刊感言》,《僧侣抗战工作史——奋迅集》,1947 年 1 月;《补编》第 78 卷,第 90 页。
⑤ 汉口佛教正信会:《汉口市佛教正信会慈济团救护队服务规则》,载《正信》,第 10 卷第 11 期,1937 年 10 月;《补编》第 44 卷,第 416~417 页。

身后事,并酌量抚恤其家属。"①重庆慈云寺僧侣救护队队员14人加入驻印运输队,为国效力。政府按规定发给每人安家费5000元,这14人都没有接受,以支持国家的抗战。②

救护队员的奉献精神还体现在他们在工作中将生死置之度外。乐观法师这样描述上海僧侣救护队的队员:"队员中有三分之二是知识分子,他们艰苦卓绝、不舍昼夜在火线上奔驰救护受伤将士。在工作上,他们是彼此竞赛着,救得快的,大家称为是飞机,救得慢的讥笑为乌龟。他们整天是在兴奋之中,把战争的炮火当做是锻炼他们体魄和意志的机会,拿着血肉在倭寇飞机炸弹下去实行救济众生的法事。"③重庆慈云寺僧侣救护队的队员们在日机轰炸时不等警报解除,就扛着担架和药包,不顾敌机的轰炸,高唱《义勇军进行曲》,坐船到不属于本队救护范围的江对岸去救护难民。他们的英勇事迹在重庆市民中引起轰动。

"驻印军运输队"在僧侣中招募队员,明知道这是一份艰苦而又危险的工作,重庆慈云寺僧侣救护队的队员们仍纷纷请缨。这个运输队需要长时间在国外工作,对队员的身体要求非常严格,虽然报名的僧人很多,但因为沙眼的关系,结果只考取了14人,没有考取的队员,垂头丧气,有个叫果品的队员还大哭了一场。④ 出国前他们在昆明还检查了一下身体,"蒙慈光加护,均皆及格,未有一人落伍,天大喜事也"。⑤ 这些队员在出国之前还写了志愿书,表示了为国奉献一切乃至生命的决心,其中有个法号演成的队员写道:"因感倭寇猖狂,国难严重,人民受日人荼毒已深,本人不忍国族灭亡,自愿加入印度运输队为队员,决心将我身心奉献给国家,就算不幸死在沙场,亦无有悔意,若不达到任务,誓不返回祖国!"⑥

为了进一步激发救护队员的奉献精神,一些救护队采取了相应的措

---

① 汉口佛教正信会:《汉口市佛教正信会慈济团救护队服务规则》,载《正信》,第10卷第11期,1937年10月;《补编》第44卷,第416~417页。
② 释觉通、释乐观:《重庆慈云寺僧侣救护队启事》,载《陪都慈云寺僧侣救护队纪念刊》,1945年3月;《集成》第100卷,第308页。
③ 释乐观:《沪渝僧救队及国际宣传队的经过》,《僧侣抗战工作史——奋迅集》,1947年1月;《补编》第78卷,第36页。
④ 骆驼:《追纪僧侣救护队远征》,《僧侣抗战工作史——奋迅集》,1947年1月;《补编》第78卷,第88页。
⑤ 释法雨、释演成等:《出国队员来函》(五),载《陪都慈云寺僧侣救护队纪念刊》,1945年3月;《集成》第100卷,第304页。
⑥ 释演成:《参加驻印军运输队队员志愿书共十四件乐观觉通》(三),载《陪都慈云寺僧侣救护队纪念刊》,1945年3月;《集成》第100卷,第300页。

施。例如,汉口佛教正信会慈济团救护队拟定了队员信条:"对于我国军事要有必胜之信念;对于救护伤亡要有牺牲之决心;对于全体行动要有严肃之纪律;对于本会公益要有协同之帮助;对于事业前途要有创造之精神;对于检束身心要有耐劳之习惯;对于爱护党国要有热烈之情形;对于处理事务要有敏捷之手腕;对于接受命令要有绝对之服从;对于最高领袖要有诚意之拥戴。"①1937年10月,上海的400多名伤员被送到淮安的一所寺院,寺院的僧人担任护理工作。该院的楞定法师提醒大家要把这些受伤的士兵当成自己的亲人来照顾。他说:"大家在替受伤的同志们包扎、换药、洗疮、慰问的时候,绝对要怀抱着一种慈悲、怜悯心,不要嫌臭,更不要嫌麻烦,切不可草率、敷衍、塞责。总要切切实实认真去做。应当拿看待我们父母的眼光看待他们。他们为保护我们的国族而遭遇这种痛苦!论理我们大家该服侍他们!"②

(二)严格的纪律和赏罚分明的管理制度

1.严格的纪律

在战场上救护伤病员是人命关天的大事,也关系到救护队员自身的安危。鉴于此,一些僧侣救护队对队员实行准军事化管理,规定了严格的纪律。笔者将这些纪律归纳为入队条件、行动纪律、着装纪律、集会纪律、行文纪律、财务纪律等方面,请看下列表格。

表 68:民国僧侣救护队的纪律要求

纪律类别	相关规定
入队条件	重庆慈云寺僧侣救护队:本队队员入队时须填具入队志愿书,并请各方主持为保证人,保证一切责任。③ 汉口佛教正信会慈济团救护队:队员入会时应填具志愿书,并请本会监事或殷实店铺担保,填具保单,方得为本队队员。其志愿书、保单式样另订之。④

---

① 汉口佛教正信会:《汉口市佛教正信会慈济团救护队队员信条》,载《正信》,1937年第13期;《补编》第44卷,第426页。
② 《海潮音》杂志社:《各地佛教徒的进步姿态》,载《狮子吼》,第1卷第11～12期合刊,1941年12月;《集成》第94卷,第475页。
③ 重庆慈云寺僧侣救护队:《重庆慈云寺僧侣救护队队员须知》,载《陪都慈云寺僧侣救护队纪念刊》,1945年3月;《集成》第100卷,第246页。
④ 汉口佛教正信会:《汉口市佛教正信会慈济团救护队服务规则》,载《正信》,第10卷第11期,1937年10月;《补编》第44卷,第416～417页。

续表

纪律类别	相关规定
行动纪律	汉口佛教正信会慈济团救护队：队员应受队长之指挥，队长应受大队长之指挥，不得违抗；队员在会外居住者，一闻空袭警报或本会通知应立刻到会集合，以便受令出发；每队出发后应将经过实在情形用书面形式报告大队长，转报慈济团备案。① 重庆慈云寺僧侣救护队：本队队员紧急出动时，除非因疾病或特别事故外，不得请假。②
着装纪律	重庆慈云寺僧侣救护队：关于本队的肩章制服，原为便利工作之用，不得随便穿着外出，不准转借外人。③
集会纪律	重庆慈云寺僧侣救护队：（参加国民月会时）凡参加人员务必抖擞精神，整齐严重，以壮观瞻，令僧众信，仰即知照为荷。④
行文纪律	重庆慈云寺僧侣救护队：本队各分队长不得对外行文，必要时对外行文，须经总副队长核准后方可发出。⑤
财务纪律	重庆慈云寺僧侣救护队：本队经费收支情形及文书工作情形应由总务组每月向大众报告之。⑥

2.奖励和抚恤制度

一些救护队为了激励队员努力工作，规定了一些奖励制度。如汉口佛教正信会慈济团救护队规定队员有下列情形之一者受奖："自己捐助本队物品药品或经手他人代为捐募者；每次工作不缺席者；出发救护勇猛向前者；探得他人有不利于本队之意思或行为出首告发者。"⑦ 重庆慈云寺僧侣救护队的队员如品行端正兼有工作劳绩者，经查明后按级迁升，或给津贴，并报请政府和相应慈善机关授予奖章或奖金。蒋介石曾颁给该队奖章36枚，上镌有"民国二十九年敌机轰炸渝市，蒋委员长奖给救护人员"等字样，

---

① 汉口佛教正信会：《汉口市佛教正信会慈济团救护队服务规则》，载《正信》，第10卷第11期，1937年10月；《补编》第44卷，第416～417页。

② 重庆慈云寺僧侣救护队：《重庆慈云寺僧侣救护队队员须知》，载《陪都慈云寺僧侣救护队纪念刊》，1945年3月；《集成》第100卷，第246页。

③ 重庆慈云寺僧侣救护队：《通报第十四号》，载《陪都慈云寺僧侣救护队纪念刊》，1945年3月；《集成》第100卷，第253页。

④ 重庆慈云寺僧侣救护队：《通报第三十一号》，载《陪都慈云寺僧侣救护队纪念刊》，1945年3月；《集成》第100卷，第261页。

⑤ 重庆慈云寺僧侣救护队：《重庆慈云寺僧侣救护队办事细则》，载《陪都慈云寺僧侣救护队纪念刊》，1945年3月；《集成》第100卷，第244页。

⑥ 重庆慈云寺僧侣救护队：《重庆慈云寺僧侣救护队办事细则》，载《陪都慈云寺僧侣救护队纪念刊》，1945年3月；《集成》第100卷，第244页。

⑦ 汉口佛教正信会：《汉口市佛教正信会慈济团救护队惩奖规则》，载《正信》，第10卷第13期，1937年12月；《补编》第44卷，第426页。

用以奖给救护有功人员。① 对于伤亡的救护队员,重庆慈云寺救护队规定了以下抚恤办法:"受伤者抚慰金五百元,残废者抚慰金一千元,死亡者抚慰金五千元;如无门徒得由该寺住持代领为之营葬;本队队员如有因工受伤或残废者由本队送往各大寺院养老堂赡养其终身;本队队员如有因公牺牲由本队转请佛教团体于名山地区建塔纪念。"②

3. 处罚制度

为了严明纪律,一些僧侣救护队同样规定了处罚制度。汉口佛教正信会慈济团救护队规定队员有下列情形之一者将受到处罚:"不奉命令身着制服、三五成群游行街市者;规定时间无故不到者;奉令出发托故延迟或到救护地点不力行工作者;枪林弹雨中临时畏缩退却者;以本队名义在外招摇者;违抗命令不听指挥者;造谣惑众不利于本队队务之进行者;个人行为不检致影响本队全体荣誉者;主谋要挟或指使为不利于本队救护之捣乱行为者;故意损坏本队公物者。"③处罚措施包括警告、记过、除名等。重庆慈云寺救护队的处罚措施包括"训诫;记过;永远开除比丘资格;送军法机关依法办理"等。④ 该队队员圣海"有犯佛戒之行为,同时放弃工作,不受训练"而被开除出队,另一名队员洪海"玩忽公事,失落袖章不报",也被开除,"并限即日离队,所有该员之制服符号等物品,着该队队长收缴具报"。⑤ 可见重庆慈云寺僧侣救护队对队员的处罚是相当严厉的。

(三)救护成绩

如前所述,屈映光先生认为到1938年为止,全国僧尼在战场上的救护就有50万人次之多。除此以外,一些零散的资料也能帮助我们了解一些侧面。1938年4~5月,"佛教正信会共救护、运送受伤兵民3800多人,出动救护队员74人次,出动夫役541人次"。⑥ 上海僧侣救护队在淞沪会战期间"出发战地,到最前线,抢救负创将士,不分昼夜,积极努力,三个月来,

---

① 重庆慈云寺僧侣救护队:《通报第三十六号》,载《陪都慈云寺僧侣救护队纪念刊》,1945年3月;《集成》第100卷,第263页。

② 重庆慈云寺僧侣救护队:《重庆慈云寺僧侣救护队队员服务规则》,载《陪都慈云寺僧侣救护队纪念刊》,1945年3月;《集成》第100卷,第245页。

③ 汉口佛教正信会:《汉口市佛教正信会慈济团救护队惩奖规则》,载《正信》,第10卷第13期,1937年12月;《补编》第44卷,第426页。

④ 重庆慈云寺僧侣救护队:《重庆慈云寺僧侣救护队办事细则》,载《陪都慈云寺僧侣救护队纪念刊》,1945年3月;《集成》第100卷,第244页。

⑤ 重庆慈云寺僧侣救护队:《通报第三十四号》,载《陪都慈云寺僧侣救护队纪念刊》,1945年3月;《集成》第100卷,第262页。

⑥ 汉口佛教正信会:《汉口市佛教正信会慈济团救护队四五月份工作报告》,载《正信》,第11卷第3期,1938年6月;《补编》第44卷,第462页。

救护之数达万余众,打破各救护团体纪录。因之得中外舆论及社会人士之一致好评与称赞"。① 1940年3月成立重庆慈云寺僧侣救护队,"由上海僧伽救护队干事悲观法师任队长,他们在救护中冲锋在前,先后在重庆抢救伤患二十余次,救出轻伤人员3000余人"。②

三、捐献款物抗敌

关于民国时期佛教界为抗击日寇捐献款物的情况,请看下列表格。

表69:佛教界为抗战捐款献物

时间及捐献者	捐献概况	资料来源
1939年;康藏民众	在贡嘎活佛等人的带领下,捐给前方将士卫藏氆氇120匹,各种土特产品、皮毛、珍贵药材等。为了汇兑方便,将上述物品折合成款,达2万元。	《蒙藏月报》第11卷第2~3期合刊。
1940年;五世嘉木样呼图克图及所属各寺院、各部落	筹集了可购30架飞机的巨款,合银币90万元,由嘉木样呼图克图之兄洛桑泽旺带领数十人的代表团,到重庆捐助。	杨贵明、马吉祥编译:《藏传佛教高僧传略》,西宁:青海人民出版社,1992年,第318页。
1938年;五台山藏传佛教同乡会	为驻扎在五台山地区的抗日军队募捐防寒的各种衣服、鞋袜等300余件;并给驻军腾出暖房,供给柴火,赠送粮食。	《蒙藏月报》第11卷第2~3期合刊。
1937年;五台山台麓寺喇嘛	拥护并带头执行"二五"减租政策,每年减收租粮15万斤,占年收租粮的20.6%。晋察冀边区政府移驻台麓寺后,该寺发动僧众从多方面提供方便,主动完成抗日爱国公粮20石。	《山西文史资料》总第110辑,第154页。
1938年;五台山蒙藏同乡会	捐白洋200元、干粉106斤、红糖20斤、茶叶5斤、大米200斤、省票30元。	《西藏民族宗教》1995年第2期。
1938、1943年;五台山部分僧众	五台山23名藏传佛教僧人和章嘉活佛的卫队队员20余名,认识到"出家没出国理当应爱国",先后两次将埋藏于山洞和地下密窟中的各种枪支438件,子弹30余箱,取出来献给晋东北抗日军队。	《山西文史资料》总第110辑,第158~159页。

---

① 《海潮音》杂志社:《创办僧侣救护特刊》,载《海潮音》,第19卷第4号,1938年4月;《集成》第198卷,第277页。
② 李铁华:《民国时期都市佛教的医药慈善事业》,载《中医药文化》,2013年第2期。

续表

时间及捐献者	捐献概况	资料来源
抗战时期;五台山显通寺	将35个村庄所有的田租实行了"二五"减租,并将所收租粮每年向抗日民主政府交公粮款7000元白洋。1939和1940两年,显通寺承担了合理负担共5万银元。	《山西文史资料》总第110辑,第154～155页。
1936年;印光法师	把在上海主持法会所收的1000多人的香仪共计2900多元全数捐出。	《集成》第198卷,第48页。
1944年;西藏僧俗群众	省吃俭用,捐赠国币500万元,这笔钱可购飞机25架,组成近3个空军大队。	《蒙藏月报》第16卷第9～10期合刊。
1937年;武汉僧人	武汉佛徒认为爱国是国民应尽的职责,节数日香供之资,或减数日或一日之膳费,以供前方忠勇的赤心将士,聊示爱国之忱。	《补编》第51卷,第488页。
1938年;衡山僧众	衡山祝圣寺、上封寺等,筹款600元,加上各小庵所筹之400元,共1000元,慰劳受伤的将士。	《集成》第198卷,第155页。
1932年;上海静安寺主持志法	因愤暴日侵略,特将寺产租出一部于南京路福禄寿公司,得价5000元,悉数捐助东北抗日义勇军。	《集成》第183卷,第501页。
1937年;九世班禅	捐战马数百匹,捐3.2万元救护前线伤病员,认购救国公债2万元。	《报纸》第7卷,第85页。
1942年;成都市佛学会	现将节约所得,全数购作面巾,捐献劳军。	《报纸》第9卷,第97页。
1936年;中国佛教会汉口分会	率同汉口、汉阳僧众,捐款劳军,公募得211.02元,二十三日已呈交市党部,并准备转汇前方。	《报纸》第5卷,第86页。
1936年;武汉佛教徒	武汉各界踊跃捐款劳军,我佛教界同仁亦纷起响应,或节香供之费,或献一日所得,共集洋数百元,托《武汉日报》社转汇前方,慰我将士。	《集成》第195卷,第377页。
1940年;重庆慈云寺僧侣救护队	本队各级职队员,本正养情感,自动绝食一日,以所得之钱,捐予伤兵之友,借以表示战时佛教僧徒积极之精神,所有捐款当于二日内汇交本部,以便转送政府。	《集成》第100卷,第248页。
1938年;《佛化新闻报》	义卖三日,献金政府,推行佛化,加强抗战以佛法救国实现我大乘精神。	《报纸》第8卷,第21页。
1938年;贵阳青岩县各寺庙	贵阳抗日救国会将全县寺庙分成甲乙丙丁戊五个等级,这五个等级中的每个寺院分别捐款1000、800、600、300、100元。	贵阳花溪区档案馆:卷宗2—2—1320。

从上表可看出这样几个信息：其一，在外敌入侵的情况下，整个佛教界都被动员起来，为抗战捐款捐物。上表中捐献款物者既有僧众个人，还有佛教团体；既有汉传佛教僧众，也有藏传佛教的信徒；既有一般的徒众，更有像印光法师、九世班禅这样的高僧大德。令人感动的是，重庆慈云寺僧侣救护队队员不仅每天冒着生命危险在战场上救护难民，还千方百计地节约费用以捐给难民。其二，捐献的物品种类丰富。有食品、有价票据、钱款、药材、服装、生活用品、武器等，有的寺庙还响应共产党减租减息的政策，减轻农民负担，为抗战做贡献。其三，从捐出钱物的来源看，一些僧众包括重庆僧侣救护队队员没有结余，就通过绝食、节食等方式省出费用，足见他们的拳拳爱国之心。

上表体现的佛教徒为抗战购买飞机，这是当时全国性献机运动的一个组成部分。全国佛教徒的献机运动由甘肃酒泉、安西、敦煌等七县发起，四川佛教会积极响应，号召省内各县佛教会、各大丛林、各佛学院、各佛学社首先自捐，然后再由这些团体向各寺庙、各僧徒、各学僧、各社员分别劝募。① 后来四川省佛教会进一步向全国各佛教团体发出号召："各大丛林、各佛学院、各佛学社、缁素四众钧鉴：倭寇肆虐，迄今四载，烧杀淫掠，神人共愤。兹者全国捐款献机运动，热烈展开。我佛教徒爱国热忱素不后人，本会特发起普遍劝募捐献'佛徒号'飞机，以尽抗战建国中佛教徒应尽之责任，敬请广为劝募，务达每个佛教徒。该款募有成数，请汇交成都文殊院四川佛教会劝募佛徒号飞机捐款委员会代收。"② 经过短短两个月的时间，"截止到卅年十二月底，先后收到捐款法币共一万二千元整。已由敝会分别填给收条，并于《佛化新闻》等报上表扬。此致成都市政府献机委员会"。③

在捐款购机的运动中，藏族地区的喇嘛和信教民众付出了较大的牺牲。有学者算了这样一笔账，五世嘉木样呼图克图等发动拉卜楞寺所属各寺院、各部落，筹集了可购 30 架飞机的巨款，共计银币 90 万元。许多百姓卖牛卖羊才筹足应出的份额。④ 各族佛教徒共同为抗日战争捐献款物，这是中国全民族抗战的一个缩影。

---

① 四川省佛教会：《四川省佛教会劝募佛徒号飞机捐款委员会办法》，载《佛教月刊》，第 9～11 期合刊，1941 年 11 月；《集成》第 60 卷，第 225 页。

② 四川省佛教会：《四川省佛教会献机运动致各佛教团体电》，载《佛教月刊》，第 9～11 期合刊，1941 年 11 月；《集成》第 60 卷，第 224 页。

③ 四川省佛教会：《四川省佛教会首次缴佛徒献机捐款致献委会函》，载《佛教月刊》，第 9～11 期合刊，1941 年 11 月；《集成》第 60 卷，第 239 页。

④ 杨贵明、马吉祥编译：《藏传佛教高僧传略》，西宁：青海人民出版社，1992 年，第 318 页。

四、僧人前线杀敌

随着抗日战争形势的不断恶化,1939 年 4 月 19 日,国民政府行政院颁布公告,决定征发僧尼参加前线抗战。公告说:"查人民依法有纳税及服兵役工役的义务,为中华民国训政时期约法所明定,设因种族宗教关系而有所例外,深恐削弱全面抗战力量,兹为体恤边疆民族起见,经本院核定,蒙藏僧众应准缓役,汉族僧人仍需照国民兵役,以免壮丁借图逃避,影响役政。至纳税义务与兵役义务性质不同,凡属中华民国人民,应一体遵照国家法令办理,并已令饬军政财政两部,分别转行有关机关遵办。"① 公告要求蒙藏僧众可暂缓服兵役,汉族僧众须服兵役,但是遭到许多僧众的大力反对,军政部被迫取消这一要求。

行政院这个法令虽被迫取消,但受到一部分僧众的欢迎和支持。心恺法师在《海潮音》杂志上发表文章,公开表示支持政府的这一要求。他同时向政府提出了若干建议:首先,僧伽服兵役时应有特殊的组织,使他们的军事生活有别于其他军人,而起到特殊的模范作用,以光显佛教,鼓舞中国人民的抗日意志。其次,僧伽服兵役显示了国家法律的平等性,政府应同时承认僧众的政治地位,禁止侵夺寺产、欺压僧尼的一切非法行为,切实保护寺庙财产和佛教文化。政府对一般服兵役者的家属都有优待和照顾,汉僧都是过的丛林式的家庭生活,在部分僧众服兵役期间,其余僧众也应获得相应的兵役家属的待遇。最后,政府应区别对待服兵役和不服兵役的僧众,在抗战胜利后所享受的权利和待遇上应有所差别。② 应该说,这些建议是非常中肯的,如果能被政府采纳的话,对于增强抗战力量和促进佛教健康发展都大有益处。

在当时,有人积极组建专由佛教界人士组成的救国武装力量。当时著名的居士余乃仁积极筹建佛教救国僧军,他指出僧人是最有条件从军救国的:"世界各国征兵定制,除战时为例外,凡平时有家室之累者,得免除兵役。今我全国僧徒既已出家,即无家室之累,岂非在四民之中,最适于执行兵役者乎?"③ 他指出,全国共有 80 万佛徒,"除老年苦行者半,再除尼徒二十万,至少可得二十万之少壮佛徒,足以练成强有力之僧军,当此暴寇压

---

① 中国第二历史档案馆编:《中华民国史档案资料汇编·第五辑·第二编·文化(二)》,南京:凤凰出版传媒集团凤凰出版社,1998 年,第 772 页。

② 释心恺:《对于汉僧服兵役之我见》,载《海潮音》,第 20 卷第 10~11 期合刊,1939 年 11 月;《集成》第 199 卷,第 502 页。

③ 《海潮音》杂志社:《筹备佛教救国军》,载《海潮音》,第 13 卷第 5 号,1932 年 5 月;《集成》第 180 卷,第 502 页。

境,正宜加入此生力军,气壮山河"。①

余乃仁的倡议得到太虚法师的积极回应,"余乃仁居士台鉴,电悉。发起救国僧军事甚佩。虚适旅行他处,致稽覆为歉。用我不入地狱谁能入地狱之大无畏精神,作民皆救国家,僧亦救国家之真有力行动,此其时矣。但以'佛教救国军'或'僧伽救国军'为善。如何组织出发,当在伟筹详划中耳,太虚"。②可见,太虚的复电包含三层含义,一是对余乃仁救国救民的精神大加赞赏,二是主张佛教界抗日武装名称以"佛教救国军"或"僧伽救国军"为好,三是希望余乃仁能够认真筹划,付诸实施。

由于种种原因,抗战时期的佛教界并没有像余乃仁居士所期望的那样,组成20万少壮僧军,但是不少僧人投身到抗日的最前线,拿起武器消灭敌人。请看下列表格。

表70:抗战时期部分僧人前线杀敌

僧人武装领导者	抗敌概况	资料来源
亮山和尚	率武术徒300余人,以辽宁锦西红螺山为根据地,时出剿杀日兵,被杀日兵共上百人。声威大振,附近散兵游勇纷纷投奔。	《集成》第184卷,第126页。
振威法师	以浙北武康县铜山寺为根据地,从事游击活动。后加入当地的抗日游击队,在六十二师陶广师长的侦缉大队任副大队长,其中一次活捉3名日本兵。	《集成》第203卷,第21页。
中空和尚	抗战期间任五台县参议员,保卫了很多革命干部和老百姓。1944年秋,中空密报并献计消灭运送军用品的日军。被八路军称作料事如神、克敌制胜的好参谋。	《山西文史资料》总第110辑,第156页。
五台山佛救会	将五台山青黄两庙18~35岁的480多名僧人组织起来,分批参加了牺盟会开办的抗日救亡集训班。1938年秋至1939年春,有百余名五台山僧人参加了八路军,其中包括菩萨顶等10处藏传佛教寺庙僧人30余人。他们被编入晋察冀二分区四团,人称"僧人连"。	《山西文史资料》总第110辑,第153~154页。
慈荫法师	1938年8月,僧人自卫队分队长慈荫带领100余名僧人自卫队员,配合八路军和农民自卫队300多人,在五台山打伏击,消灭200多个日军。	《山西文史资料》总第110辑,第155~156页。

---

① 《威音》杂志社:《佛教信徒余乃仁发起组织救国僧军》,载《威音》,第37期,1932年1月;《集成》第36卷,第229页。
② 释太虚:《太虚大师覆余乃仁居士电》,载《海潮音》,第13卷第5号,1932年5月;《集成》第180卷,第501页。

续表

僧人武装领导者	抗敌概况	资料来源
恒海和尚	率领游击队在江苏苏州、无锡、常州、宜兴等地不断打击日寇。	《中国佛教近代史》，第947页。
赵朴初居士	1938年初，上海慈联会设立难民教育委员会，赵朴初任副主任兼总干事。共有1200多名难民在赵朴初的帮助下参加了新四军。	朱洪：《赵朴初传》，北京：人民出版社，2004年版，第26～30页。
法启和尚	领导江苏泰县僧人组织抗日武装僧抗大队，配合新四军主力的作战行动，活跃在水网地区打游击，为抗战胜利作出了贡献。	管松林、蒋跃华：《一支僧人组成的抗日武装》，《档案与建设》2013年第2期。
仁芳法师	江苏连云港三元宫住持仁芳法师鼓动各寺僧侣，拿出供守护寺庙用的80多支土枪，多次伏击日寇。	逯同文、马骥：《义僧精神永存——云台山僧众斗倭寇》，《党史纵横》1996年第2期。

表格显示，慈荫法师率领和尚、喇嘛同八路军主力部队及农民自卫队共同伏击敌人，这种场面在近代中国反击外来侵略的历史上实为罕见，它说明，要彻底洗雪帝国主义给近代中华民族带来的巨大耻辱，唯有全国人民的充分动员和坚强团结。这种全国人民的总动员与大团结，也只有在中国共产党的领导下才能实现。党的抗日民族统一战线政策是中国人民彻底战胜帝国主义侵略的有力武器。

五、掩护抗日将士

抗战期间中共干部经常到各寺庙藏身，假扮和尚，穿上僧衣进行工作，因此协助和掩护抗日干部也是僧人的重要任务。请看下表所列内容。

表71：民国僧人掩护抗日将士

掩护者	相关情况	资料来源
镇江焦山寺	掩护焦山炮台官兵数十名，换为僧装，混居寺中半年，最终脱险。	《中国佛教近代史》，第944页。
南京栖霞寺	掩护官兵数万人，混在难民中，予以救济，其中有时为营长的廖耀湘。	《中国佛教近代史》，第944页。
当阳玉泉山	宜昌沦陷后，该寺僧侣接济抗日游击队，后被日寇发现，37名僧人被害。	《中国佛教近代史》，第945页。
江西部分僧人	在武汉会战时，脱去袈裟，上火线为抗战将士服务。	《中国佛教近代史》，第945页。

续表

掩护者	相关情况	资料来源
僧理妙	为参加长沙会战的抗日将士刺探日寇情报,被日寇抓捕后用警犬咬死。	《中国佛教近代史》,第945页。
五台山殊像寺	该寺隆禅法师和附近村民一起多次割日军电线,破坏日军军车道。沙弥圣忠借送饭的机会偷将越狱工具送给被关押的地下工作人员,使他们成功逃脱。	安建华:《一段不寻常的岁月》,《五台山研究》2002年第4期。
五台山青庙会长然秀	然秀带领全山僧众近千人,跪在刑场求情,解救共产党12名地方干部和50名送公粮农民。	《山西文史资料》总第110辑,第163~164页。
赵朴初居士	将上海净业教养院和上海少年村作为地下党的掩护所和中转站,接纳、掩护许多地下党员、根据地干部和革命战士。	谷卿、汪远定:《赵朴初传:行愿在世间》,上海:东方出版中心,2014年,第85~96页。
照权和尚	经常深入日军驻地塔院寺、罗睺寺等据点搜集情报并及时传送,被八路军称为"快腿和尚"。	山西省史志研究院:《山西通志民族宗教志》,北京:中华书局,1997年,第182页。
中空和尚	1940年春,驻金阁寺的日军将邻近水草滩、南庄子、日照寺等村老百姓的30多头牛、100多只羊抢回金阁寺,准备宰杀。中空便吩咐小和尚们用自己寺里养的牛羊送给日军,换下了百姓的牛羊。	《山西文史资料》总第110辑,第166页。
五台山尊胜寺知客含礼	在整个抗战期间,不顾个人安危,先后保护区县党政干部30多人,成为共产党的好朋友。	《山西文史资料》总第110辑,第164页。

六、为巩固边疆献策

"九·一八"事变后,一些佛教界人士逐渐认识到边疆地区在抵御外来侵略中的作用。随侍班禅大师久住西北的陈文鉴居士对蒙藏民情熟悉,向政府提出了管理西北地区的对策:"一、开发交通。发展公路、邮政、无线电等。二、提倡林垦。奖励造林、优遇垦农。三、褒赏工人。使铜铁木皮石等各类工匠踊跃参加边疆建设。四、保护商人。商人在沟通情感、灌输文化、加强汉族与各少数民族之间的联系作用最大。应免除对商人的一些苛捐杂税。五、创办诊疗所。增强少数民族的抵抗力,减少疾病,对于增强民族间情感,作用巨大。六、利用寺院办学,提高僧俗两界的文化水平,对保证中央政令的灌输,必有重大的作用。七、注重教育。鉴于西方教堂在该两地宣传基督教义,但我国政府尚不能办一所正式的学校。建议将此两地的党费,完全移为教育经费。"看得出来,这些对策主要偏重于发展西北边疆地区的经济、文化事业。陈文鉴居士特别强调,开发西北边疆地区应提倡务实求真的工作作风,反对"唱高调、不切实际,好事铺张,小题大做,表面宣传,直如锦花灿烂,细考事实功效,则只有报告表册"。①

七、维护祖国统一

由于九世班禅在内蒙古僧俗群众中颇有声望,日本人"屡次前往煽惑,冀其合作,以造成内蒙古与中央分离之局面"。但是,九世班禅深明大义,严词拒绝了日本侵略者的拉拢,并致电中央政府,斥责日本侵略者的阴谋。据史料记载:"九·一八国难后,日本用种种方法,勾煽其间,而内蒙古官民,屹然不为所动,大师宣化之功也。"②事实证明,这种评价毫不为过。"九·一八"事变后,九世班禅在内蒙古进行了长期的宣化活动,有学者认为这些活动主要包括以下几个方面:其一,注意利用宗教的社会功能,以其拳拳爱国之心,抚慰边疆地区,促使民众在相对平和的情感状态下面临共同敌人时形成一定的团结统一。其二,班禅大师在宣化的过程中,和国民政府各级官员联系频繁,同所经各地盟长、旗长积极交往,并就国内形势等问题进行探讨,洞察各盟旗对于抗日政策的认识和对于国民政府政策的理解。其三,在德王实施"自治运动"的情况下,班禅大师从国家的大局出发,先后会晤蒙古各王公和寺院的呼图克图、堪布等,防止部分王公被日本利用,或依赖日本形成与国民政府对立的局面。其四,班禅大师明察局势,从国家民族的立场强调边疆地区抗战事务的重要性,指出形成民众心理的抗战意识和统一的愿望是抗战得以坚持的最根本的因素。③

1937年,全面抗战已经开始,九世班禅回藏无端受阻,在青海玉树忿郁成疾。他在圆寂的前几天,得知国民政府迁都重庆,忧国忧民,夜不能寐,不顾病重,命人起草了一份汉、藏文合璧的《告西陲民众书》。该宣言书在揭露日本侵略中国的罪行后,着重指出:"大家要知道此次战争,不比以前的局部内战……只要大家努力,最后胜利一定属于我们,这是毫无疑义的。……望我西陲蒙藏各界僧俗同胞,在此非常时期,本国民爱国爱教立场,万不可听信日本的反宣传,而陷我中华民族于万劫不复之苦海。"④

---

① 陈文鉴:《建设蒙藏为目前救国要图》,载《西陲宣化使公署月刊》,第1卷第3期,1936年1月;《补编》第81卷,第19页。
② 陈文鉴:《班禅大师东来十五年大事记》,上海:上海大法轮书局,1948年,第123页。
③ 喜饶尼玛、扎西才旦:《试析抗日救亡运动中九世班禅在内蒙古的宣化活动》,载《内蒙古师范大学学报》,2005年第5期。
④ 刘家驹编译:《班禅大师全集》,班禅堪布会议厅刊印,1943年,第167~169页。

本章小结

在国家民族处于危难之际,民国佛教徒积极进行抗日宣传。他们针对国内人民、东南亚人民和日本佛教徒等不同的宣传对象施以不同的宣传内容。他们希望中国佛教徒能够增强社会责任感,为救国作出自己应有的贡献;他们呼吁民国政府发动全国力量进行抗战,号召国人奋起抗日;他们号召世俗社会开源节流,为抗战做经济贡献。在东南亚,他们介绍了中国浴血抗战的状况,使中国的抗战精神为世界所知;他们注重揭露日军对中国佛教的暴行和日本佛教的虚伪,揭露日本侵略东南亚的野心,以促使东南亚人民同情并支持中国的抗战;针对东南亚国家人民多信奉佛教,他们还呼吁佛教国家应精诚团结、加强交流,战后共同建设自由的世界。对于日本佛教徒,他们注重揭露日本侵华对世界和平及其本国的危害,分析中日战争日本必败的原因,指出和平共处是中日两国关系的光明大道,呼吁日本佛教徒制止本国政府的侵略行为,并批判了日本部分民众和佛教徒对本国侵略政策的盲从。民国佛教徒的抗日宣传,使更多国人的抗战意识觉醒,使世界进一步了解中国的抗战和日本侵华的本质,也为中国的抗战争取了更多的外援。

宗教作为人类对彼岸世界构想的体系化意识形态与思维结构,其本身存在一定的局限性,但是单纯就其价值体系来看,几乎所有的宗教都是引导人类向善的,并将近乎相同的真、善、美与和平思想作为各自宗教体系的终极信仰。在人类各大宗教的教义中,和平始终是一个绕不过去的关键词。在近代中国面临着内忧外患的形势下,国内各大宗教为了实现国家的和平与发展,利用自身的优势积极与国外进行多方面的交流,开展宗教外交,取得了重要成果。民国佛教徒对国外地区的抗日宣传便是近代宗教外交的重要组成部分。

面对民族危亡的紧要关头,民国佛教徒除积极进行抗日宣传外,他们还积极参加军事训练、进行战地救护、为抗战捐献款物、掩护抗日将士,甚至拿起武器到前线杀敌。佛教徒在抗战中的表现,获得人们的广泛赞誉,提高了佛教的社会地位。佛教由清末民初存在生存危机发展到抗战后地位空前提高,这其中最重要的原因在于它与时代同呼吸、与国家民族共命运,与社会的需要相适应。这一点对于我们今天的佛教也应该有所启发。在当今时代,佛教应与其他社会团体一样,为建设中国特色事业作出更大的贡献。例如,当今佛教应进一步发扬慈悲济世的优良传统,大力兴办慈善公益事业。还有学者认为,佛教在积极培育社会主义核心价值观中可以对今日的伦理体系进行充实、提高和升华,使佛教与时俱进,发挥更重要的社会作用。在积极培育社会主义核心价值观的实践中,当代中国佛教完全可以有针对性地重点强调和弘扬。同样,对于民主、文明、法治这些当代中国亿万人民追求的,代表近代以来中国人民寻求民族复兴的价值理想,应该充实和升华为佛教道德规范的重要内容。总之,佛教既要在积极培育社会主义核心价值观中贡献力量,又要实现自身的变革和发展,使佛教更好地与当代社会相适应。[①]

---

① 魏道儒:《佛教与社会主义核心价值观》,载《中国宗教》,2013 年第 11 期。

第七章　民国佛教的慈善公益法会

"法会"是佛教仪式之一，又可称作"法事""佛事""法要""斋会"等，《金刚经正解》中对"法会"的解释为："法者即大乘法也。会者佛与诸弟子共会于祇园也。因始也，由行也，行必有所始。此法会者，乃作经之因由也。"① 可见最早法会是佛祖说佛法、众弟子听佛法的集会。后来法会的活动内容扩充，其种类也增多，有诵经法会、超度亡灵法会、息灾祈福法会、传戒法会、佛七法会等多种名目。民国时期灾害频繁、战乱不已，佛教界人士多举行慈善公益性质的法会追悼死难军民、祈祷国泰民安和天下太平，这些法会包括护国息灾法会、超度抗战阵亡将士的法会等。本章对民国时期慈善公益法会的主办形式、宗教仪式及其慈善公益性质的体现进行阐述。

一、慈善公益法会的主办形式

为了方便分散在各地的信众参与，民国时期佛教慈善公益法会的举办形式灵活。主要形式有同设主会场和分会场、信众分散念佛、分散举办、不立场所、广播助法等。

一些法会同时设主会场和分会场。1933 年中国佛教会在上海修建祈祷普利法会总道场，并通令"各省市县分会及各寺院同时启建法会，或诵经礼忏，或念佛持咒，或撞幽冥钟，以此功德超度历年阵亡将士的战地孤魂，附发法会通启，及呈报表格各一纸，仰各该分会于文到后，即认定修建功德种类，照表填列。期前寄交本会，俟总道场圆满，编制专册报告，以资征信"。② 可见，中国佛教会在上海修建法会总道场的同时，通令各地分会和寺院同时设立法会的分会场，为了保证效果，对各分会场提出了统一的要求。又如，汉口佛教正信会在1938年举行"七七抗战建国周年纪念护国息灾追悼阵亡将士及死难民众法会"，同时通电号召全国各佛教团体一律于

---

① 日本京都藏经书院：《卍续藏经》第 25 册，台北：新文丰出版公司，1993 年，第 607 页。
② 中国佛教会：《本会通电各级佛教会及各寺院为修建祈祷普利法会总道场饬令同时修建分会以超度阵亡将士战地孤魂由》，载《中国佛教会会报》，总第 46～48 期合刊，1933 年 12 月；《补编》第 29 卷，第 19 页。

7月7日当天也举行法会。①

为了方便在家信众,有的法会在设立主会场的同时,也鼓励信众分散在家念佛。例如察哈尔居士林1936年的息灾法会规定:"各界士女欲为会员者,速来挂号书供牌位。其不克逐日莅会者,需领取息灾念佛证一张,以便在家计数念佛",为了保证这些信众在家念佛的效果,规定他们"每到第七日,将念佛证签写己名携带来林,全体聚会,举行总回向一次,用报国恩"。②

分散举办、统一要求。四川省佛教会在1932年举行息灾法会,这次法会不设主会场,"通知各丛林和各佛学社,定于农历八月一日同时举行,赠送利咒"。为了保证效果,四川省佛教会规定了统一的要求:"定期于农历八月一日同时举行,事关济众。本法会就各丛林、各佛学社所在地举办,日期为一七或三七,由各处斟酌自定之。样式如下:上午大忏悔文,即八十八佛,接念药师佛圣号,下午念观世音圣号军吒利神咒,专拜大悲法忏,专修息灾法以不违本宗旨为准,本法会经费由各处筹集之,本会印送军吒利神咒,应由各法会翻印流通,以期普遍。"③

不立场所、随意修行。一些法会的主办方为了节约费用,既不设主会场,也不设分会场,法会的具体形式是由各信众在家修行。例如1948年上海"实修"息灾法会"不立场所,不靡赀财,各自在家实行。个人能自救,共业所成之浩劫自可平息"。修行的方式是从以下四种方式中随意选择一种或数种:"(甲)诵经,地藏本愿经或观音普门品,任选一种,每日恭诵一部以上。(乙)持咒,每日虔持楞严咒一遍以上,或大悲咒七遍以上。(丙)念佛,观音地藏两大士圣号任念一种,每日千声以上。(丁)行善,弘扬佛法、利益众生之事,日行一事以上,或四十九天内行四十九事以上。"信众不管采取何种修行方式,在每晚临睡前都要进行回向,即"从心而发,虔诚回向:至心祈求,消灾弥劫。国运昌隆,人民安乐"。④

广播助法、扩大影响。有的息灾法会在设立主会场的同时,为了扩大影响,通过广播电台将主会场内的讲经说法活动进行实况转播。例如1936年上海佛教净业社修建护国息灾法会,其间有印光法师讲经说法,

---

① 《正信》杂志社:《七七抗战建国纪念护国息灾追悼抗战阵亡将士及死难民众法会专刊》,载《正信》,第11卷第7期,1938年8月;《补编》第45卷,第10页。
② 《北平佛化月刊》社:《察哈尔居士林建立息灾法会公启》,载《北平佛化月刊》,总第46期,1936年12月;《补编》第40卷,第368页。
③ 四川省佛教会:《建立息灾法会》,载《四川佛教月刊》,第2年第9期,1932年9月;《补编》第42卷,第123页。
④ 郑颂英:《实修息灾法会简则》,载《觉讯月刊》,第2卷第12号,1948年12月;《集成》第103卷,第153页。

"大会当日情形,及印老开示,均由华光广播电台随时播送,俾法音遍布虚空界,凡不克亲临者,均可照周率(1480)收听"。①

二、慈善公益法会的宗教仪式

民国佛教的慈善公益法会是专业性很强的宗教集会,下表列出其中常见的一些宗教仪式,并作简要介绍。

表72:民国佛教慈善公益法会的宗教仪式

仪式名称	具体情况	资料来源
诵经	1927年上海祈祷息灾法会:每日上午八时,下午二时,虔诚读诵金光明最胜王经三次,回向以祈祷上海之息灾,如有发心随同念诵者,皆可按时来苑参加。	《集成》第138卷,第262页。
讲经	1927年上海祈祷息灾法会:太虚法师主讲。欲听讲者每日下午三时,皆可随喜来苑参听。	《集成》第138卷,第262页。
念佛	1927年上海祈祷息灾法会:每日下午七时,由本苑新僧率众同念阿弥陀经及佛号,如有来苑听讲同念者,一律欢迎。	《集成》第138卷,第262页。
修大悲真言法	1927年上海祈祷息灾法会:新僧每晨同修大悲真言法。	《集成》第138卷,第262页。
拜忏	武汉七七抗战建国纪念护国息灾追悼抗战阵亡将士及死难民众法会:延请一百位大德法师祈建仁王护国法坛,恭颂仁王护国经拜仁王护国忏,并请武昌佛学院代理院长苇舫法师主坛。	《补编》第45卷,第11页。
修建绿度母法坛等	武汉七七抗战建国纪念护国息灾追悼抗战阵亡将士及死难民众法会:延请蒙藏大德喇嘛修建绿度母法,及千手观音法,并请罗睺罗上师主坛。	《补编》第45卷,第11页。
诵六字大明心咒	武汉七七抗战建国纪念护国息灾追悼抗战阵亡将士及死难民众法会:延请数百位男女清修居士,恭诵六字大明心咒,并请德清老和尚主坛。慧泉法师领众。	《补编》第45卷,第11页。
诵六字真言	1927年上海祈祷息灾法会:每日早晚由曾受真言秘法之真言宗专家,虔诚修持六字大明本之三密加相应法。并于上午十时欢迎能持诵六字真言者,共同参加持诵。	《集成》第138卷,第262页。
斋天	武汉七七抗战建国纪念护国息灾追悼抗战阵亡将士及死难民众法会:法会圆满日,午夜子时,举行斋天仪。	《补编》第45卷,第11页。
施放焰口	武汉七七抗战建国纪念护国息灾追悼抗战阵亡将士及死难民众法会:法会圆满夜,延请大德僧众,施放五大士焰口一台,普利亡魂,超拔苦海。	《补编》第45卷,第11页。

---

① 《佛学半月刊》社:《上海息灾法会纪胜》,《佛学半月刊》,第6卷第23号,1936年12月;《集成》第53卷,第192页。

续表

仪式名称	具体情况	资料来源
念大士圣号	1940年江苏东台万民祈祷息灾法会:请蔡德净居士主法,恭领各界善信同念大士圣号七永日。	《补编》第65卷,第135页。
居士演讲	1940年江苏东台万民祈祷息灾法会:恭请施宗导居士到社演讲,余六日,均由王鸿文、季智本、蔡德净三居士轮流演讲,听众络绎不绝。	《补编》第65卷,第135页。
上忏悔表	1940年江苏东台万民祈祷息灾法会:法会最后一日下午,谨上忏悔表于大士远座前。	《补编》第65卷,第135页。
上供	1938年上海超荐战地英灵水陆法会:每天都上供,最后一天上圆满供。	《补编》第59卷,第125页。
圆满日仪式	1938年上海超荐战地英灵水陆法会:法会最后一日,上午七点礼大忏悔,上午九点上圆满供,上午十一点烧圆满香送判,正午圆满大斋,下午说皈放生,下午两点圆满普佛,下午四点送圣,下午六点施放五方焰口。	《补编》第59卷,第125页。

从上表看出,民国佛教慈善公益法会常见的宗教仪式有讲经、念佛、修大悲真言法、拜忏、念六字大明咒、斋天、施放焰口、念大士圣号、上供等,以下对这些仪式作一简介。

讲经:即公开宣讲、演说佛典的义理和内涵。此处之"经"并不限定于"经律论"三藏中的经典,而是泛指三藏佛典及古今佛门大德之著述。如北魏杨衒之《洛阳伽蓝记·崇真寺》:"讲经者心怀彼我,以骄凌物,比丘中第一麤行。"①

念佛:佛教徒常用修行方法的一种,可分为称名念佛、观想念佛与实相念佛三种。一般指第一种,即口诵"阿弥陀佛"或"南无阿弥陀佛"。

修大悲真言法:真言指佛教经典中的要言秘语,修真言指的是念唱、书写或阅读佛教经典中的要言秘语。佛教认为通过修真言可获得功德,且能满足世俗的愿望。大悲真言是一种被常修的真言,佛教认为修大悲真言能够往生西方极乐世界。

拜忏:拜忏即佛教徒通过礼佛的方式为人忏悔。南朝梁武帝在郗皇后死后,集录佛经语句为《梁皇忏》十卷,命僧众拜诵祈祷,这是拜忏仪式的开始。此后,这种仪式在民间逐渐广为流行,主要表现为僧尼为信徒拜佛诵

---

① [日]高楠顺次郎:《大正新修大藏经》第51册,台北:新文丰出版公司,1990年,第1005页。

经以忏悔罪业,或超度亡灵。

念六字大明咒:又称"诵六字真言"。六字大明咒即"唵嘛呢叭咪吽",是大慈大悲观世音菩萨咒,佛教认为六字大明咒是"唵啊吽"三字的扩展,其内涵异常丰富、奥妙无穷、至高无上,蕴藏了宇宙中的大能力、大智慧、大慈悲。

斋天:斋天又名供天,主要功能是向上苍祈求福祉。隋代天台宗智者大师依《金光明经》制定《金光明忏法》,《金光明忏法》是斋天仪式的教义基础。元代文宗时天台宗的慧光法师于每年元旦率众修金光明忏,自此斋天仪式便广泛兴起。这一仪式的具体内容在明末弘赞律师所撰《斋天科仪》中有详细阐述。

施放焰口:"焰口"本是饿鬼名,其体枯瘦,咽细如针,口吐火焰。《救拔焰口饿鬼经》云:"(阿难)即于其夜三更已后,见一饿鬼,名曰'焰口'。其形丑陋,身体枯瘦,口中火然,咽如针锋,头发蓬乱,爪牙长利,甚可怖畏。"[1]施放焰口指的是以饿鬼为主要施食对象的法会,目的是超度饿鬼,追荐死者。

念大士圣号:"大士"是佛教对菩萨的通称。唐湛然《法华文句记》卷二曰:"大士者,《大论》称菩萨为大士,亦曰开士。"[2]《释门正统四》曰:"宋神宗宣和元年,诏改释氏为金仙,菩萨为大士,僧为德士。"[3]念大士圣号即口念观音菩萨之名号。

上供:指于诸佛、祖师圣像前,用鲜花果物或其他物品供养。

三、护国息灾法会的慈善公益性质

(一)从宗旨看其慈善公益性质

一些法会的宗旨体现了明显的慈善公益性质,下表列出四个法会的宗旨。

表73:从法会宗旨看其慈善公益性质

法会名称	主要宗旨	资料来源
察哈尔护国息灾法会	同人等目击生民痛苦,国家危难,欲挽救狂澜,惟有人心向善,以此发起息灾道场。	《补编》第40卷,第367页。
武汉金刚护国息灾法会	欲改变"辛亥革命以来,时变多艰,国无宁日,祸乱频仍,加以旱灾水溺、饥馑刀兵,寇盗纵横,灾侵迭至,道有流亡,国运日蹙,强邻肆扰,华夏骚扰"的状况。	《补编》第43卷,第22页。

---

[1] [日]高楠顺次郎:《大正新修大藏经》第21册,台北:新文丰出版公司,1990年,第464页。
[2] [日]高楠顺次郎:《大正新修大藏经》第34册,台北:新文丰出版公司,1990年,第180页。
[3] 日本京都藏经书院:《卍续藏经》第75册,台北:新文丰出版公司,1993年,第313页。

续表

法会名称	主要宗旨	资料来源
武汉抗战建国周年纪念法会	主要旨趣有三：一、发愿护国，回向息灾。二、追悼抗战阵亡将士。三、追悼死难民众。	《补编》第 45 卷，第 11 页。
华山仁王护国法会	吊国殇以作士气，忏恶业而忏天庥。出斯民于水深火热之中，奠国基如苞众磐石之固。	《集成》第 57 卷，第 244 页。

从上表看出，这些法会的宗旨概括起来有这样几个方面：护国息灾、追悼死难军民、号召国人抵制侵略等，具有明显的慈善公益性质。

（二）从法会的活动内容看其慈善公益性质

1. 从法会的祈祷内容看其慈善公益性质

例如武汉佛教正信会在 1938 年举行"七七抗战建国纪念护国息灾追悼抗战阵亡将士及死难民众法会"，法会的祈祷内容共有五项："第一，延请一百位大德法师祈建仁王护国法坛，祈祷胜利。第二，延请蒙藏大德喇嘛数十位，修建绿度母秘法息灾免劫。第三，延请数百位男女清修居士启建净世法坛追悼阵亡将士及死难民众。第四，法会圆满日午夜子时举行斋天法仪祈祷我军胜利。第五，延请大德和尚于圆满日施放五大士焰口一台，普度亡魂超拔苦海。"① 可见，该法会的祈祷内容主要集中在祈祷胜利、追悼死难将士和民众、消灾免劫等方面，具有明显的公益性质。

2. 从发愿文看法会的慈善公益性质

许多法会都有发愿文，以下是 1932 年华山仁王护国法会发愿文的具体内容。

表 74：从发愿文看法会的慈善公益性质

发愿对象	具体内容
一愿：民国人民	信仰坚固。确实信行忠孝仁爱信义和平八德。相待以诚，相接以礼。表里如一，心口相应。团结一致，永远不渝。
二愿：民国人民	刻苦自励。克勤克俭，富者济人以财，智者济人以道，财不会藏于地，学不令企于身。
三愿：民国人民	爱护国家，服务公众，实行主义。守法奉公，俾约法能行，宪法早布。国基业固，政治修明。

---

① 《正信》杂志社：《七七抗战建国纪念护国息灾追悼抗战阵亡将士及死难民众法会专刊》，载《正信》，第 11 卷第 7 期，1938 年 8 月；《补编》第 45 卷，第 10 页。

续表

发愿对象	具体内容
四愿：青年男子	回心转意，进德修身。坚其意志，强其身体。修其言行，广其知识。立矫浮佻之时声，作真实之千夫，养成赖劳苦守纪律之性行。俾在家为克家之子弟，在社会为有用之人才，在国为忠实之人民。然后方能为国为民，担当大事。
五愿：青年女子	一起觉悟。特意养其慈爱和平之纯德。为妻为母，保育后代民族之生存、发展责任。端在女性同胞，遗其天赋之职责，披向于男子职业之竞争，绝非爱国爱民爱护人类爱护家族之道。
六愿：壮年人民	努力修为，不以少年老年以忧患辛苦之境。于在官者，廉洁奉公，营业者诚实任事，刻苦忍耐，勇猛精进，上承先德，下启后人。
七愿：中国国民党	全体同志亲爱，精诚团结，互相扶持。念先烈创业之艰难。奉行主义，努力建设，纳全国之忠言，容全国之人才，以尽其救国之责，成其建国之功。
八愿：国民政府各级官员	履行誓言，奉行法令，廉洁勤勉，爱国如家，体总理天下为公之心，继先烈舍身救国之志。于权利则尽量忍让，忠于国家，爱护人民，容纳贤能，接受忠告，提携后进，尊重前贤，共济时艰，同成大业。
九愿：世界各国政府人民	共立互助之志，同弃凌暴之心。扶持弱小民族，建立共守之法治。
十愿：佛教大众	彻底觉悟。发大善心，行善度事。勿作自了人，勿守文字之迹。勿感于世俗财位，而妄于趋附，勿迷于鬼神而远弃众生，勿迷于成规而阻碍进步。勇猛精进，自觉觉人。善用世界之科学。

（资料来源：《四川佛教月刊》社：《护国法会之十大愿文》，载《四川佛教月刊》，总第12期，1932年4月；《集成》第57卷，第244～246页）

从上表看出，该发愿文为民国全体人民发三愿，为青年男子、青年女子、壮年人民、中国国民党全体同志、国民政府各级官员、世界各国政府和人民、佛教大众分别发一愿，一共是十愿。每一愿都根据发愿对象不同的身份提出积极向上、为国为民的要求，具有明显的慈善公益性质。为了让人们了解每一愿的含义，有人作了详细的解释，对每一愿都写了愿文衍义。以下列出了第二愿的愿文衍义，其衍义包括这样几个部分：

其一，介绍发此愿的背景："我国自从沦于次殖民地，成为各帝国主义的共同商场以来，不为固有的手工也都失掉了用途，就是为立国之本的农业，现在也濒于破产，尽被外来的物品垄断。因此号称勤俭耐劳特长的国民现在已苦于无可勤劳的余地，只好坐以待毙了。所以在此生死关头，要想挣扎过去,只有国人个个刻苦自励的一途!"①主要是强调了外国的经济侵略严重阻碍了本国民族经济的发展。

其二,介绍了实现此愿的途径,即"刻苦自励"的含义。其具体做法是在我国民族工业还不发达的时候,"要从俭字入手,如能用全国一致刻苦简朴的精神,就可不要靠关税壁垒和经济绝交的呼声,只要大家很切实地、很沉着地对于舶来品,毫不睬它,这样就能抵塞漏户,使得国人所需要的,都取自于国人的供给"。② 这样一来,本国的工业产品才有广阔的销售市场,民族工业才能得到发展。

其三,提出了此愿最终达到的目标,即"富者济人以财,智者济人以道,自然各种的工厂,各种的公司都是与国外的实业相竞争了"。③

3. 从放生和禁屠看法会的慈善公益性质

放生是保护生态环境的一个重要举措,民国时期的慈善公益法会在举办期间往往开展放生活动。1948年,上海的能海上师在觉园启建护国息灾法会,结束之日"下午举行放生,共放螺蛳三千余斤,黄鳝、麻雀、龟等甚众"。④

禁屠是保护野生动物、促进人与自然和谐共存的一种手段。民国时期一些护国息灾法会大力号召禁屠。例如1949年上海己丑度亡利生息灾法会主办请内政部通令全国禁屠三日:"惟释教主旨,首重戒杀,与儒家不嗜杀之理适相吻合,顾往昔水旱偏灾,举行祈祷,每有禁屠之举,及现代欧美学术家及各团体,或保全物命,或厉行节约,亦有每星期指定一日停止肉食者。拟请钧部通行各省市,于法会期间,禁屠三天(二月十五日,二月廿八日,四月三日),共减杀业,以迓天和,不胜祷祝!"⑤

(三)从会场布置看法会的慈善公益性质

1. 对联和标语

一些法会会场张贴悬挂了许多标语,例如"七七抗战建国纪念护国息灾追悼抗战阵亡将士及死难民众法会"的标语可分为两类,一是为抗战胜

---

① 罗奉僧:《护国济民弘法利生药师七佛法会发愿文衍义(续四)》,载《正信》,第3卷第2期,1933年11月;《补编》第43卷,第271页。
② 罗奉僧:《护国济民弘法利生药师七佛法会发愿文衍义(续四)》,载《正信》,第3卷第2期,1933年11月;《补编》第43卷,第271页。
③ 罗奉僧:《护国济民弘法利生药师七佛法会发愿文衍义(续四)》,载《正信》,第3卷第2期,1933年11月;《补编》第43卷,第271页。
④ 《觉讯月刊》社:《护国息灾法会经筵盛开》,载《觉讯月刊》,第2卷10月号,1948年10月;《补编》第78卷,第392页。
⑤ 屈映光等:《上海己丑度亡利生息灾法会函内政部请通行全国各省市禁屠文》,载《净宗月刊》,1949年第12~14期合刊;《补编》第82卷,第475页。

利鼓舞士气的,如"中华民国万岁!中国国民党万岁!领袖万岁!抗战必胜建国必成!疏散人口保卫大武汉!军民一致抗战到底!踏着先烈的血迹前进!七七是抗战建国的纪念日!"第二类是宣传佛法有助于抗战胜利的:"有牺牲的决心才是无人无我的大菩萨!为国家利益的阵亡将士及死难民众必蒙接引往生佛国!为民族英勇将士俱是真正的救世大菩萨!全世界佛教徒的反侵略怒吼就是人类的伸张!仁王护国法会是以佛法的力量裁制暴日!唯有信仰佛法才能勇敢牺牲到底!从佛法的业果上相信抗战必胜建国必成!佛法是全世界人类的救星!"①

该法会除悬挂和张贴以上标语外,还有一些追悼死难军民的挽联,这些挽联都由监察院长于右任撰写。会场一幅大的横联是"佛光永远照耀着死难军民以自由鲜血染成的新中国",另外三副竖联分别是"守土保民永著芳辉光柱史,捐躯护国顿超苦海赴莲邦","酷爱和平为人类而牺牲碧血丹心千古重,长期抗战合全民以抵御青天白日万邦钦","合觉离尘罪消万劫,成仁取义踪著千秋"。②

2.供奉的禄位和莲位

有些息灾法会供奉莲位用来追荐死难军民,禄位用来供奉中华民国的全体国民和政府官员等。这些禄位和莲位也体现了明显的慈善公益性质。

1936年察哈尔护国息灾法会"为普利冥阳起见,先设阵亡将士及革命烈士牌位,并设中央地方政府各高级长官长生禄位"。③ 1937年的成都护国息灾暨超度抗战死难军民法会设延生坛,"每日由诸师诵乐师经,罗列香花,设中华民国全体民众禄位。并于两旁设中华民国海陆空军大元帅蒋中正氏、中华民国国民政府主席林森氏、第七区战区司令长官刘湘氏禄位,荐亡坛设中华民国抗战死难军民莲位,每日由诸师念诵各品经咒"。④

(四)从结余款项的处理看法会的慈善公益性质

东台大中莲社修建的万民祈祷息灾法会结束时结算收入香敬,"除开支外结余四百多元。又续募五百余元,合成国币一千元,概移赈盐城泰和乡垦区潮灾难胞,该乡因两次遭潮淹,流离民众达数千人之多。指放该乡

---

① 《正信》杂志社:《七七抗战建国纪念护国息灾追悼抗战阵亡将士及死难民众法会专刊》,载《正信》,第11卷第7期,1938年8月;《补编》第45卷,第13页。
② 《正信》杂志社:《七七抗战建国纪念护国息灾追悼抗战阵亡将士及死难民众法会专刊》,载《正信》,第11卷第7期,1938年8月;《补编》第45卷,第12页。
③ 察哈尔护国息灾法会:《察哈尔护国息灾法会简章》,载《北平佛化月刊》,总第46期,1936年12月;《补编》第40卷,第367页。
④ 《佛教月刊》杂志社:《护国息灾法会记》,载《佛教月刊》,第7年第12期,1937年11月;《集成》第59卷,第459页。

受灾最深之第七八九等保,并由蔡季周李等居士亲临查放"。①

(五)慈善公益法会受到政府及官员的支持

由于息灾法会具有慈善公益性质,这些法会的主办往往会受到政府官员的大力支持。四川省政府积极响应省佛教会1932年在全省主办的护国法会期间禁屠三天的建议:"据呈集合省城各丛林各佛教团体,组织护国法会,所请自三月二十三日开坛之时,禁屠三日,以迓天和之处,尤为悲悯发生。仰后函请国民革命军第二十四、八、九军司令部审核,转行成都市政府及成华两县政府遵照分别示禁可也,此批。"②可见,四川省政府不但在自己的管辖范围内响应禁屠号召,而且要求省内驻军积极配合。

一些政界人士积极为法会筹款。1938年,国民政府监察院院长于右任等人鉴于"外辱日亟,国难严重,前方将士,浴血抗战,后方人民僧侣,以及川康蒙藏素信佛教之广大群众,咸欲设坛修法,降服暴魔,为国祈福"的状况,集资十万元,"敦请大德,并发动全国僧众,在康藏蒙古及佛法圣地,分别建立护国法会,上祈国战胜利,次为死难将士同胞超荐,仰慰忠魂";他们还呼吁国民党领袖蒋介石带头为法会大量布施。③又如1949年上海己丑度亡利生息灾法会举行时,"李代总统捐金圆券三十万元,上海警备司令陈大庆特捐款十万元,该法会开坛五场,共需费用约金圆券五千万元,前财长徐可亭先生向银钱业劝募一千万元"。④

政界人士的支持也大大激励了佛教团体进一步办好息灾法会。于右任致蒋介石的通电发表后,一些佛教团体如汉口正信会马上响应,通电全国各寺院各佛教团体,支持它们主办法会:"全国各寺院各佛教团体钧鉴:倾读监察院于院长等七长者致蒋总裁建立护国法会简电,无任欣跃,查仁王护国经为佛金口亲宣,感应功德不可思议!我最高领袖精诚所召,定得龙天拥护,达到抗战必胜建国必成之大业!本会紧随全国诸大德后愿竭绵薄,襄赞盛举。除先印赠仁王护国经千部,寄送全国僧寺,以备护国法会应用荷!"⑤

---

① 徐智开:《东台大中莲社修建万民祈祷息灾法会圆满》,载《佛学半月刊》,总第219期,1940年12月;《补编》第65卷,第135页。
② 四川省政府:《建立护国法会批令》,载《四川佛教月刊护国法会专号》,载《四川佛教月刊》,第3年第12期,1932年4月;《集成》第57卷,第240页。
③ 于右任等:《于院长电蒋总裁建立护国法会》,载《正信》,第11卷第8期,1938年9月;《补编》第45卷,第30页。
④ 《觉讯月刊》社:《息灾法会获当局赞助》,载《觉讯月刊》,第3卷第4期,1949年4月;《补编》第78卷,第422页。
⑤ 于右任等:《于院长电蒋总裁建立护国法会》,载《正信》,第11卷第8期,1938年9月;《补编》第45卷,第31页。

为了获得政府及政界人士的支持,一些法会的主办者在会前和政界人士联系,积极争取他们的支持。例如 1938 年汉口正信会在主办抗战周年纪念法会前和林森、蒋介石等军政大员联系,给他们呈文,请求他们派员参加。其中给蒋介石的呈文如下:"汉口军事委员会委员长蒋钧鉴:七七抗战,转瞬周年,钧座大雄大力,救国救民,统率英勇战士,摧伏强寇魔军,定获最后胜利,永奠民国邦基。本会特于七月七日上午八时起,启建七七抗战建国纪念追悼阵亡将士及死难民众法会十日,发愿护国,回向息灾,谨电致敬,并祈届时派员莅会拈香,以昭隆重,为祷。汉口佛教正信会叩。"[①]后来蒋介石果然应邀派代表莅会,监察院于右任院长亲临会场,为法会增色不少。

本章小结

不可否认,当时一些人对这些慈善公益性质的法会到底能起到多大的作用是持怀疑态度的。虽如此,这些法会的影响力还是不容忽视的。一方面,作为一种精神动员力量,它们展现出佛教抗战护国的热情;另一方面,正如当时苇舫法师所指出的那样,当时信仰佛教的中国人数量众多,"因此我们普遍得发动护国祈祷,也就是变相的动员民众,唤起爱国的观念,以为国家尽忠、捍卫民族"。他还指出,这些法会能在全国人民当中养成必胜的信心。只要全国人民上下一心,抗战就一定能胜利,建国就一定能成功。[②]尽管直接或间接参与这些活动的政府或军事部门的高级官员中,有相当一部分人不是佛教徒,他们可能不会相信经咒法会会起到救国的作用,但是他们的参与表明了政府和国家竭尽所能、坚持抗日的决心。就普通抗日军民而言,这样的活动可以成为一种心灵慰藉和精神动员。

[①] 汉口佛教正信会:《呈蒋委员长电》,载《正信》,第 11 卷第 7 期,1938 年 8 月;《补编》第 45 卷,第 7 页。

[②] 释苇舫:《读监察院于院长等致蒋总裁建立护国法会电后》,载《海潮音》,第 19 卷第 9 号,1938 年 9 月;《集成》第 199 卷,第 4 页。

第八章 民国佛教的医药慈善

民国时期，随着佛教的复兴，其医药慈善事业有了很大的发展。关于民国时期的佛教医药慈善，学界的研究成果很少，目前仅见李铁华、吴平两位学者对此有所涉及。① 本章主要根据民国佛教报刊中的史料对民国佛教医药慈善团体的类型、佛教医药慈善的动机、内容及其佛教特色等问题进行较为全面的探讨，以求教于方家。

一、佛教医药慈善团体

民国时期的佛教医药慈善团体大体分为四类，一是施医给药的团体，二是为佛教医药慈善培养人才的团体，三是佛慈药厂，四是临终关怀团体。以下对这四类团体分别述之。

(一)施医给药的慈善团体

这类团体中规模最大的是佛教医院，如民国时期上海地区典型的佛教医院就有陈其昌居士发起创设的上海佛化医院、屈映光等居士创办的上海佛教医院、中国佛教会创办的上海佛教时疫医院、湖南佛教会设立的慈济医院等。与一般的施诊所相比，佛教医院规模较大，医护人员较多，如上海佛教医院中的医护人员就有30多人；科室较为齐全，如上海佛化医院共分九个科室，包括内科、外科、妇科、幼科、喉科、眼科、肺痨科、戒烟科、针灸科和按摩科，并设有住院部。民国时期的佛教医药慈善团体中，以规模不大的施诊所最多，如南京特别市佛教会贫民诊疗所、鄞县佛教会国医施诊所等。

在民国佛教医药慈善团体中，根据经费的多寡和自身的条件，它们施舍的程度有很大的差异。下表列出了四种不同的情况。

---

① 吴平：《民国时期上海地区的佛教医院诊所》，载《佛教文史》，2003年第5期；李铁华：《民国时期都市佛教的医药慈善事业》，载《中医药文化》，2013年第2期。

表 75：民国佛教医药慈善团体施医送药情况表

类型	团体	概况	资料来源
费用全免	福州佛教医院	诊疗给药，一概免费，大众受惠。	《补编》第78卷，第468页。
	北平大良医院	其贫苦无力缴费者，由北平三时学会发给请诊券，换取医院就诊券，不再收取诊费及挂号费、药费等。	《集成》第59卷，第30页。
	上海佛教时疫医院	从挂号到住院分文不取。	《集成》第54卷，第297页。
只需交挂号费	泰县佛教会中医施诊所	只需缴纳挂号费，即可受诊领药。	《补编》第75卷，第226页。
	通明妇婴施医所	诊费不收，挂号费铜元十枚。	《补编》第33卷，第115页。
有条件施药	湖南佛教会慈济医院	本院所施中西药品以乞讨赤贫为限。	《补编》第27卷，第132页。
	广东梅县佛教会施医所	病者确因赤贫，无力购药，亦可酌施药剂，稍加体贴。并从各验方中慎择利于疗病之丹膏丸散八种，依法制成，分别施赠。	《补编》第28卷，第88页。
	宝庆佛化新医社	施药以乞丐贫穷为限制，其余概不发药。	《集成》第162卷，第42页。
根据不同的对象收取不同的费用	上海佛化医院	对于比丘、比丘尼，送诊送药，不取分文；优待居士，以已入任一佛教团体为限，号金二角，药费照付；对于贫病之人，号金二角，药费在内，赤贫酌免；对于普通大众，号金四角，药费照付。	《集成》第83卷，第211～212页。
免诊费，药售半价	青岩佛慈医院	代人诊病，无论贫富，向不取资；兼营药业，半施半售，重在救济病家，与注意谋利者，性质不同。	贵阳市花溪区档案馆档案，卷宗2-1-191。

（二）培养医药人才的慈善团体

民国时期，佛教界人士创办有专门佛教医学院，为佛教医药慈善培养人才，这其中有代表性的有山西佛教中西医学集针院、中国佛学会义务医学院等。现对它们分别介绍。

在阎锡山号召僧人学习针法的影响之下，山西佛教中西医学集针院由山西阳曲县佛教会于1930年创立。该院的教学内容特色明显，"功课以佛学、医学为主课，语言文字及地理、历史等为附课"；医学课程中以针学为主，由于针学为"中国所独擅，非亲口传授，不能得其奥妙"，该院延聘高水平的针学人才,"如有幽隐之士,精通针法者,本院得聘为针法专门教员,或另开一科以研习之"。①

有的佛教慈善医院也为佛教慈善医疗事业的发展培养人才。如山西佛教中西医院每年都招收15~30岁的僧俗两界人士60名,其开设的主要课程包括"三民主义、国文、识字、针学经典、全体学、生理学、病理学、诊断学、针灸学、药剂学","内科、外科、儿科、妇科、传染病科及针科为实习学科"。②从简章看出,该院利用医院人才集中和科别较为完备的优势,医学课程较为全面,和其他类型的医学人才培养团体相比,学生实习也非常方便。

在海外的华侨僧人也注重培养佛教医药慈善人才。在新加坡的华侨组成了中国佛学会,该会附设有义务医学院。该院学生主要学习针灸和外科两科,费用全免,有面授和函授两种授课方式。③

(三)佛慈药厂

民国时期佛教界人士开办有以改良中药为主旨的佛慈药厂,该厂1932年在上海创办。上海沦陷后,该厂在重庆重新开办。该厂有以下下属团体:设国药研究所及药草试植园努力改良国药;设制药厂制造各种药品及化学工艺品;设实费医院及平价配药部使一般同胞得便宜代价医疗疾病。④

该厂中药改良程序大体分为以下两步:一是培养研究人才,对中医进行植物学、药理学、化学的研究,将研究成果公开发表。二是在研究的基础上,"聘用专家负责调制,鉴定原料,严选道地,科学化之调制,公开制药,提倡改良"。⑤

佛慈药厂的慈善公益性质从以下几个方面体现出来:一是对工人来说,实行"劳资合作,共存共荣;尊奉孙总理的民生主义,对于厂内工人在可能的范围内须一律优待,每年决算时如有盈余,股东职员及工人各有相当之红利分配";二是对消费者来说,"根据国民党指导之合作运动原则,自生产地直接购入原料,用机械大量生产,在国内外各地设置直属分店及经销

---

① 山西佛教中西医学集针院:《山西佛教中西医学集针院简章》,载《山西佛教月刊》,第2年第9期,1930年1月;《补编》第39卷,第34页。

② 山西佛教中西医院:《山西佛教中西医院公启并招生广告》,载《山西佛教月刊》,第2年第9期,1930年1月;《补编》第39卷,第36页。

③ 曾志远:《中国佛学会义务医学宣言》,载《星洲中国佛学》,1943年第2期;《补编》第76卷,第119页。

④ 佛慈大药厂:《佛慈大药厂股份有限公司创办缘起及章程》,载《海潮音》,第13卷第2号,1932年2月;《集成》第180卷,第195页。

⑤ 释慧观:《佛慈药厂改良国药计划书》,载《海潮音》,第12卷第4号,1931年5月;《集成》第177卷,第486~489页。

处,以直接供给消费者,则中间商人不得分垄断";三是为国挽回利权,"注重输出国外,扩张销路,以期挽回利权之万一";四是实行慈善医疗,"本厂本着我佛普利众生主义,将来若有若干盈余时,即设佛慈医院于上海,或派巡回施疗员于国内各地,聘各科专门医生,随时随地实行免费施疗。使贫苦无归之同胞咸得解除痛苦,而享受快乐,共登寿域"。①

(四)临终关怀团体

临终关怀,主要指对生命临终病人及其家属进行的生活护理、医疗护理、心理护理、社会服务等全方位的关怀照顾。民国时期许多居士佛教团体都设立了临终关怀机构,这些临终关怀机构主要是利用佛教自身的优势对临终病人进行"心理护理",这些机构统称为助念团体。所谓"助念",就是当病人医药无效、寿命临终时,助念者为其念佛,帮助临终者提起正念,助其安乐自在往生佛国。这些助念团体名称各异,如"临终助念会""助生极乐团""念佛助生极乐团""互助往生极乐会""净业助念团""临终正念团""助念往生团""临终助念往生团"等。虽然名称上存在着差异,但它们的主要活动就是对病人进行临终关怀,在病人临终前后进行助念,帮助病人摆脱对死亡的恐惧,减轻病人临终时的痛苦。从现有的材料看,民国佛教助念团体主要分布在南方。下表列出了民国佛教报刊中所见助念团体的分布地点。

表76:民国佛教助念团体的地域分布

助念团体名称	分布地点	助念团体名称	分布地点
余姚念佛助生极乐团	浙江余姚	无锡净业助念团	江苏无锡
世界佛教居士林念佛助生极乐团	上海	云南四众佛教会助念生西会	云南昆明
绍兴莲社临终正念团	浙江绍兴	罗溪莲社临终助念生西莲会	福建泉州
净莲寺助念会	北京	云南佛教居士林助念极乐团	云南昆明
太仓净业莲社助念团	江苏苏州	武进生西助念团	江苏常州
新塍佛学助念会	浙江嘉兴	天津功德林往生助念团	天津
上海市佛教青年会净宗助念团	上海	富顺县念佛助念团	四川
上海佛教医院临终助念团	上海	绵阳县佛学社临终助念往生团	四川
江都瓜洲镇临终助念佛会	江苏扬州	南通佛教净业助念会	江苏南通
海门汲浜镇助念往生社	江苏海门	普济寺临终助念会	浙江杭州
广州莲社助念团	广东广州	汕头佛教居士林精进正念团	广东汕头

(资料来源:本表系作者根据《集成》《补编》和《报纸》中的资料整理而成)

---

① 释慧观:《佛慈药厂改良国药计划书》,载《海潮音》,第12卷第4号,1931年5月;《集成》第177卷,第490页。

上表列出了《集成》《补编》和《报纸》中能看出具体地点的22个助念团体,其中只有两个助念团体地处北方。这几部丛书囊括了民国时期绝大多数佛教报刊,包含的史料比较全面。应该说这一组数据能够说明民国佛教助念团体的地域分布特点,即主要分布在南方,究竟是何原因导致在地理分布上出现这样的特点,还需要进一步探究。

关于助念团体的人员组成及服务对象。有的助念团体规定只要是信佛之人皆可加入,"慈悲普摄,怨亲平等,凡有志求生安养修持敬业者,由本会同仁介绍,皆可入会"。① 还有些助念团体为了扩大规模,认为佛教社团的成员都有加入助念团体的义务。如余姚念佛助生极乐团规定"凡佛学团体中人,均有参加本团之义务";② 世界佛教居士林念佛助生极乐团规定,"凡是本林林友均应加入该团"。③ 有的助念团体对于吸收新成员有限制条件,如绍兴莲社临终正念团规定:"凡莲社社员通达佛理、精修净业、明白事理、已感化家属者,皆得为本团团员。但须团员二人以上之证明"。④ 广州莲社助念团规定信奉佛法、劝化家属、愿意遵守助念组织规约的居士"如有愿意加入者,自问对于下列规约,能永守勿背,方能签名。签名后须经本社指导员审查认可然后作实"。⑤ 可见,绍兴莲社临终正念团和广州莲社助念团都把信奉佛法、通达佛理、已劝化家属作为加入助念团的必需条件,广州莲社助念团还规定加入者须签名承诺遵守规约。

助念团体吸收新成员有一定的程序,如无锡净业助念团有如下规定:"由介绍人申请,团长审核其资格,认可后在佛前至诚立愿:专修净土、不入外道邪教、及参其余法门、不辞一切困难、为本团团员忠诚服务。加入后有六个月的试验期,期满后方有正式团员的资格。"⑥可见,该助念团规定新成员的加入程序有申请、审核、立愿、考察等四个步骤。

服务对象。民国时期助念团体实行的是一种相互服务的模式。当某

---

① 释印光:《临终助念会规约并序》,载《净业月刊》,1926年第2期;《补编》第16卷,第385页。

② 余姚念佛助生极乐团:《余姚念佛助生极乐团章程》,载《大云》,总第78期,1927年6月;《补编》第18卷,第335页。

③ 世界佛教居士林:《念佛助生极乐团规则草案》,载《世界佛教居士林成绩报告书》,1933年1月;《补编》第46卷,第330页。

④ 绍兴莲社临终正念团:《绍兴莲社临终正念团团约》,载《世界佛教居士林林刊》,1926年第12期;《补编》第9卷,第171页。

⑤ 广州莲社助念团:《广州莲社助念团纯念组缘起及规约》,载《观宗弘法社刊》,总第25期,1934年5月;《集成》第24卷,第184页。

⑥ 无锡净业助念团:《无锡净业助念团章程》,载《弘化月刊》,总第38期,1944年8月;《补编》第69卷,第285页。

个成员临终之时,其他的成员会前去助念。除本团体的成员外,许多临终关怀团体将助念的范围扩展至该团体以外的他人。有助念团体规定"即非本会会员,平素笃修净行,为本会所深悉者,临终来会请求同仁,亦当前往相助,以结善缘"。① 又如云南四众佛教会助念生西会规定,"会员之父母、亲属如有疾病,或临命终请求助念时,得由理事考察允许办理"。②

有的助念团体对服务对象规定了限制性条件,如四川绵阳县佛学社临终助念往生团有这样的规定:"如社友对于佛法面从腹诽、无信仰心者,及屡犯要戒多造恶业者,或先后盲从一切外道、尚未纯奉三宝者,或患急性传染病、癫疯病虽病亟来请,本团俱难应命";本着佛家慈悲为怀的理念,该助念团又规定了变通的办法:"此等行人如到临终时至深知过去之非,及时能痛自忏悔、正念现前、坚请助念,本团亦可从权办理。"③泉州罗溪莲社临终助念生西莲会则强调:"凡请求助念之时,不得同时邀请外边神像符箓及师巫道流混杂其间,不但有妨碍正念,且损佛法威严。"④

经费来源。在笔者所掌握的材料中,尚未发现有助念团体通过向社会募捐来筹集经费。其经费来源主要是助念团成员集资和家属的资助,这是绝大多数助念团的经费来源。如余姚念佛助生极乐团规定:"本团经费由团友自行乐助,并不对外募捐。助念期内一切经费(盘川、住所、膳食等)由本团担任,家属有乐助本团经费者听。"⑤这里的家属指的是病人的家属,即在某家助念时,如该病人家属愿意向助念团资助一部分经费,助念团也接受。也有少数助念团体不接受家属的资助,实在推脱不了的,将家属资助的钱财用来做慈善事业。如无锡净业助念团明确规定:"本团在团员住宅,不受任何供养;结缘如固辞不获,则请用金钱,以便移作善举,或交名山大丛林做诸功德,助念团员均不得私受。"⑥该团的宗旨是"求生西方、助念

---

① 释印光:《临终助念会规约并序》,载《净业月刊》,1926年第2期;《补编》第16卷,第385页。

② 云南四众佛教会助念生西会:《云南四众佛教会助念生西会章程》,载《佛化周刊》,总第151期,1930年11月;《集成》第18卷,第421页。

③ 绵阳县佛学社临终助念往生团:《四川省绵阳县佛学社临终助念往生团缘起规约》,载《四川佛教月刊》,第3年第8期,1933年8月;《集成》第58卷,第31页。

④ 罗溪莲社临终助念生西莲会:《罗溪莲社临终助念生西莲会简章》,载《观宗弘法社刊》,第18期,1931年2月;《集成》第144卷,第444页。

⑤ 余姚念佛助生极乐团:《余姚念佛助生极乐团章程》,载《大云》,总第78期,1927年6月;《补编》第18卷,第338页。

⑥ 无锡净业助念团:《无锡净业助念团助念规则》,载《弘化月刊》,总第43期,1945年1月;《补编》第69卷,第363页。

往生、不务繁琐、尽力节约、不纳团费"。① 这里的"不纳团费"指的是不需要团员缴纳费用,该团既不要团员缴纳费用,又不接受病人家属的捐赠,其经费来源到底是什么呢?其章程没有说明。该助念团是无锡佛教净业社主办的,笔者推测,其经费很可能来自于无锡佛教净业社。

二、佛教医药慈善动机

(一)改良、振兴中医

民国时期有佛教人士认为,中医在两宋以前灿烂辉煌,远超西医,"降及两宋,理学蔚然,继由金元诸家,拾宋朝性理之余蓄,敷衍阴阳五行之说,粉饰医术,而医药学遂大遭厄运,立言念玄,去实愈远"。② 而当时世界上许多国家正在研究、开发中国的传统医药资源,"如日本国立大学,特设汉药研究科,欧美诸国各大药厂,创制科学化之中国药品,吾人日闻某国药师自某中药抽出某有效成分,某国医家自某中药验得治某病之特效剂,竟相发表于世界医坛";但是我们的国产药物,"尚不脱草根木皮之旧态,徘徊于阴阳五行之迷路"。③ 民国佛教界人士认为中医还有其他弊病,"我国旧医,欲其应用于大众场合的紧急治疗,显有未逮,至于看护精神,务以慈爱至上为严格的取舍标准,对于时下看护积习,绝对禁革"。④ 这里指出的弊病一是急救功能差,二是护理水平差。

在这样的形势下,民国佛教界人士认为,中医中药的改良非常有必要,应该"将古时经验所得之国产药物,割除金元以来陈腐的空想论法,而根据最新的现代科学医理,应用理化学的制药方法。科学的改良运动,为我国医药界之最大急务"。⑤

(二)践行佛家济世悯贫的理念

佛教医药慈善团体的创办者都怀佛家济世的心肠。创办妇婴施医所的比丘尼常和法师认为,"八口之家,毫无恒产,而恐不赡。倘遭疾病,苦恼尤甚。且一医之真金,则罄一日之资。一药之耗费,则竭三口之粮。本拟

---

① 无锡净业助念团:《无锡净业助念团章程》,载《弘化月刊》,总第 38 期,1944 年 8 月;《补编》第 69 卷,第 285 页。
② 释慧观:《佛慈药厂改良国药计划书》,载《海潮音》,第 12 卷第 4 号,1931 年 5 月;《集成》第 177 卷,第 485~486 页。
③ 释慧观:《佛慈药厂改良国药计划书》,载《海潮音》,第 12 卷第 4 号,1931 年 5 月;《集成》第 177 卷,第 485~486 页。
④ 李圆净:《创建佛教慈济医院议》,载《海潮音》,第 27 卷第 4 期,1946 年 4 月;《集成》第 202 卷,第 392 页。
⑤ 释慧观:《佛慈药厂改良国药计划书》,载《海潮音》,第 12 卷第 4 号,1931 年 5 月;《集成》第 177 卷,第 485~486 页。

不药而愈,孰知转轻为重,以至传染愈深,病入膏肓,死而后已。思念及此,惨痛殊深"。① 基于这样的考虑,她立志救人,考取医照,"自念身为佛子,当怀济世心肠,利生行愿,所惜庙小产薄,财施无力,只有以身心布施,诊治贫病"。②

世界佛教居士林考虑到"沪北业为贫民聚集之地,值此市面衰落,百业不振,一般贫民生活,更形困难。若一旦不幸抱病,则延医服药,绝无余资。所谓贫病相交,殊堪怜愍"。③ 该林有鉴于此,除原有医部每日照常施诊给药外,并添聘中医一位,每日施诊给药,以广救济。佛教慈济医院的创办者考虑到穷困人家的妇女无力进医院生产、妇婴死亡率较高的现实,认为自己应"负起这个贫民产科的重要责任",在院中兴办了产科。④

医药慈善是解除人的生老病死痛苦的需要。李圆净居士认为,通过办一所有其特殊设计的医院即可解除人们生老病死的痛苦。"第一,必设有产科以消除生的痛苦。中国人口富者占极少数,贫者居大多数,却是贫者的生殖率特高,同时他们的死亡率也特大,缺乏资财待产,与一般接生婆之毫无常识,实为产妇与婴孩大量死亡的重要因素。本院重视此一事实,敢于负起这个贫民产科的重要责任;第二,必附设养老院以消除老的痛苦;第三,必分设内外各科,以减除病的痛苦。第四,在养老院中设立一个可以公开的念佛莲社,从而产生一个饬终念佛会,以解除死的痛苦"。⑤

李圆净居士指出,"生老病三,随时皆可与死为缘,各地间有佛念组织,但欲顺遂推行,大非易易,或阻于职务,或误于时刻,或碍于家庭环境,或隔于医院规章,几为一生修持,败于最后一着"。⑥ 印光法师认为助念一事,关系甚大。对于临终者来说,"当此命光迁谢、升沉立判之时,既有开导助念之人,譬如怯夫避寇,拟乘邮船远道,得诸人之扶持,便可一跃而上,遂得安坐以达彼岸。若无开导助念之人,必受破坏正念之祸。勿道工夫未深者

---

① 释常和:《比丘尼常和大师呈报北平佛教会设立妇婴施医所公函》,载《佛宝旬刊》,总第63期,1929年1月;《补编》第33卷,第115页。
② 释常和:《比丘尼常和大师呈报北平佛教会设立妇婴施医所公函》,载《佛宝旬刊》,总第63期,1929年1月;《补编》第33卷,第115页。
③ 世界佛教居士林:《劝募施药经费通告》,载《世界佛教居士林林刊》,总第38期,1934年7月;《补编》第12卷,第11页。
④ 李圆净:《创建佛教慈济医院议》,载《海潮音》,第27卷第4期,1946年4月;《集成》第202卷,第392页。
⑤ 李圆净:《创建佛教慈济医院议》,载《海潮音》,第27卷第4期,1946年4月;《集成》第202卷,第392页。
⑥ 李圆净:《创建佛教慈济医院议》,载《海潮音》,第27卷第4期,1946年4月;《集成》第202卷,第392页。

不能了脱,即佛念已纯者,亦难往生。譬如勇士破围而出,拟乘舟逝,被众人之攀挽,即时坠入深渊"。若"临终者工夫未深,佛念未纯,又加病苦沉重,不有知识开导,净侣助念,便归轮回之中,绝无了脱之望矣"。对于工夫已深、佛念已纯之人,如"得大众助念之力,岂不更为速得见佛闻法,悟无生忍乎"。① 可以看出,李圆净居士用形象的比喻说明助念能有效消除人们对死亡的恐惧,解除临终的痛苦。

(三)振兴佛教的目的

实行医药慈善事业易于布教,近代基督教在中国能广泛传播与其实行慈善事业有密切的关系。当时有佛教界人士认为,"彼耶教徒到处传其上帝福音,创学校、设医院,浸至今日,遂深入民间,穷乡僻壤,随处可见十字之架。彼能具今日之成绩,实皆有赖于学校医院之力";②"基督教之所以成功,就在于对公益事业的热心,佛教徒如欲挽回佛教的颓运,重振雄风,也只有在这方面与基督教竞争一下"。③ 他们认识到佛教医院"乃大好布教之所,人当康健之时,骄恣放逸,不易入道,待疾病之来,怕怖惶惶,忧苦交萦,所谓病衰方知身是苦,健时多半为谁忙。病为警策良师,深可信矣。际斯时也,投之以医王之药,劝其学佛,易于信受"。④

三、佛教医药慈善内容

(一)施诊送药

1.施诊

从笔者目前掌握的材料看,鄞县佛教会开办的西医施诊所和国医施诊所留下的施诊信息最为翔实,以下就以这两个施诊所为例加以说明。

---

① 释印光:《天台山国清寺创建养老养病助念三堂碑记》,《印光法师话慈善公益》,上海:华东师范大学出版社,2012年,第118页。
② 普悲居士:《佛化医院与佛教前途》,载《上海佛化医院成立专刊》,1936年1月;《集成》第83卷,第205页。
③ 秀奇:《上海佛教平民疗诊概况》,载《学僧天地》,第1卷第5期,1948年5月;《集成》第56卷,第540~542页。
④ 普悲居士:《佛化医院与佛教前途》,载《上海佛化医院成立专刊》,1936年1月;《集成》第83卷,第205页。

表77：鄞县佛教会西医施诊所施诊概况(1935年)

月份	内科	外科	牙科	眼科	花柳科	全月数
一月	98	566	8	45	3	720
二月	82	504	6	51	5	648
三月	142	623	9	68	12	854
四月	124	601	14	81	18	838
五月	132	573	10	73	16	804
六月	180	605	24	89	20	918
七月	314	716	43	127	68	1268
八月	524	945	32	198	97	1796
九月	313	721	21	120	72	1247
十月	226	710	9	92	31	1068
十一月	204	728	13	58	19	1022
十二月	192	629	17	36	5	879
全年	2531	7921	206	1038	366	12062

(资料来源：鄞县佛教会：《西医施诊所二十四年自一月起至十二月底止诊治人数报告表》，载《鄞县佛教会会刊》，总第2期,1934年1月；《集成》第130卷,第295页)

表78：鄞县佛教会国医施诊所报告表(1935年)

月份	男科	妇科	儿科	全月数
一月	95	120	116	331
二月	156	138	180	474
三月	228	297	183	708
四月	226	223	218	667
五月	335	261	242	838
六月	320	241	386	947
七月	365	288	379	1032
八月	317	252	342	911
九月	458	297	305	1060
十月	429	257	252	938
十一月	253	195	187	635
十二月	158	132	120	410
全年	3340	2701	2910	8951

(资料来源：鄞县佛教会：《鄞县佛教会国医施诊所二十四年自一月起至十二月止诊治人数报告表》，载《鄞县佛教会会刊》，总第2期,1934年1月；《集成》第130卷,第291页)

从上列两个表格可看出这样几个信息：其一，国医施诊所和西医施诊所在 1935 年总的施诊量共 21013 例，平均每天施诊近 60 例，作为县级佛教会开办的施诊所，其施诊量是比较大的。其二，施诊科别较全，西医施诊所的科别达 5 科，其中还包括一般医院不愿或无力收治的花柳科。其三，施诊数量的分布带有较强的季节性特点。从上列两个表格看，两个施诊所在夏秋两季总的施诊量明显多于冬春两季，这与这两个季节气温较高，各类疾病特别是传染病容易多发有很大的关系。

值得一提的是，一些佛教医药慈善团体如香港佛学会所办的赠医施药所医术水平较高，能够诊断并医治多种疾病。在 1933 年 6～9 月该所诊断的疾病种类如下："咳、哮喘、消化不良、扁桃体炎、燕虎麟痧、风湿、肺痨、疝气、贫血、肾炎、尿道炎、疟疾、耳痛、子宫癌、癣癞、疮、腹泻、溃疡、颈部淋巴腺炎、角膜炎、大便秘结、鼻血、神经炎、皮疹、胃炎、肺膜炎等症"。①

2. 送药

民国佛教医药慈善团体除赠送常规的疗病药物外，有时还施送一些偏方和秘方。下表列出了无锡佛教净业社施送的偏方和秘方的相关信息。

表 79：无锡佛教净业社施送各种经验灵药表

施送灵验方名	功用及用法	此方来源
多年咳喘膏	冬夏两季施送	陈其昌秘方
跌打损伤神效药	用酒调敷，多揉已破口，出血则干酒即可	聂云台经验良方
温补定惊丸	专治小儿久病，元气虚弱，吐泻急慢惊风等症；祛风化痰退热；面色清白者最宜；面红有实火者忌用。	
产科回春丸	专治产后百病，兼治石女经闭；月水不调；众疾并效。	《原方见验方新编》
万应膏	兼治伤痛	京都达仁堂秘制
清凉眼药	清凉明目	王一亭秘方
乳岩药	兼治重要外症	
化痰止咳丸	化痰止咳	聂云台良方
观音救苦丹	主治各种时疫，兼治内外各症。	无锡佛教净业社虔制
赤白痢疾末药	兼治水泻	聂云台经验良方
阿魏丸	专治肠病，兼治疟疾、痢疾。	聂云台经验良方

---

① 香港佛学会：《本会第一赠医施药所医务报告》，载《香海佛化刊》，1933 年第 5 期；《补编》第 47 卷，第 350 页。

续表

施送灵验方名	功用及用法	此方来源
神曲	专治新风寒及咳嗽	上海朋寿堂秘制
猪狗臭药	专治狐臭	无锡佛教净业社秘制
和肝丸	专治肝气秘结	聂云台良方

（资料来源：无锡佛教净业社：《本社施送各种经验灵药表》，载《无锡佛教净业社年刊》，总第4～5期合刊，1942年1月；《集成》第132卷，第355页）

从上表看出，无锡佛教净业社施送的偏方、秘方科别较多，有内科（多年咳喘膏、化痰止咳丸、赤白痢疾末药、阿魏丸、和肝丸、神曲）、外科（跌打损伤神效药、万应膏、乳岩药）、儿科（温补定惊丸）、妇科（产科回春丸）、皮肤科（猪狗臭药）、眼科（清凉眼药）、传染科（观音救苦丹）。此外，这些偏方、秘方的来源也较广泛。

3. 为方便病人采取的措施

就近施诊。一些大城市如上海的佛教医药慈善团体就近施诊以方便病人。世界佛教居士林施医处除"在新民路本处每日办理施诊给药外，欲使便利离林较远病家就诊起见，又于华租界内聘请中西内外科名医多人，俾使病者得以就近前往免费诊治。如有病人欲前往救治者，请仍向本林施医办事处索取介绍免费（或者是半费）诊治证书"。① 上海佛化医院为了方便病人就近诊治，在上海各区设立分诊所，为此该院着力培养基本医士，规定"皈依三宝，发心济世，文理通顺，有志习医者"皆可前来面试，学员"学费随力、膳宿自备，一年读书，一年实习，毕业后或在本院服务，或随时派往各处任医"。②

简化就诊程序。为了方便病人就诊，一些佛教医疗慈善团体简化了就诊程序。如上海尧光寺内兴办的平民医院，"制有医药券，由善信发给，凡持医药券按时来院诊病，免除挂号手续，更为便利，医药均送，并闻该院同人，设有分诊处，便利病者"。③

函诊。上海佛化医院为了外地病人就诊方便，特设函诊部，"惟病家需将年岁、职业、已否结婚、平日状况、起病原因、曾否医治及其经过、现在情

---

① 世界佛教居士林：《本林续聘义务医生》，载《佛学半月刊》，总第52期，1933年4月；《集成》第48卷，第170页。

② 上海佛化医院：《上海佛化医院简章》，载《上海佛化医院成立专刊》，1936年1月；《补编》第83卷，第211～212页。

③ 《海潮音》杂志社，《佛化新青年平民医院送医药》，载《海潮音》，第6年第9期，1925年11月；《集成》第163卷，第227页。

形等逐条详细挂号寄来,即日详复。收费每次邮汇法币一元,凡附本院优待券者,每次只取号金法币二角。邮票通用,如欲挂号或快递,另加相当邮费"。① 江苏铜山县看守所的施泽臣居士曾写信给中国佛教会请求再施夏令时节的药品,该会满足其要求并函复如下:"来函以索寄夏令药品,救济囚人生命等因,具见悲深愿切,不胜钦仰。现已有本会常务委员会黄涵之居士配购药品,交邮寄奉矣。"②

一些佛教医疗慈善团体还为病人提供其他便利条件。如上海佛教诊疗所"为病人准备有代乳粉,免费提供",并且与《大晚报》社会服务栏合作,随时将医疗条件改进的情况告诉市民。③ 佛化新青年平民医院除赠医送药外,还为穷困的病人"无利借贷,专为接济病者之食费"。④

(二)医疗卫生知识的普及

湖南常德的张右长居士,精通医药,常年为病人施医送药,并总结其多年行医经验,著有《医药卫生常识歌》。该歌谣共有近2万字,分为32段,每段都有一个小标题。现将这32个小标题罗列如下⑤:

一、患病延医不宜骤易;二、病染愈慢药莫乱投;三、择医必须陆续访查;四、就医必须详言病例;五、购药必择诚实商店;六、药味不可任意加减;七、药物不可偏重珍品;八、煎药慎防过火添水;九、贵药慎防抽换劣品;十、服药有法须知分别;十一、石膏麻黄冬夏各用;十二、细辛用量俗见宜正;十三、甘草甘遂有时同用;十四、草药公开定量可服;十五、用药须防因妒放毒;十六、青年卫生首重节欲;十七、病后卫生慎防劳复;十八、临产须守六字要诀;十九、纠正胎前产后用药;二十、婴孩当慎产后饮食;二十一、纠正麻痘泄结谬解;二十二、霍乱传染食酸可防;二十三、沙眼传染失治生翳;二十四、梅毒传染贻害子孙;二十五、患病失治变险难救;二十六、未见病症慎传药力;二十七、中西真医各有专长;二十八、

---

① 上海佛化医院:《上海佛化医院简章》,载《上海佛化医院成立专刊》,1936年1月;《集成》第83卷,第211~212页。
② 中国佛教会:《本会函复铜山县看守所施泽臣居士为索寄夏令药品已由黄涵之居士配购寄奉由》,载《中国佛教会会报》,第46~48期合刊,1933年12月;《补编》第29卷,第20页。
③ 汤美:《上海佛教诊疗所剪影》,载《学僧天地》,第1卷第3期,1948年3月;《集成》第56卷,第486页。
④ 《海潮音》杂志社,《佛化新青年平民医院送医药》,载《海潮音》,第6年第9期,1925年11月;《集成》第163卷,第227页。
⑤ 德森:《医药卫生常识歌小引》,载《弘化月刊》,总第84期,1948年5月;《补编》第70卷,285页。

中法四诊西法三诊;二十九、西医可补中医之缺;三十、西药非概属金石品;三十一、酬医不可随意浮夸;三十二、识者皆宜宣传济世。①

这32个标题涉及购药、用药、病后调养、日常卫生等多方面的内容。为了进一步说明,现将篇幅较小的第一段"患病延医不宜骤易"的内容抄录于下:

> 人生偶尔患疾病,期望速愈必延医。甲医来诊药甫用,亲朋探病荐乙医。病家闻之其心动,日更数医处方异。甲医药力尚未达,乙医又投以他剂。此行不但难去病,反能加病致危急。即或略见其功效,亦不知系何方力。病假无主至如此,优劣难分必取戾。如服二帖药无灵,乃可更医将药易。②

此段共16句,每句7个字,用形象的语言说明了在就医的过程中随便更换医生带来的危害。

民国佛教报刊有300多种,许多报刊经常刊登医药卫生方面的知识,以达普及之效果。下表列出了部分佛教报刊医药卫生栏的情况。

表80:民国佛教报刊中的医药卫生类栏目

佛教期刊名称	医学栏目名称	刊载内容简介
佛教半月刊	医药问答	就僧俗所遇疾病医药问题进行解答指导,倡议佛教界建立佛教医院、疗养院,推动佛教从事医药慈善事业。
大生报	医药卫生	"发扬国医学术,广济疾苦众生"作为该报的四大目标之一。
罗汉菜	药圃	日常养生知识;心理自我调节;药方介绍。
罗汉菜	卫生研究	素食研究
聂氏家言旬刊	耕心斋杂记	日常卫生;公共养生。
聂氏家言旬刊	医药	各类药方介绍
佛化新青年	医药卫生	医学丛书介绍;答医问药。
苏城隐贫会旬刊	中医杂志	各种常见疾病和疑难杂症及治法

---

① 张右长:《医药卫生常识歌》,载《弘化月刊》,总第84期,1948年5月;《补编》第70卷,第285~287页;张右长:《医药卫生常识歌(续)》,载《弘化月刊》,总第85期,1948年6月;《补编》第70卷,第304~307页。

② 张右长:《医药卫生常识歌》,载《弘化月刊》,总第84期,1948年5月;《补编》第70卷,第285页。

续表

佛教期刊名称	医学栏目名称	刊载内容简介
弘善汇报	医药卫生	医药卫生、精神卫生方面的医学理论与方法,发布医药验方等。
无锡佛教净业社年刊	药方	介绍各类经验良方
慧灯月刊	医药信箱	有中医师解答各种疑难杂症,并发布赠售良药信息。
台湾佛教新报	卫生	日常卫生;各类医药验方。
大云	卫生	家庭医药常识;药方介绍。
宏善汇报	医药卫生	精神卫生之研究;卫生要旨;素食之益;卫生要语十则。
弘化月刊	讲话	日常卫生知识
弘化月刊	医丛	医药卫生常识歌谣
南行	卫生	农民卫生知识;健康长寿知识;疾病自疗方法。
南行	科学	饮食卫生、药物知识介绍
南行	文摘	偏方介绍,家庭医药常识。
南行	医药	灵验药方介绍
觉讯月刊	医药卫生栏	医药与宗教;医药问答。
聂氏家言选刊	医药及卫生	日常卫生知识;药方介绍;医药杂记。

(资料来源:本表信息根据《集成》《补编》和《报纸》中的资料整理而成)

从上表看出,民国佛教报刊登载的医药卫生知识较为全面,包括日常卫生、各种药方、疑难杂症的诊治,心理调节、身体调养等多方面的内容。值得一提的是,有的报刊设有多个医药卫生栏目,如《南行》杂志的"科学""卫生""文摘""医药"等栏目都介绍有医药卫生知识。

(三)临终关怀

1.助念的进程

从现有的史料看,民国佛教助念团体的助念有一套相对固定的程序,具体分为这样几个步骤:

其一,助念前的准备。关于助念前的准备,余姚念佛助生极乐团的章程作了这样的规定:"初到时,一面将助念利益及所避忌切嘱行人家属,一面策励行人并布置一切。"①这里道出了三方面的准备:一是告知家属相关

---

① 余姚念佛助生极乐团:《余姚念佛助生极乐团章程》,载《大云》,总第78期,1927年6月;《补编》第18卷,第339页。

注意事项,这些注意事项在下文有详细的介绍;二是"策励行人",即对病人进行劝勉;三是为助念作物质上的准备,主要包括悬挂佛像、摆放各类法器等。这里重点介绍一下"策励行人"的有关情况。

余姚念佛助生极乐团的章程规定:"团友即到邀请助念之家,推举功行纯粹、长于说法者到病人前安慰劝勉。施以无畏,应云吾等为汝念佛,虔求加被,愿汝祛病延年、暂同注世、弘法利生,且勿指为临命终时,使于生死益生怖畏,对浅行人尤然。"①这是强调应向病人隐瞒病情,不要让他感到死亡的恐惧。但有的助念团则让病人更冷静地面对现实,不回避死亡。如世界佛教居士林念佛助生极乐团认为应告诉病人"如寿未尽则速愈,寿已尽则随佛往生而。若一心念佛求往生,寿若未尽,有一心念佛故,即得业障消除,疾病痊愈。寿若已尽,即得仗佛慈力,往生西方。若痴心怕死,则寿不可延,往生永无希望矣"。②总之,团友应劝病人一心念佛,因为不管是否寿命已尽,念佛都有极大的益处。

其二,总念。所谓"总念"就是参加此次助念活动的全体成员集体念佛,一般是念佛两小时,若病人病情危急,先到者应先念。

其三,值班轮念。"总念后,理事将全团分定班数,扣钟点,遇紧急时,须日夜轮念,务使佛声相继不断,至行人全舍暖觉方止"。③

其四,病人将气绝时。此时病人嘴唇已不能动,或神志昏迷不清已不能念佛,助念者应有一人"在其耳边高声连唤阿弥陀佛十余声,愈多愈妙。此时再敲铜磬,其声洪亮清澈,能助增正念,提醒神思。如昏迷沉重不能醒闻者,则稍近其耳敲之。每敲磬数分钟,必唤佛一次,频敲频唤,不可间断,敲磬必须和缓"。④ 与此同时应让"家属加入同念,以免有妨碍举动"。⑤

其五,病人气绝以后。病人断气后,其体温会出现两种不同的情况。一是其全身皆冷,唯有头顶尚温,"可知生西无疑,不必再唤。但为敲磬念佛,待念至顶温散尽为要";⑥二是其头顶先冷,而胸腹膝足等处尚有余温,则其性灵尚在温处,此时念佛敲磬不能停,应运掌将其性灵由温处升向头

---

① 余姚念佛助生极乐团:《余姚念佛助生极乐团章程》,载《大云》,总第 78 期,1927 年 6 月;《补编》第 18 卷,第 341 页。
② 世界佛教居士林:《念佛助生极乐团规则草案》,载《世界佛教居士林成绩报告书》,1933 年 1 月;《补编》第 46 卷,第 330 页。
③ 余姚念佛助生极乐团:《余姚念佛助生极乐团章程》,载《大云》,总第 78 期,1927 年 6 月;《补编》第 18 卷,第 339 页。
④ 释印光:《临终切要》,载《正觉月刊》,总第 6 期,1940 年 12 月;《集成》第 29 卷,第 337 页。
⑤ 余姚念佛助生极乐团:《余姚念佛助生极乐团章程》,载《大云》,总第 78 期,1927 年 6 月;《补编》第 18 卷,第 339 页。
⑥ 释印光:《临终切要》,载《正觉月刊》,总第 6 期,1940 年 12 月;《集成》第 29 卷,第 337 页。

顶。"运掌之法,可平展两掌,虚覆在顶处之上,唯不可着身,约离身半寸,遂将两掌用劲向上推运,直至头顶,两目精神专注于两掌,默想其灵随掌直向顶门上去";运掌者此时口中还应祷告曰:"南无大慈大悲阿弥陀佛快来接引某某之灵从顶门出,往生西方极乐世界。"①这时运掌者神注、掌运、口念三业并施,累了则换人轮流,一直要等到死者全身各处冷尽,惟头顶有温才能停止,这是病人性灵升向顶门的标志。病人的性灵"既得佛声声声提醒不绝,又得掌运神注助力不息,或迟或早必能升向顶门,见佛往生也"。②

从以上可看出,助念是一种专业性很强的宗教仪式,为了保证效果,助念团体对其成员实行严格的管理,对临终者家属提出了明确的要求。

2.临终关怀团体的自我管理

其一,佩戴徽章。各助念团体一般都规定其成员赴邀请家助念时,需佩戴该助念团体的徽章,负责和家属进行接洽的代表人还应加佩代表徽章。

其二,按时值班。助念期内助念参加人须认定每日值班时刻,按顺序轮流值班。如不能准时值班,必须委托其他成员代理,许多助念团体规定,如有两次没有按时值班又没有找人代理的,要开除其成员资格。

其三,平时训练。由于助念活动的专业性较强,助念团体都注重平时的训练。下表列出了一些助念团体平时训练的有关情况。

表81:民国佛教临终关怀团体平时训练情况表

助念团体	平时训练情况	资料来源
江都瓜洲镇临终助念佛会	每月十七日下午二时念佛两小时,会员二百余人。	《集成》第95卷,第332页。
绍兴莲社临终正念团	各团员生日、每月望日时举行普佛会,念普佛一日,团员外出,由其家属代办。	《补编》第9卷,第171页。
无锡净业助念团	每月初二、十六之下午念佛及演习;团员生西后,其家属于每年的忌辰可要求念佛一次。	《补编》第69卷,第285页。

从上表看出,助念团体在每个月固定日期和团员的生日、忌日等时间都举行普佛会,这些普佛会实际上都是为病人助念的一种演习。

其四,全家佛化。为了保证团体成员在自己病重临终需要助念时不会受到家属的阻挠,助念团体都要求其成员劝化自己的家属,共同信佛。如

---

① 释印光:《临终切要》,载《正觉月刊》,总第6期,1940年12月;《集成》第29卷,第337页。
② 释印光:《临终切要》,载《正觉月刊》,总第6期,1940年12月;《集成》第29卷,第337页。

云南四众佛教会助念生西会的章程规定:"会员入会后,应厉行全家佛化,循循诱导,使全家皆有正信,或同修净业,其与助念办法,尤须临时叮咛嘱咐,使其知之有素,庶有病助念时,不生违碍。"①

其五,注意念佛方法。助念者念佛的声音应有高低缓紧,要让病人能跟得上。还应根据病人的状态念不同的佛号,"初念六字,至病人垂危之际,应改念四字,则病人气力虽微,仍可随念,六字则密促矣。病人如已气绝,再改念六字佛号";如病人非常痛苦,"自觉为魔所扰,苦难忍受,数日不止,此时应请能诵楞严经者,三人同念、至少三遍。则乘斯经力,恶魔远离。病人无苦,便可提起正念,往生西方矣"。②

其六,不受馈赠。有助念办法规定:"助念时之招待,务从简单;除茶水外,深夜只许米粥疗饥,白昼则自行返家治膳,不可受延者款待。"③

3. 对家属的要求

助念团体认为,助念能否达到应有的效果,病人家属是否配合非常重要。当时助念团体对病人家属也提出了明确的要求。

其一,消除误解。针对有些病人家属认为佛法是专门用来超度幽冥的误解,有助念团体指出:"病者静听佛号,实为至善之事,大命未尽,虔求佛菩萨,可以却病延年。世寿濒危,专念阿弥陀佛,即得往生极乐。世人不察,每以佛法但为超度幽冥而设,以为不吉。"④这里强调指出,病人一心念佛,不管寿命是否已尽,都会有很大的功德。

其二,填邀请书。"凡邀请本团助念者,须有家内主持人或代理人填明邀请书,详载病人名号、年岁职业、详细住址,并声明照章行事,绝无违碍等情,经团友介绍、理事考核行之"。⑤邀请书的格式一般如下:"兹 抱弟发愿邀请贵团团友助念佛号,并声明遵照贵团章程行事,绝无违碍。伏希查核。并乞早临、无任感盼,此请助念团公鉴。计开病者履历如下:姓名 法

---

① 云南四众佛教会助念生西会:《云南四众佛教会助念生西会章程》,载《佛化周刊》,总第151期,1930年11月;《集成》第18卷,第421页。
② 庚申流通处:《助念往生经验谈》,载《弘化月刊》,总第32期,1944年2月;《集成》第136卷,第504页。
③ 无锡净业助念团:《无锡净业助念团助念规则》,载《弘化月刊》,总第43期,1945年1月;《补编》第69卷,第363页。
④ 余姚念佛助生极乐团:《余姚念佛助生极乐团章程》,载《大云》,总第78期,1927年6月;《补编》第18卷,第343页。
⑤ 余姚念佛助生极乐团:《余姚念佛助生极乐团章程》,载《大云》,总第78期,1927年6月;《补编》第18卷,第336页。

名　年岁　职业　详细住址"。①

其三,不可增加病人痛苦。针对世俗社会中的一些易增加病人临终时痛苦的做法,有助念团体对病人家属作了这样几个方面的要求:首先,不要在病人面前露出悲伤的神色,"凡眷属人等,切不可入房与病者作软爱语,或临床挥泪,反使病者扰乱正念,累其堕";其次,病房内外要保持安静,"病房之中,除念佛者外,非必要时,伺候者以二人为限,其余可在房外静候,不宜喧哗";②再次,"人在病危之时,切勿询问遗嘱,此事在康健时就应完成,勿以俗务扰之";③又次,"病者气绝以后,切忌哭泣,又忌揩洗手足,搬动身体,调换衣服等事,致使行人痛苦,丧失正念。须照常念佛,待至暖觉全舍以后,方可举行"。④ 最后,丧事、祭祀须符合佛家要求,"生西以后,家属当以佛号代替灵前哭泣。祭祀应以素斋代替荤斋。节省丧事种种靡费,以做佛事,或买放生灵,为行人生西之助"。⑤

其四,家属之间须相互亲近。有的助念团还规定团友家属平时要互相往来,"相亲相爱,休戚与共,逢紧急念佛时,一切饮食供事务以简朴为主,不尚繁缛"。⑥ 这样才能保证在助念时不会遇到阻力,保证助念的效果。

四、医药慈善的佛教特色

民国佛教的医药慈善团体具有鲜明的佛教特色,试从这样几方面加以说明:

按照佛教的戒律和要求进行管理。例如山西佛教中西医学集针院的学员来自僧俗两界,俗家子弟必须皈依三宝,全体学员必须参加朝暮课诵,"除医学教员自由饮食外,其余学生等在院均需素食,避免葱韭蒜五辛之

---

① 无锡佛教净业社助念团:《助念办法》,载《无锡佛教净业社年刊》,总第 1 期,1936 年 12 月;《集成》第 132 卷,第 77 页。
② 余姚念佛助生极乐团:《余姚念佛助生极乐团章程》,载《大云》,总第 78 期,1927 年 6 月;《补编》第 18 卷,第 335~344 页。
③ 天津佛教功德林莲社助念往生团:《天津佛教功德林莲社助念往生团规约预告家属》,载《佛学半月刊》,第 178 期,1939 年 4 月;《集成》第 54 卷,第 419 页。
④ 余姚念佛助生极乐团:《余姚念佛助生极乐团章程》,载《大云》,总第 78 期,1927 年 6 月;《补编》第 18 卷,第 343 页。
⑤ 余姚念佛助生极乐团:《余姚念佛助生极乐团章程》,载《大云》,总第 78 期,1927 年 6 月;《补编》第 18 卷,第 344 页。
⑥ 广州莲社助念团:《广州莲社助念团纯念组缘起及规约》,载《观宗弘法社刊》,总第 25 期,1934 年 5 月;《集成》第 24 卷,第 184 页。

物,方与佛教相符"。① 此外,一些佛教医院的庆典具有明显的佛教化色彩。当时有佛教刊物这样记载了上海佛化医院开幕典礼的情况:"一、香赞;二、念药师佛号;三、创办人陈其昌居士报告;四、念观音圣号;五、恭请兴慈导师举行开幕礼;六、全体皈依三宝;七、请名誉院长姚心源先生致开幕词;八、念无量寿佛;九、请来宾演说;十、职员宣誓就职;十一、院长答词;十二、上供;十三、赠物结缘;十四、礼成。"②

用佛教理论诊治疾病。佛教青年会义务诊疗所根据佛教的理论把疾病分成三种,一是业障病,二是鬼神作祟之病,三是四大不调之病。他们认为:"医药所能疗治的仅是四大不调这一种病,其余两种须佛法调治,尤其是业障病非佛法不能疗。我们急用医药来治疗四大不调病,希望害慢性病的人发心信佛,对佛法渐渐由闻慧而起胜解,以自疗其业障病,亦可兼疗他人的鬼神病。"③

资金募集上的佛教特色。有的医药慈善团体如上海佛化医院在资金募集上带有明显的佛教色彩。为了促进资金募捐,该院鼓励信徒发愿。该院的简章这样规定:"捐助或代募四元八角者为一小愿,四十八元者为一中愿,四百八十元者为一大愿。可以数人共成一愿,亦可一人认数愿。凡蒙捐助或代募一大愿者,得设立长生禄位及超荐先亡西方莲位各一座,以永久为期。一中愿十年为期,一小愿者一年为期。每一小愿,赠送全年优待券一张,自用、送人听便,以结善缘。多捐者以此类推。"④上海佛化医院对发愿者采取设立长生禄位和西方莲位、赠送优待券等优待措施,有利于吸引信徒捐款。

医务人员组成的佛教特色。例如福州佛教医院共聘有护士三四十人,多是由比丘尼及青年贞女优婆夷去担任的。他们每天早上都集中在药师殿做早课,晚间由法师为他们讲解佛学两小时,每天还要听医师授护士学,并看护病人。有人认为这是"中国的比丘尼们第一次现身为佛教服务的先声"。⑤

---

① 山西佛教中西医学集针院:《山西佛教中西医学集针院简章》,载《山西佛教月刊》,第2年第9期,1930年1月;《补编》第39卷,第34页。

② 《海潮音》杂志社:《上海佛化医院成立》,载《海潮音》,第18卷第1号,1937年1月;《集成》第195卷,第511页。

③ 渊雷:《觉讯月刊医药卫生专栏发刊词》,载《觉讯月刊》,第3卷第4期,1949年4月;《补编》第78卷,第420页。

④ 上海佛化医院:《上海佛化医院简章》,载《上海佛化医院成立专刊》,1936年1月;《集成》第83卷,第211~212页。

⑤ 释觉星:《记福州佛教医院》,载《学僧天地》,第1卷第6期,1948年6月;《集成》第56卷,第556页。

佛教医院内部组织的设置具有佛教特色。生老病死的轮回是佛教的基本理论，佛教慈济医院根据这一理论设立内部组织："第一，必设有产科以消除生的痛苦……第二，必附设养老院以消除老的痛苦；第三，必分设内外各科，以减除病的痛苦；第四，在养老院中设立一个可以公开的念佛莲社，从而产生一个饬终念佛会，以解除死的痛苦。"①

有的佛教医院将医病、劝化和助念三者相结合。当时上海"医院林立，然对临终一着，非常缺憾。此佛化医院之所发起。亦所以有念佛堂、吉祥室（太平间）之特别设备也。总之佛化医院者，不特为救济疾苦之所，亦以尽养生送死之地。愿劝各处广设佛化医院，姑以上海为首例"。② 通过材料看出，上海佛化医院将施医送药与临终关怀相结合，在当时的上海乃至全国都有引领作用。对于医病来说，佛化的环境有助于病人康复，"若修净业之人，偶患病恙，可入医院调养，放下万缘，一心念佛。复藉药力，定得速愈"；不信佛之人入该院求医，受医院佛化环境的影响，也能"渐渐起信而修，如是心理医理并重，佛力、药力齐施，其人若世缘未尽，必能业消而速愈"。③ 对于劝化来说，有佛教医院"设有专人司劝化之责，对病人及其家属谈说因果、生死轮回之理"，为了方便劝化，"院内并多备浅近净业书籍，俾识字人可自己阅读，如是念佛之人必日见增多"。④

临终关怀的佛教特色。病人在临终阶段往往会出现情绪上的很大波动，甚至精神十分痛苦，而这一切又不是医学所能帮助他解脱的。怎样让临终者走得更踏实？这就是民国佛教临终关怀团体所要解决的问题。民国佛教的临终关怀团体利用自身的优势对临终病人进行心理护理。从以上的叙述我们可看出，这些团体临终关怀的佛教特色主要有这样几方面表现：其一，以念佛为助念的主要内容；其二，临终病人及其家属须在一定程度上信奉佛法，相信佛教的生死轮回理论；其三，通过运掌帮助临终者性灵升向顶门；其四，丧事和祭祀活动须符合佛教的要求。

---

① 李圆净：《创建佛教慈济医院议》，载《海潮音》，第27卷第4期，1946年4月；《集成》第202卷，第392页。
② 《宏善汇报》杂志社：《上海佛化医院缘起》，载《宏善汇报》，第2卷第20期，1936年11月；《补编》第52卷，第431页。
③ 王晓临：《拟设立佛教医院以行劝化兼办助念议》，载《佛学半月刊》，第6卷第11号，1936年6月；《集成》第52卷，第333页。
④ 王晓临：《拟设立佛教医院以行劝化兼办助念议》，载《佛学半月刊》，第6卷第11号，1936年6月；《集成》第52卷，第333页。

本章小结

民国时期，佛教逐渐复兴，施医送药等慈善方式是民国时期佛教服务社会、走向复兴的重要路径。当时佛教医药慈善团体从其慈善公益活动的内容上看分为施医送药、培养医药人才、改良中医和临终关怀等四种。这些医药慈善团体以济世悯贫、振兴佛教为宗旨，为近代医药慈善事业的发展作出了贡献，也能为当代慈善公益事业的发展提供借鉴。

尤其值得一提的是，民国佛教的临终关怀事业很值得当代借鉴。长期以来，人们往往重视生，而忽略死。但是，死亡是人的自然回归，临终是生命结束的必经之路。不过，对人类而言死亡是一件非常痛苦的事，因为它不仅意味着与亲人、家属及整个社会的永久分离，而且在临终过程中人会遇到难以想象的痛苦与折磨。为了使生命无法挽回、在痛苦不堪中等待死亡的病人死得更为自然、安宁，更少痛苦，临终关怀事业应运而生。新中国成立后，由于种种原因临终关怀事业长期缺失，直到20世纪80年代才开始起步，不过发展缓慢，与发达国家相比还有很大的差距，也与我国已进入老龄社会的现实和建立和谐社会的要求不相适应。从上文的研究可看出，民国佛教临终关怀活动的专业性很强，临终关怀人员具有很强的敬业精神。当代临终关怀事业在充分吸收当代医学、心理学先进成果的基础上，应该对民国佛教临终关怀事业的合理成分加以吸收。

第九章　民国佛教慈善公益的评析

第一节　民国佛教慈善公益的近代化特征

民国时期处于由传统社会向近代社会的转型阶段,很多社会现象带有明显的近代色彩,佛教慈善公益也不例外。处于社会转型期的民国佛教慈善公益与传统佛教慈善公益及当时社会其他慈善公益相比,有很大的区别,具有鲜明的特色。

一、地域范围的特色

(一)慈善组织的活动范围:扩展到国内外

传统佛教慈善的主体主要是寺院,受交通、通讯技术等方面条件的限制,古代寺院施善对象主要是本籍本地人,跳不出地域性的小圈子,具有很强的封闭性。到了民国时期,由于交通、通讯技术、新闻媒介的进步,多数佛教慈善公益组织特别是赈济性慈善组织的活动范围不再限于本地,而是扩展到全国。以下试举几个佛教慈善赈济团体的例子加以说明。

表82:民国部分佛教慈善赈济团体的赈济范围

赈济组织名称	赈济的地理范围	资料来源
世界佛教居士林赈灾协会	本年雨雪为灾,几遍全国,爱特组织赈灾协会,分头劝募。	《集成》第35卷,第246页。
上海佛教华北旱灾义赈会	华北五省旱灾严重,该会印发简章,积极劝募,计划捐募中储券15万元。	《集成》第97卷,第439页。
北京观音寺佛教筹赈会	因华北五省旱灾严重,该寺组建筹赈会,积极劝募,筹办全国佛教筹赈大会。	《集成》第148卷,第465页。

从上表可看出,上海、北京等地的佛教赈济团体救助范围并不限于北京和上海,而是扩大到全国范围。

更值得一提的是,民国时期佛教界的一些慈善家和佛教慈善团体的慈善活动范围不再局限于国内,进一步延伸到国外,这一点是古代佛教慈善所无法达到的。以下以中国佛教界救助日本1923年地震为例加以说明。

1. 宣传日本震灾造成的危害

1923年,日本发生大地震,震灾严重。中国佛教界人士闻讯后,为了救灾的需要在国内宣传日本震灾的情况。以下以宁达蕴的《日灾感言》等文章为例加以说明。

表83:民国佛教报刊对1923年日本震灾损失的介绍

类别	具体内容
人员损失	死者十万四十五千五百十五人。负伤者二十一万五千三百七十八人。又所有东京市内外之行踪不明者有二十三万一千二百零八人。罹灾民约一百三十五万七千人。
房屋及财产损失	计家屋之倒坏被灾或冲毁者,总数为五十万五千七百四十户。至于日本所受各种建筑财产之损失,现在虽无从计算,大概在五十万万元以上,说不定在一百万万元以上。横滨全市房屋,悉成粉碎。
自然灾害的表现	狂风大作,黑云满天,温度极高,令人极感不快。将近正午,突然大地震作矣。始而大地震,继而大火灾,继而大海啸,继而大飓风。
悲惨形状	东京被服制造厂亦倒,四面着火,三万人中仅有一人幸免外,余均烧死。有名雨田桥者,避火者聚集其上,超过二千余人,该桥以不胜其重,从中折断,二千余人奚落入河内,大部分人淹死。有一十二层楼之建筑,从第六层倒坏,同时漏电火起,其中一千数百人,无一幸免。横滨有所谓大旅馆者,住有旅客二百余,除十余人在门口而幸免外,余均成灰。又有山崖上之某某旅馆,四脚朝天地从山上倒崩至山下来,其中人无一不成肉浆。更可惨者,横滨之法国孤儿院,亦系突然全部倒坏,女尸十六名,孤儿十六名,均被压死。

(资料来源:宁达蕴:《日灾感言》,载《佛化新青年》,第1卷第7号,1923年10月;《集成》第14卷,第125页。佛化新青年会:《为筹赈日本空前惨烈大灾难之通电》,载《海潮音》,第4年第8期,1923年8月;《集成》第157卷,第48页。林骙:《日灾的观察》,载《东方杂志》,第20卷第21号,1923年11月,第51页)

从上表看出,民国佛教界人士从人员损失、财产损失、地震灾害的表现和灾区的悲惨情状等方面介绍了日本这次地震的情况,特别是对灾区悲惨情状的介绍,容易激发人们的同情心,有利于筹集赈款。

2. 举行祈祷法会、铸送梵钟

在得知日本发生大地震并引发海啸、火山喷发等惨酷奇灾之后,太虚法师在武昌发起祈祷日人平安大会,以表救灾恤邻之谊。这天参加大会的有武汉佛教会会长、理事、会员等多人,日本驻武汉领事馆领事及工作人员、汉口佛教青年会的代表、日本商会代表等。太虚法师在祈祷大会上指出,这次日本大地震"实由于众生同业所致。是故今日若论救灾免祸,非发广大心,普救全世界一切国土众生不可",因为"以此等灾祸原为全世界的众生恶业所召,若专就一身一家一国施救则决然不能",有效的救灾方法应该是"不于国际起分别,是故世界大吉祥"。① 太虚法师通过这个祈祷大会宣传了他一直主张的世界佛教徒大团结思想。

佛教居士王一亭得知日本大地震的消息后,一方面积极筹款援助灾民,另一方面也为在震灾中遇难的生灵祈祷。他呼吁全国佛教界行动起来,组织佛教普济日灾会,推行回向活动,在四大佛教名山分别开办道场,举行为期49天的"水陆普利道场大法会"。此外,全国各地的许多寺院和信徒纷纷举行念佛集会。在杭州,西湖招贤寺自10月20日起举行为期49天的普利道场法会,该寺僧众100天昼夜不停地念佛祈祷。在上海,玉佛寺自10月3日起,举行一星期的普利道场法事,祈念死亡者冥福。② 上述各项活动,均由驻杭州或上海的日本领事馆报告日本政府,并同时促进驻中国之日侨参加。

1923年11月7日,王一亭以佛教普济日灾会的名义通电日本外务大臣及日本佛教联合会,表达寄赠梵钟一座的意愿。该会捐赠的梵钟,由杭州制造,完工后搬运至上海,由上海再海运至日本横滨。该梵钟用黄铜铸造而成,高度为1.69米,口径1.21米,重量为1.56吨。钟上刻有"普闻钟声、冥阳两利。中华民国癸亥冬月建,吴兴王震敬书"等文字。

3. 筹募赈款

位于上海的佛化青年会得知东京等地震灾严重的消息后,认为"我辈佛性无别,同一慈力,同一悲仰,谁非胞与?忍作对岸之观?岂有亲疏?宜尽恤邻之义"。并根据该会简章第九条(H)项"本会凡遇一切慈善救灾事业均得临时筹办之"的规定,即时成立筹赈日本灾黎会。该筹赈会选出劝募委员若干人,向全国四乘佛子筹募善款,并向社会各界发出呼吁,希望世上的仁者大发慈悲之心,"使蓬岛灾黎得解如倒如悬之厄",号召社会各界积极捐款,"为万仞之山累于尘土,千金之裘成于集腋,如有捐款,不拘多少"。为了方便社会人士的捐赠,该会决定代收捐款,"并会同商榷存储于妥善银行,给以收据。俟积成巨款,全数交付日本公使馆代转放赈,并列清单登报昭告以示大信。本会同仁本人类相互助之精神,尽救灾恤邻之义务"。③

1923年9月5日,王一亭等人在《申报》上刊登《救济日本大灾召集会

---

① 大圆:《日灾祈安道场纪事》,载《海潮音》,第4年第8期,1923年8月;《集成》第157卷,第47页。
② 陈祖恩:《日本关东大地震中的中国慈善家》,载《世纪》,2013年第2期。
③ 佛化新青年会:《为筹赈日本空前惨烈大灾难之通电》,载《海潮音》,第4年第8期,1923年8月;《集成》第157卷,第48页。

议通告》，后成立了"中国协济日灾济赈会"，王一亭为副会长，负责具体事务。他组织各慈善团体及公司法团，垫募白米 6000 担，面粉 2000 多包，以及木炭、药品等生活急需品，由轮船招商局运抵日本。日本各报均报道中华民国政府及商民救济日灾船到境的消息，9 月 13 日《大阪朝日新闻》刊登社论，感谢中国民众的同情心，"中国人出此热心来救日本人的灾难，实为梦想不到之事，大惊叹中国人此次行动之敏捷，而感谢中国人的高义"。①

(二) 慈善组织的分布范围：大中城市为主

民国时期佛教慈善公益事业从分布的地理范围看，广泛性和不平衡性并存，具有明显的地域性特征。这一地域性特征主要体现在大中城市中的佛教慈善公益事业更为发达，佛教慈善公益团体所开展的慈善救济活范围更加广泛和深入。佛教慈善事业发达的城市包括上海、北京、无锡、武汉等，在这些城市中又以上海为最。

民国时期上海佛教的慈善公益事业就国内佛教界来说最为发达，佛教界慈善家的数量和社会影响、佛教慈善团体的数量和经济实力、赈济灾民难民的数量、为外地灾荒筹款赈济的次数和贡献在全国都是首屈一指的。究其原因，从经济方面看，上海作为全国经济最发达的城市，为其成为全国慈善最发达的城市奠定了物质基础。如前所述，在辛亥革命前上海已成为中国的近代工业中心。上海的实业家无论是数量还是经济实力的雄厚程度，在全国都是遥遥领先的。大批实业家兴办近代慈善公益事业。上海佛教居士林是民国初期有代表性的慈善公益团体之一，后该林分成世界佛教居士林和上海佛教净业社两个团体，这些佛教慈善公益团体的董事会成员有许多都是经济实力雄厚的实业家。

从佛教自身看，上海是民国时期佛教最为发达的地区，这也是促使上海成为民国时期佛教慈善公益事业最为发达的城市至关重要的因素。这一时期上海佛教的发达主要有以下体现：

1. 佛教义理在上海广泛传播

上海印刷业发达，出版便利，宣传通俗佛学的书刊和系统研究佛理的著作大量出版，大大促进了佛学的广泛传播。狄楚青、丁福保、王一亭等居士在南京杨仁山居士创办金陵刻经处之后，先后在上海创办佛教书局，出版发行单本佛经和佛学通俗读本等，价格低廉，使一般人都容易读到通俗易懂的佛经，引起许多人学习佛法的兴趣。留学日本的知识分子回国后，

---

① 林骙：《日灾的观察》，载《东方杂志》，第 20 卷第 21 号，1923 年 11 月，第 51 页。

大都寓居沪上,宣传佛学。如1913年在上海中华书局出版《佛学大纲》的谢无量和在商务印书馆出版《佛学易解》的贾丰臻,两人都曾在日本留学。

在民国时期,上海是全国的出版印刷中心,有许多专门出版佛学图书的机构,出版的佛学图书的数量在全国是首屈一指的。在这些专门的佛学出版机构中,规模最大的是佛学书局,其他影响较大的还有世界佛教居士林佛经流通处、上海佛教功德林佛经流通处、般若书局、大雄书局、弘化社、大法轮书局、明善书局等。在当时,上海一些著名的出版机构如世界书局、商务印书馆、医学书局、有正书局、中华书局、国光印书局和泰东图书局等,也都出版发行过一定数量的佛学图书。① 值得一提的是,上述一些佛学书局通过出版图书或其他活动宣传、践行佛教慈善公益事业。如佛学书局出版的佛教慈善公益事业方面的图书有《佛说疮痔病经》《佛说贫穷老公经》和《佛说佛医经》等,②大雄书局在民国时期出版的此类图书有《中国危机之救济》《舍身救民》《护生画集》和《青年健康的关键》等,③大法轮书局出版的此类图书有《人生佛教》《建设佛化家庭》和《德育古鉴》等。④ 大法轮书局除出版佛教慈善公益方面的图书外,还组织大规模的放生活动。据史料记载,在1947年下半年,该书局每月筹集的放生款都超过100万元法币,放生的黄鳝、甲鱼都以数百斤计。⑤

上海是中国近代佛教报刊的发源地,也是佛教报刊出版最多的地区。据不完全统计,民国时期上海佛教界创办的佛教报刊约有54种,其中著名的有《世界佛教居士林林刊》等,它们对宣传佛教文化、促进近代佛教的复兴、增进中外佛教的交流都起到较大的作用。这些佛教刊物登载有大量的慈善公益方面的信息,直接促进了佛教慈善公益事业的发展。

2.高僧大德云集上海

在民国时期,佛教界许多著名的高僧大德都集中在上海,他们有的在上海定居,有的在上海长时间逗留。他们或讲经弘法,或著书立说,或创立佛教团体,或兴建新寺,或举办慈善事业。其中值得注意的是居士对上海佛教的发展起到了至关重要的作用。

---

① 吴平:《近代上海的佛教出版机构》,载《华夏文化》,2000年第1期。
② 佛学书局:《北京佛学书局佛学图书目录》,1938年1月;《补编》第55卷,第50~56页。
③ 大雄书局:《大雄书局图书目录》,载《觉讯月刊》,第7卷11期,1953年11月;《补编》第79卷,第440页。
④ 大法轮书局:《大法轮书局佛学图书目录》,载《净宗随刊》,1946年第3期,1946年3月;《补编》第76卷,第369页。
⑤ 《觉有情》编辑部:《大法轮书局戒杀放生组报告》,载《觉有情》,第177~182期,1947年7~12月;《补编》第63卷,第8~50页。

在民国时期,居士佛教的勃兴以上海、南京两地最为突出。南京的居士侧重于佛学研究,上海的居士更致力于佛教复兴运动。当时的上海有许多著名的佛教学者和居士,如章太炎、江味农、王一亭、聂云台、范古农、蒋维乔、丁福保、黄涵之、关䌹之、施省之、屈映光等人,他们社会活动能力强,与经济界、政界和学术界有着密切的联系。在这些著名居士中,有一批工商界人士,如实业家王一亭等人凭借其雄厚的经济实力,为民国上海佛教慈善公益事业的发展作出了巨大贡献。在上海总商会的董事中,有半数以上的人是佛教徒,有人戏称上海总商会为"佛教后援会"。

在当时,许多高僧汇集在上海,其中著名的有太虚、圆瑛、印光、月霞、谛闲、应慈、兴慈和持松等多人。他们有的是开山祖师;有的修建扩建寺庙建筑;有的组织佛教团体,推动佛教发展;有的著书立说、研究佛学;有的从事佛教教育事业,培养造就青年僧人;有的广结善缘,乐善好施;有的促进国际佛教文化交流,祈祷世界和平。这些著名的高僧都为上海近代佛教的发展乃至中国佛教的发展作出了重大贡献。①

3. 佛教团体纷纷涌现

在民国时期,许多全国性的佛教组织和地方性佛教组织都在上海成立,全国性佛教组织有中国佛教会和中华佛教总会等,地方性佛教组织有佛教青年会等。这些佛教组织在很大程度上抛弃了传统教派的宗派性、封建性和地方性的特点,是由佛教徒自己推选产生的佛教管理组织,推动了佛教的正常发展。这些佛教组织在维护佛教徒的正当权益、团结广大佛教徒爱国护教、兴办慈善事业等方面作出了巨大的贡献。

在当时,上海佛教界一个引人注目的现象就是居士团体的大量涌现。这些居士团体积极从事社会慈善活动,并出版佛教典籍及刊物、开展佛学研究,成为民国时期上海弘传佛教的重要场所。这些居士团体以世界佛教居士林、上海佛教净业社最为典型,社会影响也最大。从总体上看,民国时期上海的居士佛教在兴办慈善公益事业等方面都超过了寺院佛教。

民国时期上海的佛寺也为数众多。在全面抗战爆发前,全上海共有149所佛教寺庵,规模较大的有普济寺、法藏寺、清凉寺、海会寺和圆明讲堂等,全上海僧尼总数有3000人左右。到1945年抗战胜利时,上海的佛寺总数已达250所左右,僧尼增加到5000多人。这些佛寺中既有古代名刹,也有近代新兴的丛林,同时亦有不少小型寺庙,这些寺庙是从事慈善公益事业的重要力量。

---

① 吴平:《上海近代佛教的分期与特色》,载《佛学研究》,2000年第1期。

二、政教关系的特色

(一)古代寺院及其慈善事业在很大程度上听命于官府

在中国古代,特别是唐代以后,佛教受政府的控制越来越严格。① 实际上,在唐后期世俗政权对佛教的严格控制已有明显的体现。这一点从敦煌文书可以看得出来。有学者研究指出,晚唐五代敦煌归义军政权对佛教教团的控制主要表现在三个方面:第一是僧官必须经过归义军节度使奏请批准才可以任命或升迁。第二是成为出家僧尼必须要经过归义军节度使的同意。第三,对敦煌佛教教团的各种活动内容及其过程进行控制,将佛教教团的道场法会和日常传经等活动放在归义军政权的制约之下运转,使佛教教团的僧官变成归义军节度使下属的出家官吏即释吏。②

在佛教受政府控制越来越严格的情况下,佛教慈善公益事业也在很大程度上受到政府的控制。帝王以及王公大臣对于佛教的扶持和施舍历来不少,这看起来是官府对佛教的支持,但这也为官府控制佛教提供了更多的借口。官府在面对较大的自然灾害时,会毫不犹豫地向佛教寺院或僧人提出赈灾的要求,如古代僧人多进行祈雨活动,其中大多就是应官府要求而组织祈雨法会以解旱灾。唐代长庆年间江淮等地旱情严重,唐穆宗遂颁布诏令:"应旱歉处州县,有富商大贾及诸寺观,贮蓄解斗,委所在长吏,切加晓谕,速令减价出集。"③朝廷以诏令的形式要求佛寺参与救灾,可见佛寺的慈善公益活动是受政府控制的。政府控制寺院的慈善公益活动,有时还表现为"官寺合作"。如由官督寺办的养病坊、悲田院等福利机构在唐代已经常见。后来北宋时期的居养院、安济坊、漏泽园等都是官办性质的慈善机构,只不过政府将其交给寺院具体管理。这些都说明,传统佛教慈善事业的开展,离不开朝廷的扶持和帮助,在很大程度上也受政府的控制。随着佛教与统治者之间的关系越来越密切,佛寺慈善活动或多或少均带有一定的官督气息,并且这种官佛合流逐渐成了传统佛教慈善活动发展的趋势。

(二)民国佛教慈善公益团体自主运行、自我监管

自近代以来,官方对包括佛教慈善公益组织在内的慈善团体控制力逐

---

① 谢重光、白文固:《中国僧官制度史》,西宁:青海人民出版社,1990年,第1~6页。汪圣铎:《宋代政教关系研究》,北京:人民出版社,2010年,第462~496页。

② 郑炳林:《晚唐五代归义军政权与佛教教团关系研究》,载《敦煌学辑刊》,2005年第1期,第1~15页。

③ (宋)宋敏求编:《唐大诏令集》第117卷,上海:学林出版社,1992年,第562页。

渐减弱,到了民国时期,佛教慈善公益团体已基本独立于政府,运转模式也变得科学规范,开始带有近代企业色彩。如前面第一章所述,《中华民国临时约法》等法律保障了公民有结社的权利;《监督寺庙条例》规定,"寺庙应按其财产情形,兴办公益或慈善事业";由佛教界人士草拟、政府颁布的《佛教寺庙兴办慈善公益事业规则》的颁布,也保证了寺庙兴办慈善公益事业不受官府的控制。这些都说明了民国时期佛教慈善公益团体除接受政府法律法规的规范外,不受政府的控制,是独立于政府的。

从以上内容可看出,传统佛教慈善公益团体在很大程度上受政府的控制,而民国佛教慈善公益团体除受近代慈善法律的规范和约束外,其日常运行和管理独立于政府,这与古代以寺院为主体的佛教慈善公益团体在很大程度上听命于、从属于官府有本质的不同,带有明显的近代化色彩。

三、行善主体的特色

(一)行善主体:以居士为主

古代佛教慈善的行善主体是僧侣。古代佛教占主导地位的是僧侣,而不是居士。同理,古代佛教慈善的施善主体也是僧侣。在古代,居士佛教的主要活动包括四个方面:第一,开展各种形式的护法活动,主要表现为通过帝王、大臣、贵族、官僚等统治者上层的政治活动,保护和支持佛教的传播。第二,在政治上对佛教予以有效保护的同时,在经济上提供强有力的支持。居士以各种形式的施舍,为寺院的建立和发展,为寺院经济的形成和繁荣,都作出过重要的贡献。第三,与僧侣佛教声气相求、涵盖相合,壮大佛教声势,扩大佛教的影响。居士通过在家学佛、念佛,或通过结社、建斋等活动,与寺院僧侣的佛教活动密切配合,造成广泛的社会影响。第四,开展各种学术活动,接受、改造、发展佛教教义和思想学说。[①]

由此可见,古代居士的基本任务不包括从事慈善公益事业。显然,古代佛教慈善公益事业主要由寺院僧侣承担。

民国佛教慈善公益的行善主体是居士。在近代中国由于寺院佛教自身的腐败、世俗社会对寺院佛教的批评、太平天国运动的打击、儒学的冲击、西学东渐的挑战、基督教等其他宗教的排挤等因素,寺院佛教处于衰落时期。有资料说明,民国时期有些省份寺院佛教的慈善事业并不尽如人意。1936年3月,内政部饬令中国佛教会督促各寺庙从速依照《佛教寺庙

---

① 潘桂明:《中国居士佛教史》,北京:中国社会科学出版社,2000年,第39页。

兴办慈善公益事业规则》分别办理,并将办理的情况随时报部备查。从后来江西、河南、天津、福建等省呈报的情况来看,各地兴办慈善公益事业的成效并不显著。如江西省在给内政部的报告中指出,"本省各处寺庙多被毁坏,僧徒相率逃亡,田园荒芜,施主绝迹,各寺僧众衣食尚虞不给,已无余力兴办慈善公益事业"。① 福建省的报告也称,现在多数寺庙,均感僧多粥少,财力困难,无法兴办慈善公益事业。在为数不多的有能力兴办慈善公益事业的寺庙中,惟"法海寺附设法界苑,教授青年僧徒,兴办社会事业;成绩最显著者为开元寺圆瑛法师创办的慈儿院,该院设立已有近十年,规模较大,收容孤儿甚多,工读兼施,管理一切,均属妥洽"。② 天津市在报告中指出,"本市寺庙,按照寺庙登记规则登记者有四十多处,然大半均无庙产进益,其稍有余力能兴办慈善公益事业者,仅有三处"。③

在寺院佛教衰落的同时,居士佛教逐渐兴起。由于多方面的原因,在民国有相当一部分人皈依佛教,成为在家居士,并积极从事慈善公益事业。这些在家居士有相当一部分是商界精英与社会名流,他们利用自己雄厚的经济实力大力兴办慈善公益事业。例如,在 20 世纪 30 年代前,上海总商会不但在沪举足轻重,而且在全国影响极大,与当时的政界、军界有着千丝万缕的联系。而在总商会董事中,竟有半数以上是佛教徒,或倾向佛教者。④ 其中,工商界精英居士有王一亭、周舜卿、聂云台、简玉介、简照南、穆藕初、吴蕴初、周肇甫等。官绅名流有关炯之、施省之、叶恭绰、黄涵之、屈映光等。民国上海新型工商业阶层、社会名流等居士群体的出现,为中国近代佛教注入了新鲜的血液,也使得居士佛教发生了一些革命性的变化。他们已不同于封建社会里的传统居士,他们具有一定的知识水平与开放的眼界,不会像传统佛教居士那样将大量资金用来支持寺庙的香火功德,而更愿意投入到佛教教育事业和社会慈善事业之中。民国工商界精英已经具备了一定的现代企业管理能力,在他们的组织领导下,民国的居士佛教慈善公益团体都采用现代的管理模式。

民国佛教居士对于兴办慈善公益事业抱有极大的热情。如在 1932 年

---

① 《各省市寺庙兴办慈善公益事业概况》,中国第二历史档案馆馆藏档案,全宗号 12(6),案卷号 17624。
② 《各省市寺庙兴办慈善公益事业概况》,中国第二历史档案馆馆藏档案,全宗号 12(6),案卷号 17624。
③ 《各省市寺庙兴办慈善公益事业概况》,中国第二历史档案馆馆藏档案,全宗号 12(6),案卷号 17624。
④ 邓子美:《传统佛教与中国近代化——百年文化冲撞与交流》,上海:华东师范大学出版社,1994 年,第 152 页。

王一亭居士就呼吁:"教徒举办公益等事,已急不容缓,余办各省赈灾,已由各团体派定代表调查鄂豫皖三省灾状,我教团亦当推出代表参加调查,不落人后"。① 中国佛教会第五届代表大会上,上海市代表关炯之等提出,"请通令组织佛教灾区服务团并拟规约草案",世界佛教居士林的王一亭居士提议,"拟请各寺庙增办公益慈善事业,俾资救济案",并"拟请设法组织宣讲团分赴各监狱工厂劝化案"。② 上海居士的慈善热情以及要求寺院加大慈善投入的建议,甚至还引起了僧界人士的不满。如大醒法师在其《评佛教寺庙兴办慈善公益事业规则》一文中指出,一些著名的在家居士"大半的出身为慈善家,于是全不注重教义的宣传,一味趋向慈善之一途,致整理僧制及佛教一切施设于不顾,此为有目共睹之事实"。该文甚至认为,"如今佛教会一类的组织,不从根本上去做弘法为家务的事,专注重在慈善公益事业方面,外表似乎想缓和政府对于佛教保护之感情,而实际上只是少数人以行善而名居士的人,从中擘划,想假机会为借名活动的鬼计"。③ 看得出来,此文对许多在家居士热心慈善而忽视教义弘传的现象表示不满,也从一个侧面真实反映了当时上海居士对于慈善事业的积极态度。

(二) 慈善组织:类型多样化

古代佛教慈善主要是由佛教寺院来实施,并且往往都是半官方的性质。在形式上,古代寺院佛教慈善组织相继出现了僧抵粟、无尽藏、药藏、悲田养病坊、福田院、居养院、安济坊、漏泽园等,这些都是救济安养类慈善团体,其救助对象主要是病人、老人与极贫之人。此外,古代寺院和僧人还从事修路凿井、水路架桥、戒杀放生、平治险路等慈善公益事业。

民国佛教慈善公益团体的主要种类见以下表格。

表84:民国佛教慈善公益团体的主要种类

	类型	举例
综合性佛教慈善公益团体	全国性佛教会	中华佛教总会、中华佛教联合会、中国佛教会、佛教青年会等
	地方性佛教会	上述全国性佛教会在各省市县及名山的分支机构
	寺院	全国各地的寺院
	居士林	世界佛教居士林、华北居士林等
	净业社	上海佛教净业社、无锡佛教净业社等

---

① 中国佛教会:《天童寄禅师生西二十年纪念会记录》,载《世界佛教居士林林刊》,第34期,1935年4月;《集成》第143卷,第382页。
② 中国佛教会:《中国佛教会第五届代表大会记》,载《世界佛教居士林林刊》,第36期,1933年12月;《集成》第15卷,第479页。
③ 大醒:《评佛教寺庙兴办慈善公益事业规则》,载《海潮音》,第16卷第3号,1935年3月15日;《集成》第190卷,第10页。

续表

类　型		举　例
慈善教育类团体	孤儿院	龙泉孤儿院、泉州开元慈儿院等
	普通小学	鄞县觉民小学、世界佛教居士林仁惠小学
	佛化小学	漳州南山学校、观宗义务学校
	职业类学校	北平广济寺平民工读学校、佛化新青年会北京高级职工学校
	文化补习学校	世界佛教居士林义务通俗夜校、武昌佛学院附设平民小学等
	养正学校	湘乡佛教会养正初级小学校、晋江安海养正中学等
矫正类慈善团体	教养院	积因幼幼教养院、上海净业教养院等
	感化院	上海特别市僧办感化院、淮阴普应寺感化院等
救济类慈善团体	养老院	泉州妇人养老院、绍兴鹫峰寺养老院等
	施粥厂	上海佛教施粥厂等
	节妇救济团体	福田积善会、湖南民众佛化协会保节工厂、刘庄净土院等
	残废留养所	上海残疾院、九华山残废养老院等
放生类慈善团体	放生团体	杭州戒杀放生会、江浙放生会等
临时性赈济团体	临时性赈济团体	四川佛教团体临时救济募捐委员会、世界佛教居士林赈灾协会、上海佛教华北旱灾义赈会等
医药慈善团体	施医给药团体	上海佛化医院、上海佛教医院、宝庆佛化新医社、湖南佛教会慈济医院等
	医药人才培养团体	山西佛教中西医学集针院、中国佛学会义务医学院等
	佛教制药厂	上海佛慈药厂
	临终关怀团体	余姚念佛助生极乐团、世界佛教居士林念佛助生极乐团
其他专门性佛教慈善团体	书报阅览处	汕头觉灵书社和上海白洋宣讲所暨书报观感处等
	尸骨掩埋团体	上海佛教掩埋队、九江佛教收殓掩埋队等
	监狱教诲团体	中国监狱弘法社、合肥监狱感化团等

（本表格的内容均从《集成》《补编》中整理而来）

从以上表格可看出，民国佛教慈善公益团体从类型上看有综合性佛教慈善公益团体、慈善教育类团体、矫正类慈善团体、救济类慈善团体、放生类慈善团体、医药慈善团体等其他专门性佛教慈善团体等几大类，每个大类中又有数种具体慈善组织,如医药慈善团体中有施医给药团体、医药人才培养团体、佛教制药厂和临终关怀团体等数种小类,其慈善公益团体种类远比古代要丰富得多。

从慈善公益组织的管理模式上看,作为古代主要慈善组织的寺院主要采取三纲制。寺院三纲制初步建立于东晋十六国时期。在这一时期,佛教寺院才在我国初步定型并且扩大规模,为建立分工明确的寺院三纲制度创造了条件。当时寺主地位最高,与维那、典座合称为"三纲",分掌寺院外务、内务和法事。到了唐代,寺院三纲名称演变为上座、寺主、都维那,仍掌旧职。至此,寺院三纲制度才在我国定型,不再演变。在唐律及典章制度中明确规定了寺院的三纲制度。《唐律疏议》卷六"称道士女官"条云:"寺有上座、寺主、都维那,是为三纲。"①《唐六典》云:"每寺上座一人,寺主一人,都维那一人,共纲统众事。"②《旧唐书·职官志》云:"凡天下寺有定数,每寺立三纲,以行业高者充。"又注云:"每寺上座一人,寺主一人,都维那一人。"③可见,唐制明确规定了寺院的三纲,故在唐代有关文献里经常有"三纲"的记载。

由上可知,设立三纲是古代寺院基本的管理模式,虽说寺主地位最高,对上座和都维那可在一定程度上行使监督的权力,但我们认为这种监督权是有限的,因为从"三纲"并称可以看得出来,上座和都维那的地位仅略低于寺主。

在民国时期,佛教慈善公益团体的内部监督组织有了明显的不同。这一时期佛教慈善公益团体的内部监督和管理机构主要包括董事会、监事会、评议部、监察委员会、参议科、评议会和监察部等,它们都是近代公司制度的组成部分。

董事会是慈善公益组织的最高权力机关,对慈善公益组织的一切事务都有讨论、决定和监督之权。董事会最早产生在近代公司中,被中国近代私立大学和慈善公益组织所采用。对于私立大学来说,采用董事会制度不仅能够很好地解决资金筹措的问题,而且其相对民主的管理体制使这些私立大学的学术氛围更加活跃。民国时期,规模较大的佛教慈善公益团体基本上都采用董事会制度,其董事会成员都由地方热心公益、名望较大的士绅组成。这些人都有较强的办事能力,能够利用其社会关系和地位威望,为慈善组织的发展寻求经济支持及其他帮助。

---

① (唐)长孙无忌等撰,刘俊文点校:《唐律疏议》卷6,北京:中华书局,1983年,第144页。
② (唐)李林甫等撰,陈仲夫点校:《唐六典》第4卷,北京:中华书局,1992年,第125页。
③ (后晋)刘昫等:《旧唐书》第43卷,北京:中华书局,1975年,第1831页。

应特别指出的是,在近代公司的治理结构中,监事会是专职的监督机关,代表股东对董事、经理进行监督、制约,监事会进行有效制约的前提是保持其对被监督对象——董事、经理的独立性,这也是一切监督机关进行有效监督的共同要件。① 民国佛教慈善公益机构移植了近代公司治理结构的模式,设立监事会等独立的专职监察机构,保证了对慈善机构的有效监督。这是民国佛教慈善公益组织与古代佛教慈善组织的重要区别。

四、目的和理念特色

（一）慈善目的：从积德行善到服务社会

"善恶因果业报"是佛教的重要思想,它宣扬善有善报、恶有恶报,是传统佛教慈善公益事业的思想基础,人们至今仍在沿用的一个褒义词"功德无量",恰好蕴含着深刻的佛教业报思想。在这一思想的指导下,很多人行善是为了"积德",是为了今世或来世有好的报应。在历史上,许多人正是为了"功德无量"的慈善事业,不惜献出巨额财产,甚至献出自己的生命。历史上曾有人对此提出批评："务施不关周急,归德必在于己。"认为这种行为哪怕是为了来世的果报,其本质也是自私的。其实,如果不去计较信仰观念,为积德的目的而行善,在客观上也为社会作出了奉献,是值得肯定的。

由于社会的巨变,民国时期佛教徒进行慈善公益的目的从积德行善转向服务社会。

20世纪30年代,在民族危机日益加深的形势下,许多佛教徒投身到抗日救国的洪流之中,并形成了较为系统的佛教抗日救国思想。佛教徒的抗日救国思想和国民天职思想都是其以服务社会作为慈善公益目的的体现。佛教徒抗日救国思想前面已有详述,此处主要介绍其国民天职思想。

太虚法师认为,随着武器的进步和战争范围的扩大,战争的实质也发生了改变,已由过去军队对军队的战争而演变为国民与国民的战争。这种新的战争特征对国民素质提出了新的要求。他建议,要想富国强兵,就应当如欧美国家那样培养国民的爱国热情,实行征兵制。僧徒作为普通公民的一员,其生存"与社会国家有莫大的关系",就应尽国民的义务,因而参加僧训是免不了的。②

抗战时期僧伽对国民资格有一个普遍的共识,即认为自己是国民的一

---

① 高新伟：《中国近代公司监事会独立性问题初探》,载《兰州学刊》,2008年第10期。
② 何子文：《佛教僧人的社会身份及其近代转变》,北京：宗教文化出版社,2016年,第125页。

分子,"僧尼,国民也"。太虚也认为,"我们僧尼,也是国民"。① 对国民资格(或国民身份)的认同与佛教的"报四恩、济三途"之说相结合,使佛教徒认识到不能与所依报的国家社会隔离开,面对国难危急的情势,救国救世被佛教僧人奉为"国民天职"。1936年10月成立的中国佛教会灾区救护团的章程第九条也规定:"凡年在廿一岁以上四十五岁以下僧众均有为本团团员之义务以尽国民天职。"②

(二)慈善理念:从单纯救济转到教养兼施

在古代中国,佛教相当流行。佛教徒本着慈悲精神,进行了大量的慈善公益活动。根据学界的研究成果可知,古代佛教慈善公益活动的内容主要包括赈灾济贫、施药治病、戒杀护生、提供住宿、挖井建池、架桥修路、植树造林、保护环境等。③ 其中赈灾济贫、施药治病和提供住宿等是救济类的慈善公益措施,但仅仅是单纯的救济,并不带有培养被救济者谋生技能的成分。

到了近代特别是民国时期,许多佛教慈善公益机构接受了"教养兼施"的理念,在实行救助的同时,还对被救助者施以慈善教育,培养其谋生技能。请看下列表格。

表85:民国佛教慈善公益团体教养兼施的体现

类型	慈善团体名称	教养兼施的体现	资料来源
综合类居士慈善团体	苏州隐贫会	写金刚经文,以济寒士生计;筹设残废工厂,教以一艺自养。	《集成》第140卷,第354页。
	上海佛教净业社	实行半工半读,开办竹工、藤工等七个工场,按劳动成绩发奖,充分培养儿童的自理和自制能力。	陈临庄:《赵朴初和净业教养院》,《纵横》2010年第3期。

---

① 太虚:《僧尼应参加国民大会代表选举》,载《海潮音》,第17卷8号,1936年8月;《集成》第52卷,第366页。
② 《中国佛教会灾区救护团章程》,载《四川佛教月刊》,第7年第2期,1937年1月;《集成》第59卷,第335页。
③ 张宏慧:《佛教思想影响下的魏晋南北朝慈善事业》,载《许昌学院学报》,2009年第4期。王晓丽:《浅谈隋唐佛教寺院的公益活动》,载《烟台师范学院学报》,2005年第2期,第23~27页。关锋:《浅析中土佛教的公益事业》,载《内蒙古农业大学学报》,2007年第5期,第360~362页。

续表

类型	慈善团体名称	教养兼施的体现	资料来源
佛教孤儿院	宁波佛教孤儿院	"院内服务"是一门课程,占280课时,其分院有大片农场,分院的孤儿"农事操作"课程有675课时。	《集成》第130卷,第286页。
	龙泉孤儿院	工场"有六种,即织布工场、石印工场、编席工场、缝纫工场、制鞋工场、刻字工场。织布科中附设染线,石印科中附入装订"。	《补编》第1卷,第314页。
	宝庆佛教慈儿院	最初从伞工入手。资本少,工价高,但因材料不充足,又因南北战争不久就放弃。后改为缝纫工,后来受了些捐项,资本雄厚了,添了制毛巾、织棉布等项。	《集成》第151卷,第23页。
	宁波佛教慈儿院	备有缝纫车3台,选儿童之性质相近者,令其学习。最近组织无线电训练班,从事无线电收音机之修理及制造。分院方面有农田山林80亩,儿童均从事农艺。	《集成》第130卷,第287页。
佛教教养院	积因幼幼教养院	采用"二读六工制";教养方针注重智德体工四育。	《补编》第74卷,第440页。
	上海净业教养院	生活、工作、读书并重。现有七个工厂,即竹工、结网、成衣、西服、养兔、皮鞋等。院生每日上午授课三小时,下午分在各厂工作四个半小时。	《集成》第98卷,第280页。
	通德农业慈儿教养院	半日读书,授以小学程度之课程;半日学农,开辟农场。极端注重德育培养,每天上德育一课;夜间集中念佛一小时。	《补编》第74卷,第50页。
佛教感化院	上海特别市僧办感化院	施以佛法感化、俾知为人之本分,并教授浅近文字、算术及工作技能,以资维持生计为宗旨。	《集成》第127卷,第151页。
	淮阴普应寺感化院	以教育为主,工艺为辅;院长请醒公上人每逢一三五讲两个钟头的佛法。	《集成》第86卷,第41页。
	湖北佛教会感化院	学习佛法、改过从善、振兴工艺、自谋生活;说法讲经,并赠送各种佛书。	《集成》第162卷,第292页。

续表

类型	慈善团体名称	教养兼施的体现	资料来源
节妇救济机构	湖南民众佛化协会保节工厂	其中有人"在省城、衡阳等处组织合作社,有在孤儿院、女子实业社充当教员,有在乡间工作,均能自谋生计"。	《集成》第129卷,第198页。
	刘庄净土院	留养贞女节妇专修净土,并延通法女士演讲佛道,并从事院内一些力所能及的劳动。	《集成》第173卷,第509页。
慈善学校	世界佛教居士林仁惠小学	小学各科一例完备,犹重国算英三科,女生加授刺绣,犹重家政。	《补编》第11卷,第98页。
	鄞县觉民小学	开辟小农场,使儿童有从事生产的兴趣,养成其有勤劳的习惯。	《集成》第130卷,第275页。
	北平广济寺工读学校	工科以织布为本位,教科以大学院审定小学课本为用书。	《补编》第33卷,第135页。
	佛化新青年会北京高级职工学校	本校分设四科,土木工科、机械工科、电工科、化学工科;本校养成完全高级职工,注重实习,设立各科实习工厂,各科均附设简易科,专为造就工头工夫或工人或劳工。	《补编》第8卷,第447页。

从上表看出,民国时期奉行"教养兼施"理念的佛教慈善公益团体包括综合类居士慈善团体、佛教孤儿院、佛教教养院、佛教感化院、节妇救济机构、各类佛教慈善学校等多种,说明这一时期的佛教慈善公益事业在理念上已实现了由"单纯救济"向"教养兼施"的转变。

(三)抗日救国:从救国思想到抗日实践

民国佛教界慈善理念的进步还体现在佛教界人士在古代佛教护国卫教思想萌芽的基础上,形成了系统的抗日救国思想,并付诸实践。

在古代佛教史上,我们可发现一些僧伽护国的事迹,这些事迹可归纳为两类。一是维护国家统一。如五代时期的延寿大师护国佑民、救度众生、福泽后世最突出的表现,就是以佛教的缘起法则审时度势,对五代末"分久思合"的政治走向与人心所趋,有客观的清醒判断,并能从护佑众生和国家统一的角度,建议吴越忠懿王"纳土归宋",忠懿王钱弘俶立足于中华民族整个大局接受了这一建议,终于消弭了一场几乎不可避免的战争,使无数生灵免于涂炭,促进了华夏的和平统一,也维护了江南的繁荣稳定。又如,隋末唐初,天下大乱,少林寺昙宗等人帮助李世民荡灭群雄,加快了国家统一的进程。二是在国家民族遇到外来侵略时,佛教徒大义凛然,积极抵御外来敌人的入侵。如宋代临济宗僧人大慧宗杲大力提倡忠君护国思想,反对朝中权臣秦桧投降。明嘉靖年间,日本倭寇侵扰我国东南沿海一带,很多寺院的僧人自动组成僧兵,参加到保家卫国抵御倭寇的战争中。以上事迹在中国古代佛教史籍中虽能见到一些,但是从总体来说,是零星的,更没有形成系统的思想。

在民国时期,在中华民族面临亡国灭种的紧要关头,佛教界形成了系统的抗日救国思想,并付诸实践。在中国古代,战争的发生多是由于王朝的更替。近代中国连年遭受西方国家的侵略,中国面临着亡国灭种的危机,佛教的慈悲济世思想在这种社会背景下逐渐发展为抵抗外来侵略的救国护国思想。以佛法救国救世的思想成为民国佛教慈善公益思想的重要组成部分。

在民国时期佛教界形成了较为系统、完整的抗日救国思想体系。从佛教救国的理论基础看,佛教徒从佛教教义中寻找僧尼参加军训和前线杀敌的合理性。从佛教救国的必要性看,认识到僧尼作为国民的一分子,肩负有救国的责任;救国是佛教徒报国恩的需要;只有救国才能救教救僧;救国是今后佛教赖以生存和实践慈悲主义的重要途径。从佛教救国的可能性来看,认识到在世界性的宗教中,只有佛教能帮助中国消除战争,实现和平,进而使中华民族复兴。从佛教救国的路径来看,包括潜心祈祷、宣扬佛法、兴办慈善公益事业等,僧伽应根据不同的年龄段采用不同的救国方式。这些内容是近代慈善公益思想的重要组成部分,也在很大程度上唤醒了佛教徒,使他们积极投身于抗日救国的潮流。[①]

在20世纪30年代,日本帝国主义逐步扩大对中国的侵略。在民族危机日趋严重的形势下,许多佛教徒投身到抗日救国的洪流之中,对日本佛教徒进行抗日宣传。他们注重揭露日本侵华对世界和平及其本国的危害,分析中日战争日本必败的原因,指出和平共处是中日两国关系的光明大道,呼吁日本佛教徒制止本国政府的侵略行为,并批判了日本部分民众和佛教徒对本国侵略政策的盲从。

抗战时期爱国僧人们为了打破日本的欺骗宣传并为中国争取更多的外援,在东南亚积极进行抗日宣传。他们采取发表演讲和公开信、会晤各界人士、创办刊物等形式,揭露日军侵华的暴行,揭露日本企图吞并中国、侵略东南亚的野心,向东南亚人民介绍中国抗战的状况,号召全世界佛教徒联合起来共同努力还世界以和平。他们的宣传使东南亚国家同情并支持中国的抗战,加强了中国与东南亚地区之间的交流,也为中国的抗战募

---

① 明成满:《民国佛教徒的抗日救国思想研究》,载《青海民族研究》,2017年第1期,第183～187页。

集了资金。①

在抗战时期,佛教界许多人士投身到抗日救国的洪流之中。他们通过发表宣言、编歌谣等形式进行抗日宣传,呼吁政府出兵抗日,号召国人积极为抗日做贡献。他们举办慈善公益性质的护国息灾法会、参加军事训练和战场救护、捐献款物,有些僧侣甚至拿起武器上前线杀敌,为抗战作出很大贡献。佛教徒在抗战中的表现,获得人们的广泛赞誉,提高了佛教的社会地位。②

五、资金来源的特色

古代佛教慈善团体(主要是寺院)的收入主要包括三部分,即高利贷收入、土地收入和布施收入。作为近代慈善公益团体的佛教寺院除有这几种收入外,还有其他种类的收入,而民国时期其他类型的佛教慈善公益团体收入门类则更加广泛。从前面的研究可看出,募捐是民国佛教慈善公益团体的主要资金来源。其募捐所得资金来自于佛教界、工商界、书画界、演艺界和海外华侨等社会各个阶层。佛教慈善公益团体采取刊登启事、讲经说法、派员劝募、鼓励发愿、设净修室、酬谢等多种方式促进募捐。对募捐资金的监管包括法律法规的监管、捐款人和社会各界的监督以及佛教慈善团体的自我监管等三个层面。讲经说法、鼓励发愿、设净修室和一些酬谢手段等都带有鲜明的佛教色彩。除募捐外,民国佛教慈善公益团体的资金来源还包括政府的补助、利息和租金收入、实业收入、商业收入等。看得出来,民国佛教慈善公益团体与传统佛教寺院相比,其资金来源更加丰富。

六、佛教特色鲜明

如第八章所述,民国佛教界兴办的医药慈善事业具有鲜明的佛教特色。除此以外,民国佛教界的其他慈善公益事业也有明显的佛教特色。

(一)慈善公益思想上的佛教特色

民国佛教徒用佛教经典说明僧尼前线杀敌的合理性。抗战时期,一些僧徒拿起武器上前线杀敌,在常人看来这是严重违背佛教戒律的。佛教界一些人士为这种行为在佛教教义中寻找理论根据。觉先法师通过《阿含经》中释迦牟尼佛在世时曾杀数十强盗以救五百商人性命的故事和《菩萨

---

① 明成满:《民国僧侣在东南亚的抗日宣传研究——以"佛教访问团"和"步行宣传队"为中心》,载《南洋问题研究》,2014年第2期,第74~83页。
② 明成满:《民国时期佛教徒的抗日救国实践研究》,载《求索》,2017年第4期,第196~202页。

戒本经》的内容,认为日本侵略者屡屡杀我同胞,夺我土地,执为己有,身负救国护民使命的僧伽,应该奋勇杀敌,夺回我们失去的大好河山。觉先法师进一步指出,五戒是佛教之根本戒,杀生为五戒首,今有些僧徒奔驰沙场,专取敌人性命,是否有违佛旨呢? 觉先法师通过列举《大萨遮尼乾子所说经》《金光明最胜王经》《菩萨戒本经》《十善法语》《涅槃经》等佛教经典中的相关内容说明其合理性。

福善法师的《用佛教思想来扫荡侵略》一文从四个方面说明佛教教义有助于抗战救国。其一,医药性的佛教思想,能医侵略者的贪嗔痴。其二,指南针式的佛教思想能帮助侵略者迷途知返。其三,柁橹式的佛教思想可以消灭捣毁式的侵略主义。其四,反侵略的佛教思想可推翻强盗行抢的侵略主义。应该说这四点建议比较全面地概括了当时佛教界人士对于抗日救国具体措施的认识。

太虚法师等人对僧尼上前线杀敌的合理性也作了解释。太虚法师认为,抗战建国与降魔救世的宗旨是相吻合的。太虚法师还根据佛法中"因缘生义"理论说明僧尼参加抗战的合理性。妙钦法师认为,抗战是为了救好人而杀恶人、为了保全世界和平的战争。僧尼参加抗战,宁愿自己因犯戒而入地狱,不愿看到全人类遭受大屠杀的痛苦,是佛陀的大无畏精神。

(二) 慈善教育上的佛教特色

在民国时期,佛教慈善公益团体兴办的慈善学校教育内容的佛教特色明显。如佛教孤儿院在教育内容上的一大特点是进行佛学教育。龙泉孤儿院每天黎明和晚饭后由工作人员带领孤儿到礼堂谒见释迦牟尼。每周日请高僧大德对孤儿宣讲佛法精要。每月的初一和十五两日要到龙泉寺去礼佛,他们还学习净土宗教义和业力理论。① 再如根据四川佛教会的规定,四川各县佛教会所办佛化小学除学习教育部课程标准规定的课程外,还要学习多种佛学课程,在6年中要学习30种佛学课程。②

到监狱对犯人进行佛教教诲是民国佛教慈善教育的组成部分。中国佛教会在宏观上规定了入监宣讲佛法的内容,"以采用教会浅说、佛学浅说、安士全书、人生指津、初机敬业指南、因果输回录、劝世白话文、感应篇

---

① 龙泉孤儿院:《龙泉孤儿院章程》,载《觉社丛书》,总第5期,1919年10月;《补编》第1卷,第315页。
② 四川省佛教会:《各县佛教会立两等小学校通行章程》(续前),载《佛教月刊》,第12年第7～8期合刊,1941年8月;《补编》第42卷,第202页。四川省佛教会:《各县佛教会立两等小学校通行章程》,载《佛教月刊》,第12年第5～6期合刊,1941年6月;《集成》第60卷,第216页。

续编及直讲等书,为最良善本"。① 在对监狱犯人进行佛教教诲的过程中,施教者注重向犯人宣传佛教的人生观,这是因为犯人的佛学修为普遍不深,且宣扬以弃恶从善为核心的佛教人生观,有助于他们反思罪过,有助于他们改造成功,重新做人。在对监狱犯人进行佛教教诲的过程中,一些佛教团体和居士还经常将佛教物品赠送给狱中的犯人,这些物品包括经书、佛珠、经咒、佛像和诵念课本等。民国时期的法师和居士在对监狱犯人进行佛教教诲时引导他们诵念佛经和佛号。对于能识文断字的犯人引导他们诵念佛经,对于目不识丁的犯人则要求他们诵念佛号。

(三)民间外交上的佛教特色

此外,民国佛教在民间外交上也具有鲜明的佛教特色。佛教访问团和步行宣传队在泰国、缅甸等东南亚佛教国家进行抗日宣传时,注重揭露日军对中国佛教的暴行和日本佛教的虚伪,还着重控诉了日军对中国佛教犯下的滔天罪行,指出日本侵略者在中国犯有轰炸佛教庙宇、掠夺寺庙法器、屠杀僧侣和奸淫女尼等罪行。

步行宣传队通过具体的事例说明自从明治维新后,日本佛教逐渐变质,成为日本军国主义的帮凶。该队在海外大力宣传佛教徒应有护国卫教的思想,为中外佛教徒参加反侵略斗争寻找理论依据。这一宣传主要体现在四个方面,即佛教徒离不开国家、护国卫教体现了佛教的慈悲观念、中国佛教徒有护国卫教的传统、佛教国家应精诚团结和加强交流。

中国佛教界人士在海外宣传的过程中,呼吁全世界佛教徒团结起来,从佛教的角度,破除日本侵略者恃优势武器侵略征服其他国家民族并以此利益自己民族的迷梦,宣传和平理想,消除战争危害。太虚法师代表中国50万青年佛教僧侣,向缅甸佛教领袖和权威大德呼吁,请求他们迅速把缅甸全国佛教僧众发动、组织起来,并与被压迫的被迫害的中国佛教僧侣合作,给中国抗战以支持和援助,结成一条坚牢的远东佛教反侵略的联合战线,保障世界人类永久和平。在中国抗日战争即将取得胜利的1943年,太虚法师向全世界佛教徒呼吁战后联合共同建设自由的世界。

中国佛教界人士除在东南亚和国内进行抗日宣传外,还对日本佛教徒进行宣传。中国佛教徒用因果报应的理论指出日本必然失败。为了争取和平,中国佛教界一直没有放弃对日本佛教徒的争取,从1928年济南惨案到1937年日本发动全面侵华战争,中国佛教会和太虚法师等名僧一致通过发表宣言和通电的方式呼吁日本佛教徒制止其本国军阀的侵略行为,指

---

① 四川省佛教会:《司法行政两院准佛教团体赴各监狱宣传佛教》,载《四川佛教月刊》,1935年第1期;《集成》第58卷,第366页。

出日本佛教界具有唤醒政府的便利条件,呼吁日本佛教界履行自己应尽的责任,批判日本部分民众和佛教徒对侵略政策的盲从。

此外,为了鼓励社会各界人士捐款,佛教慈善公益团体对捐款人有许多奖励措施,这些措施都带有明显的佛教色彩。如世界佛教居士林规定凡捐款达到一定数量的信徒,可使用居士林的修行室,并为捐款人设禄位、莲位。有的医药慈善团体如上海佛化医院在资金募集上带有明显的佛教色彩。为了促进资金募捐,该院鼓励信徒发愿。

七、阶段性特征

民国佛教慈善公益事业的产生、发展与民国佛教的复兴密不可分。综观民国佛教史,大体上可以划分为四个时期:佛教复兴运动初期(1912~1919)、佛教复兴运动发展阶段(1920~1934)、佛教复兴运动高潮阶段(1935~1945)、佛教复兴运动潮落阶段(1946~1949)[①]。为了便于梳理民国佛教慈善公益发展的历史脉络以及分期特点,本书参照民国佛教史分期,将民国佛教慈善公益的发展划分为四个时期。

（一）民国佛教慈善公益的初起阶段(1912~1919)

《中华民国临时约法》中关于宗教信仰自由的条款深入人心,有力地冲破了帝制时代政府对宗教严格管控的藩篱,佛教开始振兴。诚如书新所说,"这时,居士虽然紊乱,却有一个显著的中心倾向,即佛教要变、要新,要开创一个空前未有的新时代"。[②] 在这一时期,一些佛教团体开始建立,其中有一些团体从事慈善公益事业。

辛亥革命以后,佛教复兴运动逐渐兴起,1912年在上海成立的"中华佛教总会"成为民国佛教复兴运动的先声。随后,众多佛教社团在全国纷纷成立,在上海成立的就有中国最早的佛学机构——觉社、中国第一所高等佛教学府——华严大学、全国第一家佛教居士林——上海佛教居士林等。1912年,欧阳渐、李正刚等佛教居士以金陵刻经处的在家居士为主体,在南京发起成立中国佛教会。谢无量在扬州成立"佛教大同会",太虚、仁山等僧青年在南京毗卢寺筹组中华佛教协进会。

上海觉社由章太炎、蒋作宾、陈飞等著名居士所创设,太虚法师是该社的负责人。该社的主要活动是"每日午后并讲演佛学妙谛,四方人士往听甚多"。成立后不久,太虚大师"鉴于海上无佑之苦儿颠沛失教,殊为可

[①] 单侠:《民国时期佛教革新研究(1919—1949)》,博士学位论文,陕西师范大学,2012年。
[②] 书新:《开国时期的佛教与佛教徒》,见张曼涛主编:《现代佛教学术丛刊》之《民国佛教篇》,台北:大乘文化出版社,1976年,第10页。

惜",提倡议创建佛教慈儿院,得到许多大慈善家的赞同。该佛教慈儿院的宗旨"以佛教慈悲为依据,教养无依苦儿,造就正当之人格,除教以普通之知识外,兼授以谋生之技能。冀其成年出院后,能以自活"。① 看得出来,觉社办的佛教慈儿院在筹划之初就秉持了先进的慈善教育理念。

中华佛教总会的成立是中国佛教组织转型的开始,在中国佛教史上具有重要地位。该会存续期间积极兴办慈善公益事业,其章程第九条规定:"提倡公益。建设病僧院、孤儿院、贫民工艺厂、施诊局等慈善事业。逐渐筹款布置,另订规章。凡关于社会上之种种公益,均酌量本部之财力,逐渐扩充,以尽义务。"②中华佛教总会督促下属各支部和其他全国各佛教团体兴办慈善公益和平民教育事业,如前文提到的该会山东支部慈济部就兴办了第一染织工厂。

(二)佛教慈善公益的发展阶段(1920~1934)

1915年开始的新文化运动在一定程度上促进了佛教复兴运动的发展。僧教育也开始兴盛,各地寺院创办的僧教育机构纷纷出现,武昌佛学院、支那内学院、楞严学院、九华佛学院、清凉学院等数十所佛学教育机构都是在这一时期成立的。在这一时期,佛教报刊大量出版,近百种刊物在这一时期相继创刊。这些报刊大多以刊载非学术文章、报道全国各地的佛教活动为主,这些报道文章中有相当一部分介绍了各地佛教界的慈善公益活动。此外,这些刊物中也不乏大量登载佛学研究成果、具有较强学术性的刊物。③

1929年4月,在南京国民政府的支持下中国佛教会成立,它是全国性的佛教团体。该会成立后,在全国范围内建立了省县两级地方佛教会组织。以世界佛教居士林、上海佛教净业社的成立为开始,各地也自发组织大量居士林团体,以及佛学社、佛学会等宣教或研究团体。这些佛教团体都将从事慈善公益事业作为自身重要的活动内容之一,它们都是佛教慈善公益团体。这一时期的佛教慈善公益团体与前一阶段相比,无论是种类、数量,还是分布范围,都远远超过前一阶段。

(三)佛教慈善公益的鼎盛阶段(1935~1945)

这一时期既是佛教革新运动、佛教教育改革继续发展的时期,同时也

---

① 《时事新报》社:《觉社昌明佛学》,载《觉书》,1919年第4期,1919年4月;《补编》第1卷,第129页。

② 中华佛教会:《中华佛教总会章程》,载《佛学丛报》,第1期,1912年10月;《集成》第1卷,第111页。

③ 蔡迎春:《民国时期佛教报刊出版特征与分期》,载《出版发行研究》,2016年第8期。

是日本帝国主义由局部侵华发展到全面侵华的时期。爱国僧侣们在面临亡国灭种的形势下,投身抗日救国的洪流。

在这一背景下,全国有 80 余种新的佛教报刊创立,①但也有一些佛教报刊被迫停刊。在战争时期,由于经费不稳定,许多没有停刊的佛教报刊如《海潮音》及《佛教半月刊》等刊物也是艰苦维持,版面极度缩水,几个月合刊的情况时有发生。这个阶段发行的佛教刊物被刻上了极强的时代印记,其主要内容是宣传抗日救国思想,介绍全国佛教界抗日救国的事迹。在面临亡国灭种的紧要关头,在抗日救国的口号感召之下,佛教界从事慈善公益事业的人数之多、范围之广和影响之大都是前所未有的。当时佛教界人士护国卫教的事迹主要有进行抗日宣传、举办息灾法会、参加军事训练、实施战场救护、捐献款物和前线杀敌等,这些事迹在第六章、第七章已有详述。这一时期的佛教慈善公益具有鲜明的时代特色,即以抗日救国为核心,体现佛教入世、人间佛教和大无畏的精神。

(四)佛教慈善公益的衰落阶段(1946～1949)

在抗日战争中,佛教事业遭受很大的损失。各寺院或遭兵,或佛像文物被日军劫掠,或僧侣流散,佛教团体无法活动,其损失无法估计。抗战胜利以后,全国范围内的内战使国民经济处于凋敝状态,百姓生活困苦,佛教慈善公益事业的发展缺乏良好的经济来源。1946 年 5 月,太虚法师在静安寺发表题为《原子时代的佛教》的演讲。他公开表示,抗战虽然胜利了,但中国人民不但没有解除痛苦,反而遭受更大的灾难,人民大失所望。"政府一再申令免征粮款,但粮款不但没有免除,反而加多了! 催粮派款,急如星火,派兵下乡,捉人抵押,这样将占全国十分之八的农民,个个都做了他们的俘虏了! 人民所遭遇的痛苦,且尤甚于日寇侵占之时代。"②

由于内战的持续恶化,中国佛教会面临资金严重短缺的挑战。1948 年,资金困难几乎让佛教会瘫痪,章嘉活佛甚至建议暂时停止会务工作。③这些问题在实施土地革命后变得更加严重。在耕者有其田的政策下,曾经拥有大量土地的寺庙,不得不将其田产分配给佃农。土地改革也在共产党控制的北方地区实行,并且更加成功,这给依赖寺庙田产生活的僧尼带来极大的恐慌,他们不得不自己耕种剩下的土地,而且不能再自己雇用佃农。

---

① 蔡迎春:《民国时期佛教报刊出版特征与分期》,载《出版发行研究》,2016 年第 8 期。
② 太虚:《原子时代的佛教》,《太虚大师全书》第 27 卷,北京:宗教文化出版社,全国图书馆文献缩微复制中心,2004 年,第 206 页。
③ 大醒:《中国佛教会会务万万不可停顿》,载《海潮音》,第 29 卷第 5 期,1948 年 5 月;《集成》第 204 卷,第 222 页。

抗战胜利后,佛教的社会地位虽有了一定程度的提高,但是一些地方政府仍然采取歧视甚至是敌视佛教的态度。一个值得关注的现象就是一些地方政府征收迷信捐。① 这项税收是针对佛教仪式活动而设立的。在一般佛教徒眼中,僧侣进行超度仪式是他们宗教活动中的组成部分,征收宗教活动税就是对他们的歧视,故常常拒绝交税。税务人员在征收迷信捐时,经常与僧众发生冲突。1948年10月15日,镇海县普庆寺住持应当地善男信女的要求,借用附近的龙王宫举行礼忏仪式。当活动结束,参加活动的其他寺庙僧人和一般信徒都离开后,税务人员赶到龙王宫,要求龙王宫的僧众缴纳迷信捐。这一要求遭到该寺主持的抗议,理由是其他寺庙的僧人和参加活动的俗人都已经离开了,单向他的寺庙征税是不公平的。一番争论之后,税务人员大发雷霆,捣毁了佛像和法器。最后,两位僧人被捕并遭羁押。②

以上情况说明,由于战争导致经费短缺,佛教的生存和发展难以有一个良好的社会环境,这些都严重制约了佛教慈善公益事业的发展,使其处于萎缩阶段。

第二节 民国佛教慈善公益的历史作用

在近代社会剧烈变动和逐渐转型的过程中,受经济、政治、思想文化等多方面因素的影响,民国时期佛教慈善公益事业逐渐兴起并发展。作为民国时期的一个重要的社会现象,必然也对民国社会产生不可忽视的历史影响。

一、增强僧侣的国家认同感

国家认同是一个政治概念。国内外学者关于国家认同的定义有多种不同的说法,但是概括起来都包含这样一个基本内涵,即国家认同是一个国家的公民对自己归属哪个国家的认知以及对这个国家的构成,如政治、文化、族群等要素的评价和情感,是族群认同和文化认同的升华。自明清以后一直到近代,中国僧侣出世的倾向越来越明显,自认为是方外人士,缺乏国家认同感。晚清民国时期,僧侣在兴办慈善公益事业的过程中,特别

---

① 章嘉:《本会社会服务团成立大会致辞》,载《海潮音》,第29卷第2期,1948年2月;《集成》第204卷,第161页。

② 大醒:《镇海发生县税稽征处人员捣毁寺庙事件》,载《海潮音》,第29卷第11期,1948年11月;《集成》第204卷,第386页。

是在护国卫教的过程中,国家认同感逐渐增强。以下主要从对国家概念的新阐释、国家认同的思想、国家认同的实践等方面阐述民国僧侣国家认同感增强的体现。

(一) 对政教关系作了新的解释

民国时期,许多佛教僧侣在救国护民理念的感召下,从传统的"方外人"变成了抗敌救国、积极入世的"方内人",出家僧侣与国家的关系在特定的历史背景下得到了新的体认,国家的概念在僧侣界得到了新的阐释。如性海法师就认为,征兵制的实行能够使包括僧侣在内的广大国民的爱国心增强。他认为自宋朝以来实行的募兵制导致"人民无国家的观念,军队少爱国的思想",①国家观念的淡化影响了军队的战斗力。他建议,要想富国强兵,就应当如欧美列强实行征兵制、培养国民的爱国热情。

寂英法师对中国历史上的政教关系进行了考察。他认为,在漫长的中国封建社会,宗教都依附于国家政权。从世界范围看,许多影响较大的宗教如回教、基督教,甚至日本的佛教,"都包含着极浓厚的国家色彩"。② 在这种形势下,中国佛教徒也不能置身于国家之外。寂英法师认为,在各项制度都比较完善的现代国家中,任何宗教的生存都必须以遵守该国宪法为前提。因此,在国家现代化的大形势下,中国佛教也应该作相应的变通,顺应形势的发展。

(二) 民国佛教徒关于国家认同的思想

在20世纪30年代,日本帝国主义逐步扩大对中国的侵略。在亡国灭种的紧要关头,许多佛教徒投身到抗日救国的洪流之中,并形成了较为系统的佛教抗日救国思想,这些抗日救国思想也是佛教徒国家认同思想的组成部分。前文已从佛教抗日救国的教义基础、必要性、可能性以及实现路径等四个方面对民国佛教界的抗日救国思想进行较为系统的研究,此处探讨民国佛教徒国家认同思想的其他体现。

佛教应支持国家政权机关。民国佛教界人士认为,中国佛教徒是中国人民的组成部分,所以中国佛教徒对于中国政治机关应该拥护和促进。中国佛教徒或团体应该站在中国政治机关的同一战线上,并向着同一目标走去。对于应尽的义务应该如下级对上级般的服从。对于政治机关的施政上应站在最大最关切的地方辅导与匡正。西修法师指出,"纵然有不同的场合来观察,无论是佛教徒的个人或团体,都不能对于国家责任方面持漠

---

① 性海:《征兵制和僧训》,载《弘法刊》,第33期,1937年1月;《集成》第26卷,第193页。
② 寂英:《僧训及其他》,载《佛教与佛学》,第2卷第19期,1937年7月;《集成》第79卷,第87页。

不相关的超然态度。佛教徒身为中国人民的一员,对于国家的义务方面有着最大的关联,在这非常时期的国家现在,自应该尽出全部的力量确保目标的实现"。①

爱国是佛教徒的天职。圆瑛法师认为,"国民生在宇宙之间、国家领土之内。则爱国之事,就是天职。无有一人,不负有这种责任。必定有爱国之心,方才有国民资格"。他指出,自己"虽居僧界,为佛教之信徒,究竟同是国民一份子,所以常具爱国之心,时切爱民之观念"。②

佛教徒应增强爱国意识。中国佛教会的执行委员弘伞法师认为,在国难日亟的形势下,"我佛教徒同属国民,应有相当之努力,以求国家之安宁"。为此,他向中国佛教会提出了四点建议:"(一)请通告全国佛教同人一致恭诵仁王护国经以消灾厄而护国民。(二)请通告全国各界,立速团结,共御外侮。(三)请发电日本佛教会,嘱其注重因果,促醒顽固政府,勿作凶暴悖理之举动,免再受大地震之恶果。(四)通告全国教徒,一致宣扬佛法,使全世界人民尊重因果、共趋普途。"③

(三)国家认同感在实践上的体现

在抗战时期,民国佛教徒积极进行抗日宣传、举办息灾法会、参加军事训练和战场救护,甚至有些僧侣拿起武器上前线杀敌。这些抗日救国的实践活动,既是民国时期佛教慈善公益内容的组成部分,也是僧尼国家认同感在实践上的体现。这些在前面已有详细的探讨,此处不赘述。以下主要从僧尼参加国民公约宣誓和参加国民代表大会的选举两个方面说明其国家认同感在实践上的体现。

宣誓是孙中山先生一贯坚持的正心之道,其后继者往往将这一制度视为整合民心的法宝。南京国民政府成立之后,为了塑造其政权的合法性、扩大其统治基础,隆重推出公民宣誓登记制度。南京国民政府在推行地方自治和举行各种选举时,均要求公民必须宣誓登记,才能获得"革命民权"。它不仅是一项不可或缺的程序,更是民众政治身份被认可的体现。为了规范公民宣誓登记,国民政府多次颁布法律条文,对誓词内容、宣誓仪式和公民证的发放等作出具体要求。在当时,全国多地的佛教徒为参加国民大会

---

① 西修:《站在僧伽对于国家应该尽的义务方面的话》,载《佛海灯》,1937 年第 7 期,《补编》第 51 卷,第 485 页。
② 圆瑛法师:《国民应尽天职》,载《世界佛教居士林林刊》,1929 年第 23 期,1929 年 12 月;《补编》第 10 卷,第 243 页。
③ 惠宗、钟康侯:《本会(中国佛教会)执委弘伞和尚等函称国难日亟佛教徒同属国民应共谋国家安宁特提办法四项请讨论办理由》,载《中国佛教会月刊》,1931 年第 26~27 期合刊,1926 年 11 月;《补编》第 28 卷,第 126 页。

代表的选举,积极参加国民公约宣誓典礼,如中国佛教会曾指示南昌市分会要按照规定参加国民公约宣誓。

《海潮音》刊物记载了长沙市佛教徒参加国民公约宣誓的情况。佛教徒宣誓的会场布置很有特色:

> 当进门时就看见墙壁上贴满了红红绿绿的标语,再昂起头来,有簸箕大一个的"长沙佛教徒国民公约宣誓典礼"的字样很堂皇的站立在门头上,非常醒目,令人一看就知道这不是平时举行的什么法会。宣誓礼堂布置在大雄宝殿,设备庄严而又简洁,党国旗和总理总裁影像,悬挂在鲜艳的红布当中,格外显得庄严。稍前,长方形的漆桌上供着本尊的释迦牟尼佛。
> 当代表各寺院来参加这个庄严典礼的僧尼、男女居士和党政理事委员及各来宾陆续到齐后,宣誓仪式开始,大会主席率领各位宣誓人高声宣读国民公约的誓词及国民公约十二条。宣誓仪式结束并行礼如仪后,由省政府的参事、省动会的会长、第九战区司令部长官等人陆续致训词。在训词中,对于国民公约宣誓,对于全国动员意义与佛教旨趣,都能阐发无遗,而且态度都是那么热烈和真诚,无论是耳闻目见,不得不使人感奋起来。①

虽然佛教界对于参加国民大会代表的选举有很大的热情,但在国民政府的内部,有部门对此却抱着消极的态度,对于佛教徒能否参加此项选举没有明确的说法,为此佛教界人士积极争取。1936年8月,国民大会代表选举总事务所成立后,中国佛教会及时向各市县佛教会通告国民大会代表选举总事务所的概况。"案奉国民政府令开,特派蒋作宾为国民大会代表选举总事务所主任,褚民谊为国民大会代表选举总事务所副主任,叶楚伧为国民大会代表选举总事务所总干事",②这个通告介绍了总事务所几个负责人的情况。

福善法师指出,凡是民主国家都有宗教,美国总统罗斯福所说的四大自由中,就有一个宗教自由。他认为,在即将召开的国民大会中,"每一个大的宗教,如佛教的僧、天主教的神父、基督教的牧师、回教的阿訇,得选二三代表,以符国民大会的意蕴"。"宗教徒代表对国家高度文明的促进,化

---

① 化庄:《长沙佛教徒国民宣誓典礼》,载《海潮音》,第21卷第2号,1940年2月;《集成》第200卷,第39页。
② 中国佛教会:《本会训令第三一五号令各市县分会奉中训部令转知国民大会代表选举总事务所成立日期仰知照由》,载《中国佛教会会报》,1936年第8期,1936年8月;《补编》第31卷,第108页。

导社会人民,补足法律之不及,不遗余力,其任务重大,实为任何社会的领导所不容忽视的"。①

为了争取国民大会代表的选举权,中国佛教会推举圆瑛、大悲、宏明暨关炯之、赵朴初为代表,向中国国民党中央执行委员会请愿。在争取国民大会代表选举权的过程中,圆瑛等人上书国民党中央执行委员会,请求给予明确的答复。后来,关于僧侣能否参加国民大会代表的选举,国民党中央执行委员会终于有了明确的回复:"查佛教徒应为中华民国国民之构成分子,如具有国民代表大会选举法第三条之资格,而无第四条所列之资格限制者,自应有选举国民代表之权,具有十二条之资格者自得为候选人,以符训政时期约法之第六条中华民国国民无男女种族宗教阶级之区别,在法律上一律平等之规定等由。"②

二、提高了佛教的国内地位

在抗战期间,中国佛教徒积极参加抗日救亡活动,捐献大批财物,有的僧尼甚至付出了生命。僧伽在抗战过程中作出的牺牲还表现在顾全大局、默默忍受政府因抗战的需要而对寺院财产的侵占,这种侵占与抗战前相比甚至有过之而无不及。

在抗战前,太虚法师曾多次公开指责政府压制佛教、侵占寺院财产的政策,他曾在许多场合呼吁中国佛教徒反对庙产兴学的运动。战争爆发后,军队占领寺院,或没收寺院财产,或挪为他用的现象有增无减,太虚大师不但没有继续对此表示谴责,反而到处呼吁佛教徒支持国民政府,号召佛教徒以国家利益为重,牺牲小我,以成大群,为国家的解放提供佛教服务。他相信,只有国家从外国侵略者手中解放出来,中国佛教才能够复兴。为此,他在许多场合都力图驳斥日本人对中国政府没收佛教财产的指责。

1940年,太虚法师访问东南亚时,有人问到对寺庙的财产被政府和军队侵占持何种态度。太虚指出,寺庙财产被历届政府所侵占,开始于19世纪晚期。但是,"自国民政府奠都南京后,对于佛教更加提倡,如对蒙藏佛教的领袖,加以种种尊崇。最近订定中国佛教会会章,对于僧众寺院的改

---

① 福善:《宗教团体应得选国民大会代表》,载《海潮音》,第26卷第6~7期合刊,1945年6月;《集成》第202卷,第138页。
② 中国佛教会:《本会训令第三一五号令各市县分会奉中训部令转知国民大会代表选举总事务所成立日期仰知照由》,载《中国佛教会会报》,1936年第8期,1936年8月;《补编》第31卷,第107页。

良,企图建立新的中国佛教。因此中国佛教,已由衰落而走上复兴的道路了"。① 此时的太虚法师,完全了解国民政府对寺院财产的侵占并用其充当抗日资源的政策和行为,而且他对此也非常失望。但是,在民族至上的太虚法师看来,为了国家这些都是可以容忍的。太虚法师力图掩盖国民党政府对佛教徒的迫害,目的是赢得亚洲人民对中国的同情和支持,以取得抗日战争的最后胜利。他认为他的东南亚各国之行,是为了向这些国家和人民证明中国仍然是一个佛教国家。不仅如此,而且近年来佛教在中国更加发达兴盛,从而粉碎了日本打着保护佛教国家的旗帜,所做的不利于中国的政治宣传。太虚法师为国民政府辩护,其目的是建立国际佛教反侵略统一战线,早日实现中国的独立和民族的解放。

佛教界在抗战期间为慈善公益事业所做的贡献以及为抗战作出巨大的牺牲在很大程度上提高了佛教在国内的地位,有以下几点表现:

(一)佛教和佛教徒享有一定的政治地位

民国佛教徒为社会所做的贡献特别是在抗战期间为国家民族作出的牺牲,大大提高了佛教在国内的地位,赢得了政府和广大民众的肯定。以太虚为首的改革派得到政府的支持,应邀重新整合因战争而四分五裂的佛教,重组分裂已久的中国佛教会。关于在抗战胜利后佛教地位的提高,当时有佛教界人士也作了积极的预期。广文法师指出,现在中国从八年多的苦战中获得完全胜利了,胜利以后的第一件事,就是实现民主宪政,是真正的民主。佛教徒在抗战八年中,一切作为仍以抗战建国为目的,也曾经在奉行三民主义、拥护国民政府、服从最高统帅的原则下,为整个民族的利益而奋斗。他认为,"今天国家走上自由平等之路了,我们佛教徒也同样得到政治的解放,我们为尊重我们的国家,为协助政府从速完成法治,凡是破坏法纪的现象都应在伸张法治的精神中改变过来"。②

中国佛教在抗战胜利后其合法地位得到保障。正如有人所指出的那样,"在抗战以前,中国在政治上基本上不上轨道,抗战时期的中国军事第一,佛教命运不佳,偏偏在漫漫长夜中走着这两步霉运了,好像谁也不需要负责"。僧尼为抗战的胜利作出了重要的贡献,僧尼理应是国民的一分子,对于"胜利的共同光荣也是有份的,今后中国政治生活中再也不会有迫害

---

① 太虚法师:《中国佛教的近况》,《太虚大师全书》第 27 卷,北京:宗教文化出版社,全国图书馆文献缩微复制中心,2004 年,第 94 页。
② 广文:《从佛教立场上分析胜利的意义》,载《海潮音》,第 26 卷第 11 期,1945 年 11 月;《集成》第 202 卷,第 220 页。

佛教徒的事件发生了"。①

佛教界的海外抗日宣传增进了中国社会和民众对佛教的认识。报纸媒体的大量报道，两个访问团队的成功归来改变了许多中国人对佛教的成见，使他们认识到佛教和佛教徒在抗日战争中的作用。在海外宣传的过程中，步行宣传队认识到中国的庙产兴学运动在一定程度上使海外佛教徒对中国政府的佛教政策表示怀疑。例如步行宣传队在缅甸散发抗日宣传材料后收到缅甸佛教徒写来的信件60多封，这些信件归纳起来其中有一点内容就是缅甸佛教徒认为中国政府不能采取有效的措施保护佛教，为中国佛教前途担忧。佛教访问团在海外宣传的过程中也有此感受。佛教访问团归国后，太虚法师把访问的经过和建议以书面的形式呈交国民党中央宣传部和社会部，在报告中他提了六点建议，其中有一点就是希望政府多考虑佛教的影响，尊重佛教，保护僧伽的利益，这样的政策一定会在国内外佛教徒中产生良好的影响，有利于共同抗日。

佛教在国内政治地位的提高，还体现在佛教界代表在国民参政会上提出的信教自由的提案，受到很大的重视。此提案包括四部分内容：①对边远区域及侨居海外之宗教民族，亦随时设法慰问保护之，俾情感相连，心志内邻。②对不同宗教民族生命财产，务须一律依据法律平等保障之，取消单独对内地寺庙之管理条例。③人民对宗教寺院布施之财产物品，应严禁地方政府机关侵占没收。④各宗教寺院出资设立学校医院，举办慈善事业者，应令各地方政府一律保护之，惟不得强迫其担任出资兴办上述各项事宜。②

（二）佛教慈善公益得到进一步肯定和支持

民国时期佛教界所办慈善事业已经不同于清末佛徒个人或偶尔的社会慈善救济活动，而是在各方刺激之下形成了有组织的制度化慈善行为，许多社会人士关注佛教慈善公益事业，并给予资金上的支持。

民国时期许多人对佛教慈善公益事业给予资金上的支持。如《申报》曾记载：江苏丹徒县徐成裕先生去世之后，其家人"将亲友奠仪，凑集成数，计十一万五千元，捐充善举，及佛教团体"，其所捐助的机构包括上海佛教净业社孤儿院、净业社慈善部、佛教同仁会施诊处、佛教济寒会等佛教慈善机构各五千元，可见社会士绅名流对于佛教慈善事业给予了相当的信任和

---

① 广文：《从佛教立场上分析胜利的意义》，载《海潮音》，第26卷第11期，1945年11月；《集成》第202卷，第216页。

② 《海潮音》编辑部：《参政会维护宗教提案》，载《海潮音》，第26卷第11期，1945年11月；《集成》第202卷，第233页。

支持。又有"佛教同仁会自办理给票施粥以来,颇得各界赞许,自动捐者日必多",当时上海沪光中学校长石青君"以该会此项办法确实惠及贫民,积极赞助,除己自捐巨款领票散放外",还号召全校师生共同捐助。从当时报纸的报道中可见佛教界所办慈善救济活动,大都得到了社会各界人士的大力支持和赞助,从侧面反映了国人对佛教慈善事业的期望。

中国佛教界在抗日战争中的表现,更是赢得了社会各界广泛的赞扬乃至政府的嘉奖,新闻媒体对抗战时期佛教界的慈善公益事业大力报道。如《申报》所载,1937年淞沪抗战中表现英勇的上海僧侣救护队,"自成立以来,因救护工作之努力,深得前方各师旅及社会人士之赞扬,该队在工作时,虽迭遇险阻,而遭受重大牺牲,然仍勇往直前、百折不挠,尤以宏明法师不避艰险,每日必率队赴前线监督救护,其勇敢服务之精神,殊堪钦敬。昨记者晤该队总队长屈文六氏于慈联会,承告记者云,该队救护之工作,范围已遍及战争之全区,前方各师旅之期望,均甚殷切。该队已决定克日将队部移驻于某某地方,裨可就近工作,充分救护"。①《申报》是当时著名的媒体,从《申报》的报道就可见新闻界对佛教慈善公益事业的态度。下表是笔者根据《申报》目录整理出来的1933～1945年《申报》报道佛教慈善公益事业新闻稿的篇数。

表86:1933～1945年《申报》刊登佛教慈善公益事业新闻稿数量

年份	息灾法会	救灾赈灾	救国思想实践	慈善组织	慈善人物	慈善教育	慈善救护	其他慈善活动
1933	4	1	1	1	35			
1934	15		1	10	1			1
1935					2			
1936	10		3	3		3		
1937			3	10	46		7	2
1938	2				26			
1939					16			
1940		1		1				3
1941			1		3			1
1942	2		1		16			2
1943	18	4		11		1		1
1944			2		2	2		1
1945							1	

---

① 《僧侣救护队易地工作》,载《申报》,1937年9月26日,第6版。

从上表可看出，1933～1945 年，《申报》在多数年份对佛教界的慈善公益事业报道的新闻稿都达到数十篇，其中有的年份如 1937 年达到近 70 篇。这些新闻稿的登载，一方面说明佛教界受到新闻界的重视，另一方面也进一步扩大了佛教界的社会影响。

三、促进社会治理和经济发展

（一）为社会作出价值示范

社会学理论认为，慈善行为的效果是二重的，可以分为本事效果和续生效果。慈善行为的目的实现以后，行为过程自然结束，善行就产生了与目的相符的效果，这一效果叫作善行的本事效果。善行的本事效果一般来说体现在为慈善对象提供了物质的帮助，使其渡过难关。[①] 慈善行为的续生效果，是指在善行为过程结束以后，善行为过程中产生的思想和活动继续存在，并对社会或个人产生连续的影响，这种影响在政府和民间的推动下，慢慢地逐步形成社会的共同意识。民国时期，政府对创办慈善事业成绩卓著者给予嘉奖，以示表彰，被嘉奖者也引以为荣，这是慈善行为续生效果的体现。如 1923 年 2 月，北洋政府总统黎元洪颁给赈灾者匾额，授匾对象是上海的演艺界，《申报》对此事作了详细的报道。政府的表彰行为实际上宣扬了行善者的事迹，为社会作出了价值示范。

王一亭居士是当时上海知名的工商业翘楚，他利用自身雄厚的经济实力和在工商业界巨大的影响，为上海的慈善公益事业作出了巨大的贡献。王一亭去世后，国民政府于 1938 年 11 月 23 日发布明令对他进行褒奖："中央救灾准备金保管委员会委员长王震（即王一亭），早岁倾心革命，赞助共和，继在上海致力社会慈善事业，凡所创办经营咸成规模，其余各省水旱灾侵，募款赈济，先后逾一万万元。去岁抗战军兴，组织战区难民救济会，密计禅思，不辞艰险，顾力尤为宏伟。迩来避地眺志，气概凛然。遐闻流逝，殊禅珍悼。应予明令褒扬，以彰卓行，而励来兹，此令。"[②] 通过褒奖令可看出王一亭利用其雄厚的经济实力和巨大的影响力为慈善公益事业贡献超过一亿元。王一亭作为佛教居士受到政府的嘉奖，说明了民国时期的佛教界人士因其在慈善领域的贡献而成为社会价值观的示范，为上海的社会治理作出了重大贡献。

在抗战时期，乐观法师率领的僧侣救护队在敌机狂炸之下，出生入死，

---

① 马尽举：《论善行为的续生价值》，载《道德与文明》，2002 年第 1 期。
② 《申报》编辑部：《国府明令褒扬王震》，载《申报》，1938 年 11 月 24 日，第 3 版；《申报》第 359 册，第 715 页。

冒险救助受灾同胞,功绩卓著,受到政府相关部门的表彰。重庆市空袭救济服务联合办事处,见该队如此英勇,特传令嘉奖,其文云:"查近日敌机轰炸肆虐,慈云寺僧侣救护队,奋力抢救,成绩卓著,应与传令嘉奖,仰即知照为要。"当时有报道指出,"该队大众接获奖励后,兴奋万状云"。①

为了进一步鼓励社会各界人士支持抗战,国民政府制定了相关奖励办法。在抗战时期,国民政府对直接参加抗战或为抗战作各种服务及慈善公益事业的,制定表彰办法。"第一条,人民团体及其职员会员,从事战时服务工作,忠勤成绩优异者,依本法给与奖励……第三条,凡合于本法左列条款之一者,具有证明,经查属实者,均得给奖。一、直接参加抗战,著有功绩者。二、潜伏敌后,努力反敌伪工作,著有成效者。三、救死扶伤,救灾恤难,成绩卓著,或因而受伤者。四、协助国军部队,及政府机关冒险犯难勇气可风者。六、劝募或捐献大量财物,直接或间接协助抗战者"。② 此办法表彰的对象是包括佛教慈善公益团体在内的所有符合条件的人民团体及其成员,能在一定程度上促使佛教慈善公益团体为社会作出价值示范。

(二)佛教慈善组织促进了城市居民的认同感

民国时期,佛教慈善公益组织发达的北京、上海等城市都有大量的移民,这些移民来自全国二十多个省。他们穿着不同的服装,吃着不同的食物,说着不同的语言,沿袭着不同的习惯。"城市是人性的产物",一旦诞生必然会发生巨大的变化。城市又是熔炉,各个种族、各种文化、各种人格类型经过大熔炉的熔化,改变着城市人的思维方式、生活方式和行为方式,最终形成一种具有共同语言、民俗、价值观与行为方式的城市人,建成一个市民有广泛认同感的城市。

包括佛教慈善公益组织在内的各类慈善公益组织在城市居民认同感形成的过程中起了催化剂的作用,从早期的家族救济、地区救济,到近代城市中的同乡救济组织,是一个变化,但未摆脱地区局限。民国时期,北京、上海等地成立了大量的慈善组织,它们的施善范围和慈善对象都没有区域的限制。这些慈善公益组织加快了居民城市认同感的形成。认同感就是一种强大的凝聚力,提升着城市的文化素质和文化品位。这种认同感产生之后,会产生动力,大家齐心协力,为了城市的发展而奉献自己的光和热。

---

① 《佛化新闻报》编辑部:《渝市空袭救联处嘉奖僧侣救护队》,载《佛化新闻报》,第143期,1940年6月27日,第1版;《报纸》第8卷,第187页。
② 《人民团体及其职员会员战时服务给奖办法》,载《佛教公论》,复刊第12期,1947年3月;《集成》第146卷,第453页。

(三)佛教慈善公益组织促进经济发展

民国时期,资金短缺是大中城市经济发展的主要瓶颈。据分析,1934年和1935年倒闭的工商企业中,分别有12.71%和25.19%是因为资金周转不灵造成的。如果给这些企业适当地注资,使其继续运行,便可对劳资双方皆十分有利。上海的一些佛教慈善组织在一次性募取大量资金的时候,把不少的资金投入到近代工商业和现代金融机构中,既能享受到经济发展带来的收益,又对企业给予了财力的支持,使其得到发展。

一些实业家投身佛教慈善公益事业也在很大程度上促进了经济的发展。如王一亭从做外资企业的买办起家,逐渐成为上海工商界的领袖之一。他投资兴办多家工厂,涉足铁路运输业,开办物资和股票交易所,呼吁政府维护商人的权利,通过积极参与商会事务扩大自己在工商界的影响,大力支持实业教育。这些举措使王一亭积聚了雄厚的经济实力,成为上海工商界举足轻重的人物。凭借雄厚的经济实力和在工商界广泛的影响,王一亭大力支持和兴办慈善公益事业。从救灾团体到慈善医疗团体,从慈幼养老团体到护国息灾法会,从捐献个人财产到通过各种方法和途径筹集善款,似乎没有王一亭不曾涉足的慈善领域。王一亭作为一个知名的居士和实业家大力兴办慈善公益事业,这个现象绝不是偶然的、个别的。它反映了近代工商业的发展为近代佛教慈善公益事业的发展和转型准备了物质基础。作为一个虔诚的佛教徒,王一亭把从事慈善公益活动作为终生的事业,他大量兴办实业,促进了上海地区近代经济的发展。

(四)慈善组织培养了地区建设有用之才

在民国时期,各地佛教慈善公益组织都兴办了为数不少的慈善学校。这些佛教慈善学校进行文化知识教育和技能培训,与传统的义校相比,在教学形式和教学内容上都有了明显的不同。慈善办学的目的是让更多的人能够得到教育,让更多的人学会自立,让更多人对社会有贡献。以下主要以佛教孤儿院为例说明民国佛教慈善公益团体怎样为地方建设培养了有用之才。

首先,孤儿通过在院中的学习和劳动技能的培养都有了出路。成绩较为优秀者进入中学进一步学习和深造。开元慈儿院对"每届优秀分子,为之设法资助升学,以求深造"。[①] 没有进入中学进一步学习的孤儿也能找到谋生的职业。孤儿出院后"就有相当职业,或自行开鞋铺或工厂者,亦竟

---

① 陈永安:《开元慈儿院院长叶青眼》,载《晋江文史资料选辑》,第15辑,1994年,第59~64页。

衣冠整洁"。① 开元慈儿院的孤儿在出院后"分散在农工商学侨各界讨生活外,并由其本人之能自吃苦进修之结果,现所知悉者薄有成就颇不乏人……卒业后在德师及龙岩简师学校卒业,出任各校校长教员……亦不乏人。……卒业后,亲近高僧大德,如弘一法师等。发大乘心,出家修戒,还得清净,准备为自利利他工作,普济一切,又颇不乏人也"。② 该院培养出来的学生不仅服务于当时的社会各界,而且其中大部分人为新中国社会主义建设作出了贡献。如新中国成立后,出身于开元慈儿院的李文陵曾担任过厦门市的市长。宁波佛教孤儿院的院生毕业后,一般都由院方保荐进入上海、宁波等地商号和工厂工作。到1927年,该院开办十周年时,"毕业孤儿咸由该院介绍各地就工商业者,为数不下二百余名"。③ 为使就业孤儿在社会上更好地自立,1927年底,该院还在毕业生最集中的上海成立"上海孤儿互助会"。

其次,孤儿院的音乐教育卓有成效。当时各个孤儿院都注重音乐教育,一些孤儿院还成立了西乐队。这些西乐队演奏得不错,有时还为社会服务。龙泉孤儿院的音乐队在一些名人出殡时展示自己的风采。"龙泉孤儿院音乐队以笙、管、笛、九音锣、鼓合奏哀乐。队员均黑衣白孝带",④ 因服装整齐、乐器优良、演奏熟练、服务周到,在当时颇负盛名。宁波佛教孤儿院有一支成员为30人的西乐队,这在宁波尚属创举。湖南佛教慈儿院也成立西乐队,间或为人送葬,春节替人拜年,获一些微薄的收入。

再次,有的孤儿院向孤儿灌输革命思想,为革命队伍输送了人才。宁波佛教孤儿院成立初期在王吟雪主持院务时,就注重培养院生,灌输革命思想。陈书莊主持院务时,革命思想在院内进一步传播,院中教师林一新参加了中国共产党,在四明山一带参加革命活动。孤儿邵一萍后来成为宁波市公安局局长,孤儿洪哲泉参加人民解放军被授予大尉军衔。孤儿院的严培远同学,参加革命工作后不幸牺牲,遗体葬于位于宁波市樟村的革命烈士墓。

民国佛教的慈善学校除佛教孤儿院外,还有普通小学、佛化小学、职业学校和文化补习学校等。普通小学按照教育部的课程标准设置课程内容,与社会力量兴办的普通小学无异,其中有代表性的有鄞县觉民小学、世界

---

① 野云:《记北京龙泉寺孤儿院》,载《海潮音》,第2年第10期,1921年10月;《集成》第151卷,第528页。
② 陈永安:《开元慈儿院院长叶青眼》,载《晋江文史资料选辑》,第15辑,1994年,第59~64页。
③ 转引自孙善根:《民初宁波慈善事业的实态及其转型(1912—1931)》,博士学位论文,浙江大学历史系,2005年,第61页。
④ 常人春:《近世名人大出殡》,北京:北京燕山出版社,1997年,第339页。

佛教居士林仁惠小学等。佛化小学除学习教育部规定的主要课程内容外，还学习佛学课程，其中有代表性的有漳州南山学校、观宗义务学校等。职业类学校实行半工半读，主要目的是培养学生赖以谋生的一技之长，如北平广济寺平民工读学校、佛化新青年会北京高级职工学校等。文化补习类学校主要针对成人，利用周末或晚上等业余时间进行文化知识的补习，如世界佛教居士林义务通俗夜校、武昌佛学院附设平民小学等。

民国佛教慈善学校使学生学到了文化知识，职业类学校的学生还获得了赖以谋生的劳动技能，对于民国时期教育的发展有一定的促进作用。培养有用之才还体现在学生思想认识的提高。以下以弘慈佛学院附属工读学校部分学生的思想认识为例加以说明。

表87：弘慈佛学院附属工读学校部分学生的思想认识

学生姓名	思想认识
曹治清	我打算将来成个好人、有志气的人。怎样才能成个有志气的人呢？必须要在少年时代学技能、求知识，不要贪玩，否则就成不了有志气的人，也不能在社会上做事了，那么将来怎去维持自己的生活呢？危险啊！我们要努力。
李维元	工读学校是什么意思？工就是工艺，读就是读书，有了工艺，就能够谋生活，读书是启发知识的、明白事理的，才能在社会上办事，我说工读学校就是这个意思，不知对不对？
秦玉容	人生第一件要紧的事，就是教育。现在我们的国家，连年打仗，本国人打本国，害了多少性命，伤了多少财产，岂不是愚迷吗？我说国家统一，先得教育普及。这话许有道理吧？
张宝珍	我们为什么要读书？读书能够增长我们的智识，若不读书，就不能在社会上服务，就成了一个废人，无论到哪里，都使人轻看，所以我们必定要读书的。要是读成了书，有了相当的智识和技能，就在社会上作一个好国民。
侯贵珍	我们这一学期已经完了，快放寒假的时候，我们的朋友分别了，不要悲伤，不久又要相聚，但是我们别后，只要心里相亲爱，永远通消息，虽是身体分离，精神却使相聚，祝你前途进步吧。

（资料来源：弘慈佛学院：《工读学校男女生之成绩》，载《弘慈佛学院第三班第三期年刊》，1931年12月；《集成》第27卷，第435页）

从上表看出，该工读学校的5名学生在工读学校的功能、学习对个人发展的重要性、教育对国家和民族的重要性、对同学友谊的珍惜等方面有了正确的认识，也在一定程度上说明了佛教慈善学校在育人方面是成功的。

四、推动政府社会政策的调整

社会慈善事业帮助在社会竞争、体制转换、社会移动和灾难中的弱势群体。民国时期慈善机构的迅速发展,反映了社会问题的严重性,也迫使政府的社会政策作出相应的调整。在天灾人祸面前,"就需国家社会的力量来安定他们的生活,帮助他们的生存,维持他们的生计和救活他们的生命"。制定相应社会政策,救济社会苦难同胞,是关系到社会稳定、人民生活的大事。社会保障作为社会发展的一种自我保护措施,无论国内还是国外都是古已有之,只不过是各国各代皆有差异,而每一种社会保障形式,都对缓解社会矛盾、稳定社会秩序起到了重要作用。在经济发展水准有限的前提下,我们必须依靠民间的力量,其中慈善组织就是一种很好的形式。

民国时期,在寺庙出资兴办慈善公益事业的问题上,佛教界和政府进行了长期的博弈。博弈的结果是双方都作了让步,最终确定了由佛教界人士草拟、政府颁布的《佛教寺庙兴办慈善公益事业规则》,这一规则的颁布说明其被政府和佛教界人士双方所接受。《佛教寺庙兴办慈善公益事业规则》的颁布,说明了南京国民政府对于推动寺庙兴办慈善公益事业的立场是一以贯之的,同时也保证了寺庙兴办慈善公益事业不受官府的控制,具备了一个相对稳定与公正的法制环境。这个例子说明,佛教界在兴办慈善公益事业的过程中,积极推动政府改变政策,使佛教慈善公益事业能够进一步健康发展。

五、促进医疗卫生事业的发展

民国时期,佛教逐渐复兴,施医送药等慈善方式是民国时期佛教服务社会、走向复兴的重要路径。当时佛教医药慈善团体从活动内容上看分为施医送药、培养医药人才、改良中医和临终关怀等四种。这些医药慈善团体以济世悯贫、振兴佛教为宗旨,为近代医药慈善事业的发展、推动中医改良作出了贡献,也能为当代慈善公益事业的发展提供借鉴。

尤其值得一提的是,民国佛教的临终关怀事业很值得当代借鉴。长期以来,人们往往重视生,而忽略死。但是,死亡是人的自然回归,临终是生命结束的必经之路。不过,对人类而言死亡是一件非常痛苦的事,因为它不仅意味着与亲人、家属及整个社会的永久分离,而且在临终过程中人会遇到难以想象的痛苦与折磨。为了使生命无法挽回、在痛苦不堪中等待死亡的病人死得更为自然、安宁,更少痛苦,临终关怀事业应运而生。新中国成立后,由于种种原因临终关怀事业长期缺失,直到 20 世纪 80 年代才开始起步,不过发展缓慢,与发达国家相比还有很大的差距,也与我国已进入老龄社会的现实和建立和谐社会的要求不相适应。民国佛教临终关怀活动的专业性很强,临终关怀人员具有很强的敬业精神。当代临终关怀事业在充分吸收当代医学、心理学先进成果的基础上,应该对民国佛教临终关怀事业的合理成分加以吸收。

由于历史的原因,中国大陆佛教的临终关怀事业与中国台湾、香港和新加坡等地相比,发展明显滞后。从本书的研究可看出,民国时期佛教的临终关怀团体较多,临终关怀的思想和实践也比较成熟,完全能够为当代佛教的临终关怀事业提供借鉴。从敬业精神来说,民国佛教临终关怀参与者无私奉献的精神值得我们学习。当时助念团体的成员没有任何报酬,还要自出经费以维持助念活动的开展。在当时社会慈善氛围还不是很浓厚的情况下,他们的这种奉献精神能够激励更多的人投身于社会慈善事业。

六、促进民族团结与协作

在抗战中,中国佛教界投身到抗日救亡运动的洪流之中,在此过程中佛教各教派精诚合作,促进了佛教内部的团结。关于这一点,藏传佛教界表现得更加明显。1923年,九世班禅额尔德尼却吉尼玛出奔内地后,藏传佛教格鲁派两大领袖之间的矛盾进一步加深,虽经国民政府调解,仍难重归于好。双方代表势不两立,在南京多次进行唇枪舌战。但在大敌当前、民族危亡之际,他们求同存异、接触增多,把斗争矛头一致指向日本帝国主义。双方积极配合组织了"康藏旅京同乡抗日救国会",发表《告全国同胞书》,而且肩并肩、手挽手走向街头,参加抗日大游行。双方驻京代表还一起参加了"蒙回藏同胞联合慰劳抗战将士代表团",分赴前线慰劳将士。正是在外敌入侵的形势下,十三世达赖喇嘛土登嘉措与九世班禅额尔德尼却吉尼玛之间的矛盾开始趋于缓和。这其中原因很多,但"兄弟阋墙,外御其侮"无疑是重要的原因之一。这期间,九世班禅额尔德尼却吉尼玛多次派安钦活佛、王乐阶等人前往西藏,商谈回藏之事,都受到十三世达赖喇嘛的"优礼延见,大悟过去全系两方属僚猜忌而起,切望早日回藏,共谋众生安宁,班禅得报,欣慰不已"。① 这段记载充分表明了十三世达赖喇嘛和九世班禅不念旧嫌,一切以国家利益为重的爱国主义情怀。

藏传佛教高僧的抗日活动,增进了各民族间的团结。在中华民族反帝爱国的斗争中,更多的藏族僧人认识到"中国的抗战,不啻为各佛教民族的共同要求而抗战,设非中国抗战胜利,则各佛教民族皆将受日本侵略而无独立自主之日!"②他们进一步清醒地看到祖国的前途与自己的命运息息

---

① 喜饶尼玛:《论战时藏传佛教界僧人的抗日活动》,载《抗日战争研究》,2003年第2期。
② 释太虚:《佛教与国际反侵略》,《太虚大师全书》第27卷,北京:宗教文化出版社,全国图书馆文献缩微复制中心,2004年,第405页。

相关,唇亡则齿寒。在国难当头、民族危亡的时刻,只有与各兄弟民族人民紧紧地维系在一起,才能拯救祖国,从而拯救自己。正如《康藏民众代表慰问前线将士书》中所说:"中国是包括固有之二十八省,蒙古、西藏而成之整个国土,中华民族是由我汉、满、蒙、回、藏及其他各民族而成的整个大国族。日本帝国主义肆意武力侵略,其目的实欲亡我整个国家,奴我整个民族,凡我任何一部分土地,任何一部分人民,均无苟全幸存之理。"[①]日本帝国主义企图利用这场战争挑拨中国各民族的关系,达到分裂中国的目的。但是,"哪里知道卢沟桥的炮声反而促成了中华民族的精诚团结——汉满蒙回藏的联合"。这场斗争加深了各民族间的互相了解,促进了民族大团结与协作。抗日战争中,中华民族所表现出的高度凝聚力和强大生命力,成为打败日本帝国主义的先决条件和决定因素。藏族僧人的抗日救亡运动,对于鼓舞抗日斗志,推动抗战高潮进一步发展,促进抗日民族统一战线的形成,增强民族凝聚力,无疑起到了相当重要的作用。正如有媒体指出,"于此可见中华民族之真正团结已有坚实基础"。

七、提升中国的国际地位和国际影响力

民国佛教界的慈善公益活动有时延伸到国外,如佛教访问团和步行宣传队等团体在抗战时期到国外进行抗日宣传;在日本等国遭遇地震等自然灾害时,中国佛教徒也伸出了无私的援助之手,这些都提升了中国的国际地位和国际影响力。

(一)使各国认清日本的欺骗宣传和对中国犯下的罪行

缅甸人民逐渐认识到日本是虚伪的佛教国。他们指出,日本虽一向自命为佛教国,但屡屡暴力侵犯中国,抛弃了佛教"一切众生悉皆平等"的基本要义,足见日本没有佛法,信仰佛教是虚伪的。"我看见日本人这次侵害中国,演出的许多残暴行为,我更相信日本没有真正认识佛法、信仰佛法的人。日本人以为杀害中国人民、占领中国土地、劫夺中国人民的财产、奸淫玩弄中国的老少妇女、把中国这些个儿童插在枪刀上玩弄是应该的。这简直是山中虎豹狼犬的动作,全不是人的行为,就是野兽,它不饥恶,也不会随便害人。这样看来,日本军阀连禽兽也不如。"[②]由于佛教访问团和步行宣传队的宣传,缅甸人民和佛教界了解了日本佛教徒的虚伪,拒绝参加在日本举行的东亚佛教大会。太虚认为,"我们这次进入缅甸之后,把日人过

---

① 《康藏民众代表慰问前线将士书》,载《新华日报》,1938年7月12日,第3版。
② [缅甸]宇朵省达:《日本是虚伪的佛教国》,《僧侣抗战工作史——奋迅集》,1947年1月;《补编》第78卷,第34~35页。

去欺骗宣传完全打消"。①

(二)印度、缅甸等国同情并支持中国的抗战

中国僧人在印度的抗日宣传早在佛教访问团去印度之前就开始了。中国佛教居士谭云山和岫卢、法舟等法师在20世纪30年代初就在印度的国际大学宣扬中国传统文化,并揭露日本企图吞并中国、独霸亚洲大陆的野心。由于他们的宣传以及为了维护自身的利益,许多印度人在佛教访问团到来之前就同情并支持中国的抗战。

当卢沟桥事变的消息传到印度后,印度民众非常愤慨,印度的报纸以显著的版面、激烈的言词谴责日本的疯狂行为。印度国民大会为了表示对中国抗战的同情,特于九月中旬在加尔各答举行了参加人数超过一万的国民大会的露天集会。在会上尼赫鲁主席公布了日军的种种暴行,向群众举起拳头高喊:"同志们,黩武主义的日本,现在已经更进一步的在中国领土内开始他们侵略的屠杀了,这是日本威胁整个远东和平的非法行动,我们为了和平,为了弱小民族解放运动的前途,我们毫不迟疑的应给中国抗战行动以最有效的协助,把企图向远东各方伸展的日本帝国主义的魔手打回去!弱小民族联合阵营的确立,是对付野心侵略者的最好办法。"② 大会最后一致通过了援助中国和抵御暴日的两个方案:一是全印度民众,不分阶级,应一致援助中国,以增强中国抗战力量;二是全印度商人应一致拒购日货,取消订单,实行以经济制裁暴日。印度抵制日本商品的"杯葛"运动蓬勃兴起。

佛教访问团未到缅甸之前,"因该地人民受敌寇之欺骗,误认中国果欲摧残佛教,因此对英国资助中国抗战,啧有烦言。后经敝团到境宣讲,彼等始明真相,不但对中国抗战深表同情,而且竭尽力量,助我争取最后胜利"。③ 华侨胡茂庶祖籍中国福建,少年时做过沙弥。抗战以来,大力支持国内的救亡运动,发动侨胞为祖国输财输力。他对于步行宣传队的工作大力支持,尽全力保证宣传队员在缅甸生活的安定和生命的安全。缅甸的宇朵省达大师,修养高深,受到全缅人民的尊敬,对日本人和日本军阀深恶痛绝。他经常拿着步行宣传队的特刊亲自散发,又帮着把从国内带来的军委政治部编印的"日寇暴行录"照片,加上缅文说明,印发全缅,扩大宣传。

---

① 释太虚:《佛教访问团日记》,《太虚大师全书》第32卷,北京:宗教文化出版社,全国图书馆文献缩微复制中心,2004年,第117页。
② 祖澄:《弱小民族同情我抗战——全印掀起反日狂潮》,《僧侣抗战工作史——奋迅集》,1947年1月;《补编》第78卷,第94页。
③ 释法舫:《欢迎词》,载《海潮音》,第21卷第5~6号合刊,1940年6月;《集成》第200卷,第117页。

中国佛教界在海外的宣传反击了日本的反动宣传,使世界各国进一步了解中国,认识到佛教文化是东亚最有代表性的文化,是反侵略反屠杀的文化,需要发扬佛教精神来拯救世界上痛苦的人群,全世界佛教徒应该切实地联合,开展反侵略斗争。

(三)加强了中国与相关国家之间的交流

中国佛教界的海外宣传联合了世界佛教徒,加强了佛教国家之间的文化交流。在缅甸,中缅佛学研究会等团体成立,中缅文化协会还在锡兰(今斯里兰卡)发起成立世界佛教联合会。锡兰(今斯里兰卡)为近东最大佛教国之一,拥有教徒六七百万之多,自佛教访问团在该国宣传后,中锡(今斯里兰卡)两国联系日益密切。锡兰(今斯里兰卡)政府和人民鉴于中、锡两大民族必须切实联络,互相提携,特发起组织中锡文化协会,借以沟通中、锡(今斯里兰卡)文化及感情,共同为世界谋和平。佛教访问团访问印度后,印度妇女筹备组织访问慰劳队,亲赴中国重庆向我抗战军民致敬。法航法师认为"访问团的归来是世界佛教运动的开始"。① 1940年戴季陶奉中央之命赴印度访问,1943年蒋介石夫妇出席开罗会议时也顺路访问了印度,这和佛教访问团打下的基础都有很大的关系。

(四)扩大中国在世界上的影响

在日本发生地震时,中国佛教界施以援助之手,对此日本人充满感激之情,这一点从他们对待中国所捐赠梵钟的态度就能看出来。在1930年,东京举行赈灾纪念法会,在赈灾纪念堂前专门建了一座钟楼,这座钟楼专门供奉中国佛教徒所寄赠的梵钟。这口梵钟高约1.7米、径1米,重约1.75吨。这座钟楼由日本的伊藤忠太博士设计,由内务省在财政非常紧张的情况下拨洋两万元造成。在9月1日这一天,日本政府代表并佛教各宗代表,联合举行盛大之"梵钟始撞式",并举行旅日华侨大震灾遭难追悼法会。纪念会在这天的上午10点钟正式开始。在纪念会上,"首有东京赈灾纪念协会会长永田秀次郎氏致辞,次则币原外相、中国驻日本汪大使致祝辞。次则真言宗汤泽馆长及各宗代表启白,朗读梵钟之由来、诵经。永田会长、币原外相、中国汪公使、被难遗族之代表等顺次行梵钟始撞式,礼赞舞、总回向文,最终由永田会长致谢幕词,是日参加者有府市关系者、并各国代表、横死者遗族等数千人云"。② 看得出来,这次纪念法会日本各界代

---

① 释法舫:《欢迎词》,载《海潮音》,第21卷第5~6号合刊,1940年6月;《集成》第200卷,第117页。
② 《威音》编辑部:《日本东京震灾纪念堂举行中国佛徒所赠之"梵钟始撞式"》,载《威音》,总第10期,1930年10月;《集成》第32卷,第446页。

表云集,仪式相当隆重,表达了诚挚的感激之情。中国佛教界的善举,扩大了中国特别是中国佛教界的国际影响。

近代以来,不断有外国人来到中国,对中国社会状况进行全方位的考察,其中某些外国人对中国佛教在近代大发展情形产生很大的兴趣,而且通过佛教兴办的慈善救济事业了解佛教。

据《中国佛教的复兴》记载,1918年到1919年间,普林斯顿大学的中国中心工作者在北京进行社会学调查时,曾访问了龙泉寺孤儿院。他们在报告中写道:"这个孤儿院由寺僧负责。他们照看着(大约)250多个男孩,这些孩子或是孤儿,或只有妈妈,他们的亲属无法照料他们。他们只收那些十二岁以下的孩子,且行为必须由亲友担保。这些孩子都要受学校教育和工作培训,每天听一小时左右的宗教讲座。孩子们住在集体宿舍,十八个人住在一个三开间屋子里,大约有十二英尺长三十英尺宽见方。他们全部睡在炕上或者睡在整间屋子那么长的大通铺上。孤儿院每天为他们提供三餐,而不是像大多数官办机构那样只有两餐。"这段文字介绍了孤儿院教养兼施、佛教教育以及较好的生活条件等方面的情况。对孤儿院的这些情况,作者显然是满意的:"尽我们所见,这个孤儿院运作得很好,孩子们得到了良好的照顾,并得到了学校教育和做工培训。他们的确正在做着一种十分令人敬信的工作。"到1924年,勃拉特氏在参观龙泉寺孤儿院和其他一些佛教孤儿院之后,写道:"这些机构的孩子们得到了很好的照顾,并受到了运用现代方式的一些基本科目的精心教育,而且每个人还被教以谋生之道。他们必须参加日常的佛教活动,当然也包括佛教徒的基本要求,尤其是五戒。"① 如此可知,在外国人眼中佛教慈善性质的孤儿院还是深得好评的,部分外国人对于佛教慈善孤儿院的赞赏无疑也在一定程度上改变了西方学者对中国佛教的认知,扩大了中国在世界上的影响。

吕碧城居士在欧美游历过程中,大力宣传中国传统的戒杀护生文化。她在维也纳发表演说时,系统地介绍了中国传统文化中的戒杀护生思想。她指出,"吾华人占世界人口总额四分之一,且有将近五千年之历史,则吾国保护动物之道,或亦世所乐闻也。查此项主义,滥觞最早,而成于三种源流:佛教、孔教和古代法制"。② 她指出,杀生是佛教的五戒之首,应严禁一切屠杀行为;孔教宣扬"见其生不忍见其死,闻其声不忍食其肉"的观点,反

---

① [美]霍姆斯·维慈:《中国佛教的复兴》,王雷泉等译,上海:上海古籍出版社,2006年,第103页。

② 吕碧城:《护生与素食:吕碧城在维也纳之演说》,见戴建兵编:《吕碧城文选集》,天津:天津古籍出版社,2012年,第181页。

对残忍滥杀;古代法律禁止滥杀的规定最早见于周礼,它规定"天子无故不杀牛,大夫无故不杀羊,士民无故不杀豕",如果"盖必因祭祀宴请等典节,不得已而杀牲,日常食物唯蔬菜米谷而已"。这些演说旨在向世人说明,自古中国就有戒杀护生的文化传统,从而为国家赢得必要的尊严。

第三节 民国佛教慈善公益的局限性

一、自身管理制度的不足

关于民国时期佛教慈善公益团体管理上存在的不足,在史料中也有一些体现,以下主要以佛教孤儿院为例加以说明。

其一,孤儿院有时会用体罚的手段管教孤儿。如龙泉孤儿院对待犯了错误的孤儿采用关一日禁闭、不给饭吃或责打等方法来惩罚。院内的严慧、古峰两位僧人经常在袍袖内藏有藤条,用以鞭打犯错的生徒。开元慈儿院让孤儿上山砍柴,"达不到定量的,开饭时点名站在中间,等到人家吃过一半时,才叫你入席"。宝庆佛教慈儿院还规定:"若孤儿犯了规矩,轻的罚跪,重的以篾皮击手心。"[①]

其二,当时孤儿院只收男生,不收女生。据在宁波佛教孤儿院任总务主任长达14年的显宗法师回忆,该院"专收孤苦家庭儿童(专收男性,不收女性)入院,然后施以教养,俾使成人之后,得有自立能力"。[②] 抗战胜利后,福建晋江县长徐季元多次劝说开元慈儿院叶青眼院长将该院献出交给县办。徐季元的要求显然违背了孤儿院章程的规定,遭到叶院长的拒绝。后来开元慈儿院改称为"福建省教育厅备案泉州儿童教养院",男女兼收,徐季元才就此作罢。这也从一个侧面说明了开元慈儿院在很长的时期内都不收女生。

其三,有的孤儿院在有的时期也出现管理不完善、负责人以权谋私的现象。例如在百川法师任龙泉寺住持兼孤儿院院长期间,"轻易不到寺中,长期在外化缘,经常赴天津、上海等处募化,出入乘坐包月车,穿绸裹缎,使用奴婢,吃喝嫖赌,且有外家,为了满足他的挥霍享受,大肆侵吞孤儿院的

[①] 笠居众生:《创办宝庆佛教慈儿院的经过》,载《海潮音》,第2年第6期,1921年6月;《集成》第151卷,第20页。

[②] 释显宗:《回忆宁波孤儿院》,载《宁波文史资料第二十二辑·宁波文史资料存稿选编》,宁波文史资料编辑委员会2001年编印,第132页。

经费,严重危害院中孤儿的生活"。① 又如,有人回忆说龙泉孤儿院的负责人"明净在外面以救世圣僧著名,被选举为中国佛教会会长,内里却是个财路源源,身穿袈裟的大富僧,吃喝穿戴讲究极了,可以比拟王公。身上鲜衣件件新,唱南无救众生,真是你也阿弥陀佛,我也阿弥陀佛! 他肥肥胖胖,出入乘坐人力黄包车缎,吃喝嫖赌,无所不好,官场佛场皆是能人,在庙外宅院有姬妾"。② 这两段材料反映的都是龙泉孤儿院的院长以权谋私的现象,虽然其中很可能有道听途说的成分,但恐怕也不完全是空穴来风。

二、缺乏有力的组织机构

在民国时期,佛教界没有形成合力,没有一个强有力的机构。形成这种状况主要是因为以太虚为代表的革新派与以圆瑛为代表的保守派之间长期存在着矛盾。圆瑛与太虚本来是义结金兰的好友,但入民国之后,太虚受新的学术思想熏陶,学养日深,成为一代佛学思想巨擘,且锐意革新,提出教理革命、教制革命、教产革命的主张,成为佛教中革新派的领袖。而圆瑛历任宁波七塔寺、天童寺、鼓山涌泉寺、法海寺、南洋极乐寺等大名刹方丈,长期受丛林制度浸染,思想日趋保守,为丛林寺院保守者拥为保守派领袖。两派之间矛盾在当时主要有以下几个表现:③

第一,20世纪20年代末,双方矛盾初见端倪。1928年7月28日,太虚于南京毗庐寺成立中国佛学会筹备处并召开筹备会,并通过成立"佛教工作僧众训练班"等决议。正当发起召开全国佛教大会、筹组全国性佛教组织之时,太虚却决定游历欧洲。太虚的这一举动,佛教界人士颇感意外,纷纷劝其暂缓欧美之行,但太虚仍执意前行。太虚法师执意游历欧洲,这是两派矛盾最初的外在体现。

第二,在中国佛教会会址选择上的矛盾。1929年4月中国佛教会召开第一次代表大会时就发生了会址之争。会上,禅定、可成等法师极力主张会址设在上海,其理由是上海交通便利。但各位代表,尤其是谢铸陈居士,则极力主张设在南京,他认为南京是全国中心,海内外所共仰,凡全国性的机关,莫不设于此。作为佛教最高行政机关的中国佛教会为20余省佛化之总汇,80万僧伽之命脉,设于南京,对内对外,承上御下,行使职权一则方便,二则庄严。两种意见争持很久,后来采取了折中的办法,即中国佛教会设会所于南京,设总事务处于上海。

---

① 文安主编:《古刹寻踪》,北京:中国文史出版社,2005年,第5页。
② 马昭:《世纪之门3》,昆明:云南人民出版社,1998年,第1608页。
③ 陈金龙:《南京国民政府与中国佛教会》,载《学术研究》,2010年第3期。

第三，执行委员会和监察委员会选举上的矛盾。1931年4月8日至10日，第三届全国佛教徒会议在上海召开。这次会议的一项重要工作是改选中国佛教会执行委员会和监察委员会。会议选出执行委员36人，候补执委18人，监察委员12人，候补监委6人。结果太虚一系革新派获得胜利，一向包办操纵中国佛教会的沪杭名流如黄健六、钟康侯落选。新旧派之间本可借此机会携手合作，为复兴佛教同舟共济。无奈，一向操纵中国佛教会的名流居士不甘失败，从中制造事端，新旧之间矛盾骤然激化。闻兰亭、圆瑛、太虚等人先后提出辞职。6月14日后，中国佛教会所发出的文件和通告，仅有圆瑛、王一亭两人具名，给人的印象是中国佛教会已废除委员制而改为独裁制，太虚与圆瑛之间的关系更趋紧张，已无法合作共事。

第四，圆瑛等人擅自修改会章，激化矛盾。圆瑛等人擅自修改中国佛教会章程，不由大会通过先行呈请主管当局民众运动指导委员会备案，改中国佛教会为"中国佛教总会"，改"委员制"为"理事制"，改中国佛教会县—省—国三级制为两级制，即取消省佛教会，各县设"中国佛教会某某县分会"，这些分会都直属于中国佛教会总会，各省设"中国佛教会某某省分办事处"。圆瑛法师的这一举动使新旧两派的矛盾进一步激化。

中国佛教界内部矛盾尖锐，缺乏强有力的统一的机构，使得中国佛教界在开展慈善事业时缺乏一个强有力统一的全国性机构对近代中国佛教慈善资源进行优化整合，以至于近代中国佛教界在开展慈善事业时各自为政，分散和消耗了有限的慈善事业的社会资源，在一定程度上影响了近代佛教慈善事业更有效地开展。

三、戒杀放生活动的局限

（一）对客观自然规律缺乏应有的认识

民国佛教界受佛教不杀生思想的影响，专门拨出资金，购地开辟放生园，收容鸡、鸭、鹅、兔等家禽。由于缺乏相关的医学科学知识，对实施此事可能引起的后果估计不足，又缺乏相关的操作经验，加上放生动物的数量过多，地方又狭小拥挤，所以，造成病毒传染而使动物得病死亡。如1948年上海同仁会增添放生园，对园中放生的鸡、鸭、鱼、鹅等动物缺乏科学的饲养方法，加之动物数量多而放生地方狭小，动物们的生存环境往往极不卫生，因此而感染疾病导致伤亡的数量大增，最终好心办坏事。

当时许多放生池也存在投放过多的问题。如《申报》曾记载："在昔城隍庙内，九曲桥下的小小湖沼里，鱼龟之属，挤挤满池，都悉被放生的。"在这种情况下,夜深人静之时,"它们十之八会被钓上或捉上,以备你日期另外有此人来买来放生",因此提出将放生善事转为捐助奖学金之类。由此可见,社会上一些人对于戒杀放生的行为,并非完全认同的。

此外,当时一些社会人士对放生的价值有所怀疑。天主教神父张君之曾指出:"你们的佛教徒总是这一套,你看放生开支总达千万元以上,真是浪费。何不移作真正实际工作,如建造佛教图书馆等,不但成立了研究佛学的中心机构,并且可为养成僧伽品德学问的修道院。我以为倒比放生有价值的多。或者将放生款项移充关于佛教的各种团体或诊疗所等的经费,岂不同样更有意义?"①

(二)救动物重于救人

凤兮居士对中国保护动物会在"动物节"举办时的扩大宣传提出了质疑:"我们觉得人与人之间有多么大的隔膜,看到动物之被爱护而人却流离沟壑间。我是人,我终于为着人的可怜而同情与愤慨,保护动物的先生们,你们拿救护动物的钱,作作救人的事业吧,即使人已经救过了一次二次了,可怜的人还有的是!工厂,救济所,事情多着呢。"②

刘燕华指出:"禁止虐待动物,在原则上是无可非议的。我也是极端赞成的一个。但是根据目前我国实况,如果要禁止虐待下等动物,老实说,我们现在还不配做这一种工作。我们试睁开眼睛看一看,东北四省的三千万同胞,不是每天都受着某国人虐待吗?我们自己所处的境况,是'人为刀俎,我为鱼肉'的地位,也不是每天都有被虐待的危险么?关中、川北一带,因为连年饥馑,弄到人吃人的程度,这些被吃者又不是每天被虐待么?"③

基于这样的状况,刘燕华认为:"目前这弱肉强食的世界,提倡保护动物实嫌过早。盖现在的人类,对同类且不能互爱,遑论爱及异类?故我以为保护动物,在今日,只不过是我们人类的一种理想,离实现期还很远。我们若要使这种理想实现,先决的条件,应从同类相爱这一点做起。……人类因为有这一种恶劣的天性,故对于同类,便不能相爱,以一个对同类尚不知相爱的人类,要他们来施恩及于异类的动物,对动物加以保护,实不可能。故我们以为人类果有仁慈之怀,愿对动物加以爱护,第一步宜由改造人类的本性着手。"④

---

① 幻庵:《解天主教神父章君对放生之疑》,载《觉有情》,第9卷第5期,1948年5月;《集成》第89卷,第418页。
② 凤兮:《动物节》,载《女声》,1934年第3卷第1期。
③ 刘燕华:《从禁止虐待动物说起》,载《是非公论》,1936年第15期。
④ 行安:《爱护异类应从爱护同类做起》,载《申报》,1934年9月9日,第19版。

漫画家金克沙还用漫画讽刺保护动物会"舍本逐末"。他在《漫画漫话》上作《护生运动》漫画一幅,图画以惨死于车轮之下的小市民为中心,压在他身上的是一根被汽车撞倒的电线杆,他表情痛苦万分,双手无力地摊倒在马路上。电线杆上贴着《护生画报》,图中爱护动物人士正在救护野犬,上面写着"同一是生命,我们应当爱护"①。

(三)一些措施缺乏实质意义

当时佛教界一些人士主张改良屠宰动物的方法,以减轻其痛苦。如有人主张,在杀牛时,先用手枪射击牛的脑壳,等死了以后,再用刀割下牛头,这样便可减轻牛的苦痛。当时有人对这种方法提出质疑:"不过用手枪射击,恐怕还要发生意外,于是,禁止虐待动物协会的君子,又主张先用木梃打击,使牛昏晕然后再用刀杀。这种办法,是否能够被屠宰场所采用,现在还不晓得,而且即使采用了以后,以梃杀来代替刀杀,到底能够使被宰杀者,减轻痛苦到何种程度,当然我们也不会知悉。""不过我认为他们这种办法,未免不大彻底,因为梃杀和刀杀,在虐待的原则上,根本是没有区别的,如果禁止虐待,干脆是不杀。"②

针对佛教界一些人士主张设立禁屠日,有人指出,禁屠日的设立并不能减少被屠宰动物的数量。商家一般来说,将预备在禁屠日屠宰的动物提前屠宰,弄到市面牲畜都早一天丧掉了生命而无所顾惜。"如此说来,爱动物既不可能,'爱人'自然也是梦想了。爱动物并不能唤起人们的慈悲心,爱动物不一定可以爱人,爱动物更避免不了战争。"③

四、带有一定的迷信色彩

民国时期,佛教界主办的息灾法会较多,一些社会人士对这些法会的效果持怀疑态度,认为都带有一定的迷信色彩。例如针对丙子息灾法会举办后各地丰收的因果关系,记者便提出了一个质疑:"轰轰烈烈比丙子息灾法会盛大过十倍,由活佛亲自主持的金刚扶轮法会,那盛况到现在便还没有被我们所忘记。然而这盛大的法会到现在已经好几年了,几年来的中国,却还是国难严重,不仅严重,现在写起来并且应该是国难日亟了④"。对于上海护国息灾法会,更是讽刺到所谓的"护""息",就是那些"长生禄位牌子,分二元和十元两种价钱,花钱买这牌子的人只要能得法师的法眼在

---

① 金克沙:《护生运动》,载《漫画漫话》,1935年第1卷第3期。
② 刘燕华:《从禁止虐待动物说起》,载《是非公论》,1936年第15期。
③ 加漠:《爱动物与爱人类》,载《客观》,1935年第1卷第5期。
④ 史揖:《所谓〈护国息灾法会〉》,载《申报》,1936年12月3日,第15版。

他牌子上一望,便可消灾延寿了"①。甚至有些佛界僧侣也认为建立各种法会并不能完全解决问题。有僧侣指出,上海建立的护国息灾法会,虽然功德庄严,其和平空气,充溢宇宙,"然则飞机炸弹的威力,终比法会胜一筹,所以我要求七十余万僧侣,要慨然明了这种大势,不如以实力护助国家,较为痛快而获实益"。

本章小结

　　民国佛教慈善公益组织的活动范围扩展到全国各地,并延伸到国外。这些组织的分布范围以大中城市为主,广泛性和不平衡性并存,具有明显的地域性特征。民国佛教慈善公益团体除受近代慈善法律的规范和约束外,其日常运行和管理独立于政府,这与古代以寺院为主体的佛教慈善公益团体在很大程度上听命于、从属于官府有本质的不同。在寺院佛教衰落的情况下,民国佛教慈善公益的行善主体是居士,佛教慈善公益组织有综合性慈善团体、慈善教育类团体、矫正类慈善团体、救济类慈善团体、放生类慈善团体和医药慈善团体等多种类型。民国佛教慈善公益机构移植了近代公司治理结构的模式,设立监事会等独立的专职监察机构,保证了对慈善活动进行的有效监督。从慈善目的上看,由积德行善转向服务社会。从慈善理念上看,从单纯救济转向教养兼施,由古代佛教朴素的护国卫教思想发展到系统的抗日救国思想,并且付诸实践。从资金来源上看,发展到以募捐为主的资金来源多元化。与当时社会上其他慈善公益团体相比,民国佛教慈善公益团体在资金来源、慈善教育和民间外交上都具有鲜明的佛教特色。与局势的发展变化及民国佛教发展的阶段性特征相联系,民国佛教慈善公益也具有鲜明的阶段性特征。这些都说明民国时期的佛教慈善公益与传统佛教慈善公益相比有了明显的转型,具有鲜明的近代化特征。

　　作为民国时期的一个重要的社会现象,佛教慈善公益对民国社会产生不可忽视的历史影响。它促进了民国僧侣国家认同感的形成,提升了中国的国际地位和影响力,加强了中国与相关国家之间的交流。民国时期佛教慈善公益事业的兴起和发展,改变了人们对佛教的陈见,提高了佛教的国内地位,也促进了社会治理和经济社会的发展,推动了社会政策的调整。各民族的佛教徒在共同抗日的过程中,促进了民族团结,进一步增强了中

---

① 史揖:《所谓〈护国息灾法会〉》,载《申报》,1936年12月3日,第15版。

华民族的凝聚力。不可否认,民国佛教慈善公益团体也存在着一些不足,如缺乏全国统一的强有力的组织机构,广泛流行的戒杀护生活动存在着对客观规律缺乏认识等不足,护国息灾法会在一定程度上带有迷信色彩。不管怎么说,民国佛教慈善公益团体成功的经验和存在的不足都会给后人以启示。

余论:民国佛教慈善公益的当代启示

在新中国成立后,大陆地区的佛教慈善公益事业在很长的时间内基本处于断层状态。陈星桥认为,新中国成立以来,大陆佛教慈善公益事业走过了相当曲折的道路,大约可分为四个阶段:①第一阶段,1949年到1958年"大跃进时期",这一时期宗教活动日益减少,宗教资产大幅萎缩,佛教的各项慈善公益事业逐渐被国家或集体的相关部门的职能所取代。第二阶段,1959年到1978年。这一阶段,全国城乡普遍实行生产资料全民所有或集体所有制,佛教界的各种资产基本都捐献出去,加上"文革"等政治运动不断,宗教界各种活动处于停顿的边缘,所以佛教界的慈善公益事业也近乎停顿,只有局部地方的一些佛教徒个人默默地救助鳏寡孤独,或为人治病,或进行植树活动。第三阶段,1979年到20世纪90年代初,这段时间是佛教机构的恢复阶段,佛教慈善公益事业只是随缘开展。第四阶段,20世纪90年代初到现在。这一阶段随着改革开放的深入,社会急剧转型,各种形式的所有制经济获得很大的发展,贫富差距拉大,民众对佛教的接受程度和需要程度有很大提高,寺院经济也日益壮大。在这种形势下,佛教慈善公益事业得到全面的恢复和发展。从以上分析可看出,在1949年以后,大陆地区的佛教慈善公益事业从开始恢复到现在还不到30年的时间。处于起步和初步发展的大陆佛教慈善公益事业上有诸多不完善之处,在借鉴民国时期佛教慈善公益事业的基础上,需从以下几个方面进一步完善:

一、进一步扩大慈善公益范围

据有学者研究,当代佛教慈善公益活动主要包括急难救助、济困扶危、辅助寒门学子、临终关怀、监狱帮教等,②这些活动基本涵盖了物质型、行为型和精神型三大类型,但整体上仍以扶贫济困、放生护生等传统慈善形式为主,停留在"授人以鱼"阶段。由于慈善公益形式比较单一,在慈善资金分配方面也存在不合理现象,传统型慈善支出占主导地位,特别是放生

---

① 陈星桥:《关于佛教慈善的若干思考》,载《法音》,2011年第11期。
② 李湖江:《近代以来中国佛教慈善公益事业研究》,成都:巴蜀书社,2016年,第177~245页。

支出占了慈善公益支出的大部分。

　　从前面的研究可看出,民国时期佛教界从事慈善公益事业的种类比较丰富。其种类主要有:其一,慈善救济类:主要包括济贫救灾、收容难民、捐钱施物、救助节妇、留养残废、慈幼养老、无息借贷、施舍棺木等。其二,慈善教育类:主要包括兴办学校、监狱弘法、成立感化院等。其三,医药慈善类:主要包括施医送药、战地救护、临终关怀等。其四,其他活动:包括图书借阅、为民祈禳、放生护生、植树造林、劝人惜字、公共服务、工禅农禅、掩埋尸骨、公益宣传、前线杀敌、掩护抗日将士等。借鉴民国时期种类丰富的佛教慈善公益活动,在现有的社会条件下,当前佛教界在拓展慈善公益活动的范围方面应有较大的空间。如针对大量城市农民工子女上学难的情况,可考虑兴办条件较好的农民工子弟学校,确保他们在城市中能享受优质的教育资源;针对一些家庭难以承担天价医药费的情况,佛教界可成立专门的基金会,对这些病人和家庭施以及时的医疗救助;在帮助在监犯人改造的同时,对出狱的犯人也要倾注一定的关心,防止他们再次入狱,等等。

二、丰富慈善公益的资金来源

　　在当前寺院最主要的经济来源仍是信众供养,其资金主要来自于个人的捐赠、企业的赞助以及海外捐赠。由于对佛教慈善意识的普及宣传相当不够,这种融资渠道主要靠"愿者上门"的方式。在这种方式之下,佛教慈善资金难以有稳定的保障。慈善资金陷入"融资—临时性救助—再融资—再临时性救助"的运转模式,没有形成资金的再生产和增值。

　　从本书前面的研究可知,民国时期佛教慈善公益事业的资金来源主要依靠募捐,其募捐资金的来源包括慈善组织的会员、工商界人士、新闻界人士、书画家、演艺界、佛学院学僧、海外华侨等社会各界人士。为募集更多的资金,佛教界人士采取多种手段,如在报纸上刊登募捐启事、讲经说法、派劝募员、募捐队外出募捐、鼓励信徒发愿、设立净修室、酬谢有功之人等。刊登募捐启事是当时佛教慈善公益团体采用最多的募捐手段。其募捐启事形式多样,除一般形式的启事外,还包括阐述自救救人的理论、编唱赈灾歌谣甚至以血为墨书写歌谣;从募捐启事的内容看,无不动之以情、以激发读者内心的同情心为目的。对有功之人的酬谢方式包括在报刊或征信录上注明数目并致谢意、列名纪念、为捐款人设禄位或莲位、赠纪念章和功德证书等、悬挂照片或制作肖像、赠送礼品、授以永久林友或名誉董事等头衔、召开会议特别表彰,等等。反观今天的佛教慈善公益团体,很少在新闻媒体上刊登募捐广告,更不要说采取其他多种手段促进募捐了。这其中存在的明显差异,个中缘由令人深思。从增加捐赠资金数量的角度来说,当前佛教慈善公益团体应好好借鉴民国时期佛教界的募捐手段。

民国佛教慈善公益团体为了使慈善资金能够保值升值,采取了多种经营手段,主要包括买房出租、投资入股、经营商业、开办工厂等。在当前,佛教慈善公益团体应借鉴民国佛教界的做法,进行一些稳健的投资,使慈善资金能够像滚雪球一样不断增量,使佛教慈善公益事业有稳定的资金来源。

三、提升慈善组织公信力

在当前,包括佛教慈善公益组织在内的大陆慈善团体的公信力存在问题。有学者指出,许多慈善组织的大批慈善资金使用去向不明,即使部分资金使用去向公开化,但也缺乏正规公章和发票,公开的只是一个数字概念,实际上是多少,无法得知,很难让社会大众信服。[①] 包括一些著名大寺在内的慈善组织公信力缺失的事例屡屡见诸报端,慈善组织的公信力饱遭社会诟病。中民慈善信息中心在线调查显示,仅25%的慈善组织信息透明度较高,近九成公众对慈善公开不满,分别有79%和73%的公众希望了解慈善组织的业务活动信息和财务信息,而慈善组织信息披露实际情况与公众的期望不符。

在民国时期,佛教慈善公益组织的公信力总体较高。民国佛教慈善公益组织获取公信力的一个重要途径就是定期向社会发布征信录。民国佛教慈善公益团体的征信录一般有两种,一是印成册子,将捐款人员的姓名、各自捐款数额及用途等昭示于众,便于监督;另一种方式是在报刊上公布收支情况。在报刊上登载征信录是民国佛教慈善组织的常用手段。民国时期的佛教报刊有300多种,几乎每种报刊都登载过佛教慈善团体的征信录。一些属于佛教慈善公益团体主办的刊物如《正信》《世界佛教居士林林刊》等更是几乎每期都连篇累牍地登载征信录。这些征信录都清楚地列出了捐款人的姓名、捐款数目、开支类别和数目等,以使捐款人和社会各界了解这些慈善团体所募捐款的去向。在当前,佛教慈善公益团体要想获得社会各界的信任,可以借鉴民国佛教慈善公益团体向社会发布征信录的做法,定期在媒体上公开自己收入和支出的详细账目,增加透明度。

[①] 孙浩然:《佛教慈善的历史发展、现实问题及对策建议》,载《江西广播电视大学学报》,2014年第1期。李刚强:《当代大陆佛教慈善事业发展中存在的问题及对策研究》,硕士学位论文,上海师范大学,2014年。

四、构建有效的外部监督机制

现行相关法律规定,对公募基金的注册登记要求是原始资金要超过800万元。这样就使得一些佛教慈善公益组织因为还不够壮大、资金不够充足而不能进行登记,可实际上它们仍然在运作,进行一些慈善活动,政府因为它们并没有登记在册而放弃对其监督,于是这些没有在政府部门登记在册的佛教慈善组织实际上失去了政府部门必要的监督。在这个问题上,政府的相关规定和做法是矛盾的,即民政部门一方面对包括佛教慈善公益组织在内的民间社团设置的登记门槛过高、审查过严,另一方面对没有获准登记的社团又放任其存在,监管不力。有鉴于此,似可借鉴民国时期较为宽松的民间社团准入政策,降低民间社团的登记门槛,将社会上存在的佛教慈善公益组织都纳入有效的监管体系,使它们能够健康发展。

在当前,专业审计评估机构对慈善组织有很强的监督能力。它们都是市场经济中的营利组织,在被支付报酬的前提下才会发挥监督作用。由于慈善资金不充裕等多种原因,许多佛教慈善公益组织往往不会主动出资请这些审计评估机构对自身进行审计和评估。针对这一问题,政府的宗教管理部门和各级佛教协会应主动承担相应的责任,即统一出资聘请社会上的专业审计和评估机构对佛教慈善公益团体进行独立的审计和评估。

五、构建良好的内部监督机制

依据《基金会管理条例》的规定,佛教慈善基金会中的理事会和监事会就是进行自我监督的机构。理事会对于基金会的使命、资源、监管以及对外沟通负有全部的责任,它是基金会公信力和透明度的标志。其监事会也承担着对佛教慈善基金会的公益资产进行监督的职能。但是现实生活中,这些理事会和监事会发挥的作用有限甚至名存实亡。此外,当前佛教内部山头林立,没有在佛教慈善事业内部形成行业规范以共同约束、集体自律,故行业内的监督就无法实现。

在民国时期,佛教慈善公益团体的内部监督机构包括董事会、监事会、监察部、参议科、评议会等,这些机构都独立于慈善团体的管理阶层,这种独立地位保证了它们能有效地行使监督权。这些团体在资金使用上规定有详细、严格的制度。这些机构和制度的存在能够确保这些慈善公益机构形成高效、廉洁的运行机制,确保慈善公益资金能够最大限度上发挥其功效。笔者认为,各地的民政管理部门、宗教管理部门和佛教会应该借鉴民国时期一些佛教慈善公益团体内部监督机构和监管制度,要求自己管辖范围内的佛教慈善公益组织建立健全内部监督机构和制度。国家宗教管理部门应进一步建立健全宗教慈善公益组织的管理规定,并通过强有力的手段在全国范围内实行。

参考文献

一、史料

（一）民国佛教报刊和其他近代报刊

1. 黄夏年主编.民国佛教期刊文献集成(共209册),全国图书馆文献缩微复制中心,2006.
2. 黄夏年主编.民国佛教期刊文献集成补编(共86册),北京:中国书店,2008.
3. 黄夏年主编.稀见民国佛教文献汇编(报纸)(共12册),北京:中国书店,2008.
4. 上海书店编委会.申报(共400册),上海:上海书店,1987.
5. 大公报
6. 晋察冀日报
7. 东方杂志
8. 新华日报

（二）民国佛教界知名人士的年谱和文集

1. 丰子恺.丰子恺文集·5·文学卷一,杭州:浙江文艺出版社,浙江教育出版社,1992.
2. 丰子恺.缘缘堂随笔,北京:当代中国出版社,2004.
3. 丰子恺.护生画集,北京:中国友谊出版公司,1999.
4. 王志远主编.高鹤年大德文汇,北京:华夏出版社,2012.
5. 高鹤年著,吴雨香点校.名山游访记,北京:宗教文化出版社,2000.
6. 黄夏年主编.近现代著名学者佛学文集,北京:中国社会科学出版社,1995.
7. 《弘一大师全集》编委会编.弘一大师全集十·附录卷,福州:福建人民出版社,1993.
8. 李平书等.李平书七十自叙·藕初五十自述·王晓籁述录,上海:上海古籍出版社,1989.
9. 李津主编.李叔同谈禅论佛,北京:中央编译出版社,2011.
10. 刘家驹编译.班禅大师全集,班禅堪布会议厅1943年刊印.

11.马镜泉编校.中国现代学术经典·马一浮卷,石家庄:河北教育出版社,1996.

12.释太虚.太虚大师全书(共35卷),北京:宗教文化出版社,全国图书馆文献缩微复制中心,2004.

13.释印顺.太虚大师年谱,北京:中华书局,2011.

14.明旸主编、照诚校订.重订圆瑛大师年谱,北京:中华书局,2004.

15.印光法师著,张育英校注.印光法师文钞,北京:宗教文化出版社,2000.

16.释印光.印光法师话慈善公益,上海:华东师范大学出版社,2012.

17.释宝静.谛闲大师语录,台南:台湾和裕出版社,1996.

18.王志远主编.谛闲大师文汇,北京:华夏出版社,2012.

19.园香等.我的菩提路,台北:天华出版事业股份有限公司,1981.

20.王中秀编著.王一亭年谱长编,上海:上海书画出版社,2010.

21.喻昧庵编.新续高僧传,台北:广文书局,1966.

22.于凌波.中国近现代佛教人物志,北京:宗教文化出版社,1995.

23.周秋光主编.熊希龄集(共3册),长沙:湖南出版社,1996.

(三)佛教史志资料

1.杜洁祥主编.中国佛寺史志汇刊第一辑(共50册),台北:明文书局,1980.

2.杜洁祥主编.中国佛寺史志汇刊第二辑(共30册),台北:明文书局,1980.

3.杜洁祥主编.中国佛寺史志汇刊第三辑(共30册),台北:丹青图书公司,1985.

4.白化文等主编.中国佛寺志丛刊(共120册),扬州:广陵书社,1996.

5.白化文等主编.中国佛寺志丛刊续编(共10册),南京:江苏古籍出版社,2001.

(四)政协文史资料

1.山西文史资料总第110辑,1997年.

2.武汉文史资料1994年第2辑.

3.洛阳文史资料第1辑,1985年.

4.晋江文史资料选辑第15辑,1994年.

(五)档案史料

1.中国第二历史档案馆编.中华民国史档案资料汇编,南京:凤凰出版传媒集团凤凰出版社,1998.

2. 福建省档案馆编. 福建华侨档案史料,北京:档案出版社,1990.

3. 上海动物保护会关于动物节、动物宰杀问题给上海法租界公董局的信件,上海档案馆馆藏档案,卷宗号:U38—1—2359.

4. 简济善堂与觉园净业社所订之契约,上海档案馆馆藏档案,档案编号:Q6—10—476—19.

5. 觉园净业社购买觉园基地章程,上海档案馆馆藏档案,档案编号:Q6—10—476—24.

6. 许世英、闻兰亭、朱子桥等致鲁(涤平)主席函,上海档案馆馆藏档案,档案编号 Q114—1—49.

7. 各省市寺庙兴办慈善公益事业概况,中国第二历史档案馆馆藏档案,全宗号 12(6),案卷号 17624.

8. 蔡元培致国民政府呈,中国第二历史档案馆馆藏档案,全宗号 1(1),案卷号 1765.

9. 整理僧伽进行计划书(1928 年 5 月),中国第二历史档案馆馆藏档案,全宗号 1(1),案卷号 1751.

10. 贵阳县僧尼抗日救国会摊派各寺庙经费清册,贵阳市花溪区档案馆馆藏档案,卷宗 2—1—191.

(六)其他史料

1. (明)陈正龙. 几亭全书六十四卷,清康熙云书阁刻本。

2. (唐)崔湜. 御史台精舍碑铭,北京:中华书局 1983.

3. 冯桂芬著,戴扬本评注:校邠庐抗议——洋务运动的理论纲领,郑州:中州古籍出版社,1998.

4. 黄金陵、王建立主编. 陈嘉庚精神文献选编,福州:福建人民出版社,1996.

5. 康有为. 大同书,上海:上海古籍出版社,2005.

6. 梁启超. 清代学术概论,长沙:岳麓书社,2010.

7. 冉中. 萤光集,北京:大众文艺出版社,2007.

8. 盛宣怀. 近代中国史料丛刊续编第 13 辑·愚斋存稿卷首,台北:文海出版社,1975.

9. 王韬编. 格致书院课艺,上海:上海图书集成印书局,1898.

10. (北齐)魏收. 魏书,北京:中华书局,1974.

11. 谢家福. 齐东日记,苏州博物馆藏.

12. 虞和平编. 经元善集,武汉:华中师范大学出版社,2011.

13. 夏东元编. 郑观应集,上海:上海人民出版社,1982.

14. 郑观应著,陈志良选注.盛世危言,沈阳:辽宁人民出版社,1994.

15. 张謇研究中心,南通市图书馆编.张謇全集,南京:江苏古籍出版社,1994.

16. 赵树贵,曾丽雅编.陈炽集,北京:中华书局,1997.

17. 中国社科院近代史研究所等编.孙中山全集第二卷(1912),北京:中华书局,1982.

18. 张怡祖编.近代中国史料丛刊续编第97辑·张季子(謇)九录·政闻录,台北:文海出版社,1966.

19. (清)张焘.近代中国史料丛刊·津门杂记,台北:文海出版社,1966.

20. 中国史学会主编.中国近代史资料丛刊·太平天国(二),上海:上海人民出版社,2000.

21. 中国史学会主编.中国近代史资料丛刊·戊戌变法(二),上海:上海人民出版社,2000.

22. 中共江西省委党史资料征集委员会.回忆湘鄂赣残废战士教养院,江西党史通讯,1981~1984年合订本.

23. 国民党中央社会部.抗战初期佛教徒参加抗日活动史料选(上)·社会部致中央委员会呈稿,民国档案,1996年第3期.

24. 国民党中央社会部.抗战初期佛教徒参加抗日活动史料选(上)·策动组织中国佛教访问团办法大纲草案,民国档案,1996年第3期.

25. 山东省劳改局编.民国监狱法规选编,北京:中国书店,1990.

26. 葛炳瑶,田丰,郭明主编.监狱法律法规导读,北京:中国方正出版社,2004.

27. [日]高楠顺次郎.大正新修大藏经,台北:新文丰出版公司,1990.

28. 日本京都藏经书院.卍续藏经,台北:新文丰出版公司,1993.

二、研究专著

1. 蔡勤禹,李娜.民国以来慈善救济事业研究,天津:天津人民出版社,2010.

2. 蔡勤禹.民间组织与灾荒救治——民国华洋义赈会研究,北京:商务印书馆,2005.

3. 常人春:《近世名人大出殡,北京:北京燕山出版社,1997.

4. 陈兵,邓子美.二十世纪中国佛教,北京:民族出版社,2000.

5. 陈永革.人间潮音——太虚大师传,杭州:浙江人民出版社,2003.

6. 陈金龙. 南京国民政府时期的政教关系：以佛教为中心的考察, 北京：中国社会科学出版社, 2011.

7. 陈祖恩, 李华兴. 白龙山人——王一亭传, 上海：上海辞书出版社, 2007.

8. 池子华. 中国红十字运动史散论, 合肥：安徽人民出版社, 2009.

9. 池子华, 郝如一主编. 红十字运动与慈善文化, 桂林：广西师范大学出版社, 2010.

10. 池子华, 杨国堂等. 百年红十字, 合肥：安徽人民出版社, 2003.

11. 池子华. 红十字与近代中国, 合肥：安徽人民出版社, 2004.

12. 池子华, 郝如一. 近代江苏红十字运动(1904—1949), 合肥：安徽人民出版社, 2007.

13. 邓子美. 传统佛教与中国近代化——百年文化冲撞与交流, 上海：华东师范大学出版社, 1994.

14. 邓子美. 太虚大师全传, 台北：慧明文化事业公司, 2002.

15. 邓云特. 中国救荒史, 上海：上海书店, 1984.

16. 黄忏华. 中国佛教史, 北京：知识出版社, 1980.

17. 黄运喜. 中国佛教近代法难研究(1898—1937), 台北：法界出版社, 2006.

18. 黄鸿山. 中国近代慈善事业研究——以晚清江南为中心, 天津：天津古籍出版社, 2011.

19. 黄雁鸿. 同善堂与澳门华人社会, 北京：商务印书馆, 2012.

20. 洪金莲. 太虚大师佛教现代化之研究, 台北：东初出版社, 1995.

21. 葛壮. 宗教与近代上海社会的变迁, 上海：上海书店, 1998.

22. 郭朋. 太虚思想研究, 北京：中国社会科学出版社, 1997.

23. 江灿腾. 太虚大师前传, 台北：新文丰出版公司, 1993.

24. 罗同兵. 太虚对中国佛教现代化道路的抉择, 成都：巴蜀书社, 2003.

25. 李明友. 太虚及其人间佛教, 杭州：浙江人民出版社, 2000.

26. 梁元生. 上海道台研究——转变社会中之联系人物, 1843—1890, 上海：上海古籍出版社, 2003.

27. 马昭. 世纪之门 3, 昆明：云南人民出版社, 1998.

28. 孟昭华编著. 中国灾荒史记, 北京：中国社会出版社, 2003.

29. 明立志, 潘平编. 太虚大师说人生佛教, 北京：团结出版社, 2007.

30. 潘桂明. 中国居士佛教史, 北京：中国社会科学出版社, 2000.

31. 任云兰. 近代天津的慈善与社会救济,天津:天津人民出版社,2007.

32. 阮仁泽,高振农主编. 上海宗教史,上海:上海人民出版社,1992.

33. 沈文泉. 海上奇人王一亭,北京:中国社会科学出版社,2011.

34. 释东初. 中国佛教近代史,台北:中华佛教文化馆,1974.

35. 孙善根. 民国时期宁波慈善事业研究(1912—1936),北京:人民出版社,2007.

36. 孙雄. 狱务大全——监狱待遇犯人最低限度标准规则,上海:上海商务印书馆,1935.

37. 唐忠毛. 中国佛教近代转型的社会之维——民国上海居士佛教组织与慈善研究,桂林:广西师范大学出版社,2013.

38. 王德春. 联合国善后救济总署与中国(1945—1947),北京:人民出版社,2004.

39. 王利荣. 中国监狱史,成都:四川大学出版社,1996.

40. 王春霞,刘惠新. 近代浙商与慈善公益事业研究(1840—1938),北京:中国社会科学出版社,2009.

41. 王娟. 近代北京慈善事业研究,北京:人民出版社,2010.

42. 文安主编. 古刹寻踪,北京:中国文史出版社,2005.

43. 巫仁恕,康豹,林美莉主编. 从城市看中国的现代性,台北:中央研究院近代史研究所,2010.

44. 谢音呼. 五台山僧众抗日斗争史略,太原:山西人民出版社,2002.

45. 冼玉仪,刘润和主编. 益善行道——东华三院135周年纪念专题文集,香港:三联书店有限公司,2006.

46. 夏明方. 民国时期自然灾害与乡村社会,北京:中华书局,2000.

47. 学愚. 佛教、暴力与民族主义:抗日战争时期的中国佛教,香港:香港中文大学出版社,2011.

48. 曾桂林. 民国时期慈善法制研究,北京:人民出版社,2013.

49. 张玉法主编. 中华民国红十字会百年会史(1904—2003),台湾红十字总会2004年刊印。

50. 张建俅. 中国红十字会初期发展之研究,北京:中华书局,2007.

51. 张学明,梁元生主编. 历史上的慈善活动与社会动力,香港:香港教育图书公司,2005.

52. 赵震忠. 上海旧监狱的教育,见郭富纯主编. 旅顺监狱旧址百年变迁学术研讨会文集:1902—2002,长春:吉林人民出版社,2003.

53. 赵宝爱. 慈善救济事业与近代山东社会变迁：1912—1937，济南：济南出版社，2005.

54. 周秋光. 熊希龄与慈善教育事业，长沙：湖南教育出版社，1991.

55. 周秋光. 熊希龄传，北京：华文出版社，2014.

56. 周秋光主编. 熊希龄：从国务总理到爱国慈善家，长沙：岳麓书社，1996.

57. 周秋光主编. 中国近代慈善事业研究，天津：天津古籍出版社，2013.

58. 周秋光，张少利，许德雅等. 湖南慈善史，长沙：湖南人民出版社，2010.

59. 周秋光，曾桂林. 中国慈善简史，北京：人民出版社，2006.

60. 周秋光. 近代中国慈善论稿，北京：人民出版社，2010.

61. 周秋光. 红十字会在中国(1904—1927)，北京：人民出版社，2008.

62. 朱浒. 地方性流动及其超越：晚清义赈与近代中国的新陈代谢，北京：中国人民大学出版社，2006.

63. 朱浒. 民胞物与：中国近代义赈(1876—1912)，北京：人民出版社，2012.

64. 郑功成. 社会保障学——理念、制度、实践与思辨，北京：商务印书馆，2000.

65. 中国百科大辞典编委会. 中国百科大辞典·社会学，北京：中国大百科全书出版社，2005.

三、外文研究论著(含译著)

1. Walter B. Davis, Wang Yiting and the Art of Sino-Japanese Exchange, Ph. D Dissertation, Ohio State University, 2008.

2. [美]霍姆斯·维慈. 中国佛教的复兴，王雷泉等译，上海：上海古籍出版社，2006.

3. [日]道端良秀. 中国佛教与社会福利事业，关世谦译，高雄：佛光出版社，1981.

4. [日]小浜正子. 近代上海的公共性与国家，葛涛译，上海：上海古籍出版社，2003.

5. [日]夫马进. 中国善会善堂史研究，伍跃、杨文信、张学锋译，北京：商务印书馆，2005.

本项目的阶段性成果:已发表的论文

明成满.民国佛教徒对日本佛教徒的抗日宣传,中国社会科学院研究生院学报(CSSCI),2018年第6期.

明成满.实业家王一亭与慈善公益事业,湖州民国史,2017年第4期.

明成满.民国时期佛教徒的抗日救国实践研究,求索(CSSCI),2017年第4期.

明成满.民国佛教徒的抗日救国思想研究,青海民族研究(CSSCI),2017年第1期.

明成满.民国佛教的监狱教诲研究,宗教学研究(CSSCI),2016年第2期.

明成满.民国佛教慈善团体的资金募捐研究,见梁景和主编.西方新文化史与中国社会文化史的理论与实践——首届学术研讨会论文集,北京:社会科学文献出版社,2014年.

明成满.民国佛教的医药慈善研究,中国社会历史评论(CSSCI)第16卷,天津:天津古籍出版社,2015年.

明成满.民国杭州佛教的戒杀护生文化研究,杭州佛教研究(2014年卷),北京:宗教文化出版社,2015年版.

明成满.民国佛教慈善学校研究,中国矿业大学学报,2015年第2期.

明成满.东亚佛教思想文化的新探索,国际学术动态,2015年第1期.

明成满.赵朴初的佛教和平思想及其实践研究,安徽社科界,2014年第10期.

明成满.民国僧侣在东南亚的抗日宣传研究——以"佛教访问团"和"步行宣传队"为中心,南洋问题研究(CSSCI),2014年第2期.

明成满.加强学科交叉　促进佛学研究——"2013东亚佛教思想文化国际学术研讨会"综述,宗教学研究(CSSCI),2014年第2期.

明成满.民国佛教的临终关怀团体研究,绍兴文理学院学报,2014年第3期.

后 记

  2015年12月,本人申报的国家社科基金后期资助项目《民国时期佛教慈善公益研究》获准立项。在申报此项目时,书稿已完成80%。在立项后,用了两年的时间完成了剩余的部分,并根据5位匿名通讯评审专家的意见对书稿进行了仔细的修改。在2018年3月份提交了结项材料并顺利结项。

  安徽大学出版社是安徽省内仅有的两家有资格推荐国家社科基金后期资助项目申报的出版社之一。我当时在安徽工业大学工作,在申报此项目时首先想到请省内的出版社推荐。书稿提交给安大出版社后,质量得到总编室的充分肯定,同意推荐。项目结项后,根据全国社科规划办的安排,此书稿仍由安大出版社出版。从项目的申报和成果的出版,离不开安徽大学出版社的支持,在此表示感谢。

  感谢5位匿名通讯评审专家。2014年,国家社科基金后期资助项目的评审办法有了重大改革,取消了会议评审环节,通讯评审的结果就是终审结果。5位匿名通讯评审专家在肯定书稿质量、同意立项的同时,从多个方面提出修改建议,这些建议帮我提升了书稿的质量和品位。尽管我到现在也不知道、也不可能知道这5位专家是谁,但对他们怀有深深的谢意。

  感谢安徽师范大学王世华老师。王老师是国内知名的史学研究专家,热心提携后学,在项目申报前对书稿提出了许多修改意见。当时我与安徽大学出版社并无联系,王老师牵线搭桥,将书稿推荐给出版社。

  感谢安大出版社张锐和马晓波二位老师。张锐老师具体负责与我联络,从项目的申报和结项,到书稿的出版事宜,与我多次沟通,拟定了出版合同。马晓波老师是本书的责任编辑,虽然书稿在提交结项前我自己多次修改和校对,但是马老师的校对更为专业,发现了一些我没注意到的疏漏,使人由衷感到敬佩。

明成满

2018年10月于淮阴师范学院